Terry Pratchett
Ian Stewart, Jack Cohen
Die Philosophen der Rundwelt

Zu diesem Buch

Und wieder schlägt ein Experiment des Erzkanzlers der Unsichtbaren Universität fehl: Aufgrund von Sabotage landen Ridcully und eine Gruppe Zauberer unversehens auf der Rundwelt. Dort gilt es, mehr über deren seltsame Bewohner, die Menschen, zu erfahren, und zugleich die Saboteure zu bekämpfen. Ausgerechnet Rincewind ersinnt eine Geheimwaffe, um dem Feind für immer den Garaus zu machen ... Diese furiose Fortsetzung von »Die Gelehrten der Scheibenwelt« klärt uns endlich darüber auf, weshalb wir so sind, wie wir sind.

Terry Pratchett, geboren 1948 in Beaconsfield, England, war Lokalredakteur und Sprecher der zentralen Elektrizitätserzeugungsbehörde. In den achtziger Jahren erfand er eine ungemein flache Welt, die auf dem Rücken von vier Elefanten und einer Riesenschildkröte ruht. Die »Scheibenwelt«-Romane, allesamt Bestseller, werden in England weitaus häufiger gestohlen als alle anderen Bücher.
Ian Stewart ist Mathematikprofessor und verfasst regelmäßig Kolumnen in »Scientific American« und »Spektrum der Wissenschaft«. Bekannt wurde er als Autor des populärwissenschaftlichen Bestsellers »Spielt Gott Roulette?«.
Jack Cohen ist Genetiker und schrieb gemeinsam mit Ian Stewart zahlreiche Bücher über Evolution und Chaos (»Chaos/Antichaos. Ein Ausblick auf die Wissenschaft des 21. Jahrhunderts«).
Josh Kirby (1928–2001) hat mit seinen kongenialen Umschlagbildern Terry Pratchetts Romanen ein unverwechselbares Aussehen gegeben.

Terry Pratchett
Ian Stewart, Jack Cohen

Die Philosophen der Rundwelt

MEHR VON DEN GELEHRTEN DER SCHEIBENWELT

Aus dem Englischen von
Andreas Brandhorst und Erik Simon

Piper München Zürich

Andreas Brandhorst übersetzte die Einleitung und die ungeradzahligen, Erik Simon die geradzahligen Kapitel.

Von Terry Pratchett liegen in der Serie Piper vor:
Die dunkle Seite der Sonne (8503)
Gevatter Tod (8504)
Pyramiden (8506)
MacBest (8508)
Die Farben der Magie (8510)
Die Scheibenwelt. 2 Romane in einem Band (8515)
Die Teppichvölker (8516)
Die Gelehrten der Scheibenwelt (8521)
Die Philosophen der Rundwelt (8522)

Deutsche Erstausgabe
September 2004
Erstmals erschienen:
Ullstein Heyne List GmbH & Co. KG, München 2003
unter dem Titel »Rettet die Rundwelt!«
© 1999 Terry und Lyn Pratchett, Joat Enterprises, Jack Cohen
Titel der englischen Originalausgabe:
»The Science of Discworld II: The Globe«
© der deutschsprachigen Ausgabe:
2004 Piper Verlag GmbH, München
Umschlagkonzept: Büro Hamburg
Umschlaggestaltung: Nele Schütz Design, München
Umschlagabbildung: Josh Kirby via Agentur Schlück GmbH
Satz: Schaber Satz- und Datentechnik, Wels
Druck und Bindung: Clausen & Bosse, Leck
Printed in Germany   ISBN 3-492-28522-8

www.piper.de

Inhalt

1. Flaschenpost 9
2. Das hmpfundhmpfzigste Element 20
3. Reise in den B-Raum 44
4. Die angrenzende Möglichkeit 56
5. Fast wie Ankh-Morpork 78
6. Die Philosophie des Linsenschleifers 88
7. Frachtkult-Magie 109
8. Planet der Affen 117
9. Die Elfenkönigin 138
10. Blinder mit Laterne 146
11. Der Schaltier-Ort 173
12. Randleute 179
13. Stasis quo 197
14. Pu und die Propheten 203
15. Hosenbein der Zeit 219
16. Freier Unwille 224
17. Informationsfreiheit 242
18. Bit from It 249
19. Brief aus Lancre 275
20. Einfach göttlich 282
21. Der neue Wissenschaftler 308
22. Das neue Narrativium 324
23. Vorbild der Lebendigen 347
24. Die erweiterte Gegenwart 362

25	Vorbild des Gemüses	384
26	Lügen für Schimpansen	390
27	Fehlender Wille	407
28	Welten des Wenn	416
29	Die ganze Kugel ist ein Theater	439
30	Lügen für Menschen	447
31	Eine Frau auf der Bühne?	463
32	Kann Nüsse enthalten	471

Bunte Schlangen, zweigezüngt,
Molch und Igel, zieht dahin,
Dass ihr kein Verderben bringt
Unserer Elfenkönigin.

Ich habe eine ganz seltne Erscheinung gehabt. Ich habe einen Traum gehabt, weit über Menschenwitz, zu sagen, was für 'n Traum es war: der Mensch ist nur ein Esel, wenn er sich unterfängt, den Traum zu deuten. Mich dünkte, ich war – kein Mensch kann sagen, was. Mich dünkte, ich war – und mich dünkte, ich hatte – aber der Mensch ist nur 'n geflickter Hanswurst, der sich erdreistet zu sagen, was mich dünkte, dass ich hätte. Niemands Auge hat gehört, niemands Ohr hat gesehn, niemands Hand schmeckt's, keine Zunge begreift's, kein Herz kann's erzählen, welches mein Traum war.

Das ist das albernste Zeug, das ich jemals gehört habe.

WILLIAM SHAKESPEARE
Ein Sommernachtstraum*

Ich hör da garnich hin! Die ham ja Warzen!

ARTHUR J. NIGHTINGALE
Die kurze Komödie von Macbeth

---

* Nach der Übersetzung von Rudolf Schaller, Insel Verlag

Entschuldigung: Dieses Buch schildert wahre Ereignisse im Leben von William Shakespeare, aber nur, wenn man für »Wahrheit« einen bestimmten Wert annimmt.

WARNUNG:

Könnte Nüsse enthalten!

EINS

Flaschenpost

In der luftigen, engen Stille des Waldes jagte Magie auf leisen Sohlen Magie.

Man könnte einen Zauberer durchaus als ein großes, oben spitz zulaufendes Ego definieren. Deshalb fällt es einem jeden von ihnen so schwer, unauffällig zu sein. Es würde bedeuten, genauso auszusehen wie andere Leute, und Zauberer möchten nicht wie andere Leute aussehen. Zauberer *sind keine* anderen Leute.

In diesem dichten Wald voller gesprenkelter Schatten, wucherndem Grün und Vogelgezwitscher versuchten die Zauberer, unauffällig zu sein, allerdings auf eine auffällige Weise. Sie hatten die Theorie der Tarnung verstanden – oder zumindest genickt, als sie ihnen erklärt worden war –, aber dann gingen sie es falsch an.

Man nehme nur diesen Baum. Er war klein und hatte große, knorrige Wurzeln. Es gab augenfällige Löcher in ihm. Moos hing an seinen Zweigen. Einer dieser haarigen, graugrünen Fladen wies erstaunliche Ähnlichkeit mit einem Bart auf. Das war seltsam, denn ein Klumpen im Holz wirkte fast wie eine Nase. Hinzu kamen zwei Flecken, die wie Augen aussahen ...

Aber im Großen und Ganzen handelte es sich eindeutig um einen Baum. Er sah noch mehr nach einem Baum aus als ein gewöhnlicher Baum. Praktisch kein anderer Baum in diesem Wald sah so baumartig aus wie dieser. Er war in eine Aura äußerster Borkigkeit gehüllt und strahlte Blättrigkeit aus. Tauben und Eichhörnchen standen Schlange, um sich auf den Zweigen niederzulassen. Ganz oben saß eine Eule. Andere Bäume waren nur

Stöcke mit Grünzeug dran, verglichen mit dem saftigen Grün dieses Baums ...

... der einen Zweig hob und auf einen anderen Baum schoss. Eine rotierende orangefarbene Kugel raste durch die Luft und traf – platsch! – eine kleine Eiche.

Etwas geschah mit der Eiche. Teile von Zweigen, Schatten und Rinde, die bisher das Bild eines knorrigen alten Baums geformt hatten, wurden zum Gesicht von Mustrum Ridcully, Erzkanzler der Unsichtbaren Universität (für außerordentlich magische Leute). Orangerote Farbe tropfte ihm von den Wangen.

»Hab dich erwischt!«, rief der Dekan, was die Eule von seinem Hut verscheuchte. Die Eule konnte von Glück sagen, denn eine Sekunde später riss ein fliegender Ball aus blauer Farbe den Hut fort.

»Ha! Nimm das, Dekan!«, rief eine uralte Buche hinter ihm. Sie verwandelte sich nicht, aber es gelang ihr dennoch, zum Dozenten für neue Runen zu werden.

Der Dekan drehte sich um, und ein orangefarbener Klecks traf ihn an der Brust.

»Friss erlaubte Farbe!«, rief ein aufgeregter Zauberer.

Der Dekan starrte über die Lichtung zu einem Holzapfelbaum, der jetzt der Professor für unbestimmte Studien war.

»Was? Ich bin auf *deiner* Seite, du Narr!«, erwiderte er.

»Unmöglich! Du hast ein zu gutes Ziel abgegeben!«*

Der Dekan hob seinen Stab. Fünf oder sechs orangefarbene und blaue Kugeln trafen ihn, als andere verborgene Zauberer das Feuer eröffneten.

Erzkanzler Ridcully wischte sich die Farbe aus den Augen.

»Na schön, Jungs«, seufzte er. »Für heute reicht's. Zeit für den Tee, nicht wahr?«

---

* In dieser kurzen Bemerkung kommt die Essenz der Zauberei zum Ausdruck.

Wie schwer es doch war, den Zauberern das Konzept des »Teamgeists« verständlich zu machen. Dafür war im zauberischen Denken einfach kein Platz. Ein Zauberer konnte sich durchaus vorstellen, gegen eine andere Gruppe anzutreten, aber er sah sich unüberwindlichen mentalen Hindernissen gegenüber, wenn es um die Idee ging, dass eine *Gruppe* von Zauberern mit anderen Zauberern wetteiferte. Ein *Zauberer* gegen andere Zauberer, ja, das verstanden sie sofort. Sie hatten als zwei Gruppen begonnen, aber wenn es zu einem Gefecht kam, gerieten sie so sehr in Aufregung, dass sie auf alle anderen Zauberer schossen, ohne irgendwelche Unterschiede zu machen. Ein Zauberer wusste tief in seinem Innern, dass alle anderen Zauberer Feinde waren. Ridcully hatte die Magie ihrer Stäbe auf Farbzauber beschränkt – andernfalls hätte der Wald inzwischen in Flammen gestanden.

Wie dem auch sei: Die frische Luft tat ihnen gut. Ridcully hatte immer die Meinung vertreten, dass es in der Universität viel zu stickig war. Hier draußen schien die Sonne, Vögel zwitscherten, es wehte ein angenehm warmer Wind ...

Ein kalter Wind. Die Temperatur fiel.

Ridcully blickte auf seinen Stab. Eiskristalle bildeten sich daran.

»Ist ganz plötzlich ein wenig frisch geworden, nicht wahr?«, meinte er, und sein Atem kondensierte in der eisigen Luft.

Und dann veränderte sich die Welt.

Rincewind, Unerhörter Professor für grausame und ungewöhnliche Geographie, katalogisierte seine Steinsammlung. Das war in jenen Tagen der Normalzustand seines Daseins. Wenn er nichts anderes zu tun hatte, sortierte er Steine. Seine Amtsvorgänger hatten viele Jahre damit verbracht, kleine Beispiele grausamer und ungewöhnlicher Geographie mitzubringen, ohne jemals Zeit zu finden, sie zu katalogisieren. Deshalb hielt Rincewind diese Tätigkeit für seine Pflicht. Außerdem war sie wundervoll langweilig. Seiner Ansicht nach gab es nicht genug Langeweile in der Welt.

Rincewind war das rangniedrigste Mitglied der Fakultät. Der Erzkanzler hatte in aller Deutlichkeit darauf hingewiesen: Was den Rang betraf, stand Rincewind noch unter den Dingen, die im Holz klickten. Er bekam kein Gehalt und war bestenfalls lose angestellt. Andererseits bekam er seine Wäsche kostenlos gewaschen, er hatte einen Platz am Tisch, wenn die Mahlzeiten aufgetragen wurden, und er erhielt einen Eimer Kohle pro Tag. Ein eigenes Büro stand ihm zur Verfügung, niemand besuchte ihn, und jeder Versuch, irgendetwas zu lehren, war ihm streng untersagt. In akademischer Hinsicht glaubte er, recht gut dran zu sein.

Er hielt sich auch deshalb für einen Glückspilz an der Universität, weil er gleich *sieben* Eimer Kohle pro Tag bekam und selbst seine Socken gestärkt wurden. Der Grund: Niemand wusste, dass der Kohlenträger Blunk – er war viel zu verdrießlich, um zu lesen – so viel Eimer brachte, wie Titel an der Arbeitszimmertür standen.

Der Dekan bekam einen Eimer. Ebenso der Quästor.

Rincewind erhielt sieben, denn der Erzkanzler hatte ihm alle Titel, Lehrstühle und Ämter gegeben, die an der Universität besetzt sein mussten, weil uralte Nachlässe, Verpflichtungen und in einem Fall ein Fluch es so wollten. In den meisten Fällen wusste niemand, was es mit ihnen auf sich hatte. Keiner erhob Anspruch darauf, aus Furcht, dass sie irgendetwas mit Studenten zu tun haben könnten, und so überließ man Rincewind den ganzen Kram.

Jeden Morgen brachte Blunk sieben Eimer Kohle zur Tür des Professors für grausame und ungewöhnliche Geographie, des Professors für experimentelle glückliche Entdeckungen, des Dozenten für Graupeldynamik, des Lehrers für Laubsägearbeiten*, des Professors für öffentliches Missverständnis von Magie, des Professors für virtuelle Anthropologie und des Dozenten für ungefähre Genauigkeit.

Rincewind öffnete die Tür in der Unterhose – das heißt, er öffnete die Tür in der Wand, während er seine Unterhose trug – und nahm die Kohle selbst an einem glühend heißen Tag freudig entgegen. An der Unsichtbaren Universität gab es Budgets, und wenn man nicht alles verbrauchte, was man bekam, erhielt man beim nächsten Mal weniger. Es mochte bedeuten, im Sommer zu rösten, um es im Winter einigermaßen warm zu haben, aber das war ein geringer Preis für korrekte fiskalische Prozeduren.

An diesem Tag trug Rincewind die Eimer ins Arbeitszimmer und schüttete die Kohle auf den Haufen in der Ecke.

Hinter ihm machte etwas »Gloink«.

Es war ein leises, subtiles und gleichzeitig seltsam aufdringliches Geräusch. Es begleitete das Erscheinen einer Bierflasche im Regal hinter Rincewinds Schreibtisch, und zwar dort, *wo sich zuvor keine Bierflasche befunden hatte.*

Rincewind griff danach und betrachtete sie. Die Flasche hatte bis vor kurzer Zeit Winkels Besonders Altes Bier enthalten. Sie wies keine ätherischen Aspekte auf, abgesehen davon, dass sie blau war. Das Etikett hatte die falsche Farbe, präsentierte viele Rechtschreibfehler

---

* Dies war das Ergebnis eines Fluchs, den ein sterbender Erzkanzler vor zwölfhundert Jahren ausstieß und der vermutlich so klang: »Mögest du immer Laubsägearbeiten lehren!«

und auch die ganz klein gedruckte Warnung: Könnte Nüsse enthalten.*

Ein Zettel steckte in der Flasche.

Rincewind holte ihn vorsichtig heraus und las.

Dann betrachtete er das Etwas *neben* der Bierflasche: eine Glaskugel, die etwa dreißig Zentimeter durchmaß. Darin schwebte eine kleinere Kugel, blau mit flauschigem Weiß.

Die kleinere Kugel war eine Welt, und der Raum im Innern der größeren Kugel war unendlich. Die Zauberer der Unsichtbaren Universität hatten die Welt und das Universum, zu dem sie gehörte, mehr oder weniger durch Zufall erschaffen. Dass die Kugel jetzt in Rincewinds kleinem Arbeitszimmer im Regal stand, wies deutlich darauf hin, welches Interesse ihr die Fakultät entgegenbrachte, nachdem sich die anfängliche Aufregung gelegt hatte.

Manchmal beobachtete Rincewind die Welt durch ein Omniskop. Meistens gab es Eiszeiten auf ihr, und sie war weniger fesselnd als ein Ameisenhaufen. Gelegentlich schüttelte er sie, um festzustellen, ob sie dadurch interessanter wurde, aber es schien nie eine große Wirkung zu haben.

Er sah auf den Zettel hinab.

---

* Lord Vetinari, Patrizier und oberster Herrscher der Stadt, legte großen Wert darauf, dass die Etiketten von Lebensmitteln richtig beschriftet wurden. Unglücklicherweise wandte er sich in dieser Angelegenheit an die Zauberer der Unsichtbaren Universität und stellte ihnen folgende Frage: »Könnt ihr unter Berücksichtigung des multidimensionalen Phasenraums, der metastatistischen Anomalie und der Gesetze der Wahrscheinlichkeit garantieren, dass irgendetwas mit *absoluter Gewissheit* keine Nüsse enthält?« Nach einigen Tagen gelangten die Zauberer zu dem Schluss, dass die Antwort nein lautete.
Lord Vetinari gab sich mit »Enthält wahrscheinlich keine Nüsse« nicht zufrieden, denn einen solchen Hinweis fand er wenig hilfreich.

Eine sehr verwirrende Sache. Und das Universum hatte jemanden, der sich um solche Dinge kümmerte.

Ponder Stibbons hatte, wie Rincewind, mehrere Jobs. Er brachte es nicht bis auf sieben, sondern schwitzte schon bei drei. Zuerst war er Leser unsichtbarer Schriften gewesen, hatte dann die Leitung der Abteilung für unratsame angewandte Magie übernommen, um schließlich auch noch in aller Unschuld zum Praelector zu werden – dieser Universitätstitel bedeutete so viel wie »eine Person, der man alle lästigen Arbeiten überträgt«.

Mit anderen Worten: Ponder musste sich um alles kümmern, wenn die ranghohen Mitglieder der Fakultät fehlten. Und da die Frühlingsferien begonnen hatten, fehlten sie tatsächlich. Ebenso die Studenten. Auf diese Weise erreichte die Universität ihre maximale Effizienz.

Ponder strich den nach Bier riechenden Zettel glatt und las:

SAG STIBBONS, ER SOLL SOFORT HIERHER KOMMEN. DEN BIBLIOTHEKAR MITBRINGEN. WAR IM WALD, BIN AUF DER RUNDWELT. ESSEN GUT, BIER SCHLECHT. ZAUBERER UNNÜTZ. AUCH ELFEN HIER. UNHEILVOLLES IM GANGE.

RIDCULLY

Ponder sah an der summenden, klickenden, *beschäftigten* Masse von HEX empor, der magischen Denkmaschine der Universität. Ganz vorsichtig legte er den Zettel auf eine Platte, die zur weitläufigen Struktur des großen Apparats gehörte.

Ein etwa dreißig Zentimeter durchmessendes mechanisches Auge kam von der Decke herab. Ponder hatte keine Ahnung, wie es funktionierte, er wusste nur, dass es eine Vielzahl unglaublich dünner Röhren enthielt. HEX hatte die Konstruktionspläne eines Nachts gezeichnet, und Ponder hatte sie zu den Gnom-Goldschmieden gebracht. Er begriff längst nicht mehr, was HEX mit sich selbst anstellte. Die Maschine veränderte sich fast täglich.

Der Ausschrieb rasselte, und folgende Mitteilung erschien:

+++ Elfen haben die Rundwelt betreten. Das war zu erwarten +++

»Zu erwarten?«, fragte Ponder.

+++ Ihre Welt ist ein Parasitenuniversum. Es braucht einen Wirt +++

Ponder wandte sich an Rincewind. »Verstehst du irgendetwas davon?«

»Nein«, sagte Rincewind. »Aber ich bin Elfen begegnet.«

»Und?«

»Und dann bin ich vor ihnen weggelaufen. Man bleibt besser nicht in deren Nähe. Ich bin nicht für sie zuständig, es sei denn, sie befassen sich mit Laubsägearbeiten. Wie dem auch sei: Derzeit gibt es nichts *auf* der Rundwelt.«

»Du hast doch Berichte über verschiedene Spezies geschrieben, die dort immer wieder erschienen, oder?«

»Du hast sie *gelesen?*«

»Ich lese alle Rundschreiben«, sagte Ponder.

»Im *Ernst?*«

»In deinen Berichten hieß es, dass intelligentes Leben entsteht, einige Millionen Jahre bestehen bleibt und dann ausstirbt, weil die Luft gefriert, Kontinente explodieren oder riesige Felsbrocken ins Meer stürzen.«

»Ja, das stimmt«, bestätigte Rincewind. »Derzeit ist die Rundwelt wieder ein Schneeball.«

»Und was macht die Fakultät dort?«

»Offenbar trinkt sie Bier.«

»Während Eis die Welt bedeckt?«

»Dann ist das Bier wenigstens kalt.«

»Aber die Zauberer sollten im Wald umherlaufen, an einem Strang ziehen, Probleme lösen und mit Farbzaubern aufeinander schießen«, erwiderte Ponder.

»Warum?«

»Hast du das Memo des Erzkanzlers gelesen?«

Rincewind schauderte. »Oh, so etwas lese ich *nie*«, erwiderte er.

»Er hat alle in den Wald mitgenommen, um dort einen dynamischen Teamgeist zu schaffen«, erklärte Ponder. »Das ist eine der Großen Ideen des Erzkanzlers. Er glaubt, dass die Mitglieder der Fakultät eine zufriedenere, tüchtigere Gruppe bilden würden, wenn sie sich besser kennten.«

»Aber sie *kennen* sich doch. Sie kennen sich seit einer Ewigkeit. Und deshalb mögen sie sich nicht besonders! Sie wollen gar keine zufriedenere, tüchtigere Gruppe bilden!«

»Noch dazu auf einem Eisball«, sagte Ponder. »Sie sollten fünfzehn Meilen entfernt im Wald sein, nicht in einer Glaskugel in deinem Arbeitszimmer! Es gibt *keine* Möglichkeit, ohne eine *beträchtliche* Menge Magie zur Rundwelt zu gelangen, und der Erzkanzler hat mir verboten, den thaumischen Reaktor mit auch nur annähernd seiner vollen Leistung laufen zu lassen.«

Rincewind blickte erneut auf den Zettel.

»Wie kam die Flasche zu uns?«, fragte er.

+++ Dafür bin ich verantwortlich +++, schrieb HEX. +++ Ich beobachte die Rundwelt noch immer. Und ich habe interessante Prozeduren entwickelt. Inzwischen ist es ganz leicht für mich, ein Artefakt in der realen Welt zu reproduzieren +++

»Warum hast du uns nicht darauf hingewiesen, dass der Erzkanzler Hilfe braucht?«, seufzte Ponder.

+++ Sie hatten so viel Spaß bei dem Versuch, die Flasche zu schicken +++

»Kannst du sie hierher zurückbringen?«

+++ Ja +++

»Wenn das so ist ...«

»Augenblick«, warf Rincewind ein. Er erinnerte sich an die blaue Bierflasche und die Rechtschreibfehler. »Kannst du sie *lebend* zurückbringen?«

HEX schien beleidigt zu sein.

+++ Natürlich. Mit einer Wahrscheinlichkeit von 94,37% +++

»Die Gefahr scheint recht gering zu sein«, kommentierte Ponder.

»Augenblick«, sagte Rincewind und dachte noch immer an die Flasche. »Menschen sind keine Flaschen. Wie ist die Wahrscheinlichkeit für: lebend, mit voll funktionsfähigem Gehirn sowie allen Organen und Gliedmaßen an den richtigen Stellen?«

Entgegen seiner Gewohnheit zögerte HEX, bevor er antwortete.

+++ Geringe Veränderungen sind unvermeidlich +++

»Wie gering wären sie?«

+++ Ich kann nicht garantieren, dass die Rückkehrer mit mehr als jeweils einem Exemplar eines jeden Organs ausgestattet werden +++

Eine frostige Stille folgte diesen Worten.

+++ Ist das ein Problem? +++

»Vielleicht gibt es eine andere Möglichkeit«, sagte Rincewind.

»Wie kommst du darauf?«

»Die Flaschenpost erwähnt den Bibliothekar.«

In der Hitze der Nacht bewegte sich Magie auf leisen Sohlen.

Die untergehende Sonne färbte einen Horizont rot. Diese Welt umkreiste einen zentralen Stern. Die Elfen wussten das nicht, und wenn sie es gewusst hätten, wäre es ihnen gleich gewesen. Solche Details spielten für sie nie eine Rolle. Das Universum hatte Leben an vielen seltsamen Orten entstehen lassen, aber auch das kümmerte die Elfen nicht.

Auf dieser Welt war vielfältiges Leben entstanden. Bisher hatte ihm indes immer etwas gefehlt, das die Elfen für Potenzial hielten. Doch diesmal gab es Hoffnung.

Natürlich gab es auch Eisen. Elfen hassten Eisen. Aber diesmal lohnte sich ein Risiko. Diesmal …

Einer von ihnen gab ein Zeichen. Die Beute befand sich in der Nähe. Und dann sahen sie sie, in den Bäumen am Rand einer Lichtung zusammengedrängt, dunkle Punkte vor dem Rot des Sonnenuntergangs.

Die Elfen bereiteten sich vor. Und dann fingen sie an zu singen, in einer so hohen Tonlage, dass das Gehirn den Gesang ohne die Ohren hörte.

ZWEI

Das hmpfundhmpfzigste Element

Die Scheibenwelt funktioniert mit Magie, die Rundwelt nach Regeln, und obwohl Magie Regeln braucht und manche Leute meinen, Regeln seien magisch, sind das doch ganz verschiedene Dinge. Zumindest solange sich kein Zauberer einmischt. Das war die hauptsächliche wissenschaftliche Aussage unseres vorigen Buches, *Die Gelehrten der Scheibenwelt*. Darin umrissen wir die Geschichte des Weltalls vom Urknall über die Entstehung der Erde und die Evolution einer nicht besonders viel versprechenden Affenart. Die Geschichte endete mit einem Schnellvorlauf bis zum Einsturz eines Weltraumlifts, mit dessen Hilfe eine rätselhafte Spezies (doch wohl *kaum* diese Affen, die sich für nichts als Sex und Herumalbern interessierten) von dem Planeten entkommen war. Sie hatten die Erde verlassen, weil ein Planet alles in allem ein zu gefährlicher Ort zum Leben ist, und waren auf der Suche nach Sicherheit und der langfristigen Gelegenheit zu einem ordentlichen Glas Bier in die Galaxis hinausgeflogen.

Die Zauberer der Scheibenwelt haben nie herausgefunden, wer die Erbauer des Weltraumlifts auf der Rundwelt waren. *Wir* wissen, dass *wir* es waren, die Nachkommen jener Affen, die Sex und Herumalbern zu hohen Graden der Verfeinerung gebracht haben. Die Zauberer haben diesen Teil verpasst, doch um gerecht zu sein – die Erde existierte seit über vier Milliarden Jahren, Affen und Menschen aber waren nur einen winzigen Bruchteil dieser Zeit zugegen. Wenn die gesamte bisherige Geschichte des Weltalls auf einen Tag zusammengedrängt würde, dann wären wir die letzten beiden Sekunden über anwesend.

Auf der Rundwelt geschahen eine Menge interessanter Dinge, während die Zauberer rasch nach vorn spulten, und jetzt, im nächsten Buch, werden sie herausfinden, was da geschehen ist. Und natürlich werden sie sich einmischen und unausweichlich die Welt erschaffen, in der wir heute leben, wie ihre Einmischung im Rundwelt-Projekt ja unausweichlich unser gesamtes Universum erschaffen hat. So muss das doch wohl funktionieren, oder?

Und so geht die Geschichte.

Von außen gesehen, wie es so in Rincewinds Büro steht, ist das ganze Weltall der Menschen eine kleine Kugel. Große Mengen an Magie sind auf seine Herstellung verwendet worden und paradoxer Weise darauf, seine interessanteste Eigenschaft zu bewahren. Nämlich: Die Rundwelt ist der einzige Ort auf der Scheibenwelt, wo Magie nicht funktioniert. Ein starkes magisches Feld schirmt sie gegen die thaumatischen Energien ab, die ringsumher heranbranden. Innerhalb der Rundwelt geschehen Dinge nicht, weil jemand es möchte oder weil sie eine gute Geschichte ergeben: Sie geschehen, weil die Regeln des Universums, die so genannten »Naturgesetze«, sie geschehen *lassen*.

Zumindest wäre das eine vernünftige Art, die Dinge zu beschreiben … bis sich die Menschen entwickelten. Zu diesem Zeitpunkt geschah auf der Rundwelt etwas sehr Seltsames. Sie begann auf allerlei Art der Scheibenwelt zu ähneln. Die Affen erwarben einen Geist, und ihr Geist wirkte auf den normalen Lauf des Universums ein. Dinge geschahen nun, *weil* der Geist von Menschen es so wollte. Plötzlich flossen in die Naturgesetze, die bis dahin blinde, geistlose Regeln gewesen waren, Zweck und Absicht ein. Dinge geschahen aus einem vernünftigen Grund, und zu den solcherart geschehenden Dingen gehörte die Vernunft selbst. Und doch fand diese dramatische Veränderung statt, ohne dass im Mindesten dieselben Regeln verletzt worden wären, die bis dahin das Universum zu einem Ort ohne Zweck gemacht hatten. Was es auf der Ebene der Regeln immer noch ist.

Das erscheint paradox. Unser wissenschaftlicher Kommentar, der zwischen die einzelnen Episoden einer Scheibenwelt-Geschichte eingeschaltet ist, wird sich daher vor allem mit der Lösung für ein Paradox befassen: Wie ist auf diesem Planeten die Vernunft entstanden? Wie ist ein vernunftloses Universum »zur Vernunft gekommen«? Wie können wir den freien menschlichen Willen (oder was danach aussieht) mit der Unausweichlichkeit der Naturgesetze in Einklang bringen? Welche Beziehung besteht zwischen der »Innenwelt« des Geistes und der angeblich objektiven »Außenwelt« der physikalischen Realität?

Der Philosoph René Descartes hat dargelegt, der Geist müsse aus einer besonderen Art Stoff bestehen – »aus Geiststoff«, der sich von gewöhnlicher Materie unterscheide, ja unter Verwendung von gewöhnlicher Materie überhaupt nicht festzustellen sei. Der Geist sei eine unsichtbare geistige Essenz, die die ansonsten unvernünftige Materie beseele. Es war ein hübscher Gedanke, weil er auf einen Schlag erklärte, warum der Geist so seltsam ist, und lange Zeit war eben dies die allgemein übliche Ansicht. Nichtsdestoweniger ist das Konzept der »Kartesianischen Dualität« heute in Ungnade gefallen. Heutzutage dürfen nur Kosmologen und Teilchenphysiker neue Arten Materie erfinden, wenn sie erklären wollen, warum ihre Theorien nicht der beobachteten Wirklichkeit entsprechen. Wenn Kosmologen feststellen, dass Galaxien an den falschen Stellen mit falschen Geschwindigkeiten rotieren, werfen sie ihre Theorien über Gravitation nicht weg. Sie erfinden »kalte dunkle Materie«, um die fehlenden 90 Prozent Masse in unserem Universum aufzufüllen. Wenn irgendein anderer Wissenschaftler so etwas täte, würden die Leute entsetzt die Hände überm Kopf zusammenschlagen und es als »Zurechtbiegen der Tatsachen« verurteilen. Aber Kosmologen scheinen damit durchzukommen.

Ein Grund dafür ist, dass diese Idee viele Vorteile hat. Kalte dunkle Materie ist kalt, dunkel und Materie. »Kalt« bedeutet, dass man sie nicht durch die von ihr abgestrahlte Wärme entdecken kann, denn sie strahlt keine aus. »Dunkel« bedeutet, dass man sie nicht durch das von ihr ausgesandte Licht entdecken kann, denn sie sendet kein Licht aus. »Materie« bedeutet, dass es ein ganz gewöhnliches materielles *Ding* ist (keine alberne Erfindung wie Descartes' immaterieller Geiststoff). Dies gesagt, ist kalte dunkle Materie natürlich absolut unsichtbar und entschieden nicht dasselbe wie gewöhnliche Materie, die weder kalt noch dunkel ist …

Man muss den Kosmologen zugestehen, dass sie sehr angestrengt versuchen, Möglichkeiten zu finden, wie man kalte dunkle Materie entdecken könnte. Bisher haben sie entdeckt, dass sie Licht beugt, sodass man Ansammlungen von kalter dunkler Materie mithilfe der Wirkung »sehen« kann, die sie auf die Bilder fernerer Galaxien hat. Kalte dunkle Materie erzeugt trugbildhafte Verzerrungen im Licht ferner Galaxien und verschmiert es zu dünnen Bögen, in deren Zentrum die Ansammlung fehlender Masse steht. Aus diesen Störungen können Astronomen auf die Verteilung der ansonsten unsichtbaren kalten dunklen Materie Rückschlüsse ziehen. Die ersten Ergebnisse werden gerade gewonnen, und in ein paar Jahren wird es möglich sein, das Weltall zu durchmustern und herauszufinden, ob die fehlenden 90 Prozent Materie wirklich da sind, wie erwartet kalt und dunkel, oder ob die ganze Idee Unsinn ist.

Descartes' gleichermaßen unsichtbarer, nicht zu entdeckender Geiststoff hat eine sehr wechselhafte Geschichte. Zunächst schien seine Existenz offensichtlich zu sein: Der menschliche Geist verhält sich einfach nicht wie der Rest der materiellen Welt. Später hielt man seine Existenz offensichtlich für Unsinn, denn man kann ein Gehirn in Stücke zerschneiden – vorzugsweise nachdem man sichergestellt hat, dass sein Besitzer diese Welt bereits verlassen hat – und nach seinen materiellen Bestandteilen suchen. Und wenn man das tut, findet man nichts Ungewöhnliches. Da sind eine Menge komplizierte Proteine, auf sehr kunstvolle Weise angeordnet, aber man findet kein einziges Atom Geiststoff.*

Eine Galaxis können wir jedoch nicht in Stücke zerschneiden, sodass die Kosmologen vorerst mit ihrer absurden Erfindung eines neuen Materials durchkommen, mit dessen Hilfe sie ihr Gesicht wahren. Neurologen, die den Geist zu erklären trachten, haben es nicht so gut. Gehirne kann man viel leichter zerlegen als Galaxien.

Trotz des Wechsels in den gegenwärtigen allgemeinen Anschauungen verbleiben ein paar hartgesottene Dualisten, die noch immer an einen besonderen Geiststoff glauben. Doch heute sind fast alle Neurologen der Ansicht, dass das Geheimnis des Geistes in der Struktur des Gehirns begründet liegt, und noch wichtiger: in den Prozessen, die das Gehirn ausführt. Während Sie

---

* Und man wäre in der Lage der schrecklichen Revisoren der Realität von der Scheibenwelt, die anthropomorphe Verkörperungen der Regeln des Universums sind und in *Der Zeitdieb* bei ihrer vergeblichen Suche nach »Schönheit« Gemälde und Statuen auf die Atome zurückführen, aus denen sie bestehen.

diese Worte lesen, haben Sie eine starke Empfindung eines Selbst. Es gibt ein Ich, welches liest und über die Worte und über die Gedanken nachsinnt, die diese ausdrücken. Kein Wissenschaftler hat jemals das Stück Hirn herausseziert, das diesen Eindruck des Ichs enthält. Die meisten nehmen an, dass es kein solches Stück gibt: Vielmehr empfinden Sie sich als *sich selbst* wegen der gesamten Aktivität Ihres Hirns, plus der Nervenfasern, die mit ihm verbunden sind, ihm Empfindungen aus der Außenwelt liefern und ihm erlauben, die Bewegungen Ihrer Arme, Beine und Finger zu steuern. Im Grunde empfinden Sie sich als *sich selbst*, weil Sie ständig damit beschäftigt sind, *Sie selbst* zu sein.

Der Geist ist ein Prozess, der in einem Gehirn, welches aus ganz gewöhnlicher Materie besteht, nach den Regeln der Physik abläuft. Es ist jedoch ein sehr seltsamer Prozess. Es gibt eine Art Dualität, doch es ist eher eine Dualität der Interpretation als des physikalischen Materials. Wenn Sie einen Gedanken denken – sagen wir, über den Fünften Elefanten, der vom Rücken von Groß A'Tuin abrutschte, eine kreisbogenförmige Bahn beschrieb und auf der Oberfläche der Scheibenwelt aufschlug –, dann hat derselbe physikalische Akt, mit dem dieser Gedanke gedacht wird, zwei verschiedene Bedeutungen.

Eine davon ist pure Physik. In Ihrem Gehirn fließen in verschiedenen Nervenfasern verschiedene Elektronen hin und her. Chemische Moleküle verbinden oder teilen sich, um neue zu bilden. Moderne Geräte wie der PET-Scanner* können ein dreidimensionales Bild Ihres Gehirns erstellen, welches zeigt, welche Regionen aktiv sind, wenn Sie an den Elefanten denken. Materiell gese-

---

* PET – Positronen-Emissions-Tomographie: ein Apparat, der winzige vom Hirngewebe ausgesandte Teilchen auffängt und daraus eine Karte der Vorgänge im Gehirn erstellt.

hen, schwirrt Ihr Gehirn auf eine komplizierte Art und Weise. Die Wissenschaft kann das Schwirren sehen, aber sie kann den Elefanten (noch) nicht herauslesen.

Und nun die zweite Interpretation. Von innen sozusagen haben Sie keine Empfindung von diesen umherschwirrenden Elektronen und reagierenden Chemikalien. Stattdessen haben Sie einen sehr lebhaften Eindruck von einem großen grauen Wesen mit Schlappohren und einem Rüssel, das auf unglaubliche Weise durch den Raum fliegt und verheerend aufschlägt. Geist ist, wie es sich anfühlt, ein Gehirn *zu sein*. Dieselben physikalischen Vorgänge erhalten eine völlig neue Bedeutung, wenn sie von innen betrachtet werden. Eine Aufgabe für die Wissenschaft ist es, die Kluft zwischen diesen beiden Interpretationen zu überbrücken. Der erste Schritt ist herauszufinden, welche Teile des Gehirns was tun, wenn man einen bestimmten Gedanken denkt. Im Grunde heißt das, den Elefanten aus den Elektronen zu rekonstruieren. Das ist noch nicht möglich, doch jeder Tag bringt uns der Lösung dieser Aufgabe ein Stück näher. Selbst wenn die Wissenschaft diesen Punkt erreicht, wird sie wahrscheinlich nicht erklären können, warum Ihr Eindruck von dem Elefanten derart lebhaft ist oder warum er gerade diese spezielle Form annimmt.

Bei der Erforschung des Bewusstseins gibt es einen Fachbegriff dafür, wie sich eine Empfindung »anfühlt«. Er heißt »Qualium«, eine Einbildung, mit der unser Geist sein Modell des Weltalls färbt, wie ein Maler einem Porträt Pigment hinzufügt. Solche Qualia malen die Welt in lebhaften Farben, sodass wir schneller darauf reagieren können, insbesondere auf Anzeichen von Gefahr, Nahrung und mögliche Geschlechtspartner …

Die Wissenschaft hat keine Erklärung, warum sich Qualia so anfühlen, und wird wohl auch keine finden. Die Wissenschaft kann also erklären, wie ein Geist funktioniert, aber nicht, wie es ist, einer zu sein. Das ist keine Schande: Schließlich können Physiker erklären, wie ein Elektron funktioniert, aber nicht, wie es ist, eins zu sein. Manche Fragen gehen über die Wissenschaft hinaus. Und wie wir vermuten, über alles andere auch: Es ist ziemlich leicht, eine Erklärung für diese metaphysischen Probleme zu behaupten, aber so gut wie unmöglich zu beweisen, dass man Recht hat. Die Wissenschaft gibt zu, dass sie mit diesen Dingen nicht umgehen kann, also ist sie zumindest ehrlich.

Jedenfalls handelt die Wissenschaft vom Geist (jetzt nicht im großen, metaphysischen Sinne, sondern im praktischen, der Denken und Bewusstsein meint) davon, wie der Geist funktioniert und wie er sich entwickelt hat, aber nicht davon, wie es ist, einer zu sein. Selbst mit dieser Einschränkung macht die Wissenschaft vom Gehirn nicht die ganze Geschichte aus. Die Problematik des Geistes hat eine zweite wichtige Dimension. Nicht, wie das Hirn funktioniert und was es tut, sondern wie es dazu kam.

Wie in aller Rundwelt ist aus geistlosen Wesen Geist entstanden?

Ein großer Teil der Antwort liegt nicht im Gehirn, sondern in seiner Wechselwirkung mit dem übrigen Universum. Insbesondere mit anderen Gehirnen. Menschen sind soziale Tiere und kommunizieren miteinander. Der Trick mit der Kommunikation bewirkte eine große, qualitative Veränderung für die Evolution des Gehirns und seine Fähigkeit, einen Geist zu beherbergen. Er beschleunigte den Evolutionsprozess, weil die Übertragung von Ideen viel schneller geschieht als die Übertragung von Genen.

Wie kommunizieren wir? Wir erzählen Geschichten. Und das – werden wir darlegen – ist das wahre Geheimnis des Geistes. Was uns zurück zur Scheibenwelt bringt, denn auf der Scheibenwelt funktionieren die

Dinge wirklich so, wie der menschliche Geist auf der Rundwelt *denkt*, dass sie funktionieren. Besonders, was Geschichten angeht.

Die Scheibenwelt funktioniert mit Magie, und Magie ist untrennbar verknüpft mit Narrativer Kausalität, der Kraft einer Geschichte. Ein Zauberspruch ist eine Geschichte davon, was jemand gern geschehen lassen möchte, und Magie ist das, was Geschichten wahr werden lässt. Auf der Scheibenwelt geschehen Dinge, *weil die Leute erwarten, dass sie geschehen*. Die Sonne geht jeden Tag auf, weil das ihre Aufgabe ist: Sie ist eingerichtet worden, um den Menschen Licht zum Sehen zu liefern, und sie scheint am Tag, wenn die Leute sie brauchen. Das ist es, was Sonnen tun, *dazu* sind sie da. Und es ist auch eine richtige, *vernünftige* Sonne: ein nicht besonders großes Feuer, nicht allzu weit entfernt, das über und unter der Scheibe dahinzieht, wobei sie gelegentlich, aber vollkommen logischer Weise einen der Elefanten das Bein heben lässt, um sie durchzulassen. Es ist nicht die lächerliche, pathetische Art Sonne, wie wir sie haben – absolut gigantisch, höllisch heiß und rund 150 Millionen Kilometer entfernt, weil sie in der Nähe zu gefährlich wäre. Und wir kreisen um sie, statt dass sie um uns kreist, was verrückt ist, zumal mit Ausnahme der Blinden jeder Mensch auf dem Planeten das Letztere sieht. Es ist eine schreckliche Materialverschwendung, nur um Tageslicht zu erzeugen ...

Auf der Scheibenwelt *muss* der achte Sohn eines achten Sohnes Zauberer werden. Sogar wenn, wie in *Das Erbe des Zauberers,* der achte Sohn eines achten Sohnes ein Mädchen ist. Die Schildkröte Groß-A'Tuin muss mit vier Elefanten auf dem Rücken und der ganzen Scheibenwelt auf diesen durch den Raum schwimmen, denn das ist es, was eine Welten tragende Schildkröte zu tun hat. Die Erzählstruktur erfordert es. Überdies existiert auf der Scheibenwelt alles, was es gibt*, als *Ding*. Um in der Sprache der Philosophen zu sprechen: Konzepte sind *reifiziert*, real gemacht. Der Tod ist nicht nur ein Prozess von Ende und Zerfall: Er ist auch eine Person, ein Skelett mit Kapuze und Sense, und er REDET SO. Auf der Scheibenwelt ist der narrative Imperativ zu einem Stoff reifiziert, zu Narrativium. Narrativium ist ein Element wie Schwefel oder Wasserstoff oder Uran. Sein Symbol sollte Na oder etwas in der Art sein, aber wegen ein paar alter Italiener ist das schon für Natrium reserviert. Also wird es wohl Nv sein. Wie dem auch sei, Narrativium ist auf der Scheibenwelt ein Element, also hat es irgendwo seinen Platz im Scheibenwelt-Pendant zu Dmitri Mendelejews Periodischem System. Wo? Der Quästor der Unsichtbaren Universität, der einzige Zauberer, der verrückt genug ist, um imaginäre Zahlen zu verstehen, würde uns zweifellos sagen, dass das gar keine Frage ist: Narrativium ist das hmpfundhmpfzigste Element.

Das Narrativium der Scheibenwelt ist ein Stoff. Es sorgt für die narrativen Imperative und dafür, dass sie beachtet werden. Auf der Rundwelt, unserer Welt, verhalten sich die Menschen so, als ob auch hier Narrativium existiere. Wir erwarten, dass es morgen nicht regnet, *weil* Dorfkirmes ist und weil es unfair wäre, wenn Regen das Fest verdürbe.

Oder wir erwarten getreu der pessimistischen Art unserer Landsleute häufiger, *dass* es regnet, weil Dorfkirmes ist. Die meisten Leute erwarten, dass das Universum gelinde bösartig ist, hoffen aber, es sei guter Laune, während Wissenschaftler es für gleichgültig halten. Dürregeplagte Bauern beten um Regen in der ausdrücklichen Hoffnung, dass das Universum oder sein

---

* Und eine Menge Dinge, die es nicht gibt, wie die Dunkelheit.

Eigentümer ihre Worte hört und die Gesetze der Meteorologie zu ihren Gunsten aufhebt. Manche glauben natürlich genau das, und soweit sich überhaupt etwas beweisen lässt, könnten sie Recht haben. Das ist eine vertrackte und heikle Frage; sagen wir daher nur, dass bisher kein respektabler wissenschaftlicher Beobachter Gott dabei erwischt hat, wie er die Gesetze der Physik verletzte (obwohl der natürlich für die Wissenschaftler zu schlau sein könnte), und lassen wir es vorerst dabei bewenden.

Und hier nun tritt der menschliche Geist in die Mitte der Bühne.

Das Merkwürdige am Glauben der Menschen an Narrativium ist, dass, als sich erst einmal Menschen auf dem Planeten entwickelten, ihre Glaubensvorstellungen wahr wurden. Wir haben in gewisser Weise unser eigenes Narrativium erschaffen. Es existiert in unserem Kopf, und dort ist es ein Prozess, kein Ding. Auf der Ebene des materiellen Universums ist es nichts als ein weiteres Muster umherschwirrender Elektronen. Doch auf der Ebene dessen, wie es sich anfühlt, ein Geist zu sein, wirkt es genau wie Narrativium. Nicht nur das: Es wirkt auf die materielle Welt, nicht nur auf die geistige – es hat dieselben *Auswirkungen* wie Narrativium. Im Allgemeinen steuert unser Geist unseren Körper – manchmal aber nicht, und manchmal geht es andersherum, besonders bei Jugendlichen –, und unser Körper lässt Dinge draußen in der materiellen Welt geschehen. Innerhalb jedes Menschen gibt es eine seltsame Schleife, die wie ein Möbiusband die materielle und die geistige Ebene des Daseins vertauscht.

Diese seltsame Schleife hat eine merkwürdige Wirkung auf die Kausalität. Wir stehen am Morgen um 7.15 Uhr auf und gehen aus dem Haus, *weil* wir um neun bei der Arbeit sein müssen. Wissenschaftlich gesehen ist das eine sehr bizarre Form von Kausalität: Die

Zukunft beeinflusst die Vergangenheit. Das kommt in der Physik normalerweise nicht vor (außer in sehr esoterischen Quantensachen, aber wir wollen uns nicht ablenken lassen). In diesem Fall hat die Wissenschaft eine Erklärung. Was Sie um 7.15 Uhr aufstehen lässt, ist eigentlich nicht Ihr künftiges Eintreffen bei der Arbeit. Wenn Sie nämlich unter einen Bus geraten und nicht zur Arbeit kommen, sind Sie trotzdem um 7.15 Uhr aufgestanden. Anstelle von rückwärts laufender Kausalität gibt es in Ihrem Gehirn ein geistiges Modell, welches Ihren möglichst genauen Versuch darstellt, den bevorstehenden Tag vorherzusagen. In diesem Modell, verwirklicht in Form schwirrender Elektronen, *denken* Sie, dass Sie um neun bei der Arbeit sein sollten. Dieses Modell und seine Vorstellung von der Zukunft existieren *jetzt*, oder genauer gesagt, in der unmittelbaren Vergangenheit. Es ist diese Erwartung, die Sie aufstehen lässt, statt im Bett zu bleiben und noch eine wohlverdiente Runde zu schlafen. Und die Kausalität ist ganz normal: von der Vergangenheit in die Zukunft über Handlungen, die in der Gegenwart stattfinden.

Das stimmt also. Außer dass, wenn Sie darüber nachdenken, die Kausalität immer noch sehr seltsam ist. Ein paar Elektronen, die auf eine Weise in einem Gehirn herumschwirren, die außerhalb des Gehirns völlig bedeutungslos ist, führen zu einer abgestimmten Handlung eines Proteinklumpens von siebzig Kilogramm. Na schön, so früh am Morgen ist es kein *sehr* abgestimmter Proteinklumpen, aber Sie verstehen, was wir meinen. Deshalb nennen wir dieses sehr schöpferische Stück Verwirrung eine seltsame Schleife.

Diese geistigen Modelle sind Geschichten, vereinfachte Erzählungen, die in grober Weise Aspekten der Welt entsprechen, die wir wichtig finden. Beachten Sie dieses »wir«: Alle geistigen Modelle sind von menschlichen Vorlieben und Abneigungen beeinflusst. Unser

Geist erzählt uns Geschichten von der Welt, und wir richten einen Großteil unserer Handlungen nach dem aus, was diese Geschichten besagen. In unserem Beispiel ist es die Geschichte von »dem Mitarbeiter, der zu spät kam und entlassen wurde«. Diese Geschichte allein holt uns in aller Herrgottsfrühe aus dem Bett, sogar wenn wir mit dem Chef auf gutem Fuß stehen und uns in dem Glauben wiegen, dass die Geschichte *uns* nicht betrifft. Mit anderen Worten, wir machen uns unser Bild von der Welt anhand der Geschichten, die wir uns selbst und einander über sie erzählen.

Auf diese Weise bauen wir auch in unseren Kindern den Geist auf. In Europa und den Vereinigten Staaten wachsen die Kinder mit Geschichten von Pu dem Bären auf, der zum Haus von Kaninchen ging, zu viel Honig aß und beim Hinausgehen im Eingang stecken blieb.*
Die Geschichte sagt uns, dass wir nicht allzu gierig sein sollen, weil uns schreckliche Dinge zustoßen werden, wenn wir es sind. Sogar das Kind weiß, dass Pu der Bär eine erfundene Gestalt ist, doch es versteht, wovon die Geschichte handelt. Es hört deswegen nicht auf, vom Honig zu naschen, und es fürchtet auch nicht, es könnte in der Tür stecken bleiben, wenn es zu viel zu Mittag gegessen hat und dann aus dem Zimmer gehen will. Die Geschichte handelt nicht von buchstäblichen Interpretationen. Es ist eine Metapher, und der Geist ist eine Metaphernmaschine.

Die Macht des Narrativiums auf der Rundwelt ist immens. Seinetwegen geschehen Dinge, die man nach den Naturgesetzen niemals erwarten würde. Beispielsweise machen es die Naturgesetze ziemlich unmöglich, dass ein Gegenstand von der Erde plötzlich hoch in den

---

* Es *wäre* ein Ausgang gewesen, aber er ging ja nicht hinaus.

Weltraum springt und auf dem Mond landet. Sie besagen nicht, dass es unmöglich sei, wohl aber, dass man wirklich sehr lange darauf warten müsste, bis es geschehen könnte. Dennoch befindet sich eine Maschine auf dem Mond. Mehrere. Sie waren vorher alle hier unten. Jetzt sind sie dort oben, weil sich Leute vor Jahrhunderten romantische Geschichten über den Mond erzählten. Der Mond war eine Göttin, die auf uns herabschaute. Als Vollmond bewirkte sie, dass sich Menschen in Wölfe verwandelten. Schon damals konnten die Menschen ziemlich gut zweigleisig denken; der Mond war offensichtlich eine große silberne Scheibe, aber *zugleich* eine Göttin.

Allmählich wandelten sich diese Erzählungen. Plötzlich war der Mond eine andere Welt, und wenn wir Schwäne einspannten, konnten wir mit einem Wagen hinfliegen. Dann (wie Jules Verne vorschlug) konnten wir in einem großen Hohlzylinder hingelangen, abgefeuert von einer riesigen Kanone in Florida. In den sechziger Jahren schließlich fanden wir die richtige Art Schwan (flüssigen Sauerstoff und Wasserstoff) und die richtige Art Wagen (etliche Millionen Tonnen Metall) und flogen zum Mond. In einem Hohlzylinder, der in Florida gestartet wurde. Es war nicht direkt eine Kanone. Nun ja, in einem grundlegenden physikalischen Sinne war es schon eine; die Rakete war eine Kanone und flog selbst los, indem sie statt eines Geschosses verbrannten Treibstoff verschoss.

Wenn wir uns keine Geschichten vom Mond erzählt hätten, hätte es überhaupt keinen Zweck gehabt hinzufliegen. Ein interessanter Anblick vielleicht ... aber von dem Anblick »wussten« wir nur, weil wir uns wissenschaftliche Geschichten über Bilder erzählt hatten, die von Raumsonden zurückgefunkt worden waren. Warum sind wir hingeflogen? Weil wir uns seit mehreren hundert Jahren erzählt hatten, dass wir es tun würden.

Weil wir es unvermeidlich gemacht und in die »Zukunftsgeschichten« von sehr vielen Menschen eingebaut hatten. Weil es unsere Neugier befriedigte und weil der Mond auf uns wartete. Der Mond war eine Geschichte, die auf ihren Schluss wartete (»Der erste Mensch landet auf dem Mond!«), und wir sind hingeflogen, weil die Geschichte es verlangte.

Als sich der menschliche Geist auf der Erde entwickelte, entwickelte sich parallel zu ihm eine Art Narrativium. Anders als die Scheibenwelt-Version von Narrativium, die auf der Scheibe ebenso wirklich ist wie Eisen oder Kupfer oder Praseodym, ist unsere Version rein geistig. Es ist ein Imperativ, doch der Imperativ ist nicht zu einem Ding reifiziert worden. Dennoch besitzen wir die Art Geist, die auf Imperative reagiert und auf vieles andere, was kein Ding ist. Und so haben wir das *Gefühl*, unser Universum werde von Narrativium in Gang gehalten.

Es gibt hier eine merkwürdige Resonanz, und »Resonanz« ist entschieden das passende Wort. Die Physiker erzählen eine Geschichte, wie im Weltall Kohlenstoff entsteht. In bestimmten Sternen gibt es eine spezielle Kernreaktion, eine »Resonanz« zwischen benachbarten Energieniveaus, die der Natur einen Zwischenschritt von leichteren Elementen zu Kohlenstoff liefert. Ohne diese Resonanz, besagt die Geschichte, hätte kein Kohlenstoff entstehen können. Nun enthalten die Gesetze der Physik nach unserem gegenwärtigen Kenntnisstand mehrere »Fundamentalkonstanten« wie die Lichtgeschwindigkeit, das Planck'sche Wirkungsquantum der Quantentheorie und die Elementarladung des Elektrons. Diese Zahlen bestimmen die quantitativen Beziehungen innerhalb der physikalischen Gesetze, doch jede Kombination von bestimmten Werten für die Konstanten bringt ein potenzielles Universum hervor.

Die Art, wie sich ein Universum verhält, hängt von den tatsächlichen Zahlenwerten in seinen Gesetzen ab. Nun ist Kohlenstoff ja ein wesentlicher Bestandteil allen bekannten Lebens, und so läuft dies auf eine schlaue kleine Geschichte hinaus, die das Anthropische Prinzip genannt wird: dass es nämlich albern wäre, wenn wir fragen würden, warum wir in einem Universum leben, dessen physikalische Konstanten jene Kernresonanz ermöglichen – denn wenn dem nicht so wäre, gäbe es keinen Kohlenstoff und folglich auch uns nicht – und wir könnten nicht danach fragen.

Die Geschichte von der Kohlenstoff-Resonanz ist in vielen Büchern über die Wissenschaft zu finden, denn sie erzeugt einen mächtigen Eindruck von einer verborgenen Ordnung im Universum und scheint so viel zu erklären. Wenn wir sie aber ein wenig näher betrachten, sehen wir, dass sie ein anschauliches Beispiel für die verführerische Macht einer spannenden, aber falschen Erzählung ist. Wenn eine Geschichte ein zusammenhängendes Ganzes zu bilden scheint, können sogar bewusst selbstkritische Wissenschaftler es versäumen, die Frage zu stellen, die alles auseinander fallen lässt.

Und so geht die Geschichte. Kohlenstoff entsteht in roten Riesensternen bei einem ziemlich heiklen Prozess von Kernverschmelzung, der Tripel-Alpha-Prozess genannt wird. Dabei geht es um die Verschmelzung von drei Heliumkernen.* Ein Heliumkern enthält zwei Protonen und zwei Neutronen. Wenn man drei Helium-

---

* Im einfachsten Bild vom Atom ist der Kern ein verhältnismäßig kleiner Bereich, der aus Protonen und Neutronen besteht. Elektronen »umkreisen« den Kern in einiger Entfernung. Der Tripel-Alpha-Prozess findet in einem Plasma statt, wo die Atome ihre Elektronen verloren haben, sodass nur ihre Kerne beteiligt sind. Später, wenn sich das Plasma abkühlt, können die Kerne wieder die nötigen Elektronen erwerben.

kerne miteinander verschmilzt, bekommt man sechs Protonen und sechs Neutronen. Und das ist gerade ein Kohlenstoffkern.

Sehr schön, aber die Wahrscheinlichkeit, dass in einem Stern ein solcher dreifacher Zusammenstoß stattfindet, ist sehr gering. Zusammenstöße von zwei Heliumkernen kommen viel häufiger vor, obwohl auch sie noch relativ selten sind. Extrem selten wird ein dritter Heliumkern auf zwei treffen, die gerade zusammenstoßen. Es ist wie mit Farbkugeln und Zauberern. Immer mal wieder platscht eine Farbkugel gegen einen Zauberer. Aber man würde nicht viel darauf wetten, dass exakt im selben Augenblick ihn eine zweite Farbkugel trifft. Das heißt, die Synthese von Kohlenstoff muss stufenweise statt auf einmal erfolgen, und die nahe liegende Art ist, dass erst zwei Heliumkerne verschmelzen und dann ein dritter hinzukommt.

Der erste Schritt ist einfach, und der dabei entstehende Kern hat vier Protonen und vier Neutronen: Dies ist eine Form des Elements Beryllium. Die Lebensdauer dieser speziellen Form von Beryllium beträgt aber nur 10^{-16} Sekunden, was für den dritten Heliumkern ein sehr kleines Ziel ergibt. Die Wahrscheinlichkeit, dieses Ziel zu treffen, ist unglaublich gering, und wie sich herausstellt, existiert das Weltall noch nicht lange genug, als dass auch nur ein winziger Bruchteil seines Kohlenstoffs auf diese Weise hätte entstehen können. Dreifach-Zusammenstöße kommen also nicht in Frage, und der Kohlenstoff bleibt ein Rätsel.

Es sei denn ... dass die Beweiskette eine Lücke hat. Und das hat sie tatsächlich. Die Fusion von Beryllium mit Helium, die zu Kohlenstoff führt, würde viel schneller erfolgen und in kürzerer Zeit viel mehr Kohlenstoff ergeben, wenn die Energie des Kohlenstoffs zufällig nahe bei der kombinierten Energie von Beryllium und Helium läge. Diese Art von fast gleichen Energien wird eine *Resonanz* genannt. In den fünfziger Jahren beharrte Fred Hoyle darauf, dass der Kohlenstoff irgendwo herkommen muss, und sagte vorher, dass es aus diesem Grunde einen resonanten Zustand des Kohlenstoffatoms geben müsse. Er musste eine sehr spezifische Energie haben, die Hoyle zu ungefähr 7,6 MeV* berechnete.

Binnen eines Jahrzehnts wurde entdeckt, dass es einen Zustand mit der Energie von 7,6549 MeV gibt. Leider erweist sich, dass die kombinierte Energie von Beryllium und Helium etwa 4 Prozent darüber liegt. In der Kernphysik ist das eine ganz erhebliche Abweichung.

Hm.

Aber ach, diese scheinbare Diskrepanz ist wunderbarer Weise genau das, was wir brauchen. Wieso? Weil die zusätzliche Energie, die von den in einem Roten Riesen herrschenden Temperaturen hinzugefügt wird, genau dem benötigten Unterschied von 4 Prozent entspricht.

Toll.

Das ist eine wunderbare Geschichte, und sie hat Hoyle zu Recht eine Menge wissenschaftliche Bienchenpunkte eingebracht. Und sie lässt unsere Existenz ziemlich wackelig erscheinen. Wenn die Fundamentalkonstanten des Universums verändert werden, dann auch diese lebensnotwendige 7,6549. Man ist also versucht

---

* 1 MeV ist eine Million Elektronenvolt. Ein Elektronenvolt ist natürlich eine Energieeinheit, und für unsere Zwecke spielt es momentan eigentlich keine Rolle, wie groß diese Einheit ist. Der Ordnung halber: Es ist die Energie eines Elektrons, wenn sein Potenzial um ein Volt erhöht wird, und beträgt $1{,}6 \times 10^{-12}$ erg. Und die Energie, auf die hier Bezug genommen wird, ist der Energieüberschuss gegenüber dem niedrigsten Energiezustand des Atoms, dem »Grundzustand«.
Was ist ein erg? Schlagen Sie nach, wenn Sie es wirklich wissen müssen.

zu schlussfolgern, dass die Konstanten unseres Universums auf Kohlenstoff feinabgestimmt sind, um zu sichern, dass komplexes Leben entsteht. Hoyle hat diese Schlussfolgerung nicht gezogen, doch viele andere Wissenschaftler sind der Versuchung erlegen.

Es klingt doch gut, was also stimmt nicht? Der Physiker Victor Stenger nennt diese Art zu argumentieren »Kosmythologie«. Ein anderer Physiker, Craig Hogan, hat den Finger auf einen der wunden Punkte gelegt. Die Argumentation behandelt die Temperatur des Roten Riesen und jenen Vier-Prozent-Unterschied bei den Energieniveaus, als ob sie unabhängig voneinander wären. Sie geht also davon aus, man könnte die Fundamentalkonstanten der Physik ändern, ohne dass sich die Funktionsweise eines Roten Riesen ändern würde. Das ist jedoch offensichtlich Unsinn. Hogan weist darauf hin, dass zur Struktur von Sternen ein eingebauter Thermostat gehört, der die Temperatur automatisch auf genau den Wert einregelt, der benötigt wird, um die Reaktion im richtigen Tempo ablaufen zu lassen. Es ist, als staunte man, dass die Temperatur in einem Feuer gerade richtig ist, um Holz zu verbrennen, wo doch diese Temperatur in Wahrheit von der chemischen Reaktion erzeugt wird, mit der Holz verbrennt. Diese Art Versäumnis, die wechselseitige Bedingtheit von Naturerscheinungen zu untersuchen, ist ein typischer und recht weit verbreiteter Fehler bei anthropischen Gedankengängen.

Was in der Menschenwelt zählt, ist nicht Kohlenstoff, sondern Narrativium. Und in diesem Zusammenhang möchten wir eine neue Art von Anthropischem Prinzip feststellen. Wie es sich ergibt, leben wir in einem Universum, dessen physikalische Konstanten gerade richtig sind, damit sich Gehirne auf Kohlenstoffbasis so weit entwickeln können, dass sie Narrativium hervorbringen, wie ein Stern Kohlenstoff hervorbringt. Und das Narrativium tut verrückte Dinge, wie Maschinen auf den Mond zu bringen. Wirklich, wenn Kohlenstoff (noch) nicht existierte, dann könnte jede Lebensform auf Narrativiumbasis einen Weg finden, ihn herzustellen, indem sie sich eine richtig packende Geschichte erzählen würde, wie notwendig er ist. Die Kausalität in diesem Universum ist also unverbesserlich sonderbar. Die Physiker führen das alles gern auf die Fundamentalkonstanten zurück, aber es ähnelt mehr einem Beispiel für Murphys Gesetz.

Aber das ist eine andere Geschichte.

Je mehr wir über Narrativium in menschlichen Angelegenheiten nachdenken, umso deutlicher sehen wir, dass sich unsere Welt um die Macht der Geschichten dreht. Wir bauen unseren Geist auf, indem wir Geschichten erzählen. Zeitungen wählen Nachrichten nach ihrem Wert als Geschichte aus, nicht danach, wie wichtig sie tatsächlich sind. »England verliert Cricket-Turnier gegen Australien« ist eine Geschichte (wenn auch keine sehr überraschende) und kommt auf die Titelseite. »Ärzte sind der Ansicht, dass sie die Diagnostik von Leberkrankheiten um ein Prozent verbessert haben könnten« ist keine Geschichte, obwohl der größte Teil der Wissenschaft so funktioniert (und in künftigen Jahren, je nach dem Zustand Ihrer Leber, werden Sie das vielleicht für eine wichtigere Geschichte als ein Cricket-Turnier halten).

»Wissenschaftler behauptet, Krebs heilen zu können« hingegen *ist* eine Geschichte, auch wenn die angebliche Heilmethode vielleicht Unsinn ist. Ebenso »Spiritistisches Medium behauptet, Krebs heilen zu können« und »Geheime verschlüsselte Vorhersagen in der Bibel verborgen«, leider.

Während wir diese Zeilen schreiben, herrscht Aufruhr um eine kleine Gruppe von Leuten, die einen Menschen zu klonen gedenken. Es ist eine große Story, aber sehr wenige Zeitungen melden das wahrscheinlichste Ergebnis dieses Versuchs, nämlich komplettes Misslingen. Es waren 277 Fehlversuche notwendig, davon einige ziemlich widerwärtige, bis das Schaf Dolly geklont wurde, und bei Dolly sind jetzt schwere genetische Defekte entdeckt worden, das arme Schäfchen.

Der Versuch, einen Menschen zu klonen, ist vielleicht wirklich ethisch verwerflich, doch es gibt bessere Einwände gegen dieses verfehlte und törichte Unterfangen. Der beste ist, dass es nicht funktionieren wird, weil bisher niemand weiß, wie zahlreiche technische Hindernisse zu überwinden wären; außerdem, wenn es durch einen (un)glücklichen Zufall doch funktionieren würde, hätte jedes so erzeugte Kind schwere gesundheitliche Mängel. Solch ein Kind zu erzeugen – das ist wirklich ethisch verwerflich.

»Blaupausen« von Menschen herzustellen, worauf die Zeitungs-Story über die Ethik für gewöhnlich hinausläuft, geht an der Sache vorbei. Damit hat Klonen ja gar nichts zu tun. Das Schaf Dolly war *nicht* genetisch identisch mit der Mutter, obwohl es ihr nahe kam. Selbst wenn es genetisch identisch wäre, wäre es trotzdem ein anderes Schaf, von unterschiedlichen Erfahrungen geformt. Aus demselben Grund wird, wenn man von einem toten Kind einen Klon herstellt, *dieses* Kind nicht wieder lebendig. Vieles von der Diskussion über das Klonen in den Medien wie auch die allgemeine Vorstellung davon ist irgendwie vage mit Science-Fiction durchmengt. Auf diesem Schauplatz wie so vielen anderen wiegt die Macht der Geschichte mehr als jede Frage nach der tatsächlichen Faktengrundlage.

Menschen erzählen nicht nur Geschichten und hören nicht nur zu. Sie ähneln eher Oma Wetterwachs, die sich der Macht der Geschichten auf der Scheibenwelt bewusst ist und sich weigert, sich vom Narrativium einer Geschichte einfangen zu lassen. Vielmehr *benutzt* sie die Macht der Geschichte, um die Ereignisse nach ihren eigenen Wünschen zu formen. Priester, Politiker, Wissenschaftler, Lehrer und Journalisten auf der Rundwelt haben gelernt, die Macht der Geschichten zu gebrauchen, um ihre Botschaften an die Öffentlichkeit zu bringen und Leute dahin gehend zu manipulieren oder zu überzeugen, dass sie sich auf bestimmte Art und Weise verhalten. Die »wissenschaftliche Methode« ist ein Abwehrmechanismus gegen solche Manipulation. Sie sagt Ihnen, dass Sie etwas nicht glauben sollen, weil Sie wünschen, es wäre wahr. Die richtige wissenschaftliche Reaktion auf jede neue Entdeckung oder Theorie, besonders Ihre eigene, ist es, nach Möglichkeiten zu suchen, wie man sie widerlegen kann. Das heißt, eine andere Geschichte zu finden, die dasselbe erklärt.

Die Anthropologen lagen schief, als sie unsere Art *Homo sapiens* (»weiser Mensch«) nannten. Auf alle Fälle ist es arrogant und großkotzig, so etwas zu sagen, da doch Weisheit eine von unseren am wenigsten offensichtlichen Eigenschaften ist. In Wahrheit sind wir *Pan narrans*, der Geschichten erzählende Schimpanse.

In dieser Hinsicht nimmt auch der Aufbau von *Rettet die Rundwelt!* auf sich selbst Bezug. Sie müssen das im Gedächtnis behalten, wenn wir weitergehen. Das Buch selbst ist eine Geschichte – nein, zwei miteinander verwobene Geschichten. Eine, die ungeradzahligen Kapitel, ist eine Fantasy-Geschichte von der Scheibenwelt. Die andere, die geradzahligen Kapitel, ist eine Geschichte über die Wissenschaft vom menschlichen Geist (hier wieder im großen, metaphysischen Sinne). Die beiden hängen eng zusammen und sollen zueinander passen wie Fuß und Handschuh*; die wissenschaftliche

---

* Nicht wie Hand und Handschuh – so genau nun auch wieder nicht.

Geschichte wird als eine Folge von Sehr Großen Fußnoten zur Fantasy-Geschichte dargeboten.

So weit, so gut ... Aber es wird komplizierter. Wenn Sie eine Scheibenweltgeschichte lesen, spielen Sie ein merkwürdiges Gedankenspiel. Sie reagieren so, als ob die Geschichte wahr wäre, als ob die Scheibenwelt wirklich existieren würde, als ob Rincewind und die Truhe real wären und die Rundwelt nur ein Bruchstück von einem längst vergessenen Traum. (Bitte hör auf hereinzureden, Rincewind, wir wissen, dass es aus deiner Sicht anders aussieht. Ja, natürlich sind wir es, die nicht existieren, wir sind Bündel von Regeln, deren Folgen nur in einer kleinen Kugel auf einem staubigen Regalbord in der Unsichtbaren Universität ablaufen. Ja, das ist uns durchaus bewusst, und würdest du nun bitte *den Mund halten*?) Entschuldigung.

Menschen haben großes Geschick bei diesem Spiel erworben, und wir werden uns das zu Nutze machen, indem wir die Erde und die Scheibenwelt auf dieselbe Erzählebene setzen, sodass jede die andere erhellt. Im ersten Buch, *Die Gelehrten der Scheibenwelt*, legte die Scheibenwelt fest, was wirklich war. Darum hat die Wirklichkeit so viel Sinn. Die Rundwelt ist ein magisches Konstrukt, dafür eingerichtet, Magie auszuschließen, und deshalb hat sie überhaupt keinen Sinn (jedenfalls für Zauberer). In dieser Fortsetzung bekommt die Erde Bewohner, die Bewohner bekommen jeder einen Geist, und der tut seltsame Dinge. Er bringt Narrativium in ein geschichtenloses Universum.

Ein Computer kann während eines einzigen Tastenanschlags eine Milliarde Rechenoperationen durchführen, und zwar alle richtig, aber er könnte nicht so tun, als wäre er ein feiger Zauberer, wenn man auf ihn zu käme und ihm eins auf den Cache drückte. Wir dagegen können uns mit Leichtigkeit in einen feigen Zauberer versetzen und jemanden anders erkennen, wenn er solch eine Rolle spielt, aber wir sind völlig überfordert, wenn es darum geht, in einer Sekunde ein paar Millionen Rechenoperationen durchzuführen. Obwohl jemand von außerhalb dieses Universums das für eine leichtere Aufgabe halten könnte.

Das liegt daran, dass wir mit Narrativium funktionieren, Computer aber nicht.

DREI

Reise in den B-Raum

Drei Stunden später, in der kühlen Unsichtbaren Universität. Im Forschungstrakt für hochenergetische Magie hatte sich nicht viel verändert, abgesehen von einer Leinwand, die Bilder von Ponders ikonographischem Projektor zeigen sollte.

»Ich verstehe nicht, wozu du das Ding brauchst«, sagte Rincewind. »Nur für uns beide ...«

»Ugh«, bestätigte der Bibliothekar. Er war verärgert, weil man ihn bei einem Nickerchen in der Bibliothek gestört hatte. Er war *sehr vorsichtig* geweckt worden, da niemand einen dreihundert Pfund schweren Orang-Utan grob weckt (zumindest nicht zweimal), aber seine Stimmung ließ dennoch zu wünschen übrig.

»Der Erzkanzler meint, dass wir diese Dinge besser organisieren sollten«, meinte Ponder. »Er hält nichts davon, wenn jemand ›He, ich hab eine großartige Idee!‹ ruft. Es muss alles richtig *präsentiert* werden. Bist du so weit?«

Der kleine Kobold im Projektor zeigte mit einem winzigen Daumen nach oben.

»Also gut«, sagte Ponder. »Das erste Dia. Hier sehen wir die Rundwelt so, wie sie derzeit ...«

»Sie ist verkehrt herum«, unterbrach Rincewind den Forschungszauberer.

Ponder betrachtete das Bild.

»Es ist eine *Kugel*«, erwiderte er scharf. »Und sie *schwebt* im *All*. Wie kann sie verkehrt herum sein?«

»Der zerknitterte Kontinent müsste sich oben befinden.«

»Na schön!«, schnappte Ponder. »Kobold, dreh das Bild. In Ordnung. Zufrieden?«

»Jetzt zeigt die richtige Seite nach oben, aber rechts und links sind vertau...«, begann Rincewind.

Ponders Zeigestock klatschte auf die Leinwand. »Dies ist die Rundwelt!«, sagte er mit Nachdruck. »In ihrem derzeitigen Zustand! Von Eis bedeckt! Aber die Zeit der Rundwelt ist unserer Zeit in der realen Welt untergeordnet! Alle Epochen der Rundwelt sind uns zugänglich, so wie uns alle Seiten eines Buches, wenn auch nacheinander, zugänglich sind. Ich habe festgestellt, dass der Erzkanzler und seine Begleiter tatsächlich auf der Rundwelt weilen, allerdings nicht in der Zeit, die uns als Gegenwart erscheint. Sie sind einige hundert Millionen Jahre in der Vergangenheit! Was aus unserer Perspektive gesehen *ebenfalls* die Gegenwart sein kann! Ich weiß nicht, wie sie dorthin gekommen sind. So etwas sollte physisch nicht möglich sein! HEX hat sie lokalisiert. Was auch immer sie zur Rundwelt brachte, wir müssen davon ausgehen, dass sie nicht auf dem gleichen Weg zurückkehren können. Allerdings ... bitte das nächste Dia!«

Klick!

»Es ist das gleiche Bild«, sagte Rincewind. »Aber die eine Seite ...«

»Eine Kugel hat keine Seiten!«, stieß Ponder hervor. Vom Projektor kam das Geräusch von splitterndem Glas und dann ein leiser Fluch.

»Ich dachte nur, dass du alles richtig machen wolltest«, murmelte Rincewind. »Und überhaupt ... Es geht um den B-Raum, nicht wahr? Ich *weiß* es. Und du weißt es ebenfalls.«

»Ja, aber darauf habe ich noch nicht hingewiesen!«, schnaufte Ponder. »Ich wollte noch zehn andere Dias zeigen. Und ein Flussdiagramm!«

»Aber es *geht* um den B-Raum, stimmt's?«, fragte

Rincewind. »Ich meine, sie haben andere Zauberer gefunden. Das bedeutet Bibliotheken. Und *das* bedeutet, dass du sie durch den B-Raum erreichen kannst.«

»Ich wollte erläutern, dass *wir* durch den B-Raum dorthin gelangen können«, sagte Ponder.

»Ja, ich weiß«, erwiderte Rincewind. »Deshalb habe ich die Gelegenheit genutzt, schon jetzt ›du‹ zu sagen.«

»Wie kann es Zauberer auf der Rundwelt geben?«, fragte Ponder. »Obwohl wir *wissen*, dass Magie dort nicht funktioniert?«

»Keine Ahnung«, sagte Rincewind. »Ridcully bezeichnete sie als unnütz.«

»Und warum kann die Fakultät nicht aus eigener Kraft zurückkehren? Sie hat die Flasche geschickt! Vermutlich mittels Magie, nicht wahr?«

»Geh einfach und frag sie«, schlug Rincewind vor.

»Indem wir die unverkennbare biothaumische Signatur einer Gruppe von Zauberern anpeilen?«

»Nun, ich dachte daran, auf irgendein schreckliches Ereignis zu warten, und dann könntest *du* in den Trümmern nachsehen«, sagte Rincewind. »Aber vermutlich würde auch deine Methode funktionieren.«

»Das Omniskop hat sie im 40002730907ten Jahrhundert lokalisiert«, murmelte Ponder und betrachtete die Kugel. »Ich kann kein Bild bekommen. Aber wenn wir einen Weg zur nächsten Bibliothek finden …«

»Ugh!«, sagte der Bibliothekar. Und dann ughte er noch einmal. Er ughte ziemlich lange und iekte zuweilen. Einmal schlug er mit der Faust auf den Tisch. Ein zweites Mal war nicht möglich, da nach dem ersten Mal nicht mehr viel vom Tisch übrig geblieben war.

»Er meint, nur sehr erfahrene Bibliothekare können den B-Raum nutzen«, sagte Rincewind, als der Bibliothekar die Arme verschränkte. »Er war sehr kategorisch und betonte, dass wir auf keinen Fall eine Art magischen Ausflug darin sehen dürfen.«

»Aber es handelt sich um eine Anweisung vom Erzkanzler!«, entgegnete Ponder. »Und es gibt keine andere Möglichkeit, die Rundwelt zu erreichen!«

Daraufhin wirkte der Bibliothekar ein wenig verunsichert. Rincewind wusste, warum. Es war schwer, in der Unsichtbaren Universität ein Orang-Utan zu sein, und der Bibliothekar löste das Problem, indem er Mustrum Ridcully für das dominante Männchen hielt, obgleich der Erzkanzler nur selten auf eine hohe Stelle des Dachs kletterte, um von dort aus bei Morgengrauen klagend über die Stadt zu rufen. Die Folge war, dass es ihm im Gegensatz zu den anderen Zauberern schwer fiel, eine Anweisung des Erzkanzlers zu ignorieren. Für ihn lief es auf eine direkte Man-zeige-die-Reißzähne-und-klopfe-sich-auf-die-Brust-Konfrontation heraus.

Rincewind hatte eine Idee.

»Wir bringen die Kugel in die Bibliothek«, sagte er zu dem Affen. »Es würde bedeuten, dass Ponder Stibbons die Bibliothek nicht verlässt, während du durch den B-Raum reist. Ich meine, selbst wenn du die Rundwelt erreichst: Sie befindet sich im Innern der Kugel, und *die* befindet sich in der Bibliothek, woraus folgt, dass du eigentlich gar nicht weit gereist bist, ein oder zwei Meter, mehr nicht. Immerhin enthält die Kugel nur in ihrem Innern unendlich viel Platz.«

»Meine Güte, Rincewind, ich bin *beeindruckt*«, sagte Ponder, während der Bibliothekar verwirrt schien. »Ich habe dich immer für ziemlich dumm gehalten, aber du hast gerade erstaunlich logisches Denken bewiesen. Wenn wir die Kugel auf den Schreibtisch des Bibliothekars stellen, so findet die ganze Reise im *Innern* der Bibliothek statt, nicht wahr?«

»Genau«, bestätigte Rincewind, der das unerwartete Lob zum Anlass nahm, das »ziemlich dumm« zu überhören.

»Und in der Bibliothek ist alles völlig sicher ...«

»Große, dicke Wände. Ein sehr sicherer Ort«, pflichtete Rincewind Ponder bei.

»Wenn man die Sache so sieht, kann uns eigentlich nichts passieren«, meinte Ponder.

»Du bist schon wieder beim ›uns‹.« Rincewind wich zurück.

»Wir suchen die Fakultät und bringen sie zurück!«, rief Ponder. »Wie schwer kann das sein?«

»Es kann verdammt schwer sein! Es gibt *Elfen* auf der Rundwelt! Du kennst Elfen! Sie sind *gefährlich!* Wenn du auch nur einen Moment lang nicht aufpasst, kontrollieren sie dein Denken!«

»Sie haben mich einmal durch den Wald gejagt«, sagte Ponder. »Sie sind Furcht erregend. Ich erinnere mich daran, dass ich es in mein Tagebuch geschrieben habe.«

»Du hast *in dein Tagebuch geschrieben*, dass du Angst hattest?«

»Ja. Wieso fragst du? Schreibst du so etwas nicht auf?«

»Mein Tagebuch ist nicht dick genug. Aber es ergibt doch keinen Sinn! Auf der Rundwelt existiert nichts, das für Elfen interessant wäre! Sie haben gern … Sklaven. Und wir haben nicht beobachten können, dass sich dort irgendetwas mit genug Intelligenz entwickelt hätte, um ein Sklave zu sein.«

»Vielleicht hast du etwas übersehen«, sagte Ponder.

»Nein, *ich* sage *du*, und *du* sagst *wir*«, erwiderte Rincewind.

Sie sahen beide zur Kugel.

»Es ist wie mit einer Topfpflanze«, meinte Ponder. »Wenn sie Blattläuse hat, so versucht man, sie zu zerdrücken.«

»*Ich* versuche das nie«, stellte Rincewind fest. »Blattläuse sind zwar klein, aber es gibt immer viele von ihnen.«

»Es war eine Metapher, Rincewind«, sagte Ponder müde.

»Ich meine, angenommen, sie verbünden sich?«

»Rincewind, außer dir gibt es hier niemanden, der etwas über die Rundwelt weiß. Entweder kommst du mit, oder ... oder ... ich erzähle dem Erzkanzler von den sieben Eimern.«

»Woher weißt du davon?«

»*Und* ich erkläre ihm, dass all deine Arbeiten leicht von HEX erledigt werden könnten. Nötig sind nur einige wenige Anweisungen, und ich brauche nicht mehr als dreißig Sekunden, um sie zu schreiben. Mal sehen ...

Rincewind
SUB WAIT
WAIT
RETURN

Oder vielleicht:

RUN RINCEWIND«

»Das würdest du nicht tun!«, sagte Rincewind. »Oder?«

»O doch. Also, kommst du mit auf die Reise? Und bring die Truhe mit.«

Wissen = Macht = Energie = Materie = Masse. Auf dieser schlichten Gleichung basiert der ganze B-Raum. Durch den B-Raum sind alle Bücher miteinander verbunden (sie zitieren aus denen vor ihnen und beeinflussen die nach ihnen). Doch im B-Raum gibt es keine Zeit. Und eigentlich auch keinen Raum. Trotzdem ist der B-Raum unendlich groß und verbindet alle Bibliotheken, wo und wann sie sich auch befinden. Er ist nie weiter entfernt als die andere Seite des Bücherregals, aber nur die erfahrensten und angesehensten Bibliothekare kennen den Weg.

Vom Innern her gesehen wirkte der B-Raum auf

Rincewind wie eine Bibliothek, die von jemandem entworfen worden war, der sich nicht um Zeit, Budget, Materialstärke und Physik kümmern musste. Allerdings gibt es einige Gesetze, die in der Natur des Universums selbst codiert sind, und eins von ihnen lautet: Es gibt nie genug Regalplatz.*

Rincewind drehte sich um und blickte zurück. Sie hatten den B-Raum erreicht, indem sie *durch* etwas gegangen waren, das nach einer massiven Bücherwand aussah. Er *wusste*, dass es sich um eine massive Wand handelte. Ganz deutlich erinnerte er sich daran, Bücher aus jenem Regal entnommen zu haben. Man musste tatsächlich ein sehr erfahrener Bibliothekar sein, um zu wissen, unter exakt welchen Umständen man hindurchtreten konnte.

Er sah die Bibliothek durch den Spalt, aber das Bild verblasste schnell und verschwand. Anschließend gab es nur noch Bücher. Berge von Büchern. Hügel und Täler aus Büchern. Gefährliche Abgründe aus Büchern. Selbst am blaugrauen Himmel deutete etwas auf Bücher hin. Es gibt nie genug Regalplatz, nirgends.

Ponder hatte eine recht umfangreiche magische Ausrüstung mitgenommen. Rincewind war der erfahrenere Reisende und trug so wenig Gewicht wie möglich. Alles andere befand sich in der Truhe, die sich mit Hilfe von zahlreichen rosaroten und recht menschlich wirkenden Füßen fortbewegte.

»Die Regeln der Rundwelt lassen keine Magie zu«, sagte Ponder, als sie dem Bibliothekar folgten. »Müsste die Truhe nicht aufhören zu existieren?«

»Es wäre einen Versuch wert«, erwiderte Rincewind, der überzeugt war, als Besitzer einer halb intelligenten,

---

* Forschungszauberer fanden noch andere, darunter »Objekte im Rückspiegel sind näher, als es den Anschein hat«, »Beim Öffnen geht die Garantie verloren« und natürlich »Könnte Nüsse enthalten«.

mit Füßen ausgestatteten und gelegentlich gemeingefährlichen Truhe nur schwer lebende Freunde finden zu können.»Aber meistens schert sie sich nicht um Regeln. Sie krümmen sich um sie herum. Außerdem ist die Truhe schon einmal auf der Rundwelt gewesen, und zwar für ziemlich lange Zeit. Es kam dort nicht zu Schäden, zumindest nicht bei der Truhe.«

Die Wände aus Büchern veränderten sich, als die Zauberer näher kamen. Jeder Schritt führte zu einem Wandel in der Buchlandschaft, die, wie Ponder wusste, nur eine vom Gehirn geschaffene metaphorische Darstellung war – sie sollte es ihnen erleichtern, mit einer unvorstellbaren Realität fertig zu werden. Die ständig wechselnde Perspektive hätte bei anderen Personen mindestens Kopfschmerzen bewirkt, aber in der Unsichtbaren Universität gab es Zimmer, in denen die Schwerkraft tagsüber hin und her kroch, einen unendlich langen Flur und mehrere Fenster, die nur an der Innenseite der Wand existierten. Wer in der Unsichtbaren Universität lebte, ließ sich kaum mehr überraschen.

Gelegentlich blieb der Bibliothekar stehen und beschnüffelte die Bücher in der Nähe. Schließlich sagte er leise »Ugh« und deutete auf einen bestimmten Bücherstapel. Der Rücken eines alten Ledereinbands wies Kreidezeichen auf.

»Eine Markierung«, sagte Rincewind. »Er war schon einmal hier. Wir sind dem Buch-Raum der Rundwelt nahe.«

»Wie kann er ...«, begann Ponder. Und dann: »Oh, ich verstehe. Äh ... die Rundwelt existierte im B-Raum, bevor wir sie erschufen? Ich meine, *ja*, natürlich, ich weiß, aber trotzdem ...«

Rincewind griff nach einem Buch. Das bunte Cover bestand aus Papier, ließ das Fehlen von Kühen auf der Ursprungswelt vermuten und trug den Titel: *Schlaf gut, mein schöner Falke.* Die Worte im Innern des Buches ergaben noch weniger Sinn.

»Vielleicht hätten wir uns die Mühe sparen sollen«, sagte er.

»Ugh«, erwiderte der Bibliothekar, was Rincewind folgendermaßen übersetzte: »Wegen dieser Sache bekomme ich ernste Schwierigkeiten mit den Geheimen Herren der Bibliothek.«

Dann orientierte sich der Affe in der Bücherlandschaft, wankte auf den Fingerknöcheln nach vorn und verschwand plötzlich.

Ponder wandte sich an Rincewind. »Hast du gesehen, wie er das angestellt hat?«, fragte er. Ein haariger roter Arm erschien aus dem Nichts und zog ihn nach vorn. Wenige Sekunden später wiederholte sich dieser Vorgang bei Rincewind.

Es war keine großartige Bibliothek, aber Rincewind wusste, wie diese Dinge funktionierten. Zwei Bücher bildeten eine Bibliothek – für viele Leute waren zwei Bücher eine *riesige* Bibliothek. Aber selbst ein Buch konnte eine Bibliothek sein, wenn es im B-Raum eine ausreichend große Delle schuf. Ein Buch mit einem Titel wie *100 Rezepte für Brokkoli* kam dafür kaum in Frage, im Gegensatz zu *Die Beziehung zwischen Kapital und Arbeit*, insbesondere dann, wenn der Anhang die Herstellung von Sprengstoff erklärte. Die außerordentlich magischen und unvorstellbar alten Bücher in der Bibliothek der Unsichtbaren Universität belasteten das Gewebe des B-Raums ebenso sehr wie ein Elefant ein altersschwaches Trampolin – dadurch wurde es so dünn, dass die Bibliothek ein mächtiges und leicht zu passierendes Portal darstellte.

Aber manchmal reichte ein Buch aus. Oder auch nur eine Zeile. Oder ein einziges Wort, an der richtigen Stelle und zur richtigen Zeit.

Der Raum war groß, holzvertäfelt und nur spärlich eingerichtet. Viel Papier war auf dem Schreibtisch verstreut. Federkiele lagen neben einem eingelassenen Tintenfass. Ein Fenster gewährte einen Blick auf einen großen Garten, in dem es regnete. Ein Schädel schuf eine heimelige Atmosphäre.

Rincewind beugte sich vor und klopfte daran.

»Hallo?«, fragte er und sah zu den anderen.

»Der im Büro des Dekans singt komische Lieder«, verteidigte er sich und betrachtete die Blätter auf dem Schreibtisch. Magisch aussehende Symbole waren darauf zu sehen, aber Rincewind erkannte nicht ein Einziges von ihnen. Auf der anderen Seite des Raums blätterte der Bibliothekar in einem Buch. Seltsamerweise standen die Bücher nicht in den Regalen. Einige bildeten ordentliche Stapel auf dem Boden. Andere befanden sich in Kisten, die abgeschlossen waren, bis der Bibliothekar versuchte, den Deckel zu heben.

Gelegentlich schürzte er die Lippen und schnaubte verächtlich.

»Ugh«, murmelte er.

»Alchimie?«, fragte Rincewind. »Meine Güte. Das funktioniert nie.« Er griff nach einem Objekt, das nach einer ledernen Hutschachtel aussah, und öffnete es. »Schon besser!«, meinte er und holte eine Kugel aus Rauchquarz hervor. »Unser Mann hier ist zweifellos ein Zauberer!«

»Eine üble Sache«, ließ sich Ponder vernehmen. Er sah auf eine Vorrichtung in seiner Hand hinab. »Ja, sehr, sehr übel.«

»Was meinst du damit?«, fragte Rincewind und drehte sich rasch um.

»Ich messe einen hohen Glamourquotienten«, erklärte Ponder.

»Es gibt hier Elfen?«

»Hier? Dieser Ort ist praktisch elfisch. Der Erzkanzler hatte Recht.«

Die drei Forscher standen still. Der Bibliothekar schnüffelte. Rincewind schnupperte, ganz vorsichtig.

»Scheint alles in Ordnung zu sein«, sagte er schließlich.

Ein schwarz gekleideter Mann betrat den Raum. Er kam schnell herein, mit einer Art aggressivem Schleichen, öffnete die Tür nur so weit, wie es unbedingt erforderlich war. Verblüfft blieb er stehen. Seine Hand flog zum Gürtel und zog ein dünnes Schwert, das ganz und gar nicht nach einem Spielzeug aussah.

Der Mann sah den Bibliothekar und zögerte. Und dann war es auch schon vorbei, denn der Bibliothekar konnte seinen Arm sehr schnell ausstrecken. Hinzu kam, dass der Arm in einer Faust endete, die einem Vorschlaghammer ähnelte.

Als die dunkle Gestalt zu Boden sank, kam eine Stimme aus der Rauchquarzkugel in Rincewinds Hand: »Ich glaube, ich habe jetzt genug Informationen. Ich rate euch, den Raum bei der nächsten sich bietenden Gelegenheit zu verlassen, in jedem Fall vor dem Erwachen jenes Mannes.«

»HEX?«, fragte Ponder.

»Ja. Ich möchte den Rat wiederholen. Mangel an Abwesenheit in Hinsicht auf diesen Ort führt zweifellos dazu, dass Metall in den Körper eindringt.«

»Du sprichst mit Hilfe einer Metallkugel zu uns! Aber hier funktioniert keine Magie!«

»Man widerspreche keiner Stimme, die ›Lauf weg!‹ sagt«, meinte Rincewind. »Das ist ein guter Rat! Man stellt ihn nicht in Frage. Lasst uns von hier verschwinden.«

Er sah zum Bibliothekar, der mit wachsender Verwunderung an den leeren Regalen schnüffelte.

Rincewind hatte ein Gespür für die Tendenz des Universums, irgendetwas schief gehen zu lassen. Wenn es um Gefahren ging, fand er, konnte man Schlüsse gar nicht voreilig genug ziehen.

»Du hast uns durch eine Tür hierher gebracht, die nur in eine Richtung führt, stimmt's?«, fragte er.

»Ugh!«

»Nun, wie lange brauchst du, um einen Ausgang zu finden?«

Der Bibliothekar zuckte mit den Schultern und wandte seine Aufmerksamkeit wieder den Regalen zu.

»Geht jetzt«, klang HEX' Stimme aus der Kristallkugel. »Kehrt später zurück. Der Eigentümer dieses Hauses wird nützlich sein. Aber verlasst es, bevor Sir Francis Walsingham erwacht. Andernfalls tötet er euch. Nehmt ihm zunächst das Portemonnaie ab. Ihr braucht Geld. Zum Beispiel müsst ihr jemanden bezahlen, der den Bibliothekar rasiert.«

»Ugh?«

VIER

Die angrenzende Möglichkeit

Das Konzept des B-Raums, sprich des Bibliotheksraums, erscheint in mehreren Scheibenwelt-Romanen. Ein frühes Beispiel kommt in *Lords und Ladies* vor, einer Geschichte, die größtenteils von der Bosheit der Elfen handelt. Wir erfahren, dass Ponder Stibbons Leser unsichtbarer Schriften ist, und dieser Satz verdient (und erhält) eine Erklärung:

> Beim Studium unsichtbarer Schriften handelte es sich um eine neue Disziplin, die nach der Entdeckung einer bidirektionalen Struktur des Bibliotheksraums entstand. Die entsprechende thaumische Mathematik ist sehr kompliziert, doch letztendlich läuft sie auf Folgendes hinaus: Alle existierenden Bücher beeinflussen sich gegenseitig. Das erscheint offensichtlich: Bücher in der Gegenwart inspirieren Bücher in der Zukunft und zitieren aus Büchern, die in der Vergangenheit geschrieben wurden. Nun, die Allgemeine Theorie* des B-Raums postuliert, dass *noch nicht geschriebene* Bücher aus bereits verfassten deduziert werden können.

Der B-Raum ist ein typisches Beispiel für den Scheibenwelt-Brauch, ein gleichnishaftes Konzept zu nehmen und

---

* Es gibt auch eine Spezielle Theorie, aber niemand schert sich darum, weil sie ganz offensichtlich völliger Blödsinn ist. [Diese Fußnote ist eine Fußnote zu dem Zitat, welches im Original auch eine Fußnote ist. Es handelt sich also um eine Metafußnote.]

es zu verwirklichen. Das Konzept ist in diesem Fall als »Phasenraum« bekannt und wurde vor rund hundert Jahren von dem französischen Mathematiker Henri Poincaré eingeführt, um die Möglichkeit zu schaffen, geometrische Gedankengänge auf die Dynamik anzuwenden. Poincarés Metapher ist inzwischen in die gesamte Wissenschaft eingedrungen, wenn nicht sogar darüber hinaus, und wir werden sie verwenden, wenn wir die Rolle des Narrativiums bei der Evolution des Geistes erörtern.

Poincaré war ein geistesabwesender Akademiker, wie er im Buche steht – nein, betrachten Sie es lieber so: er war »irgendwo anders geistesanwesend«, nämlich bei seiner Mathematik, und man kann leicht nachvollziehen, warum. Wahrscheinlich war er der von Natur aus talentierteste Mathematiker des 19. Jahrhunderts. Wenn Sie solch einen Geist hätten, würden Sie auch die meiste Zeit anderswo verbringen und sich in der Schönheit des Matheversums ergehen.

Poincaré kannte sich fast in der gesamten Mathematik aus und schrieb auch ein paar sehr erfolgreiche populärwissenschaftliche Bücher. In einer Forschungsarbeit, die ganz allein eine neue »qualitative« Betrachtungsweise der Dynamik schuf, legte er dar, dass es bei der Untersuchung eines physikalischen Systems, welches mehrere verschiedene Zustände haben kann, vielleicht praktisch wäre, sowohl die Zustände zu betrachten, die es haben könnte, aber nicht hat, als auch den einen speziellen Zustand, in dem es sich befindet. Auf diese Weise schafft man einen Kontext, der es erlaubt zu verstehen, was das System tut und warum. Dieser Kontext ist der »Phasenraum« des Systems. Jeden möglichen Zustand kann man sich als einen *Punkt* in diesem Phasenraum vorstellen. Im Laufe der Zeit verändert sich der Zustand, sodass der betreffende Punkt eine Kurve beschreibt, die *Bahn* des Systems. Die Regel, welche die aufeinander folgenden Schritte auf der Bahn festlegt, ist die *Dynamik* des Systems. In den meisten Gebieten der Physik ist die Dynamik vollständig determiniert, sie steht ein für allemal fest, doch wir können diese Terminologie auf Fälle ausdehnen, wo die Regel Wahlmöglichkeiten einschließt. Ein gutes Beispiel ist ein Spiel. Jetzt ist der Phasenraum die Gesamtheit aller möglichen Positionen, die Dynamik sind die Spielregeln, und eine Bahn ist eine zulässige Folge von Spielzügen.

Die formalen Voraussetzungen und die Terminologie für Phasenräume sind für uns weniger wichtig als die Betrachtungsweise, die sie nahe legen. Beispielsweise könnten Sie sich fragen, warum die Oberfläche eines Teiches, wenn kein Wind weht und sonst keine Störungen auftreten, flach ist. Er liegt einfach da, flach, *tut* nicht einmal etwas. Aber Sie kommen sofort weiter, wenn Sie fragen: »Was würde passieren, wenn er nicht flach wäre?« Warum, zum Beispiel, kann das Wasser nicht in der Mitte des Teiches zu einem Klumpen aufgetürmt sein? Stellen Sie sich also vor, es wäre so. Stellen Sie sich vor, Sie könnten die Position jedes einzelnen Wassermoleküls festlegen. Sie türmten das Wasser solcherart auf, wobei Sie auf wunderbare Weise dafür sorgten, dass jedes Molekül an dem Platz bliebe, wo Sie es hingetan hätten. Dann »lassen Sie los«. Was würde passieren? Der Haufen Wasser würde einstürzen, und Wellen würden über den Teich laufen, bis alles bei dieser hübschen flachen Oberfläche zur Ruhe käme, die zu erwarten wir gelernt haben. Wiederum, nehmen wir an, Sie ordneten das Wasser so an, dass in der Mitte eine große Senke wäre. Wenn Sie dann losließen, würde das Wasser von allen Seiten herbeiströmen und die Senke füllen.

Mathematisch kann diese Idee als der Raum aller möglichen Formen für die Wasseroberfläche gefasst werden. »Möglich« bedeutet hier nicht physikalisch möglich: Die einzige Form, die man in der realen Welt jemals zu sehen bekommt, wenn keine Störungen wirken, ist eine ebene Oberfläche. »Möglich« bedeutet »denkbar«. Wir können also diesen Raum aller möglichen Oberflächenformen als einfaches mathematisches Gebilde formulieren, und das ist der Phasenraum für das Problem. Jeder »Punkt« – Ort – im Phasenraum verkörpert eine denkbare Oberflächenform. Nur einer von diesen Punkten, ein Zustand, verkörpert »flach«.

Nachdem wir den passenden Phasenraum definiert haben, lautet der nächste Schritt, die Dynamik zu verstehen: die Art, wie sich der natürliche Fluss von Wasser unter Schwerkraft auf die möglichen Oberflächen des Teiches auswirkt. In unserem Fall gibt es ein einfaches Prinzip, welches das ganze Problem löst, nämlich: Wasser fließt so, dass seine Gesamtenergie so gering wie möglich wird. Wenn man Wasser in einen bestimmten Zustand bringt, wie jenen aufgetürmten Klumpen, und dann loslässt, folgt die Oberfläche dem »Energiegradienten« abwärts, bis sie die kleinste mögliche Energie findet. Anschließend (nach ein wenig Umherplätschern, welches durch die Reibung allmählich aufhört) bleibt sie in ihrem Zustand der niedrigsten Energie.

Die Energie in diesem Problem ist »potenzielle Energie«, die von der Schwerkraft bestimmt wird. Die potenzielle Energie einer Wassermasse ist gleich ihrer Höhe über einem bestimmten Vergleichsniveau, multipliziert mit der in Frage kommenden Masse. Angenommen, das Wasser wäre nicht flach. Dann wären manche Teile höher als andere. Also könnten wir Wasser vom oberen Niveau zum unteren verlagern, indem wir eine Erhebung abflachten und eine Senke ausfüllten. Wenn wir das täten, bewegte sich das betroffene Wasser abwärts, also nähme die Gesamtenergie ab. Schlussfolgerung: Wenn die Oberfläche nicht flach ist, dann ist die Energie nicht so klein wie möglich. Oder andersherum: Die minimale Energiekonfiguration tritt auf, wenn die Oberfläche flach ist.

Die Form einer Seifenblase ist ein weiteres Beispiel. Warum ist sie rund? Man kann die Frage beantworten, indem man die tatsächliche runde Form mit einer hypothetischen Form vergleicht, die nicht rund ist. Was ist dann anders? Ja, die andere Form ist nicht rund, aber gibt es einen weniger offensichtlichen Unterschied? Nach einer griechischen Legende wurde Dido so viel Land (in Nordafrika) angeboten, wie sie mit einer Stierhaut einschließen könnte. Sie schnitt sie in einen sehr langen, dünnen Streifen und bildete damit einen Kreis. Dort gründete sie die Stadt Karthago. Warum wählte sie einen Kreis? Weil der Kreis die Form mit dem größten Flächeninhalt bei gegebenem Umfang ist. Ebenso ist eine Kugel die Form mit dem größten Volumen bei gegebenem Oberflächeninhalt, oder anders gesagt, es ist die Form mit dem kleinsten Oberflächeninhalt, die ein gegebenes Volumen umschließt. Eine Seifenblase umschließt ein bestimmtes Luftvolumen, und aus ihrem Oberflächeninhalt ergibt sich wegen der Oberflächenspannung die Energie der Seifenschicht. Im Phasenraum aller möglichen Formen für Blasen ist die mit der geringsten Energie eine Kugel. Alle anderen Formen haben größere Energie und kommen daher nicht in Frage.

Vielleicht halten Sie Blasen für unwichtig. Doch dasselbe Prinzip erklärt, warum die Rundwelt (der Planet, nicht das Weltall, doch vielleicht auch Letzteres) rund ist. Als sie geschmolzenes Gestein war, nahm sie eine Kugelgestalt an, weil diese die geringste Energie hat. Aus demselben Grund sanken schwere Stoffe wie Eisen in den Kern, und die leichteren wie Kontinente und die Luft stiegen nach oben. Eigentlich ist die Rundwelt nicht exakt eine Kugel, weil sie rotiert, sodass die Fliehkraft am Äquator eine Ausbuchtung erzeugt. Doch die Ausbuchtung beträgt nur ein drittel Prozent. Und diese Form mit dem Wulst ist die Konfiguration mit der minimalen Energie für eine flüssige Masse, die mit derselben Geschwindigkeit wie die Erde rotiert, als sie gerade zu erstarren begann.

Die Physik ist hier nicht weiter wichtig für die Aussage dieses Buches. Wichtig ist die Sichtweise der »Welten des Wenn« bei der Anwendung von Phasenräumen. Als wir die Form des Wassers in einem Teich erörterten, haben wir die flache Oberfläche, die wir eigentlich erklären wollten, ziemlich außer Acht gelassen. Die ganze Argumentation drehte sich um nicht-flache Oberflächen, um Haufen und Senken und um die hypothetische Verlagerung von Wasser von einem zum anderen. Bei der Erklärung ging es großteils um Dinge, die nicht wirklich geschehen. Nur am Ende, nachdem wir alle nicht-flachen Oberflächen ausgeschlossen hatten, sahen wir, dass die einzige verbleibende Möglichkeit das war, was das Wasser wirklich tut. Das Gleiche gilt für die Seifenblase.

Auf den ersten Blick könnte man dies für eine sehr umständliche Art halten, Physik zu betreiben. Sie geht davon aus, dass die Art und Weise, die wirkliche Welt zu verstehen, erfordert, sie zu ignorieren und sich stattdessen auf alle möglichen unwirklichen Alternativwelten zu konzentrieren. Dann finden wir ein Prinzip (in diesem Fall die minimale Energie), um fast alle unwirklichen Welten auszuschließen, und sehen, was übrig bleibt. Wäre es nicht einfacher, mit der wirklichen Welt zu beginnen und sich nur auf sie zu konzentrieren? Nein, das wäre es nicht. Wie wir eben gesehen haben, ist die wirkliche Welt zu beschränkt, um eine überzeugende Erklärung zu bieten. Von der wirklichen Welt allein erfährt man nichts als »die Welt ist, wie sie ist, und mehr ist dazu nicht zu sagen«. Wenn man aber mittels der Phantasie den Sprung vollführt, auch unwirkliche Welten in Betracht zu ziehen, kann man die wirkliche Welt mit all den unwirklichen vergleichen und vielleicht ein Prinzip finden, welches die wirkliche unter all den anderen hervorhebt. Dann hat man die Frage beantwortet: »Warum ist die Welt so, wie sie ist, und nicht irgendwie anders?«

Ein hervorragende Art, an Fragen nach dem Warum heranzugehen, ist es, die Alternativen zu betrachten und sie auszuschließen. »Warum hast du den Wagen um die Ecke in einer Nebenstraße geparkt?« – »Weil, wenn ich den Wagen draußen vor der Tür im Halteverbot geparkt hätte, mir jemand vom Ordnungsamt einen Strafzettel verpasst hätte.« Diese spezielle Warum-Frage ist eine Geschichte, etwas Erfundenes: eine hypothetische Diskussion über die wahrscheinlichen Folgen einer Handlung, die nicht stattgefunden hat. Die Menschen haben ihre eigene Sorte Narrativium als Hilfsmittel zur Erforschung des A-Raums erfunden, des Raums der »Anstatts«. Die Erzählung gibt dem A-Raum eine Geographie: Wenn ich dies *anstatt* von jenem täte, dann würde Folgendes passieren ...

Auf der Scheibenwelt sind Phasenräume wirklich. Die fiktiven Alternativen zu dem einen tatsächlichen Zustand existieren auch, und man kann sich in den Phasenraum begeben und seine Landschaft durchstreifen – vorausgesetzt, man kennt die richtigen Zaubersprüche, die geheimen Eingänge und anderes magisches Zubehör. Der B-Raum ist ein besonderer Fall davon. Auf der Rundwelt können wir *so tun*, als ob der Phasenraum existierte, und wir können uns vorstellen, seine Geographie zu erkunden. Das hat sich als außerordentlich ergiebig für neue Erkenntnisse erwiesen.

Zu jedem physikalischen System gehört also ein Phasenraum, ein Raum von allem, was möglich ist. Wenn man das Sonnensystem untersucht, dann enthält der Phasenraum alle möglichen Arten, einen Stern, neun Planeten, eine erhebliche Anzahl Monde und eine riesige Menge Planetoiden im Raum anzuordnen. Wenn man einen Sandhaufen untersucht, dann enthält der Phasenraum die Gesamtheit aller möglichen Arten, etliche Millionen Sandkörner anzuordnen. Wenn man die Thermodynamik untersucht, dann enthält der Phasenraum alle möglichen Positionen und Geschwindigkeiten einer großen Anzahl von Gasmolekülen. Es gibt nämlich für jedes Molekül drei Ortskoordinaten und drei Geschwindigkeitskoordinaten, da sich das Molekül in einem dreidimensionalen Raum befindet. Bei n Molekülen gibt es also zusammen $6n$ Koordinaten. Wenn man ein Schachspiel betrachtet, dann besteht der Phasenraum aus allen möglichen Positionen der Figuren auf dem Brett. Denkt man an alle möglichen Bücher, dann ist der Phasenraum der B-Raum. Und wenn man an alle möglichen Universen denkt, dann betrachtet man den U-Raum. Jeder Punkt im U-Raum ist ein ganzes Universum (und man muss das Multiversum erfinden, um sie alle unterzubringen …).

Wenn Kosmologen an die Veränderung der Naturkonstanten denken, wie wir es in Kapitel 2 im Zusammenhang mit der Kohlenstoffresonanz in Sternen beschrieben haben, dann denken sie an ein winziges und ziemlich klares Stück des U-Raums, den Teil, der aus unserem Universum abgeleitet werden kann, indem man die Fundamentalkonstanten ändert und die Gesetze im Übrigen lässt, wie sie sind. Es gibt unendlich viele andere Möglichkeiten, ein alternatives Universum zu bilden: Sie reichen von 101 Dimensionen und gänzlich anderen Gesetzen bis zu einem Universum, das mit unserem völlig identisch ist, außer dass sechs Dysprosium-Atome im Kern des Sterns Prokyon sich donnerstags immer in Jod verwandeln.

Wie dieses Beispiel andeutet, ist das Erste, was man sich in Bezug auf Phasenräume vergegenwärtigen muss, dass sie für gewöhnlich ziemlich groß sind. Was das Universum tatsächlich tut, ist winzig wenig gegenüber all dem, was es stattdessen hätte tun können. Nehmen wir beispielsweise an, ein Parkplatz hat hundert Stellplätze, und die Wagen sind rot, blau, grün, weiß oder schwarz. Wenn der Parkplatz voll ist, wie viele unterschiedliche Farbmuster gibt es? Ignorieren Sie die Automarke, ignorieren Sie, wie gut oder schlecht der Wagen geparkt ist, konzentrieren Sie sich ausschließlich auf das Farbmuster.

Mathematiker nennen diese Art Fragen »Kombinatorik« und haben alle möglichen schlauen Methoden entwickelt, um die Antworten zu finden. Grob gesagt ist Kombinatorik die Kunst, Dinge zu zählen, ohne sie wirklich zu zählen. Vor vielen Jahren hat ein mit uns bekannter Mathematiker einen Verwaltungsangestellten der Universität gesehen, wie er die Glühlampen an der Decke eines Hörsaals zählte. Die Lampen waren in einem exakt rechteckigen Muster angeordnet, zehn mal zwanzig Reihen. Der Verwalter starrte an die Decke und zählte: »... neunundvierzig, fünfzig, einundfünfzig ...«

»Zweihundert«, sagte der Mathematiker.

»Woher wissen Sie das?«

»Na, es ist ein Raster von zehn mal zwanzig, und zehn mal zwanzig ist zweihundert.«

»Nein, nein«, erwiderte der Verwalter. »Ich brauche die *genaue* Zahl.«*

Zurück zu den Autos. Es gibt fünf Farben, und jeder Stellplatz kann nur mit einer Farbe belegt werden. Also gibt es fünf Möglichkeiten, den ersten Stellplatz zu belegen, fünf für den zweiten, und so weiter. Jede Farbe beim ersten Platz kann mit jeder beim zweiten kombiniert werden, sodass zwei Stellplätze auf 5 × 5 = 25 Arten belegt werden können. Jede davon kann mit jeder der fünf Möglichkeiten für den dritten Stellplatz kombiniert werden, sodass wir jetzt 25 × 5 = 125 Möglichkeiten haben. Auf diese Weise kommt man für die Gesamtzahl

---

* Erbsenzähler können nicht einmal richtig Erbsen zählen. Wundert Sie das?

aller Möglichkeiten, den ganzen Parkplatz zu belegen, auf 5 × 5 x 5 × ... × 5 mit hundert Fünfen. Das ist 5^{100} und eine ziemlich große Zahl. Um exakt zu sein, es ist

7888609052210118054117285652827862296732064351090230047702789306640625

(wir haben die Zahl geteilt, damit sie auf die Seite passt), eine Zahl mit 70 Stellen. Das Rechenprogramm des Computers hat übrigens ungefähr fünf Sekunden gebraucht, um das auszurechnen, und ungefähr 4,999 Sekunden davon dauerte es, die Befehle einzugeben. Der größte Teil der übrigen Zeit wurde für die Ausgabe auf dem Bildschirm benötigt. Jedenfalls sehen Sie, wieso die Kombinatorik die Kunst ist zu zählen, ohne tatsächlich zu *zählen*: Wenn man alle Möglichkeiten aufschreiben und »1, 2, 3, 4 ...« abzählen wollte, würde man nie fertig werden. Es ist also nur gut, dass der Verwaltungsangestellte aus der Universität nicht für den Parkplatz zuständig war.

Wie groß ist der B-Raum? Der Bibliothekar hat gesagt, er sei unendlich, was wahr ist, wenn man unter Unendlichkeit »eine viel größere Zahl, als ich mir vorstellen kann« versteht oder wenn man keine Obergrenze vorgibt, wie groß ein Buch sein kann*, oder wenn man alle möglichen Alphabete, Silbenschriften und Bildzeichen zulässt. Wenn wir uns auf »normal große« englische Bücher beschränken, können wir die Abschätzung eingrenzen.**

---

* Ein Gang durch jede Flughafen-Buchhandlung wird zeigen, dass das eine vernünftige Voraussetzung ist.
** Deutsche Bücher sind meistens eine Spur länger (Übersetzungen aus dem Englischen ganz besonders), und das Deutsche hat auch wegen der Umlaute und des ß ein paar mehr Buchstaben. Aber im folgenden Beispiel geht es sowieso nur um die Größenordnungen, und an denen ändert sich kaum etwas. – *Anm. d. Übers.*

Ein typisches Buch ist 100 000 Wörter oder ungefähr 600 000 Zeichen lang (Buchstaben und Leerräume; Interpunktionszeichen wollen wir ignorieren). Das englische Alphabet hat 26 Buchstaben, mit dem Leerraum macht das 27 Zeichen, die jede der möglichen 600 000 Positionen einnehmen können. Das Zählprinzip, das wir zur Lösung des Parkplatz-Problems angewendet haben, ergibt jetzt, dass die maximale Anzahl von Büchern dieser Länge $27^{600\,000}$ beträgt, was rund gleich $10^{860\,000}$ ist (also eine Zahl mit 860 000 Stellen). Natürlich haben die meisten von diesen Büchern kaum Sinn, denn wir haben ja auch nicht verlangt, dass die Buchstaben sinnvolle Wörter bilden. Wenn wir annehmen, dass die Wörter aus einer Liste von 10 000 Vorgaben gewählt werden, und die Anzahl der Möglichkeiten berechnen, 100 000 Wörter hintereinander anzuordnen, dann ändert sich die Zahl zu $10\,000^{100\,000}$ gleich $10^{400\,000}$, und diese Zahl ist ein gutes Stück kleiner – aber immer noch enorm. Wohlgemerkt, die meisten von diesen Büchern hätten auch keinen Sinn; in ihnen stünde etwas in der Art von »Kohl patronymisch vergessen verbietet feindliches Quintessenz« und so weiter das ganze Buch hindurch.* Also sollten wir vielleicht mit Sätzen operieren ... So oder so, selbst wenn wir die Zahlen auf diese Weise weiter reduzieren, erweist es sich, dass das Universum nicht groß genug ist, um so viele physische Bücher zu enthalten. Es trifft sich also gut, dass der B-Raum zur Verfügung steht, und jetzt wissen wir, warum es nie genug Regalplatz gibt. Wir möchten gern glauben, unsere wichtigsten Bibliotheken – wie The British Library oder die Kongressbibliothek – seien ganz schön groß. Aber in Wahrheit ist der Raum der tatsächlich existierenden Bücher ein winziger, winziger Bruchteil des B-Raums – von

---

* Aber Joyce-Forscher wären wütend, wenn wir *Finnegan's Wake* ausschließen würden, obwohl das *genau* so aussieht.

allen Büchern, die jemals hätten existieren können. Insbesondere wird es immer Bücher geben, die wir noch schreiben können.

Poincarés Sichtweise mit dem Phasenraum hat sich als so nützlich erwiesen, dass man sie heute auf jedem Gebiet der Wissenschaft findet – und auf Gebieten, die gar keine Wissenschaft sind. Ein Großverbraucher von Phasenräumen ist die Ökonomie. Nehmen wir an, in der Wirtschaft eines Landes gibt es eine Million verschiedene Waren: Käse, Fahrräder, Ratten am Stiel und so weiter. Zu jeder Ware gehört ein Preis, sagen wir, 2,35 Taler* für ein Stück Käse, 449,99 Taler für ein Fahrrad und 15,00 Taler für eine Ratte am Stiel. Der Zustand der Wirtschaft ist also eine Liste von einer Million Zahlen. Der Phasenraum besteht aus allen möglichen Listen mit einer Million Zahlen, darunter viele, die wirtschaftlich völlig sinnlos sind, so die Listen, in denen ein Fahrrad 0,02 Taler oder die Ratte 999 999 999,95 Taler kostet. Die Aufgabe eines Ökonomen ist es, die Prinzipien herauszufinden, nach denen aus dem Raum aller möglichen Zahlenlisten die ausgewählt wird, die wirklich zu beobachten ist.

Das klassische Prinzip dieser Art ist das Gesetz von Angebot und Nachfrage, welches besagt, dass, wenn eine Ware knapp ist und man sie wirklich, wirklich haben will, der Preis steigt. Manchmal funktioniert es, oft aber auch nicht. Derlei Gesetze zu finden ist eine Art schwarze Kunst, und die Ergebnisse sind nicht völlig überzeugend, aber das zeigt nur, dass Ökonomie schwierig ist. Trotz der unbefriedigenden Ergebnisse denken die Ökonomen nach der Phasenraum-Methode.

---

* Im Original stehen Pfund Sterling. Ich habe erwogen, das in Euro umzurechnen, mich dann aber für neutrale Taler entschieden – die werden auch noch in zwanzig Jahren gültig sein (und sei es in Entenhausen). – *Anm. d. Übers.*

Es folgt eine kleine Geschichte, die zeigt, wie weit die ökonomische Theorie von der Wirklichkeit entfernt ist. Die Grundlage der herkömmlichen Ökonomie ist der Gedanke eines rationalen Akteurs mit vollständiger Information, der den Nutzen maximiert. Gemäß diesen Annahmen wird sich beispielsweise ein Taxifahrer so verhalten, dass er für möglichst wenig Mühe möglichst viel Geld bekommt.

Nun hängt das Einkommen eines Taxifahrers von den Umständen ab. An guten Tagen, wenn viele Fahrgäste unterwegs sind, wird er gut verdienen, an schlechten Tagen nicht. Ein rationaler Taxifahrer wird daher an guten Tagen länger arbeiten und an schlechten früh aufgeben. Eine Studie über Taxifahrer in New York City, die Colin Camerer und andere durchgeführt haben, zeigt genau das Gegenteil. Die Taxifahrer scheinen sich ein tägliches Ziel zu setzen und mit der Arbeit aufzuhören, wenn sie es erreicht haben. Also arbeiten sie an guten Tagen kürzer und an schlechten länger. Sie könnten ihr Einkommen um 8 Prozent steigern, wenn sie einfach jeden Tag gleich lange arbeiten würden, sodass sie insgesamt auf die gleiche Arbeitszeit kommen. Wenn sie an guten Tagen länger und an schlechten kürzer arbeiten würden, könnten sie ihr Einkommen um 15 Prozent steigern. Aber sie haben keine hinreichend gute Intuition für den ökonomischen Phasenraum, um das zu erkennen. Sie zeigen den allgemein menschlichen Zug, zu viel Wert auf das zu legen, was sie heute haben, und zu wenig auf das, was sie morgen bekommen können.

Auch die Biologie ist von Phasenräumen erobert worden. Der erste davon, der allgemeine Verbreitung gefunden hat, war der DNS-Raum. Zu jedem lebenden Organismus gehört sein Genom, ein Strang von chemischen Molekülen, die DNS genannt werden. Das DNS-Molekül ist eine Doppelhelix, zwei Spiralen, die sich um eine gemeinsame Achse winden. Jede Spirale besteht aus einem Strang von »Basen« oder »Nukleotiden«, von denen es vier Arten gibt: Cytosin, Guanin, Adenin und Thymin, üblicherweise mit den Anfangsbuchstaben C, G, A, T abgekürzt. Die Sequenzen auf den beiden Strängen sind »komplementär«: Überall, wo auf einem Strang C erscheint, findet man auf dem anderen G; ebenso entsprechen sich A und T. Die DNS enthält also zwei Exemplare der Sequenz, eine sozusagen positiv, die andere negativ. Zusammenfassend kann man das Genom als eine einzige Sequenz dieser vier Buchstaben betrachten, etwas wie AATGGCCT-CAG... und ziemlich lange so weiter. Das menschliche Genom beispielsweise hat ungefähr drei Milliarden Buchstaben.

Der Phasenraum für Genome, der DNS-Raum, besteht aus allen möglichen Sequenzen einer bestimmten Länge. Wenn wir an Menschen denken, enthält der in Frage kommende DNS-Raum alle möglichen Sequenzen von drei Milliarden Codebuchstaben C, G, A, T. Wie groß ist dieser Raum? Es ist dasselbe Problem wie mit den Wagen auf dem Parkplatz, mathematisch gesprochen, also lautet die Antwort $4 \times 4 \times 4 \times \ldots \times 4$ mit drei Milliarden Vieren. Also $4^{3\,000\,000\,000}$. Diese Zahl ist viel größer als die siebzigstellige, die wir bei dem Parkplatzproblem erhalten haben. Sie ist auch viel größer als der B-Raum für Bücher von normalem Umfang. Sie hat nämlich ungefähr 1 800 000 000 Stellen. Wenn man sie mit 3000 Stellen pro Seite drucken würde, brauchte man ein Buch von 600 000 Seiten, um sie darin aufzunehmen.

Das Bild vom DNS-Raum ist sehr nützlich für Genetiker, die mögliche Veränderungen der DNS-Sequenz betrachten, wie etwa »Punktmutationen«, wo ein Codebuchstabe verändert wird, zum Beispiel infolge eines Kopierfehlers. Oder eines einfallenden hochenergetischen kosmischen Strahls. Viren insbesondere mutieren derart schnell, dass es nicht viel Sinn hat, von einer Virenart als etwas Feststehendem zu sprechen. Stattdessen sprechen die Biologen von Quasi-Arten und stellen sie sich als Anhäufungen verwandter Sequenzen im DNS-Raum vor. Die Anhäufungen schweifen im Laufe der Zeit umher, bleiben aber als Anhäufungen beisammen, sodass das Virus seine Identität behalten kann.

In der ganzen Geschichte der Menschheit hat es insgesamt nicht mehr als rund 20 Milliarden Menschen gegeben, eine Zahl mit gerade mal elf Stellen. Das ist ein unglaublich winziger Bruchteil all jener Möglichkeiten. Also haben die wirklich existierenden Menschen einen äußerst winzigen Abschnitt des DNS-Raums erschlossen, wie die wirklich existierenden Bücher einen äußerst winzigen Abschnitt des B-Raums bilden. Die interessanten Fragen liegen natürlich nicht derart auf der Hand. Die meisten Buchstabenfolgen bilden kein sinnvolles Buch; die meisten DNS-Sequenzen entsprechen keinem lebensfähigen Organismus, geschweige denn einem Menschen.

Und jetzt kommen wir zum Knackpunkt bei Phasenräumen. In der Physik ist es vernünftig anzunehmen, dass der passende Phasenraum »vorgegeben« werden kann, ehe man die Fragen nach dem zugehörigen System verfolgt. Wir können uns vorstellen, in jenem imaginären Raum die Himmelskörper des Sonnensystems in *jeder beliebigen* Konfiguration anzuordnen. Wir haben nicht die technischen Hilfsmittel dazu, aber wir können uns ohne weiteres vorstellen, wie es wäre, und sehen keinen physikalischen Grund, eine bestimmte Konfiguration von der Betrachtung auszuschließen.

Beim DNS-Raum jedoch betreffen die wichtigen Fragen nicht die Gesamtheit jenes riesigen Raums aus allen möglichen Sequenzen. Fast alle dieser Sequenzen entsprechen überhaupt keinem Organismus, nicht einmal einem toten. Was wir wirklich betrachten müssen, ist »realisierbarer DNS-Raum«, der Raum aller DNS-Sequenzen, die in einem Organismus verwirklicht sein könnten. Das ist ein ungeheuer komplizierter, aber sehr schmaler Teil des DNS-Raums, und wir können ihn nicht bestimmen. Wir wissen nicht, wie man eine hypothetische DNS-Sequenz betrachten und feststellen könnte, ob sie in einem realisierbaren Organismus tatsächlich vorkommen mag.

Dasselbe Problem taucht im Zusammenhang mit dem B-Raum auf, aber es gibt einen Unterschied. Ein gebildeter Mensch kann eine Folge von Buchstaben und Leerräumen betrachten und feststellen, ob sie eine Geschichte bildet; er weiß, wie man den Code »liest« und seine Bedeutung herausfindet, wenn er die Sprache versteht. Er kann sogar riskieren zu entscheiden, ob es eine gute Geschichte oder eine schlechte ist. Wir wissen jedoch nicht, wie man diese Fähigkeit auf einen Computer überträgt. Die Regeln, denen unser Geist folgt, um zu entscheiden, ob das Gelesene eine Geschichte ist, sind in den Netzen von Nervenzellen unseres Gehirns implizit enthalten. Bisher hat es niemand geschafft, diese Regeln explizit zu machen. Wir wissen nicht, wie man die Untermenge der »lesbaren Bücher« im B-Raum *charakterisiert*.

Für die DNS ist das Problem noch erschwert, denn es gibt keine feststehende Regel, die den DNS-Code in einen Organismus »übersetzt«. Biologen hatten immer gedacht, es würde eine solche Regel geben, und hatten große Hoffnungen darein gesetzt, die damit verbundene »Sprache« zu lernen. Dann wäre die DNS für einen (potenziell) echten Organismus eine Codesequenz, die eine zusammenhängende Geschichte von biologischer Entwicklung erzählen würde, und alle anderen DNS-Sequenzen wären sinnloses Gestammel. Im Grunde erwarteten die Biologen, sie könnten die DNS-Sequenz eines Tigers betrachten und *sehen*, welches Stück die Streifen festlegt, welche die Krallen und so weiter.

Das war etwas zu optimistisch. Der gegenwärtige Stand der Dinge ist, dass wir das Stück DNS sehen können, welches die Proteine festlegt, aus denen die Krallen bestehen, oder die Stücke, die orangefarbene, schwarze und weiße Pigmente hervorbringen, die in den Streifen erscheinen, aber das ist so ziemlich alles, was wir bisher von der Erzählung der DNS verstanden haben. Es wird allmählich klar, dass auch viele nichtgenetische Faktoren ins Wachstum eines Organismus einfließen, sodass es vielleicht nicht einmal im Prinzip eine »Sprache« gibt, die DNS in Lebewesen übersetzt. Beispielsweise wird Tiger-DNS nur dann zu einem Tigerbaby, wenn eine Eizelle zugegen ist, welche die Tigermutter liefert. Wäre eine Mungo-Eizelle zugegen, würde dieselbe DNS überhaupt keinen Tiger ergeben.

Nun könnte das einfach nur ein technisches Problem sein: dass es für jeden DNS-Code eine unverwechselbare Art von Mutter-Organismus gibt, der aus ihm ein Lebewesen macht, sodass die Gestalt des Wesens *implizit* doch noch im Code enthalten wäre. Aber zumindest theoretisch könnte derselbe DNS-Code zwei völlig verschiedenen Organismen ergeben. Wir geben dafür ein Beispiel in *The Collapse of Chaos**, wo der sich entwickelnde Organismus erst »nachschaut«, in welcher Art Mutter er sich befindet, und sich dann je nachdem, was er sieht, in verschiedene Richtungen weiterentwickelt.

Stuart Kauffman, der Komplexitäts-Guru, hat diese Schwierigkeit noch etwas weiter getrieben. Er legt dar, dass wir zwar in der Physik erwarten dürfen, den Pha-

---

* *The Collapse of Chaos* (»Der Zusammenbruch des Chaos«) ist ein Buch von Ian Stewart und Jack Cohen. – *Anm. d. Übers.*

senraum eines Systems im Voraus festzustellen, dass das aber in der Biologie niemals zutrifft. Biologische Systeme sind schöpferischer als physikalische: Die Organisation der Materie in einem Lebewesen ist von anderer qualitativer Natur als die Organisation, die wir bei anorganischer Materie finden. Insbesondere können sich Organismen weiterentwickeln, und dabei werden sie oft komplizierter. Der fischähnliche Vorfahre der Menschen war zum Beispiel weniger kompliziert, als wir es heute sind. (Wir haben hier kein Maß für Komplexität definiert, aber der Satz hat für die meisten denkbaren Komplexitätsmaße Sinn, also wollen wir uns über Definitionen nicht den Kopf zerbrechen.) Die Evolution erhöht die Komplexität nicht *notwendigerweise*, doch am erstaunlichsten ist sie, wenn sie es tut.

Kauffman stellt zwei Systeme einander gegenüber. Eins ist das traditionelle thermodynamische Modell in der Physik, bei dem n Gasmoleküle (vorgestellt als harte Kugeln) in ihrem $6n$-dimensionalen Phasenraum hin und her schnellen. Hier kennen wir den Phasenraum im Voraus, wir können die Dynamik exakt feststellen und allgemeine Gesetze ableiten. Darunter findet sich der Zweite Hauptsatz der Thermodynamik, der besagt, dass mit weitaus überwiegender Wahrscheinlichkeit das System im Laufe der Zeit ungeordneter wird und sich die Moleküle gleichmäßig in ihrem Behälter verteilen.

Das zweite System ist die »Biosphäre«, eine sich entwickelnde Ökologie. Hier ist durchaus nicht klar, welchen Phasenraum man verwenden soll. Die zur Wahl stehenden sind entweder viel zu groß oder viel zu beschränkt. Nehmen wir einen Augenblick an, der alte Biologentraum von einer DNS-Sprache für Organismen wäre wahr. Dann könnten wir hoffen, den DNS-Raum als unseren Phasenraum zu verwenden.

Wie wir jedoch eben gesehen haben, wäre nur

eine winzige, kompliziert geformte Untermenge dieses Raums von Interesse – wir können jedoch nicht herausfinden, welche Untermenge. Wenn dann noch hinzukommt, dass es diese Sprache wahrscheinlich gar nicht gibt, zerfällt der ganze Ansatz. Ist andererseits der Phasenraum zu klein, könnten durchaus plausible Veränderungen den Organismus ganz hinausführen. Beispielsweise könnte der Tiger-Raum anhand der Anzahl von Streifen auf dem Körper einer Großkatze definiert werden. Wenn sich aber eines Tages eine Großkatze entwickelt, die statt Streifen Flecke hat, dann ist für sie kein Platz im Tiger-Phasenraum. Klar, es ist kein Tiger ... Aber seine Mutter war einer. Wir können diese Art Neuerung nicht sinnvollerweise ausschließen, wenn wir die wirkliche Biologie verstehen wollen.

Während sich Organismen entwickeln, verändern sie sich. Manchmal kann man die Evolution als Erschließung einer Region im Phasenraum betrachten, die bereit stand, aber nicht von Organismen besetzt war. Wenn sich die Farben und Muster eines Insekts ein wenig ändern, sehen wir nichts als die Erschließung neuer Regionen in einem ziemlich gut definierten »Insekten-Raum«. Wenn aber ein völlig neuer Trick auftaucht, etwa Flügel, scheint sich sogar der Phasenraum verändert zu haben.

Es ist sehr schwer, das Phänomen der Neuerung in einem mathematischen Modell zu erfassen. Mathematiker legen gern von vornherein den Raum der Möglichkeiten fest, doch der ganze Witz bei Neuerungen ist, dass sie neue Möglichkeiten eröffnen, die zuvor nicht abzusehen waren. Kauffman führt daher aus, eine entscheidende Eigenschaft der Biosphäre sei die Unmöglichkeit, einen Phasenraum für sie von vornherein festzulegen.

Auf die Gefahr hin, Verwirrung zu stiften, lohnt es sich festzustellen, dass sogar in der Physik das Festlegen des Phasenraums von vornherein keine so geradlinige Sache ist, wie es scheinen könnte. Was passiert mit dem Phasenraum des Sonnensystems, wenn wir zulassen, dass Körper zerfallen oder verschmelzen? Man nimmt an*, dass der Mond von der Erde abgeschlagen wurde, als die Erde mit einem Körper etwa von der Größe des Mars zusammenstieß. Vor diesem Ereignis gab es im Phasenraum keine Mond-Koordinaten, danach gab es sie. Also erweiterte sich der Phasenraum, als der Mond entstand. Die Phasenräume der Physik gehen immer von einem feststehenden Kontext aus. In der Physik kommt man mit dieser Annahme meistens durch. In der Biologie nicht.

Es gibt noch ein zweites Problem in der Physik. Jener 6n-dimensionale Phasenraum der Thermodynamik beispielsweise ist zu groß. Er enthält nicht-physikalische Zustände. Infolge einer Merkwürdigkeit der Mathematik schreiben die Bewegungsgesetze für elastische Kugeln nicht vor, was geschieht, wenn drei oder mehr gleichzeitig zusammenstoßen. Also müssen wir aus diesem hübschen, einfachen 6n-dimensionalen Raum alle Konfigurationen aussondern, bei denen irgendwo in Vergangenheit oder Zukunft eine Dreifachkollision vorkommt. Wir wissen viererlei über diese Konfigurationen. Sie sind sehr selten. Sie können vorkommen. Sie bilden eine extrem komplizierte Wolke im Phasenraum. Und es ist in jedem praktischen Sinn unmöglich festzustellen, ob eine gegebene Konfiguration ausgeschlossen werden sollte oder nicht. Wenn diese unphysikalischen Zustände etwas öfter vorkämen, wäre der thermodynamische Phasenraum ebenso schwer im Voraus festzulegen wie der für die Biosphäre. Sie machen jedoch einen verschwindend geringen Anteil am Ganzen aus,

---

* Siehe *Die Gelehrten der Scheibenwelt* im Kapitel »Ein gewaltiger Sprung für die Mondheit«.

sodass wir damit durchkommen, wenn wir sie einfach ignorieren.

Nichtsdestoweniger ist es durchaus möglich, der Vorgabe eines Phasenraums für die Biosphäre etwas näher zu kommen. Wir können keinen Raum für *alle* möglichen Organismen vorgeben, wir können aber einen gegebenen Organismus betrachten und zumindest im Prinzip sagen, welche potenziellen unmittelbaren Veränderungen es gäbe. Das heißt, wir können den Raum der *angrenzenden* Möglichkeiten beschreiben, den lokalen Phasenraum. Neuerung heißt dann, in die angrenzenden Möglichkeiten vorzudringen. Das ist eine plausible und ziemlich konventionelle Idee. Kauffman äußert aber die kühnere und aufregende Vermutung, es könne allgemeine Gesetze geben, die diese Art von Vordringen regeln, Gesetze, die genau die gegenteilige Wirkung wie der berühmte Zweite Hauptsatz der Thermodynamik haben. Der Zweite Hauptsatz stellt im Grunde fest, dass thermodynamische Systeme im Lauf der Zeit einfacher werden, die ganze interessante Struktur wird »verschmiert« und verschwindet. Im Gegensatz dazu vermutet Kauffman, dass die Biosphäre mit der größtmöglichen Geschwindigkeit in die angrenzenden Möglichkeiten expandiert, solange der Zusammenhang als biologisches System gewahrt bleibt. Neuerung findet in der Biologie *so schnell wie möglich* statt.

Allgemeiner weitet Kauffman diesen Gedanken auf alle Systeme aus, die aus »autonomen Agenzien« bestehen. Ein autonomes Agens ist eine verallgemeinerte Lebensform, definiert durch zwei Eigenschaften: Sie kann sich fortpflanzen, und sie kann mindestens einen thermodynamischen Arbeitszyklus ausführen. Ein Arbeitszyklus liegt vor, wenn ein System Arbeit verrichten und in seinen Ausgangszustand zurückkehren kann, bereit, die gleiche Arbeit abermals zu tun. Das heißt, das System entnimmt seiner Umwelt Energie und setzt sie in Arbeit um, und das so, dass es am Ende des Zyklus in seinen ursprünglichen Zustand zurückkehrt.

Ein Mensch ist ein autonomes Agens, ein Tiger ebenso. Eine Flamme ist keins: Flammen pflanzen sich fort, indem sie sich auf brennbares Material in der Nähe ausbreiten, doch sie führen keinen Arbeits*zyklus* durch. Sie verwandeln chemische Energie in Feuer, aber wenn etwas verbrannt ist, kann es nicht ein zweites Mal verbrannt werden.

Diese Theorie der autonomen Agenzien ist ausdrücklich in den Kontext von Phasenräumen gestellt. Ohne solch ein Konzept kann sie nicht einmal beschrieben werden. Und in dieser Theorie sehen wir die erste Möglichkeit, ein allgemeines Verständnis der Prinzipien zu erlangen, nach denen und derentwegen sich Organismen komplizieren. Wir beginnen eben erst festzumachen, was eigentlich an Lebensformen so besonders ist, dass sie sich so anders als nach der langweiligen Vorschrift des Zweiten Hauptsatzes der Thermodynamik verhalten. Wir entwerfen ein Bild vom Universum als einer Quelle ständig zunehmender Komplexität und Organisation anstatt des genauen Gegenteils. Wir finden heraus, warum wir in einem interessanten Universum statt in einem öden leben.

FÜNF

Fast wie Ankh-Morpork

»Wie kannst du auf diese Weise mit uns kommunizieren?«, schnaufte Ponder, als sie dem Lauf eines breiten Flusses folgten.

»Da die Rundwelt-Physik der Physik der realen Welt untergeordnet ist, kann ich alle Dinge benutzen, die angeblich der Kommunikation dienen«, drang die etwas gedämpft klingende Stimme aus Rincewinds Tasche. »Der Eigentümer dieser Kristallkugel glaubt, dass sie einen solchen Zweck erfüllt. Außerdem kann ich dem Abdruck dieser Welt im B-Raum Informationen entnehmen. Der Erzkanzler hat Recht. Es gibt hier einen großen elfischen Einfluss.«

»Du kannst Informationen aus den Büchern der Rundwelt gewinnen?«, fragte Ponder.

»Ja. Der Phasenraum der Bücher, die sich auf diese Welt beziehen, enthält zehn hoch tausendeinhundert hoch n Bände«, sagte HEX.

»Das sind genug Bücher, um das ganze Uni... Augenblick mal, was ist n?«

»Die Anzahl aller möglichen Universen.«

»Dann sind das genug Bücher, um alle möglichen Universen zu füllen! Oder wir kommen der Sache so nahe, dass der Unterschied keine Rolle spielt.«

»Korrekt«, bestätigte HEX. »Das ist der Grund, warum es nie genug Regalplatz gibt. Allerdings kann ich anhand der untergeordneten Matrix dieser Welt virtuelle Berechnungen vornehmen. Wenn man weiß, wie die Antwort lautet, lassen sich die Berechnungsvorgänge begrenzen. Sobald die richtige Antwort gefunden ist, braucht nicht mehr dort weitergeforscht zu werden, wo keine Resultate erzielt werden konnten. Außerdem: Wenn man alle Bücher über Golf, Katzen, Graupel* und das Kochen außer Acht lässt, so ergibt sich eine durchaus zu bewältigende Anzahl.«

»Ugh«, sagte der Bibliothekar.

»Er meint, er will sich nicht rasieren lassen«, erklärte Rincewind.

»Es ist unerlässlich«, beharrte HEX. »Die Leute auf den Feldern werfen uns seltsame Blicke zu. Wir dürfen keinen Mob anlocken. Er muss rasiert werden und braucht einen Umhang und einen Hut.«

Rincewind blieb skeptisch. »Ich bezweifle, ob sich jemand davon täuschen lässt.«

»Meine Analysen deuten darauf hin, dass sich die Leute tatsächlich täuschen lassen, wenn ihr behauptet, er sei Spanier.«

»Spanier? Was ist das?«

»Spanien ist ein anderes Land, etwa achthundert Kilometer von hier entfernt.«

»Und dort sehen die Leute aus wie er?«

»Nein. Aber die hier lebenden Leute wären bereit, das zu glauben. Dies ist ein leichtgläubiges Zeitalter. Die Elfen haben großen Schaden angerichtet. Die größten Denker verbringen die Hälfte ihrer Zeit mit dem Studium der Magie, Astrologie, Alchimie und der Zwiesprache mit Geistern.«

»Genau wie zu Hause«, warf Rincewind ein.

»Ja«, sagte HEX. »Aber in dieser Welt gibt es kein Narrativium. Keine Magie. Und daher funktionieren die genannten Dinge nicht.«

---

* Nicht der Graupel, an den *Sie* denken. Eine sehr gewöhnliche und vielseitige Substanz, die leider nicht in allen Universen zur Verfügung steht.

»Warum beschäftigen sich die Leute dann trotzdem damit?«, fragte Ponder.

»Weil sie der Meinung sind, dass die Dinge funktionieren müssten, wenn sie alles richtig hinbekommen.«

»Arme Teufel«, sagte Rincewind.

»Auch daran glauben sie.«

»Dort vorn gibt es mehr Häuser«, stellte Ponder fest. »Wir nähern uns einer Stadt. Äh ... und wir haben die Truhe bei uns. HEX, wir haben nicht nur einen Orang-Utan, sondern auch eine Truhe mit Füßen!«

»Ja«, erwiderte HEX ruhig. »Wir müssen sie im Gebüsch lassen, während wir nach einem weiten Gewand und einer Perücke suchen. Glücklicherweise ist dies die richtige Zeit.«

»Ein Gewand genügt nicht, glaub mir!«

»Es wird genügen, wenn sich der Bibliothekar auf die Truhe setzt«, sagte HEX. »Das bringt ihn auf die richtige Größe, und das Gewand dürfte eine ausreichende Tarnung für die Truhe sein.«

»Einen Augenblick mal«, brummte Rincewind. »Soll das heißen, die hiesigen Leute seien bereit, einen Affen mit Kleid und Perücke für eine Frau zu halten?«

»Wenn ihr behauptet, sie sei Spanierin.«

Rincewind sah noch einmal zum Bibliothekar.

»Die Elfen müssen hier *wirklich* großen Schaden angerichtet haben«, meinte er.

Die Stadt war fast wie Ankh-Morpork, nur kleiner und, kaum zu glauben, noch übler in ihren Ausdünstungen, was nicht zuletzt an den vielen Tieren auf den Straßen lag. Der Ort erweckte den Eindruck, als Dorf geplant und dann vergrößert worden zu sein.

Die Zauberer waren nicht schwer zu finden. HEX lokalisierte sie mühelos, aber einmal davon abgesehen: Die Geräusche hörte man noch in der nächsten Straße. Auf dem Hof einer Taverne gab es eine Wolke Alkohol, die Menschen enthielt; sie beobachteten einen Mann, der versuchte, Erzkanzler Ridcully mit einem langen und schweren Stab zu schlagen.

Es gelang ihm nicht. Ridcully stand mit bloßem Oberkörper da, setzte sich sehr wirkungsvoll zur Wehr und verwendete seinen Zauberstab für die ungewöhnliche Aufgabe, jemanden zu schlagen. Er bewies weitaus mehr Geschick als sein Gegner. Die meisten Zauberer starben lieber, als sich Bewegung zu verschaffen – so etwas war tatsächlich schon geschehen –, aber Ridcully besaß die primitive Gesundheit eines Bären und nur unwesentlich bessere Umgangsformen. Trotz seiner beträchtlichen, wenn auch unberechenbaren Gelehrsamkeit war er im Grunde seines Wesens ein Mann, der lieber jemandem eine knallte, anstatt sich auf schwierige Diskussionen einzulassen.

Als die Rettungsgruppe eintraf, versetzte er gerade seinem Gegner einen Schlag an den Kopf, riss den Zauberstab dann herum, traf die Beine des Mannes und brachte diesen zu Fall. Jubel wurde laut, als er zu Boden ging.

Ridcully half seinem benommenen Kontrahenten auf die Beine und führte ihn zu einer Sitzbank, wo Freunde des Mannes Bier über ihn schütteten. Dann nickte er Rincewind und seinen Begleitern zu.

»Ihr seid also gekommen«, sagte er. »Habt alles mitgebracht, nicht wahr? Wer ist die spanische Dame?«

»Das ist der Bibliothekar«, erwiderte Rincewind. Zwischen Halskrause und roter Perücke war außer einem Ausdruck extremer Verärgerung nicht viel zu erkennen.

»Wirklich?«, fragte Ridcully. »Oh, ja. Entschuldigung. Bin schon zu lange hier. Man gewöhnt sich schnell an gewisse Dinge. Ein guter Einfall, ihn zu verkleiden. HEX hat das vorgeschlagen, nicht wahr?«

»Wir sind so schnell wie möglich gekommen, Herr«, sagte Ponder. »Wie lange seid ihr hier?«

»Seit ein paar Wochen«, antwortete Ridcully. »Kein schlechter Ort. Kommt, ich führe euch zu den anderen.«

Die übrigen Zauberer saßen an einem Tisch. Sie trugen ihre normalen Sachen, die, wie Rincewind bereits beobachtet hatte, recht gut zu der in dieser Stadt üblichen Kleidung passten. Jeder Mann hatte sich mit einer Halskrause ausgestattet, nur um ganz sicherzugehen.

Sie nickten den Neuankömmlingen fröhlich zu. Der Wald aus leeren Bierkrügen vor ihnen erklärte die Fröhlichkeit.

»Habt ihr Elfen entdeckt?«, fragte Ridcully und schob genug Zauberer beiseite, um Platz zu schaffen.

»Hier wimmelt's regelrecht von Glamour«, erwiderte Ponder und setzte sich.

»Und ob.« Ridcully blickte über den Tisch. »Oh, ja. Wir haben einen neuen Freund gefunden. Dee, das ist Stibbons. Wir haben dir ja von ihm erzählt.«

Erst jetzt merkte Rincewind, dass auch einige Nichtzauberer zu der Gruppe gehörten. Sie waren kaum zu erkennen, weil sie sich kaum von den Zauberern unterschieden. Dee hatte sogar den richtigen Bart.

»Äh ... der Dämlack?«, fragte Dee.

»Nein, das ist Rincewind«, sagte Ridcully. »Ponder ist der *Kluge*. Und dies ...« Er wandte sich dem Bibliothekar zu, und diesmal fehlten selbst ihm die Worte. »... ist ... ein ... Freund von ihnen.«

»Aus Spanisch«, sagte Rincewind, der nicht wusste, was ein Dämlack war, aber einen gewissen Verdacht hegte.

»Dee ist eine Art ortsansässiger Zauberer«, berichtete Ridcully mit der lauten Stimme, die er für ein vertrauliches Flüstern hielt. »Absolut auf Zack, Verstand rasiermesserscharf, aber verbringt seine ganze Zeit mit dem Versuch, Magisches zu vollbringen!«

»Was natürlich nicht klappt«, sagte Ponder.

»Genau! Alle glauben, dass die Magie funktioniert,

obwohl es ganz offensichtlich nicht der Fall ist. Erstaunlich! Es zeigt, was Elfen anrichten können.« Ridcully beugte sich verschwörerisch vor. »Sie kamen geradewegs durch unsere Welt zu dieser, und wir gerieten in den ... Wie nennt man es, wenn alles herumwirbelt und es plötzlich saukalt wird?«

»Du meinst eine transdimensionale Verschiebung«, sagte Ponder.

»Ja. Wir hätten uns völlig verirrt, wenn unser Freund Dee nicht gerade damit beschäftigt gewesen wäre, einen magischen Kreis zu zeichnen.«

Rincewind und Ponder schwiegen eine Zeit lang. Dann sagte Rincewind: »Eben hast du darauf hingewiesen, dass Magie hier nicht funktioniert.«

»Es ist wie mit dieser Kristallkugel«, kam eine Stimme aus Rincewinds Tasche. »Die Rundwelt hat durchaus das Potenzial zu einem passiven Empfänger.«

Rincewind holte die Kristallkugel hervor.

»Aber das ist *meine*!«, entfuhr es dem verblüfften Dee.

»Entschuldige«, sagte Rincewind. »Wir haben sie sozusagen gefunden und sozusagen mitgenommen.«

»Aber sie *spricht*!«, hauchte Dee. »Mit einer ätherischen Stimme!«

»Nein, die Stimme kommt nur aus einer anderen Welt, die größer ist als diese und die man nicht sehen kann«, entgegnete Ridcully. »Da ist überhaupt nichts Geheimnisvolles dran.«

Mit zitternden Fingern nahm Dee die Kristallkugel von Rincewind entgegen und hob sie vor die Augen.

»Sprich!«, befahl er.

»Erlaubnis verweigert«, sagte der Kristall. »Du bist nicht befugt.«

»Hast du ihm gesagt, woher wir kommen?«, wandte sich Rincewind flüsternd an Ridcully, als Dee versuchte, die Kristallkugel mit dem Ärmel zu putzen.

»Ich habe nur gesagt, dass wir von einer anderen

Kugel stammen«, antwortete Ridcully. »Davon gibt's in diesem Universum ja jede Menge. Die Erklärung schien ihm zu genügen. Die Scheibenwelt habe ich nicht erwähnt. Ich wollte ihn nicht verwirren.«

Rincewind sah Dees zitternde Hände und das irre Glitzern in seinen Augen.

»Nur um ganz sicher zu sein, dass ich alles richtig verstanden habe«, sagte er langsam. »Ihr erscheint in einem magischen Kreis. Du sagst ihm, dass ihr von einer anderen Kugel kommt. Er hat gerade zu einem Kristall gesprochen. Du weist ihn darauf hin, dass Magie nicht funktioniert. Und es lag dir fern, ihn zu verwirren?«

»Er wollte seine Verwirrung nicht noch vergrößern«, warf der Dekan ein. »Verwirrung ist hier der normale geistige Zustand, das kannst du uns glauben. Wusstest du, dass diese Leute Zahlen für magisch halten? Allein das Rechnen kann einen hier in Schwierigkeiten bringen.«

»Nun, einige Zahlen *sind* ma...«, begann Ponder.

»Hier nicht«, widersprach der Erzkanzler. »Hier bin ich, im Freien, ohne magischen Schutz, und ich werde jetzt die Zahl nennen, die nach sieben kommt. Achtung, los geht's: *acht*. Na bitte. Nichts passiert. Acht! Achtzehn! Zwei dicke Frauen in sehr engen Korsetten, achtundachtzig! Jemand soll Rincewind unter dem Tisch hervorholen.«

Während dem Professor für grausame und ungewöhnliche Geographie Geographisches vom Mantel geklopft wurde, fuhr Ridcully fort: »Es ist eine verrückte Welt. Ohne Narrativium. Die Leute machen völlig planlos Geschichte. Intelligente Menschen fragen sich, wie viele Engel auf einer Nadelspitze tanzen können ...«

»Sechzehn«, sagte Ponder.

»Ja, *wir* wissen das, weil *wir* hingehen und nachsehen können, aber hier ist das bloß eine dumme Frage«, brummte Ridcully. »Es ist zum Heulen. Die Hälfte der Zeit über entwickelt sich die Geschichte dieser Welt rückwärts. Es herrscht ein einziges Durcheinander. Dies ist die Parodie einer Welt.«

»Wir haben sie erschaffen«, erinnerte sie der Dozent für neue Runen.

»Aber wir haben sie nicht dazu erschaffen, dass sie *so* schlecht ist«, sagte der Dekan. »Wir haben die hiesigen Geschichtsbücher gesehen. Vor tausenden von Jahren gab es große Zivilisationen, zum Beispiel ein Land wie Ephebe, in dem man Dinge herauszufinden begann. Meistens waren es die falschen Dinge, aber die Leute strengten sich wenigstens an. Hatten sogar ein anständiges Pantheon. Inzwischen existiert das alles nicht mehr. Unser Kumpel hier und seine Freunde glauben, alles Wissenswerte sei entdeckt und vergessen. Um ganz ehrlich zu sein: Sie haben nicht ganz Unrecht.«

»Was machen wir jetzt?«, fragte Ponder.

»Kannst du das Ding dazu verwenden, um mit HEX zu reden?«

»Ja, Herr.«

»Dann soll sich HEX um die Magie in der UU kümmern, während wir herausfinden, was die Elfen angestellt haben«, sagte Ridcully.

»Äh«, begann Rincewind, »haben wir das *Recht*, uns einzumischen?«

Alle starrten ihn groß an.

»Ich meine, so etwas haben wir noch nie zuvor getan«, fuhr er fort. »Erinnert ihr euch an die anderen Geschöpfe, die sich hier entwickelten? An die intelligenten Echsen? Die intelligenten Krabben? Die Hundewesen? Sie wurden durch Eiszeiten und vom Himmel fallende Felsbrocken ausgelöscht, ohne dass wir je versucht hätten, etwas dagegen zu unternehmen.«*

---

* Die traurige Geschichte dieser bisher unbekannten Zivilisationen und auch die der zwei Meilen großen Wellhornschnecke wird in *Die Gelehrten der Scheibenwelt* erzählt.

Die anderen starrten noch immer.

»Ich meine, Elfen sind nur ein weiteres Problem, nicht wahr?«, sagte Rincewind. »Vielleicht … vielleicht sind sie nur die andere Form eines großen Felsens? Vielleicht … vielleicht erscheinen sie immer, wenn sich Intelligenz ausbreitet? Und die betreffende Spezies ist entweder intelligent genug, sie zu überleben, oder sie endet wie alle anderen im Muttergestein. Ich meine, vielleicht ist es eine Art, äh, eine Art Test? Ich meine …«

Rincewind begriff, dass er mit seinen Worten nicht die beabsichtigte Wirkung erzielte. Die Zauberer musterten ihn argwöhnisch.

»Glaubst du etwa, dass irgendwo jemand *Zensuren* erteilt, Rincewind?«, fragte Ponder.

»Nein, natürlich nicht …«

»Gut. Sei jetzt still«, sagte Ridcully. »Lasst uns nach Mortlake gehen und anfangen.«

»Mort Lake?«, wiederholte Rincewind. »Aber das ist doch ein anderer Ausdruck für Mengensee. Und Mengensee befindet sich in Ankh-Morpork!«

»Ja, dort gibt's ebenfalls eins«, sagte der Dozent für neue Runen und strahlte. »Erstaunlich, nicht wahr? Diese Welt ist eine schlechte Parodie auf unsere. Wie unten, so oben und so weiter.«

»Aber ohne Magie«, betonte Ridcully. »Und ohne Narrativium. Sie weiß nicht, wohin sie unterwegs ist.«

»Aber *wir* wissen es, Herr«, sagte Ponder, der etwas in sein Notizbuch geschrieben hatte.

»Tatsächlich?«

»Ja, Herr. Erinnerst du dich? In etwa tausend Jahren wird diese Welt von einem sehr großen Felsbrocken getroffen werden. Ich habe mir immer wieder die Zahlen angesehen, Herr. Es besteht kein Zweifel.«

»Aber es gab doch ein Volk, das gewisse Dinge baute und die Rundwelt damit verließ, nicht wahr?«

»Ja, Herr.«

»Kann sich in tausend Jahren eine neue Spezies entwickeln?«

»Nein, Herr.«

»Soll das heißen, *diese Leute* verlassen die Rundwelt?«

»So scheint es, Herr«, sagte Ponder.

Die Zauberer blickten zu den anderen Personen auf dem Hof der Taverne. Nun, die Gegenwart von Bier hat die Sprossen der Evolutionsleiter immer rutschig werden lassen, aber trotzdem …

An einem nahen Tisch übergab sich jemand auf jemand anders. Applaus erklang.

Ridcully brachte die allgemeine Stimmung zum Ausdruck, indem er sagte: »Ich glaube, wir bleiben eine Weile hier.«

SECHS

Die Philosophie des Linsenschleifers

John Dee, der von 1527 bis 1608 lebte, war der Hofastrologe von Mary Tudor. Einmal war er in Gefangenschaft, weil man ihm vorwarf, er sei ein Zauberer, doch 1555 ließ man ihn wieder frei, vermutlich, weil man ihn nicht mehr dafür hielt. Dann wurde er Astrologe von Königin Elizabeth I. Er widmete einen großen Teil seines Lebens dem Okkulten, sowohl der Astrologie als auch der Alchimie. Andererseits war er auch der Erste, der Euklids »Elemente« ins Englische übersetzte, die berühmte Darstellung der Geometrie. Eigentlich, wenn man dem Gedruckten glaubt, wird das Buch Sir Henry Billingsley zugeschrieben, doch es war allgemein bekannt, dass Dee die ganze Arbeit getan hatte, und er schrieb sogar ein langes und kenntnisreiches Vorwort. Womöglich war *das* der Grund, warum alle Welt wusste, dass Dee die ganze Arbeit getan hatte.

Dem modernen Denken erscheinen Dees Interessen widersprüchlich: eine Masse abergläubische Pseudowissenschaft vermischt mit etwas guter, solider Wissenschaft und Mathematik. Doch Dee dachte nicht modern und sah in der Kombination keinen besonderen Widerspruch. Zu seiner Zeit verdienten sich viele Mathematiker den Lebensunterhalt, indem sie Horoskope erstellten. Sie konnten die Berechnungen anstellen, die vorhersagten, in welchem der zwölf »Häuser« – der Himmelsregionen, die durch die zum Tierkreiszeichen gehörenden Sternbilder bestimmt wurden – sich ein Planet befand.

Dee steht an der Schwelle der modernen Denkweisen über die Kausalität auf der Welt. Wir nennen seine Zeit die Renaissance, und das bezieht sich auf die Wiedergeburt der Philosophie und Politik des antiken Athen. Aber vielleicht ist diese Ansicht von seiner Zeit irrig, sowohl, weil die griechische Gesellschaft nicht gar so »wissenschaftlich« oder »intellektuell« war, wie man uns glauben gemacht hat, als auch, weil es andere kulturelle Strömungen gab, die zur Kultur seiner Zeit beitrugen. Unsere Vorstellungen vom Narrativium stammen vielleicht vom Eingehen dieser Ideen in spätere Philosophien wie die von Baruch Spinoza.

Geschichten förderten das Wachstum von Okkultismus und Mystizismus. Doch sie trugen auch dazu bei, die europäische Welt aus dem mittelalterlichen Aberglauben zu einer rationaleren Sicht des Universums zu führen.

Glaube an das Okkulte – Magie, Astrologie, Weissagung, Hexerei, Alchimie – ist in den meisten menschlichen Gesellschaften verbreitet. Die europäische Tradition des Okkultismus, zu der Dee gehörte, gründet sich auf eine alte Geheimphilosophie, die aus zwei Quellen entspringt, aus der antiken griechischen Alchimie und Magie und aus dem jüdischen Mystizismus. Zu den griechischen Quellen gehört die »Smaragdene Tafel«, eine Sammlung von Schriften, die dem Hermes Trismegistos (»dreifach Meister«) zugeschrieben wird und insbesondere von späteren arabischen Alchimisten verehrt wurde; die jüdische Quelle ist die *Kabbala*, eine geheime, mystische Interpretation eines heiligen Buches, der Thora.

Die Astrologie ist natürlich eine Art Weissagung auf der Basis der Sterne und der sichtbaren Planeten. Sie hat möglicherweise zur Entwicklung der Wissenschaft beigetragen, indem sie Leute versorgte, die den Himmel beobachten und verstehen wollten. Johannes Kepler, der entdeckte, dass die Planetenbahnen Ellipsen sind, verdiente sich seinen Lebensunterhalt als Astrologe. Die Astrologie lebt in verwässerter Form in den Horoskop-Spalten von Boulevardzeitungen weiter. Ronald Reagan konsultierte während seiner Zeit als amerikanischer Präsident einen Astrologen. Das Zeug ist wirklich immer gegenwärtig.

Die Alchimie ist interessanter. Sie wird oft als frühe Vorläuferin der Chemie bezeichnet, obwohl die der Chemie zu Grunde liegenden Prinzipien größtenteils aus anderen Quellen stammen. Die Alchimisten spielten mit Apparaten herum, die zu nützlichen Geräten der Chemiker wie Retorten und Glaskolben führten, und sie entdeckten, dass interessante Dinge geschehen, wenn man bestimmte Substanzen erhitzt oder zusammenbringt. Die großen Entdeckungen der Alchimisten waren Salmiak (Ammoniumchlorid), den man mit Metallen reagieren lassen kann, und die Mineralsäuren – Salpeter-, Schwefel- und Salzsäure.

Das große Ziel der Alchimie wäre viel größer gewesen, wenn man es jemals erreicht hätte: das Lebenselixier, die Quelle der Unsterblichkeit. Die chinesischen Alchimisten beschrieben diese lange gesuchte Substanz als »flüssiges Gold«. Der Erzählfaden ist dabei klar: Gold ist das edle Metall, unverderblich, zeitlos. Also würde jemand, der irgendwie Gold in seinen Körper einfügen könnte, auch unverderblich und zeitlos werden. Das edle Wesen zeigt sich auf andere Weise: das Edelmetall ist den »edlen« Menschen vorbehalten: Kaisern, Königen, den Leuten an der Spitze des Haufens. Sie hatten davon eine Menge Gutes. Dem China-Forscher Joseph Needham zufolge sind mehrere chinesische Kaiser wahrscheinlich an Elixiervergiftung gestorben. Da Arsen und Quecksilber übliche Bestandteile vermeintlicher Elixiere waren, ist das nicht erstaunlich. Und es ist nur allzu plausibel, dass eine mystische Suche nach Unsterblichkeit das Leben verkürzt, statt es zu verlängern.

In Europa hatte die Alchimie etwa ab 1300 drei Hauptziele. Das Lebenselixier war immer noch eins, ein zweites waren Heilmittel für verschiedene Krankheiten. Die alchimistische Suche nach Arzneien führte schließlich zu Brauchbarem. Die Schlüsselfigur ist dabei Philippus Aureolus Theophrastus Bombastus* von Hohenheim, gnädiger Weise als »Paracelsus« bekannt, der von 1493 bis 1541 lebte.

Paracelsus war ein Schweizer Arzt, dessen Interesse für Alchimie ihn zur Erfindung der Chemotherapie führte. Er setzte große Erwartungen in das Okkulte. Als Student von vierzehn Jahren wanderte er auf der Suche nach großen Lehrern von einer europäischen Universität zur anderen, doch aus dem, was er etwas später über die Erfahrung schrieb, können wir schließen, dass er enttäuscht wurde. Er fragte sich, wie es »die hohen Kollegien fertig bringen, so viele hohe Esel zu erzeugen«, und war offensichtlich nicht die Art Student, die sich bei den Lehrern beliebt machte. »Die Universitäten«, schrieb er, »lehren nicht alles. Also muss ein Arzt alte Weiber suchen, Zigeuner, Zauberer, fahrendes Volk, alte Räuber und derlei Gesetzlose und von ihnen lernen.« Auf der Scheibenwelt hätte er eine tolle Zeit haben können, doch er hätte eine Menge gelernt.

Nach zehn Jahren Wanderschaft kehrte er 1524 nach Hause zurück und wurde Dozent für Medizin an der Universität von Basel. 1527 verbrannte er öffentlich die klassischen Bücher früherer Ärzte, des Arabers Avicenna und des Griechen Galen. Paracelsus kümmerte sich einen Dreck um Autorität. In der Tat bedeutet sein angenommener Name »Para-Celsus« »Über-Celsus«,

---

* Ist »Bombastus« nicht ein hübscher Name? Und so passend.

und Celsus war ein führender römischer Arzt des ersten Jahrhunderts.

Er war hochmütig und mystisch. Zugute kommt ihm, dass er auch sehr klug war. Er legte großen Wert darauf, die eigenen Kräfte der Natur für die Heilung zu nutzen. Zum Beispiel, Wunden nässen zu lassen, statt sie mit Moos oder getrocknetem Mist zu bedecken. Er entdeckte, dass Quecksilber eine wirksame Behandlung für Syphilis bot, und seine klinische Beschreibung jener Geschlechtskrankheit war die beste seiner Zeit.

Das Hauptziel der meisten Alchimisten war viel selbstsüchtiger. Sie hatten nur für eine Sache Augen: einfache Metalle wie Blei in Gold zu verwandeln. Wiederum beruhte ihr Glaube, dies sei möglich, auf einer Geschichte. Von ihren Experimenten her wussten sie, dass Salmiak und andere Substanzen die Farbe von Metallen verändern können, und so gewann die Geschichte »Metalle können umgewandelt werden« an Boden. Warum sollte es dann nicht möglich sein, mit Blei zu beginnen, die richtige Substanz hinzuzufügen und Gold zu erhalten? Die Geschichte wirkte verführerisch, es fehlte allein die richtige Substanz. Die nannten sie den Stein der Weisen.

Die Suche nach dem Stein der Weisen oder Gerüchte, er sei gefunden worden, brachten etliche Alchimisten in Schwierigkeiten. Edles Gold war das Vorrecht des Adels. Während die diversen Könige und Fürsten nichts dagegen gehabt hätten, eine unerschöpfliche Goldquelle in die Finger zu bekommen, wollten sie nicht, dass ihre Rivalen ihnen dabei zuvorkämen. Schon die *Suche* nach dem Stein der Weisen konnte als subversiv betrachtet werden, wie heutzutage die Suche nach einer billigen Quelle erneuerbarer Energie von den Öl- und Kernkraftunternehmen als subversiv betrachtet wird. 1595 wurde Dees Gefährte Edward Kelley von Rudolf II. eingekerkert und starb bei einem Fluchtversuch, und

1603 setzte Christian II. von Sachsen den schottischen Alchimisten Alexander Seton fest und ließ ihn foltern. Ein gefährliche Sache, so ein kluger Mann.

Die Geschichte vom Stein der Weisen erreichte nie ihren Höhepunkt. Die Alchimisten haben nie Blei in Gold verwandelt. Aber die Geschichte brauchte lange, um zu sterben. Sogar um 1700 noch glaubte Isaac Newton, es käme auf einen Versuch an, und die Idee, mit *chemischen* Mitteln Blei in Gold zu verwandeln, wurde erst im 19. Jahrhundert endgültig beigelegt. Kernreaktionen, wohlgemerkt, sind etwas anderes: Die Umwandlung ist möglich, nur katastrophal unwirtschaftlich. Und wenn man nicht sehr aufpasst, ist das Gold radioaktiv (obwohl das natürlich für eine rasche Geldzirkulation sorgen würde, und wir würden eine plötzliche Zunahme der Wohltätigkeit erleben).

Wie sind wir von der Alchimie zur Radioaktivität gekommen? Die zentrale Periode der westlichen Geschichte war die Renaissance, die ungefähr das 15. und 16. Jahrhundert umfasste, als aus der arabischen Welt importierte Ideen auf die griechische Philosophie und Mathematik sowie auf römische Handwerks- und Ingenieurskunst trafen, was zu einer plötzlichen Blüte der Kunst führte und zur Entstehung dessen, was wir jetzt Wissenschaft nennen. Während der Renaissance lernten wir, neue Geschichten über uns und die Welt zu erzählen. Und diese Geschichten änderten beides.

Um zu verstehen, wie dies geschah, müssen wir der wirklichen Mentalität der Renaissance auf die Spur kommen, nicht dem populären Bild von einem »Renaissancemenschen«. Damit meinen wir einen Menschen, der sich auf vielen Gebieten auskennt – wie auf der Rundwelt Leonardo da Vinci, der dem Leonard von Quirm der Scheibenwelt verdächtig ähnlich ist. Wir gebrauchen diesen Ausdruck, weil wir solche Leute dem gegenüberstellen, was wir heute einen gebildeten Menschen nennen.

Im mittelalterlichen Europa und eigentlich noch lange danach hielt die Aristokratie das klassische Wissen – die Kultur der Griechen – plus eine Menge Religion für »Bildung« – und nicht viel mehr. Vom König wurde erwartet, dass er sich in Poesie, Drama und Philosophie auskannte, aber er brauchte nichts von Klempnerei oder Maurerarbeit zu verstehen. Manche Könige interessierten sich tatsächlich ziemlich stark für Astronomie und Wissenschaft, sei es aus intellektuellem Interesse, sei es aus der Erkenntnis heraus, dass Technik Macht bedeutet, aber das gehörte nicht zum gewöhnlichen königlichen Lehrplan.

Diese Sichtweise auf die Bildung schloss ein, dass die Klassiker das gesamte bewährte Wissen repräsentierten, welches ein »gebildeter« Mensch benötigte, eine Ansicht, die sich nicht sehr von derjenigen vieler englischer Privatschulen bis vor ziemlich kurzer Zeit unterschied – und der Politiker, die daraus hervorgegangen sind. Diese Ansicht entsprach den Bedürfnissen der Herrscher im Gegensatz zu dem, was die Bauernkinder brauchten (handwerkliche Fähigkeiten und später Lesen, Schreiben, Rechnen).

Weder die Klassik noch Lesen, Schreiben, Rechnen bildeten indes die Grundlage für den echten Renaissancemenschen, der eine Verschmelzung dieser beiden Welten anstrebte. Den Handwerker als Quelle weltlicher Erfahrung hervorzuheben, als Quelle von Wissen über die materielle Welt und ihre Werkzeuge, wie sie ein Alchimist benutzen könnte, führte zu einer neuen Annäherung von Klassik und Empirie, von Intellekt und Erfahrung. Die Taten solcher Männer wie Dee – sogar des Okkultisten Paracelsus mit seinen medizinischen Rezepten – betonten diesen Unterschied und begannen mit der Verschmelzung von Vernunft und Empirie, die uns heute so beeindruckt.

Wie gesagt, bezeichnet das Wort »Renaissance« nicht einfach eine Wiedergeburt, sondern speziell die Wiedergeburt der antiken griechischen Kultur. Das ist jedoch eine moderne Sichtweise, die auf einer irrigen Ansicht von den Griechen und der Renaissance selbst beruht. In der »klassischen« Bildung wird Ingenieurskunst nicht beachtet. Natürlich nicht. Die griechische Kultur funktionierte ausschließlich mit Intellekt, Poesie und Philosophie. Ingenieure hatten sie nicht.

O doch, hatten sie. Archimedes konstruierte gewaltige Kräne, die feindliche Schiffe aus dem Wasser heben konnten, und wir wissen noch nicht genau, wie er das machte. Heron von Alexandria (ungefähr ein Zeitgenosse von Jesus) schrieb viele Texte über allerlei Apparate und Maschinen der vorangegangenen drei Jahrhunderte, und viele davon lassen erkennen, dass die Prototypen hergestellt worden sein müssen. Seine Münzautomaten unterschieden sich nicht allzu sehr von denen, die man in den Dreißigerjahren auf jeder Straße von London oder New York fand, und wären vermutlich verlässlicher gewesen, wenn es ums Ausspucken der Schokolade ging, wenn die Griechen Schokolade gekannt hätten. Die Griechen hatten auch Fahrstühle.

Das Problem ist hier, dass uns die Information über die technischen Aspekte der griechischen Gesellschaft von einem Haufen Theologen übermittelt worden ist. Denen gefiel Herons Dampfmaschine, und tatsächlich hatten viele von ihnen ein kleines Glas auf ihrem Schreibtisch, eine Art Theologenspielzeug, das sie mit einer Kerzenflamme zum Drehen bringen konnten. Aber für die mechanischen Ideen, die hinter solchen Spielzeugen steckten, hatten sie keinen Gedanken übrig. Und wie uns die griechische Ingenieurskunst von den Theologen nicht übermittelt worden ist, so ist die Geisteshaltung der Renaissance über unsere »rationalen« Schullehrer nicht zu uns gedrungen. Vieles von der angestrebten Spiritualität innerhalb der alchimistischen Position war im Grunde eine religiöse Haltung, die die Werke des HERRN bewunderte, wie sie sich in den Wundern der Veränderung von Zustand und Form zeigten, wenn Materialien der Wärme ausgesetzt wurden, der »Perkussion«, der Lösung und Kristallisation.

Diese Haltung ist von den New-Age-Leuten übernommen worden, die sich heute keines rigorosen Denkens schuldig machen und geistige Inspiration in Kristallen und anodisierten Metallen, sphärischen Funkenmaschinen und Newtonschen Pendeln finden, aber nicht die tiefer gehenden Fragen stellen, die hinter diesen Spielzeugen stecken. Wir finden die sehr reale Ehrfurcht vor der Suche der Wissenschaft nach Verständnis erheblich spiritueller als die New-Age-Attitüden.

Heute gibt es mystische Massageheiler, Aromatherapeuten, Iridologen, Leute, die glauben, man könne »holistisch« feststellen, was jemandem fehlt, indem man sich seine Iris oder seine Fußballen anschaut – und nur die –, und die sich mit ihrem Glauben auf die Schriften von Renaissance-Exzentrikern wie Paracelsus und Dee berufen. Die aber wären entsetzt, wenn sie wüssten, dass sie als Autoritäten zitiert werden, zumal von derart engstirnigen Nachfolgern.

Unter denen, die sich auf Paracelsus als Autorität berufen, ragen die Homöopathen hervor. Eine grundlegende Glaubensvorstellung der Homöopathie besagt, dass Medizin stärker wirkt, wenn sie verdünnt wird. Dieser Standpunkt lässt sie ihre Medizin als völlig harmlos anpreisen (es ist nur Wasser), aber auch als außerordentlich wirksam (was Wasser nicht ist). Sie bemerken dabei keinen Widerspruch. Und auf homöopathischen Kopfschmerztabletten steht »eine bei leichten, drei bei starken Schmerzen«. Müsste es nicht anders herum sein?

Solche Leute halten es nicht für notwendig, über das, was sie tun, nachzudenken, weil sie ihren Glauben auf Autorität gründen. Wenn von dieser Autorität eine Frage nicht aufgeworfen wurde, dann möchten sie diese Frage nicht stellen. Um ihre Theorien zu stützen, zitieren Homöopathen also Paracelsus: »Was krank macht, macht auch gesund.« Doch Paracelsus hat seine ganze Laufbahn darauf aufgebaut, *keine* Autorität zu respektieren. Außerdem hat er nie gesagt, eine Krankheit sei *immer* ihre eigene Kur.

Vergleichen Sie dieses moderne Spektrum der Dummheit mit der robusten, kritischen Haltung der meisten Renaissance-Gelehrten gegenüber der Idee, arkane Praktiken könnten das Wesen der Welt offen legen. Leute wie Dee, ja auch Isaac Newton, nahmen diese kritische Position sehr ernst. Weitgehend gilt das auch für Paracelsus: Beispielsweise verwarf er die Idee, Sterne und Planeten würden bestimmte Teile des menschlichen Körpers kontrollieren. Die Ansicht der Renaissance war es, dass Gottes Schöpfung mysteriöse Elemente hat, doch diese Elemente sind verborgen* statt arkan, wohnen der Natur des Universums inne.

Diese Sichtweise kommt dem Staunen von Antony van Leeuwenhoek nahe, das er angesichts der Animalculi in schmutzigem Wasser oder Samenflüssigkeit empfand: der erstaunlichen Entdeckung, dass sich die Wunder der Schöpfung hinab in den mikroskopischen Bereich erstrecken. Die Natur, Gottes Schöpfung, war viel raffinierter. Die lieferte dem Staunen verborgene

---

* Verborgenes Wissen war zu jener Zeit im Wesentlichen praktisches Wissen, verkörpert in Zunftgeheimnissen und vor allem bei den Freimaurern. Es war in Rituale gekleidet, weil es größtenteils mündlich überliefert und nicht niedergeschrieben wurde.

Wunder ebenso wie die unverhüllt künstlerische Sicht. Newton wurde von der impliziten Mathematik der Planeten auf genau diese Art gefesselt: An Gottes Erfindung war mehr, als das bloße Auge sah, und das passte zu seinen hermetischen Glaubensvorstellungen (einer Philosophie, die sich von den Ideen des Hermes Trismegistos ableitete). Die Krise des Atomismus zu jener Zeit war die Krise der Präformation: Wenn Eva alle Töchter in sich hatte und die wiederum all *ihre* Töchter in sich hatten wie bei einer russischen Matrjoschka-Puppe, dann musste die Materie unendlich teilbar sein. Oder wenn sie es nicht war, könnte man den Tag des Jüngsten Gerichts ermitteln, indem man feststellte, wie viele Generationen es noch dauern würde, bis man zur letzten, leeren Tochter kam.

Wenn wir diesen Aspekt des Renaissance-Denkens, sein »einerseits – anderseits« betrachten, dann wollen wir seine Bescheidenheit solchen modernen Religionen wie der Homöopathie oder der Scientology gegenüberstellen, Glaubenssystemen, die arrogant behaupten, eine »vollständige« Erklärung des Universums in menschlichen Begriffen zu liefern.

Manche Wissenschaftler sind ebenso arrogant, doch gute Wissenschaftler wissen immer, dass die Wissenschaft ihre Grenzen hat, und sind bereit zu erklären, wo diese Grenzen liegen. »Ich weiß nicht« ist eins der großen wissenschaftlichen Prinzipien, zugegebenermaßen zu selten verwendet. Unwissen einzugestehen räumt mit so viel zwecklosem Unsinn auf. So können wir Bühnenmagiern folgen, wenn sie ihre schönen und sehr überzeugenden Illusionen vorführen – das heißt: überzeugend, solange wir unsere Hirne im Leerlauf lassen. Wir wissen, dass es Tricks sein müssen, und Unwissen einzugestehen bewahrt uns vor dem Fallstrick, zu glauben, die Illusion müsste Wirklichkeit sein, nur weil wir nicht wissen, wie der Trick funktioniert. Wie sollten wir auch? Wir sind keine Mitglieder das Magischen Zirkels. Unwissen einzugestehen bewahrt uns auch vor mystischem Aberglauben, wenn wir auf Naturereignisse stoßen, die noch nicht den Blick eines kompetenten Wissenschaftlers (und seiner Mittel zur Verfügung stellenden Institution) auf sich gezogen haben und die immer noch wie ... Zauberei wirken. Wir sagen »der Zauber der Natur« – eher das Wunder der Natur, das Mirakel des Lebens.

Diesen Standpunkt teilen wir fast alle, doch es ist wichtig, die historische Tradition zu verstehen, auf der er gründet. Es geht nicht schlechthin darum, die Komplexität von Gottes Werken zu bewundern. Es gehören dazu auch die Einstellungen von Newton, van Leeuwenhoek und ihren Vorgängern, ja, bis zurück zu Dee. Und zweifellos bis zu einem oder mehreren Griechen. Es gehört dazu der Renaissance-Glaube, dass wir bei der Untersuchung des Wunders, des Mirakels noch mehr Wunder und Mirakel finden werden: sagen wir, die Gravitation oder die Spermatozoen.

Was also meinen wir und was meinten sie mit »Magie«? Dee sprach von den arkanen Künsten, und Newton hing vielen Erklärungen an, die »magisch« waren, insbesondere sein Glaube an Fernwirkung, »Gravitation«, der sich aus den mystischen Grundlagen seiner hermetischen Philosophie herleitete, wo Anziehung und Abstoßung Grundprinzipien waren.

»Magie« bedeutet also drei sichtlich verschiedene Dinge. Die erste Bedeutung ist: »etwas zum Staunen«, und das reicht von Kartenkunststücken über Amöben bis hin zu den Saturnringen. Die zweite Bedeutung ist, eine verbale Anweisung, einen *Zauberspruch*, mit okkulten oder arkanen Mitteln in eine materielle Handlung umzusetzen ... Wenn ein Mensch in einen Frosch verwandelt wird oder umgekehrt oder wenn ein Dschinn seinem Gebieter einen Palast baut. Die dritte Bedeutung ist diejenige, die wir verwenden: die technische Magie, wenn man einen Schalter betätigt und Licht bekommt, ohne auch nur »fiat lux« sagen zu müssen.

Oma Wetterwachs' aufsässiger Besen ist Magie der zweiten Art, doch ihre »Kopfologie« ist größtenteils ein sehr, sehr gutes Erfassen von Psychologie (Magie vom Typ 3, sorgsam als Typ 2 getarnt). Da fällt einem Arthur C. Clarkes Satz ein, den wir in *Die Gelehrten der Scheibenwelt* zitiert und erörtert haben: »Jede hinreichend entwickelte Technik unterscheidet sich nicht mehr von Magie.« Die Scheibenwelt verkörpert Magie in Zaubersprüchen und wird ja als unwahrscheinliche Schöpfung dadurch aufrechterhalten, dass sie von einem starken magischen Feld (Typ 2) umgeben ist. Erwachsene in irdischen Kulturen wie auf der Rundwelt geben vor, den intellektuellen Glauben an Magie von der Scheibenwelt-Art verloren zu haben, während ihre Kultur immer mehr von ihrer Technik in Magie (Typ 3) verwandelt. Und die Entwicklung von HEX im Laufe der Bücher stellt Sir Arthur auf den Kopf: Die hinreichend entwickelte Magie der Scheibenwelt unterscheidet sich jetzt praktisch nicht mehr von Technik.

Als (einigermaßen) vernünftige Erwachsene verstehen wir, wo die erste Art Magie herkommt. Wir sehen etwas Wunderbares und fühlen uns schrecklich glücklich, dass das Weltall ein Ort ist, wo Ammoniten oder, sagen wir, Eisvögel vorkommen können. Doch woher haben wir unseren Glauben an die zweite, irrationale Art von Magie? Wie kommt es, dass in allen Kulturen die Kinder ihr Geistesleben mit dem Glauben an Magie beginnen statt an die wirkliche Kausalität, die sie umgibt?

Eine plausible Erklärung lautet, dass Menschen zuerst von Märchen programmiert werden. Alle menschlichen Kulturen erzählen ihren Kindern Geschichten; ein Teil der Entwicklung unseres spezifischen Menschseins ist die Wechselwirkung, die wir mit dem Beginn der Sprache erhalten.

Alle Kulturen verwenden Tierbilder für diese Erziehung durch Märchen; so haben wir im Westen schlaue Füchse, weise Eulen und ängstliche Küken. Sie scheinen einer Traumzeit der Menschen zu entstammen, als alle Tiere als Arten von Menschenwesen in anderer Haut betrachtet wurden und selbstverständlich sprechen konnten. Was die feineren Eigenschaftswörter bedeuten, lernen wir aus den Taten – und Worten – der Wesen in den Geschichten. Inuit-Kinder haben kein Bild vom »schlauen« Fuchs, ihr Fuchs ist »kühn« und »schnell«, während der Fuchs im norwegischen Bild geheimnistuerisch und weise ist und respektvollen Kindern viele gute Ratschläge zu geben vermag. Die Kausalität in diesen Geschichten ist immer verbal: »So sagte der Fuchs ... und sie taten es!« oder »Ich werden husten und prusten und dein Haus zusammenpusten!« Die früheste mitgeteilte Kausalität, der ein Kind begegnet, sind verbale Anweisungen, die materielle Ereignisse zur Folge haben. Also Zaubersprüche.

In ähnlicher Weise wandeln Eltern und Betreuer die ausgesprochenen Wünsche des Kindes in Taten und Dinge um, vom Essen, das auf dem Tisch erscheint, wenn das Kind hungrig ist, bis zum Spielzeug und anderen Weihnachts- und Geburtstagsgeschenken. Wir umgeben diese einfachen verbalen Wünsche mit »magischem« Ritual. Wir verlangen, dass der Zauberspruch mit »bitte« anfängt und dass seine Ausführung mit »danke« quittiert wird.* Es ist wirklich kein Wunder, dass unsere Kinder zu glauben beginnen, um ein Stück wirkliche Welt zu erreichen oder zu erhalten, brauche

---

* Erzieher ermutigen oder ermahnen das Kind sogar: »Wie heißt das Zauberwort? Du hast das Zauberwort vergessen!«

man nur zu bitten – einfach zu bitten oder zu befehlen ist ja *der* klassische Zauberspruch. Erinnern Sie sich an »Sesam, öffne dich«?

Für ein Kind funktioniert die Welt wie mit Zauberei. Später im Leben wünschen wir, wir könnten so weitermachen, und alle unsere Wünsche würden wahr.* Also gestalten wir unsere Läden, unsere Webseiten, unsere Autos so, dass sie dieser wirklich »kindlichen« Weltsicht entsprechen.

Im Wagen nach Hause zu kommen und die Garage aufzuklicken, auf die Infrarot-Fernsteuerung zu drücken, um den Wagen zu öffnen oder abzuschließen, Fernsehkanäle zu wechseln – sogar das Licht mit dem Wandschalter anzuschalten – ist genau diese Art Magie. Anders als unsere viktorianischen Altvorderen verstecken wir gern die Maschinerie und tun so, als wäre sie nicht da. Clarkes Diktum ist also durchaus nicht überraschend. Es bedeutet, dass dieser Affe mit unglaublichem Erfindungsreichtum immer wieder versucht, ins Kinderzimmer zurückzukehren, wo alles für ihn getan wurde. Vielleicht haben andere intelligente/extelligente Spezies auch eine ähnlich hilflose frühe Lebensphase, die sie mithilfe ihrer Technik zu kompensieren oder wieder zu durchleben trachten? Wenn dem so ist, werden auch sie »an Magie glauben«, und wir werden das anhand dessen feststellen können, dass sie über Rituale für »bitte« und »danke« verfügen.

In manchen menschlichen Kulturen sehen wir, wie diese Philosophie sich bis ins Erwachsenenalter hält. In »Erwachsenengeschichten« wie Tausendundeiner

---

* Vor Jahren hat Jack in seinem Buch *The Privileged Ape* (»Der privilegierte Affe«) über genau diese Tendenz geschrieben. Eigentlich wollte er es anders nennen und hätte es auch so genannt, wenn nicht der Verleger kalte Füße bekommen hätte: »Der Affe, der kriegte, was er wollte«. (Wenn er es kriegt, will er es natürlich nicht mehr.)

Nacht gewährt eine Auswahl von Dschinns und anderen Wundern dem Helden seine Wünsche mit magischen Mitteln, ganz wie die wahr werdenden Kindheitswünsche. Viele »romantische« Erwachsenengeschichten haben dieselbe Grundkonstellation, ebenso viele phantastische Geschichten. Der Gerechtigkeit halber müssen wir hinzufügen, dass dies bei modernen Fantasy-Geschichten kaum mehr der Fall ist; man bekommt nicht viel Spannung in eine Handlung, wo auf einen Wink des Zauberstabs alles möglich ist, und daher sind die dort gültigen »magischen« Praktiken meistens schwierig, gefährlich und wenn irgend möglich zu vermeiden. Die Scheibenwelt ist eine magische Welt – wir können beispielsweise die Gedanken eines Unwetters hören oder das Gespräch von Hunden –, aber Magie der Spitzhut-Art wird sehr selten verwendet. Zauberer und Hexen behandeln sie eher wie Kernwaffen: Es schadet nicht, wenn die Leute wissen, dass man welche hat, aber die Anwendung bringt *alle* in Schwierigkeiten. Das ist Magie für Erwachsene; sie muss schwierig sein, denn wir wissen, dass man nichts geschenkt bekommt.

Leider sind die Erwachsenen-Vorstellungen von Kausalität für gewöhnlich von der weniger raffinierten Wunscherfüllungs-Philosophie angesteckt, die wir von der Blechmagie unserer Kindheit her in uns tragen. Beispielsweise wenden Wissenschaftler gegen alternative Theorien ein, »wenn es wahr wäre, könnten wir es nicht berechnen«. Warum glauben sie, dass es die Natur kümmert, ob Menschen etwas berechnen können? Weil ihr eigener Wunsch, etwas zu berechnen, der sie Beiträge für gelehrte Zeitschriften schreiben lässt, ihre ansonsten rationale Sichtweise verfälscht. Man hat das Gefühl, dass da jemand mit den Füßen aufstampft; die Allmächtige sollte ihre eigenen Gesetze ändern, damit wir es berechnen können.

Es gibt andere Arten, die Vorstellungen über die Kausalität zu prägen, doch sie fallen Wesen schwer, die in ihre eigenen kulturellen Voraussetzungen eingebettet sind: Nahezu alles, was ein erwachsener Mensch zu tun hat, wird entweder von der Technik in Magie verwandelt, oder es hat mit einem anderen Menschen zu tun, mit Dienen oder Bedientwerden.

Diese Fragen von Verwaltung, Führerschaft und Aristokratie sind in verschiedenen Gesellschaften sehr unterschiedlich gehandhabt worden. Feudalgesellschaften haben eine Adelsklasse, deren Mitglieder in vielerlei Hinsicht ihre kindliche Persönlichkeit behalten dürfen, indem sie von Dienern und Sklaven und anderen Ersatzeltern umgeben sind. Reiche Leute in komplexeren Gesellschaften und allgemein Menschen von hohem Status (Ritter, Könige, Königinnen, Prinzessinnen, Mafiabosse, Operndiven, Pop-Idole, Sportstars) scheinen sich mit Gesellschaften zu umgeben, die sie wie ein verhätscheltes Kind behandeln. In dem Maße, wie unsere Gesellschaft stärker von der Technik geprägt wurde, sind immer mehr von uns bis hinab zu den untersten Statusebenen der Gesellschaft in den Genuss der akkumulierten Magie der Technik gekommen. Supermärkte haben die Versorgung all unserer kindlichen Naturen mit allem, was wir nur wünschen können, demokratisiert und gefestigt. Immer mehr Erwachsene haben sich vermittels der Technik die Kindermagie angeeignet, und die legitime Art von Magie, die um das Wunder der Natur, hat den Kürzeren gezogen.

Mitte des 17. Jahrhunderts gab es einen Philosophen, Baruch Spinoza, der aus der synthetischen Position der Renaissance und aus seiner Kritik an den Veröffentlichungen von Descartes eine völlig neue Sicht auf die Kausalität ableitete. Er war eine der wenigen Gestalten, die an die Renaissance anknüpften und dazu beitrugen, die Aufklärung hervorzubringen. So entwickelte er seine kritische Sicht auf seine jüdischen kulturellen Autoritäten zu einem neuen, rationalen Bild von der universellen Kausalität. Er verwarf, dass Moses Gottes Stimme gehört habe, Engel und noch viel mehr »okkultes« Denken, insbesondere den frühen Kabbalismus*; er entfernte die naive Magie aus seiner Religion. Spinoza war Linsenschleifer, ein Beruf, der den andauernden Vergleich des Ziels mit der Wirklichkeit erfordert. Also führte er die Handwerkersicht der Kausalität ein und entkleidete Gottes Wort der Magie. Die jüdische Gemeinde in Amsterdam schloss ihn aus. Sie hatten es von den Katholiken erfahren, doch es ließ sich nicht gut mit der jüdischen Praxis vereinbaren, nicht einmal damals.

Spinoza war Pantheist. Das heißt, er glaubte, ein wenig von Gott sei in allen Dingen. Dies glaubte er vor allem, weil, wenn Gott getrennt vom materiellen Universum wäre, es eine Wesenheit gäbe, die größer als Gott wäre, nämlich das ganze Universum plus Gott. Daraus folgt, dass Spinozas Gott kein *Wesen* war, keine Person, nach deren Bild die Menschheit erschaffen werden konnte. Aus diesem Grund wurde Spinoza oft für einen Atheisten gehalten, und viele orthodoxe Juden sehen ihn noch heute so. Dennoch verficht seine *Ethik* auf schöne, logisch argumentierende Weise eine bestimmte Art von Pantheismus. Im Grunde ist Spinozas Sichtweise kaum von jener der am stärksten zur Philosophie neigenden Wissenschaftler zu unterscheiden, von Newton bis Kauffman.

Vor Spinoza ließen sogar Descartes und Leibniz, die man für seine Vorgänger hält, Gott die Dinge in der Welt mit der Kraft seiner Stimme bewegen: Magie, Kinderdenken. Spinoza führte den Gedanken ein, ein alles überspannender Gott könnte das Universum in Gang halten, ohne anthropomorh zu sein. Viele moderne Spi-

---

* Ein System mystischer Glaubensvorstellungen, das auf der jüdischen Kabbala beruht.

nozaner betrachten die Gesamtheit der Regeln, die von der Wissenschaft entworfen, beschrieben und der physischen Welt zugeordnet werden, als Verkörperung jener Art Gott. Das heißt, was in der materiellen Welt geschieht, geschieht auf diese Weise, weil Gott oder die Natur der physischen Welt es dazu zwingen. Und daraus ergeben sich Ideen, die an das Narrativium statt an Magie und Wunscherfüllung erinnern.

Eine spinozanische Sichtweise der Entwicklung eines Kindes sieht das Gegenteil von Wunscherfüllung. Es gibt Regeln, Beschränkungen, die *eingrenzen*, was wir tun können. Beim Heranwachsen lernt das Kind, seine Regeln zu modifizieren, indem es mehr von den Regeln wahrnimmt. Anfangs könnte es versuchen, das Zimmer in der Annahme zu durchqueren, der Stuhl sei kein Hindernis; wenn er sich nicht beiseite bewegt, wird das Kind Frustration fühlen, eine »Leidenschaft«. Und es kriegt einen Wutanfall. Später, wenn es seinen Weg so auswählt, dass es den Stuhl meidet, wird mehr von seinen Plänen friedlich und erfolgreich aufgehen. Wenn das Kind wächst und mehr von den Regeln lernt – von Gottes Willen oder vom Gewebe der universellen Kausalität –, wird dieser fortschreitende Erfolg eine ruhige Akzeptanz der Beschränkungen hervorbringen: eher Friede als Leidenschaft.

Kauffmans *At Home in the Universe* (»Zu Hause im Universum«) ist ein Buch sehr in der Art Spinozas, denn er erkannte, dass wirklich jeder von uns – mit der Belohnung des Friedens und der Disziplin der Leidenschaft und ihrer Zügelung – in seinem eigenen Universum sein Zuhause findet. Wir passen in das Universum als Ganzes, wir haben uns darin und daran entwickelt, und ein erfolgreiches Leben beruht auf der Erkenntnis, wie das Universum unsere Pläne einschränkt und unser Verständnis belohnt. »Bitte« und »danke« haben im Gebet Spinozas keinen Platz. Diese Sichtweise verschmilzt den Handwerker mit dem Philosophen, die ursprüngliche Achtung vor der Tradition mit den barbarischen Tugenden von Liebe und Ehre.

Und sie gibt uns eine völlig neue Art von Geschichte mit einer zivilisierenden Botschaft. Statt des barbarischen »Und dann rieben wir die Lampe aufs Neue ... und wieder erschien der Dschinn« zieht jetzt der erste Königssohn aus, um eine Aufgabe zu erfüllen und die Hand der schönen Prinzessin zu gewinnen – und versagt. Erstaunlich! Kein barbarischer Held versagt jemals. Eigentlich versagt in magischen Geschichten von barbarischen oder Stammesgesellschaften letzen Ende *nie* jemand, ausgenommen böse Riesen, Zauberer und Großwesire. Die neue Geschichte aber erzählt, wie der zweite Königssohn von diesem Versagen lernt, und zeigt dem Zuhörer – und dem Lernenden –, wie schwer die Aufgabe ist. Dennoch versagt *auch dieser*, denn Lernen ist nicht leicht. Aber der dritte Sohn – oder das dritte Ziegenböckchen oder das dritte Schwein – zeigt, wie man in einer spinozanischen, aufgeklärten Welt der Beobachtung und Erfahrung Erfolg hat. Geschichten, in denen Leute von den Fehlern anderer lernen, sind ein Kennzeichen einer zivilisierten Gesellschaft.

In unserem »Mach-einen-Menschen-Baukasten« ist Narrativium hinzugekommen. Es erzeugt eine andere Art Geist als den in der Stammesgesellschaft, wo es immer nur heißt: »Tu das, weil wir das immer so gemacht haben und weil es funktioniert« und »Tu das nicht, weil es tabu ist, böse, und weil wir dich umbringen, wenn du es tust«. Und er unterscheidet sich auch vom barbarischen Geist: »Das bringt Ehre, Beute, großen Reichtum und viele Kinder (wenn ich nur einen Dschinn kriegen kann oder eine Dgun*), ich werd mich doch nicht erniedrigen, diese

---
* Eine Dgun ist eine »dispersion gun«, aber wenn Sie kein Freund der einschlägigen Computerspiele sind, brauchen Sie das eigentlich nicht zu wissen. – *Anm. d. Übers.*

Hände mit gemeiner Arbeit zu entehren.« Dagegen lernt das zivilisierte Kind, die Aufgabe zu wiederholen, mit dem Korn des Universums zu arbeiten.

Der Leser von Geschichten, die von Narrativium geformt worden sind, ist bereit, alles zu tun, was zum Verständnis der Aufgabe nötig ist. Vielleicht ist es im Universum der Geschichte nicht die vornehmliche Beschäftigung, sich für die Heirat mit einer Prinzessin zu qualifizieren, aber die Haltung des Prinzen wird ihm im Bergwerk gute Dienste leisten, an der Börse, im Wilden Westen (laut Hollywood ein Großlieferant von Narrativium) oder als Vater und Feudalherr. Wir sagen »er«, denn »sie« hat es schwerer: Narrativium ist bisher nicht für Mädchen gefördert und geformt worden, und die Art, wie feministische Mythen es formen, scheint sich um andere Fragen zu drehen als die auf Jungen ausgerichteten Modelle. Aber wir können das korrigieren, wenn wir uns erinnern, dass Narrativium durch Beschränkung übt.

Die Scheibenwelt, technisch gesehen zwar eine Welt, die mit Märchen funktioniert, bezieht einen Großteil ihrer Kraft und ihres Erfolges aus der Tatsache, dass die Märchen fortwährend in Zweifel gezogen und untergraben werden, am direktesten von der Hexe Oma Wetterwachs, die sie zynisch benutzt oder zurückweist, wie es ihr gerade passt. Sie ist rundum dagegen, dass Mädchen von der alles an sich reißenden »Geschichte« gezwungen werden, nur wegen ihrer Schuhgröße den hübschen Prinzen zu heiraten; sie glaubt, Geschichten seien dazu da, dass man sie in Zweifel zieht. Doch sie selbst ist Teil größerer Geschichten, und die folgen auch Regeln. In gewissem Sinne versucht sie immer, den Ast abzusägen, auf dem sie sitzt. Und ihre Geschichten beziehen ihre Kraft aus der Tatsache, dass wir von Kindheit an darauf programmiert sind, an die Ungeheuer zu glauben, gegen die sie kämpft.

SIEBEN

Frachtkult-Magie

Ein Ausdruck kam Rincewind immer wieder in den Sinn: *Frachtkult*.

Dieses Phänomen hatte er auf einsamen Inseln weit draußen im Ozean entdeckt, als er auf der Flucht gewesen war – er pflegte die meisten interessanten Dinge zu entdecken, während er vor etwas floh.

Angenommen, ein einzelnes Schiff kam und ging vor Anker. Während es Proviant und Wasser aufnahm, belohnte es die hilfsbereiten Einheimischen mit Dingen wie Stahlmessern, Pfeilspitzen und Angelhaken.* Anschließend segelte es fort, und nach einer Weile nutzten sich die Messer ab, und die Pfeilspitzen gingen verloren.

Ein neues Schiff war vonnöten. Aber nicht viele Schiffe liefen die einsamen Inseln an. Nötig war ein *Schiffsmagnet*, eine Art *Köder*. Es spielte keine Rolle, ob er aus Bambus oder Palmwedeln bestand, solange er wie ein Schiff aussah. Schiffe zogen andere Schiffe an, ganz klar – wie bekam man sonst kleine Boote?

Wie viele menschliche Aktivitäten ergab die Sache einen Sinn, wobei »Sinn« eine relative Bedeutung hatte.

Bei der Scheibenwelt-Magie ging es darum, das gewaltige Meer aus Magie zu kontrollieren, das durch die Welt strömte. Den Zauberern der Rundwelt blieb nichts anderes übrig, als an den Gestaden ihres großen, kalten und rotierenden Universums etwas in der Art von

---
* Und neuen Krankheiten. Allerdings war es schwer, Bambusmodelle davon anzufertigen.

Bambusködern aufzustellen, Dinge, die folgende Botschaft verkündeten: Bitte lass die Magie kommen.

»Es ist schrecklich«, wandte sich Rincewind an Ponder, der zu Dees Erbauung einen großen Kreis auf den Boden malte. »Diese Leute glauben, sie lebten in *unserer* Welt. Mit der Schildkröte und allem!«

»Ja, und das ist seltsam, denn die hier geltenden Regeln sind leicht zu erkennen«, erwiderte Ponder. »Die Dinge neigen dazu, Kugeln zu werden, und Kugeln haben die Tendenz, sich kreisförmig zu bewegen. Sobald man das begriffen hat, wird alles andere klar. Dann fällt der Groschen – natürlich bogenförmig.«

Er griff wieder nach der Kreide, um den Kreis zu vervollständigen.

Die Zauberer wohnten bei Dee. Das schien ihn zu freuen, auf eine leicht verwunderte Art und Weise. Er war wie ein Bauer, der Besuch von unbekannten Verwandten aus der großen Stadt bekam – sie stellten unverständliche Dinge an, waren aber reich und interessant.

Das Problem bestand darin, dass die Zauberer Dee immer wieder darauf hinwiesen, warum Magie nicht funktionierte – während sie gleichzeitig Magisches vollbrachten. Sie gaben einer Kristallkugel Anweisungen. Ein recht geruchsintensiver Affe wankte auf den Fingerknöcheln umher, sah sich Dees Bibliothek an, ughte aufgeregt und ordnete die Bücher so an, dass sie einen Zugang zum B-Raum bildeten. Die Zauberer folgten einer alten Angewohnheit, indem sie Dinge anstießen und aneinander vorbeiredeten.

HEX hatte die Elfen lokalisiert. Auch wenn es keinen Sinn ergab: Ihre Reise zur Rundwelt hatte sie durch die Zeit fallen und Millionen von Jahren in der Vergangenheit landen lassen.

Den Zauberern stand nun eine Zeitreise bevor. Ponder hatte es den Zauberern erklärt und seine Worte mit Gesten für jene untermalt, die schwer von Begriff waren. Eine Reise durch die Zeit, so meinte er, lasse sich leicht bewerkstelligen, denn Zeit und Raum der Rundwelt blieben der *wahren Realität* untergeordnet. Die Zauberer bestanden aus etwas, das zu einer höheren Ordnung gehörte, und deshalb konnten sie sich mit Hilfe von Magie aus der *übergeordneten Realität* ganz nach Belieben im Zeitstrom bewegen. Es gab noch einige andere, komplexere Gründe, die jedoch schwer zu erklären waren.

Die Zauberer verstanden fast nichts davon, fanden aber Gefallen an der Vorstellung, etwas Höheres zu sein.

»Aber damals gab es doch überhaupt nichts«, warf der Dekan ein und beobachtete, wie Ponder an dem Kreis arbeitete. »Keine Leute, die man als ›Leute‹ bezeichnen könnte. Darauf hat HEX hingewiesen.«

»Es gab Affen«, erwiderte Rincewind. »Oder Dinge wie Affen.« In dieser Hinsicht hatte er eigene Vorstellungen, obgleich auf der Scheibenwelt die weit verbreitete Ansicht herrschte, dass Affen die Nachkommen von Menschen waren, die sich nicht genug Mühe gegeben hatten.*

»Oh, die *Affen*«, sagte Ridcully scharf. »Ich erinnere mich an sie. Völlig unnütz. Interessierten sich nur für Dinge, die man fressen oder mit denen man Sex haben konnte. Blödelten die ganze Zeit herum.«

»Ich glaube, dies war noch vorher«, meinte Ponder. Er richtete sich auf und klopfte Kreidestaub von seinem Mantel. »HEX vermutet, dass die Elfen etwas anstellten, und zwar mit … etwas. Mit etwas, aus dem Menschen wurden.«

---

* Der Bibliothekar hingegen vertrat die Auffassung, dass Menschen *Affen* waren, die sich nicht genug Mühe gegeben hatten. Sie brachten es einfach nicht fertig, in Harmonie mit ihrer Umwelt zu leben, eine funktionierende soziale Struktur zu wahren und, was noch wichtiger war, sich im Schlaf an einem Ast festzuhalten.

»Sie haben sich eingemischt?«, fragte der Dekan.

»Ja. Wir wissen, dass sie mit ihrem Gesang das Denken beeinflussen können …«

»Aus dem *Menschen wurden*?«, wiederholte Ridcully.

»Ja, Herr. Entschuldige, Herr, aber ich möchte das nicht noch einmal durchkauen, Herr. Auf der Rundwelt werden Dinge zu anderen Dingen. Besser gesagt, *einige* Dinge werden zu anderen Dingen. Ich behaupte nicht, dass so etwas auf der Scheibenwelt geschieht, Herr, aber HEX ist ziemlich sicher, dass es hier passiert. Können wir einfach mal davon ausgehen, dass es stimmt?«

»Rein theoretisch?«

»Ja, rein theoretisch – und um weitere Diskussionen zu vermeiden«, erwiderte Ponder. Mustrum Ridcully konnte ziemlich lange am Thema der Evolution festhalten.

»Na schön«, sagte der Erzkanzler widerstrebend.

»Wir wissen, dass Elfen das Denken und Empfinden geringerer Geschöpfe beeinflussen können …«

Rincewind hörte nicht mehr hin. Er war weit genug herumgekommen – die ewige Flucht hatte ihn praktisch überall hingeführt, durch Wildnis, Wälder und Wüsten –, um sich mit den Elfen auszukennen. Sie fanden keinen Gefallen an den Dingen, die nach Rincewinds Ansicht das Leben lebenswert machten, wie Städte, Mahlzeiten und nicht ständig mit Steinen auf den Kopf geschlagen zu werden. Er wusste nicht, ob sie tatsächlich etwas *aßen*, und nicht nur zum Vergnügen. Sie verhielten sich so, als verzehrten sie vor allem die Furcht anderer Geschöpfe.

Bestimmt waren sie hoch erfreut gewesen, als sie die Menschheit entdeckt hatten. Menschen waren sehr kreativ, wenn es darum ging, Angst zu haben. Sie verstanden sich *gut* darauf, die Zukunft mit Entsetzen zu füllen.

Und dann ruinierten die Menschen alles, indem sie ihren wundervollen, Furcht erzeugenden Verstand gebrauchten, um sich Dinge einfallen zu lassen, welche die Furcht vertrieben, wie zum Beispiel Kalender, Schlösser, Kerzen und Geschichten. Vor allem Geschichten. Darin starben die Ungeheuer.

Während die Zauberer miteinander sprachen, sah Rincewind nach dem Bibliothekar. Der Orang-Utan hatte das weite Gewand abgelegt, trug aber noch immer eine Halskrause, um dem lokalen Bekleidungsstandard gerecht zu werden. Er wirkte so glücklich wie ... nun, wie ein Bibliothekar inmitten von Büchern. Dee war ein passionierter Sammler. Bei den meisten Büchern ging es um Magie oder Zahlen – oder um Magie *und* Zahlen. Allerdings waren sie nicht sehr magisch. Sie blätterten nicht einmal von allein um.

Die Kristallkugel war auf ein Regal gelegt worden, damit HEX zusehen konnte.

»Der Erzkanzler möchte, dass wir alle in die Vergangenheit reisen und den Elfen das Handwerk legen«, sagte Rincewind und nahm auf einem Bücherstapel Platz. »Er will sie angreifen, bevor sie irgendetwas anstellen. Was mich betrifft ... Ich glaube nicht, dass es klappen wird.«

»Ugh?«, fragte der Bibliothekar. Er beschnüffelte ein Bestiarium und legte es beiseite.

»Meistens geht irgendetwas schief. Das ist selbst bei gut ausgearbeiteten Plänen der Fall. Und dies dürfte wohl kaum ein gut ausgearbeiteter Plan sein. ›Wir springen mal kurz in die Vergangenheit und erschlagen die Elfen mit Eisenstangen‹ – klingt das etwa nach einem gut ausgearbeiteten Plan? Was findest du so komisch?«

Die Schultern des Bibliothekars bebten. Er reichte Rincewind ein Buch, in dem er gerade gelesen hatte, und deutete mit einem ledrigen Finger auf eine bestimmte Stelle.

Rincewind las und starrte den Bibliothekar an.

Es war erhebend. O ja, zweifellos. So etwas hatte Rincewind nie zuvor gelesen. Aber ...

Er hatte einen Tag in dieser Stadt verbracht. Man ließ Hunde gegeneinander kämpfen, und es gab Bärengruben. Aber das war noch nicht das Schlimmste. An den Toren hatte Rincewind aufgespießte Köpfe gesehen. Nun, auch in Ankh-Morpork war es ziemlich übel zugegangen, aber Ankh-Morpork hatte über Jahrtausende hinweg Erfahrungen darin gesammelt, eine große Stadt zu sein, was zu *kultivierten* Sünden führte. Dieser Ort hingegen war kaum mehr als ein Dunghaufen.

Der Mann, von dem diese Worte stammten, erwachte jeden Morgen in einer Stadt, in der man Menschen bei lebendigem Leib verbrannte. Und er hatte *trotzdem* so etwas geschrieben ...

»... Welch ein Meisterwerk ist der Mensch! wie edel durch Vernunft! wie unbegrenzt an Fähigkeiten! in Gestalt und Bewegung wie bedeutend und wunderwürdig! ...«*

Der Bibliothekar konnte sich vor Lachen kaum mehr halten.

»Da gibt es nichts zu lachen, man kann durchaus einen solchen Standpunkt vertreten«, sagte Rincewind. Er blätterte weiter.

»Wer hat dies geschrieben?«, fragte er.

»Nach den vielen Strömen im B-Raum ist er einer der größten Dramatiker, die jemals lebten«, ließ sich HEX vom Regal her vernehmen.

»Wie lautet sein Name?«

»Es gibt Unterschiede in der Schreibweise«, sagte HEX. »Man hat sich auf ›William Shakespeare‹ geeinigt.«

»Existiert er in dieser Welt?«

---

* Aus: »Hamlet, Prinz von Dänemark«, 2. Aufzug, 2. Szene. Deutsch von A. W. Schlegel. – *Anm. d. Übers.*

»Ja. In einer der vielen alternativen Historien.«

»Er ist also nicht wirklich *hier*, oder?«

»Nein. Der führende Dramatiker in dieser Stadt heißt Arthur J. Nightingale.«

»Ist er gut?«

»Er ist der Beste, den sie hier haben. Objektiv betrachtet ist er schrecklich. Sein Werk ›König Rufus III.‹ gilt als das schlechteste Stück, das jemals geschrieben wurde.«

»Oh.«

»Rincewind!«, donnerte der Erzkanzler.

Die Zauberer versammelten sich im Kreis. Sie hatten Hufeisen und andere Eisenstücke an ihren Stäben befestigt – die höhere Ordnung schickte sich an, der unteren in den Hintern zu treten. Rincewind steckte das Buch ein, nahm HEX und eilte zu den anderen.

»Ich …«, begann er.

»Du kommst mit, keine Widerrede«, schnappte Ridcully. »Und auch die Truhe.«

»Aber …«

»Wenn du dich weigerst, müssen wir über sieben Eimer Kohle reden«, drohte der Erzkanzler.

Er *wusste* davon. Rincewind schluckte.

»Lass HEX beim Bibliothekar zurück«, sagte Ponder. »Dann kann er Dr. Dee im Auge behalten.«

»HEX soll hier bleiben?«, fragte Rincewind. Ihn beunruhigte die Vorstellung, die einzige Entität der Unsichtbaren Universität zurückzulassen, die alles zu verstehen schien.

»In der Vergangenheit gibt es keine geeigneten Avatare«, entgegnete HEX.

»Weder magische Spiegel noch Kristallkugeln, meint er«, sagte Ponder. »Nichts, von dem die Leute *erwarten*, dass es magisch ist. Am Ziel unserer Reise gibt es nicht einmal Leute. Leg HEX beiseite. Wir sind ohnehin gleich wieder hier. Alles klar, HEX?«

Der Kreis glühte, und die Zauberer verschwanden.
Dr. Dee wandte sich an den Bibliothekar.
»Es funktioniert!«, entfuhr es ihm. »Das Große Siegel funktioniert! Jetzt kann ich ...«
Er verschwand. Und der Boden verschwand. Und das Haus verschwand. Und die Stadt verschwand. Und der Bibliothekar landete im Sumpf.

ACHT

Planet der Affen

»Welch ein Meisterwerk ist der Mensch! wie edel durch Vernunft! wie unbegrenzt an Fähigkeiten! in Gestalt und Bewegung wie bedeutend und wunderwürdig! im Handeln wie ähnlich einem Engel! im Begreifen wie ähnlich einem Gott!«

Aber sehen Sie ihm lieber nicht ganz aus der Nähe beim Essen zu ...

William Shakespeare war eine weitere Schlüsselfigur beim Übergang vom mittelalterlichen Mystizismus zum Rationalismus nach der Renaissance. Wir hatten vor, ihn zu erwähnen, mussten aber abwarten, bis er in der Rundwelt auftauchte.

Shakespeares Dramen sind ein Eckstein unserer gegenwärtigen westlichen Zivilisation.* Sie führen uns von einer Konfrontation zwischen aristokratischer Barbarei und der Traditionsgebundenheit der Stammensgesellschaft in die wirkliche Zivilisation, wie wir sie kennen. Und dennoch ..., er scheint ein Widerspruch zu sein: erhabene Gefühle in einem barbarischen Zeitalter. Das liegt daran, dass er an einem Brennpunkt der Geschichte stand. Und darum ist er in unseren ungeradzahligen Kapiteln ein Geschöpf der Elfen. Die Elfen haben nach etwas gesucht, was zum Menschen wird, und mischen sich auf der Rundwelt ein, um sicherzustellen, dass sie es bekommen. Shakespeare ist eins der Ergebnisse.

---

* Bei seinem Besuch in England 1930 wurde Mahatma Gandhi gefragt: »Was halten Sie von der modernen Zivilisation?« Er soll geantwortet haben: »Das wäre eine gute Idee.«

Wir kennen bereits ihr Rohmaterial. Die Elfen sind nicht die einzigen Bewohner der Scheibenwelt, die sich auf der Rundwelt eingemischt haben: Die Zauberer haben sich ihrerseits mit einem »Uplift« im Sinne von David Brin* versucht, wobei sie die Techniken von Arthur C. Clarke verwendeten. Gegen Ende von *Die Gelehrten der Scheibenwelt* sitzen die Affen der Rundwelt in ihrer Höhle und beobachten eine Manifestation aus einer anderen Dimension, ein rätselhaftes schwarzes Rechteck ... Der Dekan der Unsichtbaren Universität klopft mit seinem Zeigestock dagegen, um ihre Aufmerksamkeit zu erregen, und schreibt mit Kreide die Buchstaben S ... T ... E ... I ... N. »Stein. Kann mir jemand sagen, was man damit anstellt?« Doch das Einzige, was die Affen interessiert, ist S ... E ... X.

Als die Zauberer das nächste Mal einen Blick auf die Rundwelt werfen, stützt gerade der Weltraumlift ein. Die Planetenbewohner sind in großen, aus Kometenkernen gebauten Schiffen unterwegs hinaus ins Weltall.

Etwas sehr Dramatisches ist zwischen den Affen und dem Weltraumlift passiert. Was war das? Die Zauberer haben keine Ahnung. Sie zweifeln sehr, dass es mit jenen Affen zu tun haben kann, die so ziemlich das Falsche waren.

Im ersten Band von *Die Gelehrten der Scheibenwelt* haben wir nicht weiter nachgeforscht. Wir haben eine Lücke gelassen. Nach den geologischen Maßstäben, die alles bis zu den Affen beherrschen, war es ein winziger

---

* Im Uplift-Zyklus von David Brin (*Sternenflut, Sonnentaucher, Entwicklungskrieg* und weitere Bände) entstehen vernunftbegabte Arten üblicherweise dadurch, dass sie durch Eingriffe einer anderen intelligenten Spezies zur Intelligenz »erhoben« werden. Siehe auch die Fußnote zu »Uplift« in Kapitel 10 des vorliegenden Buches. – *Anm. d. Übers.*

Teil der Historie, doch eine ziemlich große Lücke nach den Begriffen der Veränderung auf dem Planeten. Doch jetzt haben sogar die Zauberer erkannt, dass die Affen, so wenig verheißendes Material sie auch sein mögen, sich tatsächlich zu den Wesen entwickelt haben, die den Weltraumlift gebaut haben und von einem sehr gefährlichen Planeten geflohen sind, um einen Ort zu finden, wo einem, wie es Rincewind ausdrücken würde, nicht regelmäßig Steine auf den Kopf geworfen werden. Und anscheinend war die Einmischung der Elfen ein entscheidender Schritt in ihrer Evolution.

Wie war es wirklich auf der Rundwelt? Hier dauerte der ganze Prozess gerade mal fünf Millionen Jahre. Vor hunderttausend Großvätern* hatten wir mit dem Schimpansen einen fernen Vorfahren. Der schimpansenähnliche Vorfahr des Menschen war auch der menschenähnliche Vorfahr des Schimpansen. Für uns hätte er erstaunlich einem Schimpansen ähnlich gesehen, doch für einen Schimpansen erstaunlich wie ein Mensch.

Die DNS-Analyse zeigt ohne den Anflug eines vernünftigen Zweifels, dass unsere nächsten lebenden Verwandten Schimpansen sind: der gewöhnliche (»robuste«) Schimpanse *Pan troglodytes* und der schlankere (»grazile«) Bonobo *Pan paniscus*, oft politisch inkorrekt als Zwergschimpanse bezeichnet. Unser Genom hat mit beiden 98 Prozent gemein, was Jared Diamond veranlasste, den Menschen (im gleichnamigen Buch) *Der dritte Schimpanse* zu nennen.

---

* Ein Zeitmaß, das wir in *Die Gelehrten der Scheibenwelt* als »menschliche« Art für die Messung großer Zeiträume entwickelt haben. Es beträgt fünfzig Jahre, den »typischen« Altersunterschied zwischen Großeltern und Enkeln. Die meisten wirklich interessanten Abschnitte der menschlichen Entwicklung haben in den letzten 150 Großvätern stattgefunden. Vergessen Sie nicht: Was man im Rückspiegel sieht, ist näher, als es den Anschein hat.

Dieselben DNS-Indizien weisen darauf hin, dass wir und die heutigen Schimpansen uns vor jenen fünf Millionen Jahren (100 000 Großvätern) als biologische Arten getrennt haben. Über diese Zahl lässt sich streiten, aber sie kann nicht sehr falsch sein. Die Gorillas spalteten sich etwas früher ab. Die frühesten Fossilien unserer »Hominiden«-Vorfahren wurden in Afrika gefunden, doch es gibt zahlreiche spätere Hominiden-Fossilien aus anderen Weltteilen wie China und Java. Die ältesten bekannten sind zwei Arten des *Australopithecus*, jede ungefähr 4 bis 4,5 Millionen Jahre alt. Die Australopithecinen konnten sich nicht beklagen: Sie hielten sich bis vor etwa 1 bis 1,5 Millionen Jahren, bis sie der Gattung *Homo* wichen: *Homo rudolfensis*, *Homo habilis*, *Homo erectus*, *Homo ergaster*, *Homo heidelbergensis*, *Homo neanderthalensis* und schließlich uns, *Homo sapiens*. Und irgendwie schob sich noch ein Australopithecine mitten zwischen diese *Homos*. Je mehr Hominiden-Fossilien wir finden, desto komplizierter wird eigentlich unsere mutmaßliche Abstammung, und es sieht so aus, als hätten den größten Teil der vergangenen fünf Millionen Jahre über viele verschiedene Hominiden-Arten in den Ebenen von Afrika koexistiert.

Heutige Schimpansen sind ziemlich klug, wahrscheinlich klüger als die Affen, denen der Dekan das Buchstabieren beizubringen versuchte. Einige bemerkenswerte Experimente haben gezeigt, dass Schimpansen eine einfache Art Sprache verstehen können, die ihnen in Form symbolischer Bilder dargeboten wird. Sie können sogar einfache Begriffe und abstrakte Assoziationen bilden, alles in einem linguistischen Rahmen. Sie können keinen Weltraumlift bauen und werden dazu niemals imstande sein, wenn sie sich nicht erheblich weiterentwickeln und nicht in den Kochtöpfen landen.

Wir können auch keinen bauen, doch es dauert vielleicht nur ein paar hundert Jahre, bis am ganzen Äquator entlang die Bodenstationen sprießen. Man braucht dazu lediglich ein Material von ausreichender Zugfestigkeit, vielleicht einen Komposit-Werkstoff, der Kohlenstoff-Nanoröhren enthält. Dann lässt man Kabel von geostationären Satelliten herabhängen, hängt Liftkapseln an ihnen auf, rüstet sie mit der passenden Weltraumliftmusik aus …, worauf es ganz einfach wird, den Planeten zu verlassen. Der Energieverbrauch, also die finanziellen Betriebskosten, ist nahezu null, denn für alles, was hinauf muss, muss etwas hinunter. Das könnte Mondgestein sein, im Planetoidengürtel abgebautes Platin oder der Astronaut, den die hinauffahrende Person ablösen soll. Die Kapitalkosten eines solchen Projekts sind jedoch enorm, weshalb wir es momentan nicht besonders eilig damit haben.

Das große wissenschaftliche Problem in diesem Zusammenhang lautet: Wie kann die Evolution von einem Affen, der es geistig nicht mit einem Schimpansen aufnehmen kann, so schnell zu einem gottähnlichen Wesen führen, das Poesie in der Art von Shakespeare zu schreiben vermag und seither so schnell vorangeschritten ist, dass es sicherlich bald einen Weltraumlift errichten (herablassen) wird? 100 000 Großväter scheinen dafür schwerlich auszureichen, wenn es etwa fünfzig Millionen Großväter* von einer Bakterie zum ersten Schimpansen dauerte.

Für eine derart dramatische Veränderung brauchte es einen neuen Trick. Dieser Trick war die Erfindung der Kultur. Die Kultur erlaubte es jedem einzelnen Affen, die Ideen und Entdeckungen von tausenden anderer Affen zu nutzen. Sie ließ das Affenkollektiv Wissen ansammeln, sodass nicht alles verloren ging, wenn der Besitzer

---

* Wohlgemerkt, die meisten davon waren Bakterien-Großväter. Das ist die Schwierigkeit mit Metaphern.

starb. In *Figments of Reality* (»Hirngespinste der Wirklichkeit«) haben wir für diese Art Tricks den Begriff »Extelligenz« geprägt, und das Wort kommt allmählich allgemein in Umlauf. Extelligenz gleicht unserer eigenen persönlichen Intelligenz, lebt aber außerhalb von uns. Intelligenz hat Grenzen, Extelligenz kann endlos ausgedehnt werden. Die Extelligenz bringt uns dazu, uns als Gruppe an den eigenen Haaren emporzuziehen.

Der Widerspruch zwischen Shakespeares edlen Gefühlen und der Kultur der aufgespießten Köpfe, in der er lebte, ist eine Folge seiner Position als sehr intelligente Intelligenz in einer nicht besonders extelligenten Extelligenz. Viele Individuen besaßen eine edle Natur, dass Shakespeares Lobpreis auf sie zutreffen konnte, doch ihre bisher bruchstückhafte Extelligenz hatte diese edle Natur noch nicht in die allgemeine Kultur übertragen. Die Kultur war im Prinzip edel (oder behauptete es zu sein) – Könige bezogen ihre Autorität von Gott selbst –, doch es war eine barbarische Art von Adel. Und sie war durchsetzt von barbarischer Grausamkeit, dem Mittel des Königs zur Selbsterhaltung.

Es mag Arten geben, intelligente Wesen zu erschaffen, und noch weit mehr, sie zu einer extelligenten Kultur zu verknüpfen. Die Krabbenzivilisation in *Die Gelehrten der Scheibenwelt* kam gut voran, bis ihr *großer Sprung seitwärts* von einem einfallenden Kometen platt gemacht wurde. Dieses eine Beispiel haben wir uns ausgedacht, doch wer weiß, was vor hundert Millionen Jahren passiert sein kann? Das Einzige, was wir sicher wissen – mit einem bestimmten Wert für »sicher«, denn sogar jetzt beruht viel von unserem Wissen auf Annahmen –, ist, dass sich etwas in der Art von Affen in *uns* verwandelt hat. Man muss auf eine besondere Art überheblich und blind sein, um diese Geschichte auf das übrige Universum zu übertragen, ohne nach Alternativen zu fragen.

Eine erhebliche Zutat in *unserer* Geschichte war das Gehirn. Auf das Körpergewicht bezogen, haben Menschen viel größere Gehirne als jedes andere Tier auf dem Planeten. Das durchschnittliche Menschenhirn hat ein Volumen von etwa 1350 Kubikzentimeter, was etwa dreimal so viel ist wie bei Affen von unserer Körpergröße. Walhirne sind größer als unsere, aber Wale selbst sind noch viel größer, sodass mehr Wal als Mensch auf die jeweilige Gehirnzelle kommt. Was Gehirne angeht, ist Quantität natürlich weniger wichtig als Qualität. Aber ein Gehirn, das zu wirklich komplizierten Dingen imstande ist, wie mit Kohlenstoff-Nanoröhren zu bauen und Geschirrspüler zu reparieren, muss einigermaßen groß sein, weil kleine Gehirne einfach nicht genug Platz bieten, um etwas Interessantes zu tun.

Wir werden bald sehen, dass Gehirne allein nicht ausreichen. Dennoch kommt man ohne Hirn oder einen angemessenen Ersatz nicht weit.

Es gibt zwei hauptsächliche Theorien über den Ursprung des Menschen. Die eine ist ziemlich langweilig und wahrscheinlich richtig, die andere ist aufregend und höchstwahrscheinlich falsch. Nichtsdestoweniger hat die zweite eine Menge für sich, und sie ist die bessere Geschichte, also wollen wir auf beide einen Blick werfen.

Die langweilige, konventionelle Theorie besagt, dass wir uns in den Savannen entwickelt haben. Umherstreifende Gruppen von frühen Menschenaffen zogen durch das hohe Gras und sammelten alles auf, was sie an Nahrung finden konnten – Samen, Eidechsen, Insekten –, ganz so, wie es heute Paviane tun.* Während sie das taten, streiften Löwen und Leoparden durch das hohe

---

* Paviane sind allerdings keine Menschenaffen.

Gras und suchten Affen. Diejenigen Affen, die besser darin waren, das verräterische Zucken des Schwanzes einer Großkatze zu entdecken und ganz schnell einen Baum zu finden, überlebten und pflanzten sich fort, die anderen taten das nicht. Die Kinder erbten diese Überlebenskünste und gaben sie an *ihre* Kinder weiter.

Was man für diese Aufgaben braucht, ist Datenverarbeitungs-Kapazität. Einen Schwanz zu entdecken und einen Baum zu finden sind Probleme der Mustererkennung. Unser Gehirn muss die Schwanzform vor dem Hintergrund von ähnlich gelbbraun gefärbten Felsen und Erdflecken ausmachen; es muss einen Baum auswählen, der groß genug ist und auf den man gut klettern kann, aber nicht *zu* gut, und es muss das alles schnell tun können. Ein geräumiges Gehirn mit großem Gedächtnis (an vergangene Gelegenheiten, wo etwas Haariges hinter einem Felsen hervorlugte, und an die Stellen mit Bäumen, auf die man klettern kann) vermag die visuellen Spuren eines Löwen viel wirksamer zu erfassen als ein kleines. Ein Gehirn, dessen Nervenzellen Botschaften einander schneller übermitteln, kann eintreffende Daten viel schneller analysieren und »Löwe« schlussfolgern, als es ein langsameres Gehirn vermag. Es gab also einen Evolutionsdruck auf die frühen Affen, größere und schnellere Gehirne zu entwickeln. Es gab auch einen Evolutionsdruck auf die Löwen, sich wirksamer zu verbergen, damit die größeren und schnelleren Affenhirne trotzdem nichts Verdächtiges bemerkten. So entwickelte sich das »Wettrüsten« zwischen Jäger und Beute, eine positive Rückkopplungsschleife, die sowohl Löwen als auch Affen ihre ökologischen Rollen viel wirksamer ausfüllen ließen.

Das ist die herkömmliche Geschichte von der menschlichen Evolution. Doch es gibt eine andere Geschichte, weniger orthodox, die sich auf zwei Hauptquellen stützt.

Menschen sind sehr sonderbare Affen, sogar überhaupt sehr sonderbare Tiere. Sie haben extrem kurzes Fell, größtenteils nur einen Flaum. Sie gehen aufrecht auf zwei Beinen. Sie haben das ganze Jahr über eine Fettschicht. Sie paaren sich (oft) mit dem Gesicht zueinander. Sie können ihren Atem außerordentlich gut kontrollieren, gut genug, um sprechen zu können. Sie weinen und sie schwitzen. Sie vergöttern Wasser und können über lange Strecken schwimmen. Ein neugeborenes Baby, in einen Teich geworfen, kann sich selbst über Wasser halten: Die Fähigkeit zu schwimmen ist instinktiv. All diese Eigentümlichkeiten veranlassten Elaine Morgan 1982, das Buch *Kinder des Ozeans* zu schreiben. Dort schlug sie eine radikale Theorie vor: dass sich die Menschen nicht in den Savannen entwickelt hätten, von grimmigen Raubtieren umgeben, sondern am Strand. Das erklärt das Schwimmen, die aufrechte Haltung (mit dem Auftrieb im Meerwasser ist es leichter, eine zweibeinige Haltung zu entwickeln) und das Fehlen von Haaren (die beim Schwimmen Probleme bereiten, womit ein evolutionärer Grund für ihr Verschwinden gegeben wäre). Eigentlich kann man argumentieren, dass dies alle soeben aufgezählten Eigentümlichkeiten des Menschen erklärt. Die ursprünglichen wissenschaftlichen Anhaltspunkte für diese Theorie sind von Alister Hardy entwickelt worden.

In ihrem Buch *The Driving Force* (»Die Triebkraft«) haben Michael Crawfort und David Marsh 1991 die Geschichte einen Schritt weiter geführt, indem sie noch eine Zutat hinzufügten. Buchstäblich. Das Wichtigste, was der Strand bietet, ist Meeresnahrung. Und das Wichtigste, was Meeresnahrung bietet, sind »essenzielle Fettsäuren«, die ein entscheidender Bestandteil des Gehirns sind. Tatsächlich bestehen daraus nahezu zwei Drittel des menschlichen Gehirns. Fettsäuren eignen sich gut zur Bildung von Membranen, und Gehirne benutzen für die Datenverarbeitung elektrische Signale in Membranen. Myelin, das in einer Membranscheide die Nervenzellen umgibt, beschleunigt die Signalübertragung im menschlichen Nervensystem etwa um das Fünffache. Es kostet eine Menge essenzielle Fettsäuren, um ein großes, schnelles Menschenhirn zu erhalten; also muss es fast ebenso viel gekostet haben, um das Gehirn unseres fernen äffischen Vorfahren zu erzeugen. Seltsamer Weise können jedoch unsere Körper diese speziellen Fettsäuren nicht selbst aus einfacheren Chemikalien aufbauen, so wie wir die meisten komplizierten Biochemikalien erzeugen, die wir brauchen. Wir müssen diese Fettsäuren fertig mit unserer Nahrung aufnehmen, deshalb wird das Wort »essenziell« zu ihrer Beschreibung verwendet. Seltsamer noch: In den Savannen gibt es wenig essenzielle Fettsäuren. Es gibt sie natürlich nur in Lebewesen, doch selbst da sind sie ziemlich selten. Die reichhaltigste Quelle für essenzielle Fettsäuren ist Meeresnahrung.

Vielleicht erklärt diese Theorie ja auch, warum wir so viel Zeit am Strand verbringen möchten. Doch wie die Erklärung auch lauten mag, die Fähigkeit, große Gehirne zu erzeugen, war ein entscheidender Schritt in unserer Evolution weg von unserem behaarten, vierfüßigen hunderttausendfachen Großvater.

Große Gehirne genügen jedoch nicht. Wirklich entscheidend ist, was man damit tut. Und was wir zu Stande brachten, ist, ein Gehirn gegen das andere auszuspielen, sodass sie im Laufe der Jahrtausende immer besser miteinander konkurrieren und kommunizieren konnten.

Affenhirne im Wettbewerb mit Löwenhirnen – das führt zu einem Rüstungswettlauf, der beide verbessert, doch dieser Rüstungswettlauf ist ziemlich langsam, da beide Arten Hirne, soweit es den Wettbewerb betrifft, nur für sehr beschränkte Zwecke genutzt werden. Affenhirne im Wettbewerb mit anderen Affenhirnen – das trainiert das gesamte Hirn, sodass die Evolutionsrate wahrscheinlich viel höher sein wird.

Für die Angehörigen einer jeden Art sind die Hauptkonkurrenten andere Wesen *derselben* Art. Das ist plausibel: Es sind diejenigen, die exakt dieselben Ressourcen haben möchten wie man selbst. In unserer Scheibenwelt-Metapher öffnet dieser Umstand die Tür für die Einmischung der Elfen. Die hässliche Seite der menschlichen Natur, die im Extremfall zum Bösen führt, ist unlösbar mit der netten Seite verknüpft. Eine sehr direkte Art, mit dem Nachbarn in Wettbewerb zu treten, ist, ihm kräftig auf den Kopf zu hauen.

Es gibt jedoch raffiniertere Wege, einen evolutionären Vorteil zu erlangen, wie wir später sehen werden. Die Herangehensweise der Elfen ist grobschlächtig und bringt sich am Ende selbst zu Fall, wenn die Spezies hinreichend extelligent ist.

Der Besitz von Gehirnen eröffnet neue, nicht-genetische Wege, seinen Kindern Eigenschaften zu übermitteln. Man kann ihnen einen guten Start ins Leben geben, indem man vorzeichnet, wie ihre Gehirne auf die äußere Welt reagieren. Der allgemeine Begriff für diese Art einer nicht-genetischen Übertragung zwischen Generationen lautet *Privileg*. Es gibt zahlreiche Fälle von Privilegien im Tierreich. Wenn eine Amselmutter in ihrem Ei Eiweiß mitliefert, von dem sich die junge Amsel ernähren kann, so ist das ein Privileg. Wenn eine Kuh für ihr Kalb Milch gibt, so ist das erst recht ein Privileg. Wenn eine Tarantelwespe eine gelähmte, lebende Spinne liefert, in der ihre Larven leben können, so ist das ein Privileg.

Menschen haben das Privileg auf eine qualitativ neue Ebene geführt. Menschliche Eltern investieren eine erstaunliche Menge Zeit und Mühe in ihre Kinder und verbringen Jahrzehnte – in vieler Hinsicht ein ganzes Leben – damit, für sie zu sorgen. Zusammen mit großen Gehirnen, die mit jeder Generation langsam größer werden, führt das Privileg zu zwei neuen Tricks: Lernen und Lehren. Diese beiden Tricks nähren einander, und beide erfordern das beste Gehirn, das man bekommen kann.*

Gene sind am Aufbau von Gehirnen beteiligt, und Gene können vielleicht bei Einzelnen eine besonders gute Veranlagung zum Lernen oder Lehren bewirken. Doch an beiden Bildungsprozessen ist viel mehr als nur das Gen beteiligt: Sie finden in einer Kultur statt. Das Kind lernt nicht nur von seinen Eltern. Es lernt von den Großeltern, von den Geschwistern, von Onkeln und Tanten, von der ganzen Horde, dem ganzen Stamm. Es lernt, wie alle Eltern zu ihrem Missfallen entdecken, sowohl aus unerwünschten Quellen wie aus autorisierten. Lehren ist der Versuch, Ideen aus dem Erwachsenengehirn in das des Kindes zu übertragen; Lernen ist der Versuch des Kindes, diese Ideen in seinem Gehirn unterzubringen. Das System ist nicht vollkommen, es kommen zahlreiche verunstaltete Botschaften an, doch bei all diesen Fehlern ist der Prozess *viel* schneller als die genetische Evolution. Weil sich nämlich Gehirne, Netzwerke von Nervenzellen, viel schneller als Gene anpassen können.

So seltsam es scheinen mag, beschleunigen die Fehler wahrscheinlich den Prozess, denn sie sind eine Quelle für Kreativität und Neuerung. Ein zufälliges Missverständnis kann manchmal zu einer Verbesserung führen.** In dieser Beziehung ähnelt die kulturelle Evolu-

---

* Es bringt erheblichen Nutzen, anderen Arten Privileg zu stehlen, beispielsweise all die Nährstoffe in Pflanzensamen, Knollen und Zwiebeln.
** Auf der Scheibenwelt passiert das immerzu!

tion der genetischen: Nur weil die Kopiersysteme der DNS Fehler machen, können sich Organismen verändern.

Die Kultur entstand nicht in einem Vakuum, sie hatte viele Vorläufer. Ein entscheidender Schritt zur Entwicklung der Kultur war die Erfindung des Nests. Ehe es Nester gab, führte jedes Experiment eines Tierjungen entweder zum Erfolg oder zum raschen Tod. Im Schutz eines Nests jedoch können die jungen Tiere Dinge ausprobieren, Fehler machen und davon profitieren, beispielsweise indem sie lernen, dasselbe nicht noch mal zu tun. Außerhalb des Nests bekamen sie nie die Gelegenheit zu einem zweiten Versuch. Auf diese Art führten Nester zu einer anderen Entwicklung – der Rolle des Spiels bei der Erziehung eines jungen Tiers. Katzenmütter bringen ihren Kätzchen halb tote Mäuse, damit sie an ihnen das Jagen üben können. Raubvogelmütter tun dasselbe für ihren Nachwuchs. Eisbärenjunge rutschen Schneehänge hinab und sehen niedlich aus. Das Spiel macht Spaß, und es gefällt den Kindern; gleichzeitig rüstet es sie für ihre Rollen als Erwachsene aus.

Soziale Tiere – solche, die sich zu Gruppen zusammenfinden und *als* Gruppe handeln – sind ein fruchtbarer Nährboden für Privileg und für Erziehung. Und mit der richtigen Kommunikation können Gruppen von Tieren Dinge erreichen, mit denen kein Einzelnes zurecht käme. Ein gutes Beispiel sind Hunde, die die Fähigkeit entwickelt haben, in Rudeln zu jagen. Wenn derlei Tricks verwendet werden, ist es wichtig, ein Erkennungssignal zu haben, an dem das Rudel seine eigenen Mitglieder von Außenseitern unterscheidet, sonst könnte das Rudel die ganze Arbeit tun und ein Außenseiter die Nahrung stehlen. Jedes Hunderudel hat seinen eigenen Kennruf, ein spezielles Heulen, das nur die kennen, die dazu gehören. Je ausgefeilter das Gehirn, umso ausgefeilter kann die Kommunikation von Hirn zu Hirn sein und umso wirksamer funktioniert Erziehung.

Kommunikation trägt dazu bei, das Gruppenverhalten zu organisieren, und eröffnet Überlebenstechniken, die subtiler sind, als einander auf den Kopf zu hauen. Innerhalb der Gruppe erlangt die Kooperation große Bedeutung. Die Menschenaffen von heute arbeiten im Allgemeinen in kleinen Gruppen zusammen, und wahrscheinlich haben ihre Vorfahren das auch getan. Als sich die Menschen vom Stammbaum der Schimpansen abspalteten, wurde aus diesen Gruppen das, was wir heute Stämme nennen.

Die Konkurrenz zwischen Stämmen war intensiv, und selbst heute denken sich manche Urwaldstämme in Südamerika und Neuguinea nichts weiter dabei, jeden zu töten, dem sie begegnen und der zu einem anderen Stamm gehört. Das ist eine Umkehrung der Option des Auf-den-Kopf-Hauens, doch jetzt kooperiert eine Gruppe, um den Mitgliedern der anderen Gruppe auf den Kopf zu hauen. Oder, für gewöhnlich, jeweils immer nur einem. Vor weniger als einem Jahrhundert taten das die meisten solcher Stämme. (Eine der Geschichten, die wir uns unser ganzes Stammesdasein hindurch erzählt haben, ist, dass wir *das Volk* sind, die wahren Menschen – was besagt, dass alle anderen es nicht sind.)

Schimpansen wurden dabei beobachtet, wie sie andere Schimpansen töteten, und sie machen regelmäßig Jagd auf kleinere Affen, um sie zu verzehren. Das ist kein Kannibalismus. Die Nahrung gehört zu einer anderen biologischen Art. Die meisten Menschen essen frohgemut andere Säugetiere, sogar ziemlich intelligente wie Schweine.*

So wie Hunderudel ein vereinbartes Erkennungssignal brauchen, um ihre Mitglieder zu identifizieren,

---

* Wir essen aber auch Schafe.

muss jeder Stamm eine eigene Identität aufbauen. Der Besitz von Gehirnen macht es möglich, das vermittels komplizierter gemeinsamer Rituale zu tun.

Rituale sind keineswegs auf Menschen beschränkt: Viele Vogelarten beispielsweise haben spezielle Paarungstänze, und manche Männchen benutzen seltsame Gerätschaften, um die Aufmerksamkeit des Weibchens zu erregen – wie die dekorativen Sammlungen von Beeren und Kieselsteinen, die der männliche Laubenvogel zusammenträgt. Doch Menschen mit ihren hochentwickelten Gehirnen haben das Ritual zu einer Lebensweise gemacht. Jeder Stamm – und heutzutage jede Kultur – hat einen »Mach-einen-Menschen-Baukasten« entwickelt, um die nächste Generation so aufzuziehen, dass sie die kulturellen oder Stammesnormen übernimmt und an ihre eigenen Kinder weitergibt. Es funktioniert nicht immer, vor allem heute, da die Welt kleiner geworden ist und Kulturen über nicht-geographische Grenzen hinweg aufeinander prallen – und beispielsweise auch Teenager im Iran Zugang zum Internet finden –, aber es funktioniert immer noch überraschend gut. Unternehmen haben dieselbe Idee aufgegriffen und führen Veranstaltungen zum »Corporate Bonding« durch, der Festigung des Zusammenhalts ihrer Mitarbeiter. Das war es, was die Zauberer mit ihren Farbkugeln trieben. Studien haben gezeigt, dass Veranstaltungen dieser Art keinen Nutzen bringen, doch die Unternehmen vergeuden darauf immer noch jedes Jahr Milliarden. Der zweitwahrscheinlichste Grund ist, dass es einfach Spaß macht. Der wahrscheinlichste ist, dass alle sich über eine Gelegenheit freuen, Herrn Peters aus der Personalabteilung eine zu verpassen. Und ein wichtiger Grund ist, dass es so *aussieht*, als ob es funktionieren könnte; unsere Kultur verfügt über zahlreiche Geschichten, wo dergleichen funktioniert.

Ein wichtiger Teil des Menschenbaukastens ist die

Geschichte. Wir erzählen unseren Kindern Geschichten, und aus diesen Geschichten lernen sie, was es heißt, ein Mitglied unseres Stammes oder unserer Kultur zu sein. Aus der Geschichte, wie Pu der Bär im Eingang von Kaninchens Haus stecken blieb, lernen sie, dass Gier zu Einschränkungen beim Essen führen kann. Von den drei kleinen Schweinchen (einer Zivilisations-, keiner Stammesgeschichte) lernen sie, dass man, wenn man seinen Feind beobachtet und wiederkehrende Verhaltensmuster findet, ihn überlisten kann. Wir benutzen Geschichten, um unsere Gehirne aufzubauen, und dann benutzen wir die Gehirne, um uns selbst und einander Geschichten zu erzählen.

Im Lauf der Zeit erwerben diese Stammesgeschichten ihren eigenen Status, und die Leute hören auf, sie in Frage zu stellen, denn es sind traditionelle Stammesgeschichten. Sie gewinnen einen Schein von – nun ja, die Elfen würden es Glamour nennen. Sie wirken wunderbar, ungeachtet zahlreicher offensichtlicher Fehler, und die meisten Leute ziehen sie nicht in Zweifel. Auf der Scheibenwelt ist genau das mit den Geschichten über Elfen und den Erinnerungen des Volkes an sie passiert, wie wir mit drei Zitaten aus *Lords und Ladies* belegen können. Beim ersten ist der Gott aller kleinen pelzigen Jagdbeute, Hern der Gejagte, gerade entsetzt zu der Erkenntnis gelangt: »Sie kommen alle zurück!« Jason Ogg, der Grobschmied ist, der älteste Sohn von Nanny Ogg und nicht sehr helle, fragt sie, wer *sie* sind:

»Die Herren und Herrinnen«, sagte sie.
 »Was hat es mit ihnen auf sich?«
 Nanny sah sich um. Immerhin: Sie befand sich in einer Schmiede. Hier hatte es schon lange vor dem Schloss eine Schmiede gegeben, lange vor dem Entstehen des Königreichs. Hier wimmelte es von Metall. Eisen gab es nicht nur *an* den Wänden, sondern

auch *darin*. Wenn nicht hier, so konnte man an keinem Ort der Welt darüber sprechen. Dieser Welt jedenfalls.

Trotzdem regte sich Unbehagen in Nanny.

»Du *weißt* schon«, sagte sie. »Das schöne Volk. Die Schimmernden. Die Sternenleute. Du *weißt* schon.«

»Wie bitte?«

Nanny legte vorsichtshalber die Hand auf den Amboss und sprach das Wort aus.

Die Falten verschwanden mit der Geschwindigkeit der aufsteigenden Sonne aus Jasons Stirn.

»*Sie?*«, entfuhr es ihm. »Aber ich dachte immer, sie sind nett und …«

»Na bitte«, sagte Nanny. »Du *hast* es falsch verstanden!«

Nach einer Weile wagten es die Leute nicht mehr, ihre Peiniger beim richtigen Namen zu nennen.

Statt dessen sprachen sie von Schimmernden und Sternenleuten und so weiter. Außerdem spuckten sie und berührten Eisen. Doch Generationen später vergaß man das mit dem Spucken und dem Eisen; man erinnerte sich nicht mehr daran, warum man jene anderen Namen verwendet hatte. Man wusste nur noch von der Schönheit der Elfen …

Wir sind dumm, und das Gedächtnis spielt uns Streiche. Wir erinnern uns an die Schönheit der Elfen, an die Art und Weise, auf die sie sich bewegten. Wir vergessen dabei, was sie *waren*. Wir sind wie Mäuse, die sagen: »Eins muss man den Katzen lassen – sie haben *Stil*.«

Elfen sind wundervoll. Sie bewirken Wunder.

Elfen sind erstaunlich. Sie geben Grund zum Staunen.

Elfen sind phantastisch. Sie schaffen Phantasien.

Elfen sind glamourös. Sie projizieren Glamour.

Elfen sind bezaubernd. Sie weben ein Netz aus Zauber.

Elfen sind toll. Sie bringen einen um den Verstand.

Die Bedeutung von Worten windet sich wie eine Schlange hin und her. Wenn man nach Schlangen Ausschau hält, so findet man sie hinter Worten, deren Aussage sich geändert hat.

Niemand hat jemals gesagt, dass Elfen *nett* seien.

Sie sind *gemein*.

Für die meisten Zwecke (wenn auch zugegebenermaßen nicht in Fällen, wo es um Elfen geht) spielt es keine große Rolle, wenn eine traditionelle Geschichte keinen wirklichen Sinn ergibt. Der Weihnachtsmann und die Zahnfee haben keinen unmittelbaren Sinn (siehe aber *Schweinsgalopp* betreffs ihrer Bedeutung für die Scheibenwelt). Wohlgemerkt, es ist klar, warum Kinder gern an solche Großzügigkeit glauben. Die wichtigste Rolle des Stammes-Menschenbaukastens ist es, dem Stamm seine kollektive Identität zu geben, die es ihm ermöglicht, als Einheit zu handeln. Tradition ist für solche Zwecke gut; Sinn kann, muss aber nicht sein. Alle Religionen sind stark, was die Tradition angeht, aber bei vielen sieht es mit dem Sinn schwach aus, zumindest, wenn man ihre Geschichten wörtlich nimmt. Nichtsdestoweniger hat Religion eine absolut zentrale Stellung im Menschenbaukasten der meisten Kulturen.

Das Wachstum der menschlichen Zivilisation ist eine Geschichte des Zusammenschlusses zu immer größeren Einheiten, die von einer Version des Menschenbaukastens zusammengehalten werden. Zuerst brachte man Kindern bei, was sie tun mussten, um als Mitglieder der Familiengruppe akzeptiert zu werden. Dann lehrte man sie, was sie tun mussten, um als Stammesmitglieder akzeptiert zu werden. (Offensichtlich lächerliche

Dinge zu glauben war die wirksamste Prüfung: Der naive Außenseiter ließ nur allzu leicht Mangel an Glauben erkennen, oder er hatte einfach keine Ahnung, was der passende Glaube war. Ist es erlaubt, ein Huhn donnerstags vor Einbruch der Dunkelheit zu rufen? Der Stamm wusste es, der Außenseiter nicht, und da jeder vernünftige Mensch »ja« raten würde, konnte es die Stammespriesterschaft weit bringen, wenn sie als akzeptierte Antwort »nein« festlegte.) Danach geschah dasselbe mit den Untertanen des örtlichen Feudalherrn, mit dem Dorf, der Stadt und dem Land. Wir weiteten das Netz der wahren Menschen aus.

Wenn Einheiten beliebiger Größe erst einmal ihre eigene Identität erlangt haben, können sie als Einheiten *funktionieren* und insbesondere ihre Kräfte vereinen, um eine größere Einheit zu bilden. Die resultierende Struktur ist hierarchisch: Die Befehlsketten spiegeln die Aufspaltung in Untereinheiten und Unter-Untereinheiten wider. Einzelne Menschen oder einzelne Untereinheiten können aus der Hierarchie ausgestoßen oder auf andere Weise bestraft werden, wenn sie außerhalb der akzeptierten (oder erzwungenen) kulturellen Normen bleiben. Das ist eine sehr wirksame Methode, wie eine kleine (barbarische) Menschengruppe die Kontrolle über eine viel größere (stammesgesellschaftliche) Gruppe ausüben kann. Es funktioniert, und deshalb haben wir noch mit den daraus folgenden Beschränkungen zu kämpfen, von denen viele unerwünscht sind. Wir haben Techniken wie die Demokratie entwickelt, um zu versuchen, die unerwünschten Wirkungen zu mildern, doch diese Techniken bringen neue Probleme mit sich. Zum Beispiel kann eine Diktatur im Allgemeinen schneller als eine Demokratie handeln. Es ist schwerer, mit ihr zu streiten.

Der Weg vom Affen zum Menschen ist nicht nur vom Evolutionsdruck gekennzeichnet, der immer effizientere Gehirne hervorbringt; es ist nicht einfach eine Geschichte von der Evolution der Intelligenz. Ohne Intelligenz hätten wir diesen Weg niemals einschlagen können, doch Intelligenz allein reichte nicht aus. Wir mussten einen Weg finden, unsere Intelligenz mit anderen zu teilen und nützliche Ideen und Tricks zum Wohl der ganzen Gruppe zu speichern, oder zumindest zum Wohl derjenigen, die in der Lage waren, sie zu nutzen. Hier nun kommt die Extelligenz ins Spiel. Es ist die Extelligenz, die jenen Affen wirklich das Sprungbrett bot, das sie zu Bewusstsein, Zivilisation und Technik führte und zu all den anderen Dingen, die den Menschen auf diesem Planeten einzigartig machen. Die Extelligenz verstärkt die Fähigkeit des Einzelnen, Gutes zu tun – oder Böses. Sie erzeugt sogar neue Formen von Gut und Böse wie Zusammenarbeit beziehungsweise Krieg.

Die Extelligenz operiert, indem sie raffiniertere Geschichten in den Menschenbaukasten einfügt. Sie hat uns an unseren eigenen Haaren emporgezogen: Wir konnten von der Stammesgesellschaft zur barbarischen und weiter zur Zivilisation aufsteigen.

Shakespeare zeigt uns, wie es gemacht wird. Sein Zeitalter war nicht die Wiedergeburt des Griechenlands oder Roms der Antike. Vielmehr war es der Höhepunkt der barbarischen Ideen von Eroberung, Ehre und Aristokratie, kodifiziert in den Grundsätzen des Rittertums, gekontert von den geschriebenen Grundsätzen einer stammesgesellschaftlichen Bauernschaft und verbreitet durch den Buchdruck. Diese Art der soziologischen Konfrontation brachte zahlreiche Ereignisse hervor, bei denen die beiden Kulturen aufeinander prallten.

Ein Beispiel dafür waren die Einhegungs-Aufstände von Warwickshire. In Warwickshire hatte die Aristokratie Land in kleine Parzellen aufgeteilt, und die Bauernschaft war sehr aufgebracht, weil sich die Aristokratie nicht im Geringsten darum scherte, welche Art Land zu jeder Parzelle gehörte. Alles, was die Aristokraten über Ackerbau wussten, war eine simple Rechnung: So viel Land genügt für so viel Bauern. Die Bauern wussten, was wirklich wichtig war für die Erzeugung von Nahrungsmitteln, sodass man beispielsweise mit einem kleinen Stückchen Waldland nichts anfangen konnte, als alle Bäume zu fällen, um etwas anzubauen.

Der heutige Bohnenzähler-Stil der Verwaltung in vielen Unternehmen und im gesamten britischen öffentlichen Dienst ist genau von derselben Art. Diese Art Konfrontation zwischen den barbarischen Attitüden des Adels und den stammesgesellschaftlichen der Bauernschaft ist in vielen von Shakespeares Dramen präzise ins Bild gesetzt, und zwar als Wechselspiel: auf der einen Seite steht das Leben des einfachen Mannes mit all seiner Bauernschläue, seiner Komik und seinem Pathos, und auf der anderen Seite die hochfliegenden Ideale der herrschenden Klassen – was häufig zur Tragödie führt. Doch auch zur hohen Kunst der Komödie. Denken Sie einerseits an Theseus, den Herzog von Athen, und andererseits an Zettel aus *Ein Sommernachtstraum*.

NEUN

Die Elfenkönigin

In der Hitze der Nacht bewegte sich Magie auf leisen Sohlen.
Die untergehende Sonne färbte einen Horizont rot. Diese Welt umkreiste einen zentralen Stern. Die Elfen wussten das nicht, und wenn sie es gewusst hätten, wäre es ihnen gleich gewesen. Solche Details spielten für sie nie eine Rolle. Das Universum hatte Leben an vielen seltsamen Orten entstehen lassen, aber auch das kümmerte die Elfen nicht.
Auf dieser Welt war vielfältiges Leben entstanden. Bisher hatte ihm indes immer etwas gefehlt, das die Elfen für Potenzial hielten. Doch diesmal gab es Hoffnung.
Natürlich gab es auch Eisen. Elfen hassten Eisen. Aber diesmal lohnte sich ein Risiko. Diesmal ...
Einer von ihnen gab ein Zeichen. Die Beute befand sich in der Nähe. Und dann sahen sie sie, in den Bäumen am Rand einer Lichtung zusammengedrängt, dunkle Punkte vor dem Rot des Sonnenuntergangs.
Die Elfen bereiteten sich vor. Und dann begannen sie zu singen, in einer so hohen Tonlage, dass das Gehirn den Gesang ohne die Ohren hörte.

»Greift an!«, rief Erzkanzler Ridcully.

Die Zauberer, alle bis auf Rincewind, griffen an. Der spähte hinter einem Baum hervor.

Der Elfengesang, eine kreative Dissonanz aus Tönen, die direkt den hinteren Teil des Gehirns erreichten, verklang abrupt.

Die Gestalten drehten sich um. Mandelförmige Augen glühten in dreieckigen Gesichtern.

Wer die Zauberer lediglich als die leidenschaftlichsten Esser der Scheibenwelt kannte, wäre überrascht gewesen, wie schnell sie sein konnten. Außerdem: Die Beschleunigung eines Zauberers auf seine maximale Geschwindigkeit dauert zwar eine Weile, aber dann lässt er sich kaum mehr aufhalten. Außerdem ist er mit einem großen Aggressionsmoment unterwegs. Die vielen Intrigen im Ungemeinschaftsraum der Unsichtbaren Universität geben jedem Zauberer ein Maximum an Boshaftigkeit, die nach einem Ziel sucht.

Der Dekan erreichte den Gegner als Erster und schlug mit seinem Stab zu. Ein Hufeisen war am Ende befestigt. Der getroffene Elf schrie, wich fort und tastete nach seiner Schulter.

Zwar befanden sich viele Elfen an diesem Ort, aber sie hatten nicht mit einem Angriff gerechnet. Und Eisen war so mächtig. Eine Hand voll Nägel entfaltete die gleiche Wirkung wie grober Schrot. Einige versuchten, Widerstand zu leisten, aber die Furcht vor dem Eisen erwies sich als zu stark.

Die Klugen und die Überlebenden machten sich auf und davon. Die Toten lösten sich auf.

Der Kampf dauerte weniger als dreißig Sekunden. Rincewind beobachtete ihn von seinem Platz hinterm Baum aus. Von Feigheit konnte keine Rede sein, sagte er sich. Dies war ein Job für Spezialisten, den man getrost den anderen Zauberern überlassen durfte. Wenn es später zu einem Problem kommen sollte, das Graupeldynamik oder Laubsägearbeiten betraf – oder wenn jemand Magie missverstehen wollte –, so wäre er gern bereit zu helfen.

Hinter ihm raschelte etwas.

Etwas stand dort. Was auch immer es sein mochte: Es erfuhr eine *Veränderung*, als Rincewind sich umdrehte und die Augen aufriss.

Das erste Talent der Elfen bestand aus ihrem Gesang, der andere Geschöpfe in potenzielle Sklaven verwandelte. Das zweite war die Fähigkeit, nicht nur die Gestalt zu verändern, sondern auch die Art ihrer Wahrnehmung. Für einen Sekundenbruchteil sah Rincewind ein dünnes, hageres Etwas. Dann verschwamm das Bild vor seinen Augen und wurde zu einer Frau. Die Elfenkönigin stand vor ihm, in einem roten Gewand und zornig.

»Zauberer?«, fragte sie. »Hier? Warum? Wie? Sag es mir!«

Eine goldene Krone glitzerte in ihrem dunklen Haar, und Wut glühte in den Augen, als sie sich Rincewind näherte. Er wich zurück.

»Dies ist *nicht* eure Welt!«, fauchte die Königin.

»Du würdest staunen«, erwiderte Rincewind. »Jetzt!«

Die Elfenkönigin runzelte die Stirn. »Jetzt?«, wiederholte sie.

»Ja, ich habe *jetzt* gesagt«, bestätigte Rincewind und lächelte verzweifelt. »*Jetzt*. So lautete das Wort. *Jetzt!*«

Eine halbe Sekunde lang wirkte die Königin verzweifelt. Dann machte sie einen Salto rückwärts, als der Deckel der Truhe dort zuschnappte, wo sie eben noch gestanden hatte. Sie landete dahinter, blickte zu Rincewind, zischte und verschwand in der Nacht.

Rincewind richtete einen vorwurfsvollen Blick auf die Truhe. »Warum hast du gewartet? Habe ich dich etwa aufgefordert zu warten? Du stehst gern hinter Leuten und wartest darauf, dass sie dich bemerken, nicht wahr?«

Er sah sich um. Von Elfen war weit und breit nichts mehr zu sehen. Einige Dutzend Meter entfernt griff der Dekan, dem die Feinde ausgegangen waren, einen Baum an.

Rincewind hob den Kopf. Im Mondschein bemerkte er zwanzig oder mehr kleine, affenartige Geschöpfe, die sich auf Zweigen und Ästen aneinander schmiegten und besorgt nach unten blickten.

»Guten Abend!«, sagte er. »Achtet nicht weiter auf uns. Wir sind nur auf der Durchreise ...«

»An dieser Stelle wird alles kompliziert«, ertönte eine Stimme hinter Rincewind. Es war eine vertraute Stimme – seine eigene. »Mir bleiben nur wenige Sekunden, bevor sich der Kreis schließt, und deshalb kann ich mich nicht mit Erklärungen aufhalten. Wenn du in Dees Zeit zurückkehrst ... Halt die Luft an.«

»Bist du *ich*?«, fragte Rincewind und spähte in die Düsternis.

»Ja. Und ich rate dir, die Luft anzuhalten. Würde ich mich belügen?«

Der andere Rincewind verschwand, und Luft strömte dorthin, wo er gestanden hatte. Unten auf der Lichtung rief Ridcully Rincewinds Namen.

Er sah sich nicht länger um und lief zu den anderen Zauberern, die sehr zufrieden mit sich wirkten.

»Ah, Rincewind, dachte ich mir doch, dass du nicht zurückbleiben möchtest«, sagte der Erzkanzler und grinste hämisch. »Hast du einen erwischt?«

»Die Königin«, sagte Rincewind.

»Wirklich? Ich bin beeindruckt!«

»Aber sie ... *es* entkam.«

»Sie sind alle fort«, sagte Ponder. »Auf dem Hügel dort drüben habe ich einen blauen Blitz gesehen. Sie sind in ihre Welt zurückgekehrt.«

»Glaubst du, sie kommen noch einmal hierher?«, fragte Ridcully.

»Und wenn schon, Herr. HEX lokalisiert sie, und wir können in jedem Fall rechtzeitig da sein.«

Ridcully ließ die Fingerknöchel knacken. »Gut. Eine ausgezeichnete Übung. Viel besser, als sich mit Farbe zu beschießen. Fördert Mut und gegenseitiges Vertrauen. Jemand soll den Dekan davon abhalten, den Felsen anzugreifen. Er übertreibt es ein wenig.«

Ein matter weißer Ring erschien im Gras, groß genug, um alle Zauberer aufzunehmen.

»Ah, es geht zurück«, sagte der Erzkanzler, als man den aufgeregten Dekan zur Gruppe führte. »Zeit für ...«

Plötzlich befanden sich die Zauberer in leerer Luft. Sie fielen. Nur einer von ihnen hielt den Atem an, als sie in den Fluss stürzten.

Zauberer haben gute Schwimmeigenschaften und außerdem die Tendenz, schnell an die Oberfläche zurückzukehren. Hinzu kam: Der Fluss war eigentlich gar kein Fluss, sondern eher ein langsam dahinfließender Sumpf. Baumstümpfe und Ansammlungen von Schlamm stauten ihn hier und dort. An einigen Stellen hatte sich genug Schlamm angesammelt, um den Wurzeln von Bäumen Halt zu bieten. Langsam stapften Ridcully und seine Begleiter zum Ufer, wobei sie ein Streitgespräch darüber führten, wo das trockene Land begann – es war nicht ohne weiteres ersichtlich. Die Sonne brannte heiß vom Himmel, und Mückenschwärme schimmerten zwischen den Bäumen.

»HEX hat uns in die falsche Zeit gebracht«, sagte Ridcully und wrang seinen Mantel aus.

»Das glaube ich nicht, Erzkanzler«, widersprach Ponder zaghaft.

»Dann sind wir am falschen Ort. Dies ist wohl kaum eine Stadt, falls du das noch nicht bemerkt hast.«

Ponder sah sich verwundert um. Die Landschaft um ihn herum war nicht direkt Land und auch nicht direkt ein Fluss. Irgendwo quakten Enten. Blaue Hügel ragten in der Ferne auf.

»Wenigstens riecht es hier besser«, meinte Rincewind und holte einige Frösche aus der Manteltasche.

»Dies ist ein *Sumpf*, Rincewind.«

»Und?«

»Und ich sehe Rauch«, sagte Ridcully.

Nicht allzu weit entfernt ragte eine dünne graue Rauchsäule auf.

Es dauerte länger als erwartet, sie zu erreichen. Land

und Wasser kämpften gegen jeden Schritt an. Schließlich, mit nur einem verstauchten Knöchel und zahlreichen Mückenstichen, gelangten sie zu einem dichten Gebüsch und blickten zur Lichtung dahinter.

Häuser standen dort – wenn man diesen Begriff verwenden konnte. Eigentlich waren es nur Haufen aus Zweigen und Ästen, mit Ried gedeckt.

»Es könnten Wilde sein«, sagte der Dozent für neue Runen.

»Oder jemand hat Leute aufs Land geschickt, damit sie einen dynamischen Teamgeist entwickeln«, meinte der Dekan, der besonders viele Mückenstiche davongetragen hatte.

»Wilde wären zu schön, um wahr zu sein«, sagte Rincewind und beobachtete die Hütten aufmerksam.

»Du *möchtest* Wilde finden?«, fragte Ridcully.

Rincewind seufzte. »Ich *bin* der Professor für grausame und ungewöhnliche Geographie. In einer unbekannten Situation sollte man sich *immer* Wilde erhoffen. Meistens sind sie recht zuvorkommend und gastfreundlich, wenn man keine plötzlichen Bewegungen macht und nicht das falsche Tier isst.«

»Das falsche Tier?«, wiederholte Ridcully.

»Ein Tabu, Sir. Es könnte Verwandtschaftsbeziehungen geben. Oder so.«

»Das klingt recht … hoch entwickelt«, sagte Ponder argwöhnisch.

»Wilde sind oft hoch entwickelt«, erwiderte Rincewind. »Probleme bekommt man vor allem mit zivilisierten Leuten. Sie wollen einen immer fortbringen, um irgendwo unzivilisierte Fragen zu stellen. Oft werden dabei Waffen mit scharfer Klinge gebraucht. Glaub mir, ich weiß Bescheid. Aber dies sind keine Wilden.«

»Woher willst du das wissen?«

»Wilde bauen bessere Hütten«, antwortete Rincewind mit fester Stimme. »Dies sind Randleute.«

»Ich habe noch nie von Randleuten gehört!«, sagte Ridcully.

»Der Begriff stammt von mir«, erwiderte Rincewind. »Ich bin solchen Leuten gelegentlich begegnet. Sie leben am Rand. Auf Felsen. In den schlimmsten aller Wüsten. Ohne Stamm oder Clan. So etwas kostet zu viel Mühe. Ebenso wie das Verprügeln von Fremden. Deshalb kann man kaum bessere Leute treffen.«

Ridcully ließ seinen Blick über den Sumpf schweifen. »Aber hier gibt es massenhaft Enten und so«, sagte er. »Und andere Vögel. Und Eier. Und bestimmt auch Fische. Und Biber. Tiere, die zum Trinken hierher kommen. Hier könnte man sich jeden Tag den Bauch voll schlagen. Es ist ein *gutes* Land.«

»He, einer von ihnen kommt raus«, sagte der Dozent für neue Runen.

Eine gebückte Gestalt hatte eine der Hütten verlassen. Sie richtete sich auf und starrte. Große Nüstern blähten sich.

»Meine Güte, seht nur, was aus dem hässlichen Baum gefallen ist«, rief der Dekan. »Könnte das ein Troll sein?«

»Primitiv genug wirkt er«, erwiderte Ridcully. »Was hat er an? Bretter?«

»Ich glaube, er versteht sich nur nicht gut darauf, Felle zu gerben«, meinte Rincewind.

Der große, zottelige Kopf wandte sich den Zauberern zu. Erneut blähten sich die Nüstern.

»Er hat uns gewittert«, sagte Rincewind und wollte loslaufen. Eine Hand hielt ihn am Kragen des Mantels fest.

»Dies ist nicht der geeignete Zeitpunkt, um wegzulaufen, *Professor*.« Ridcully hob ihn mit einer Hand hoch. »Wir kennen dein Sprachtalent. Du kommst mit Leuten zurecht. Hiermit bist du zu unserem Botschafter bestimmt. Schrei nicht.«

»Außerdem sieht das Ding wie grausame und ungewöhnliche Geographie aus«, meinte der Dekan, als Rincewind aus dem Gebüsch geschoben wurde.

Der große Mann beobachtete ihn, griff aber nicht an.

»*Geh* schon!«, zischte das Gebüsch. »Wir müssen herausfinden, wann wir sind!«

»Oh, klar.« Rincewind sah skeptisch zu dem Riesen. »Und er kann es mir sagen, nicht wahr? Er hat einen Kalender, stimmt's?«

Er näherte sich vorsichtig und hob die Hände, um zu zeigen, das er keine Waffen bei sich trug. Rincewind glaubte fest daran, dass es gut war, unbewaffnet zu sein. Durch Waffen wurde man zu einem Ziel.

Der Mann hatte ihn ganz offensichtlich gesehen, wirkte aber nicht besonders aufgeregt. Er brachte Rincewind das gleiche Interesse entgegen, mit dem jemand eine über den Himmel ziehende Wolke beobachtete.

»Äh ... hallo«, sagte Rincewind und blieb außerhalb der Reichweite stehen. »Ich großer Bursche Professor für grausame und ungewöhnliche Geographie an Unsichtbarer Universität, du ... meine Güte, du hast noch nicht begriffen, dass man sich gelegentlich waschen sollte, wie? Entweder das, oder es liegt an deiner Kleidung. Nun, du scheinst nicht bewaffnet zu sein. Äh ...«

Der Mann trat einige Schritt vor und riss Rincewind den Hut vom Kopf.

»He!«

Der sichtbare Teil des großen Gesichts lächelte. Der Mann drehte den Hut hin und her. Sonnenschein glitzerte auf den billigen Pailletten, die das Wort »Zaubberer« bildeten.

»Oh, ich verstehe«, sagte Rincewind. »Hübsches Funkeln. Nun, das ist ein Anfang ...«

ZEHN

Blinder mit Laterne

Die Zauberer beginnen jetzt zu verstehen, dass man zwar das Böse ausschalten kann, indem man die Extelligenz ausschaltet, das Ergebnis aber ungefähr so interessant wie das Fernsehprogramm tagsüber sein dürfte. Ihr Plan, die Elfen an der Einmischung in die Evolution des Menschen zu hindern, hat funktioniert, doch das Ergebnis gefällt ihnen nicht. Es ist ausdruckslos und unintelligent. Es hat keinen Funken Kreativität.

Wie ist die menschliche Kreativität entstanden? Inzwischen werden Sie wohl kaum noch überrascht sein, wenn Sie erfahren, dass sie aus Geschichten entstanden ist. Werfen wir einen genaueren Blick auf die aktuellen wissenschaftlichen Vorstellungen von der menschlichen Evolution und füllen wir jene Lücke zwischen »S ... T ... E ... I ... N« und dem Weltraumlift.

Ein Elf, der vor fünfundzwanzig Millionen Jahren die Landmassen der Erde beobachtet hätte, hätte ausgedehnte Waldgebiete erblickt. Von den Bergen Nordindiens bis nach Tibet und China und hinab bis nach Afrika enthielten diese Wälder eine große Vielfalt kleiner Menschenaffen, die von ungefähr der halben Größe eines Schimpansen bis zu der eines Gorillas reichten. Die Affen waren auf dem Waldboden und in den unteren Astbereichen zu Hause, und sie waren so allgemein verbreitet, dass wir heute viele Fossilien von ihnen haben. Zusätzlich begannen die Altweltaffen sich in den oberen Schichten des Waldes zu entfalten. Die Erde war ein Affenplanet.

Doch auch ein Schlangenplanet, ein Großkatzenplanet, ein Fadenwurmplanet, ein Algenplanet und ein Grasplanet. Ganz zu schweigen von ihrer Eigenschaft als Planktonplanet, Bakterienplanet und Virenplanet. Der Elf hätte vielleicht nicht bemerkt, dass die afrikanischen Menschenaffen etliche am Boden lebende Arten hervorgebracht hatten, nicht sehr verschieden von den Pavianen, die von Altweltaffen abstammen. Und er hätte auch übersehen können, dass es in den hohen Baumbereichen neben Nicht-Menschenaffen auch Gibbons gab. Diese Wesen waren nicht besonders bemerkenswert, verglichen mit spektakulären Großsäugern wie Nashörnern, einer Abart von Waldelefanten, Bären. Doch wir Menschen interessieren uns für sie, denn sie waren unsere Vorfahren.

Wir nennen sie »Baumaffen«, Dryopithecinen. Manche, bekannt als *Ramapithecus*, waren leichter gebaut – der Fachbegriff lautet »grazil«. Andere wie der *Sivapithecus* waren groß und stark – »robust«. Die Abstammungslinie des *Sivapithecus* war es, die zu den Orang-Utans führt. Diese frühen Menschenaffen waren wohl scheue, missmutige Geschöpfe wie die wilden Menschenaffen heutzutage, gelegentlich verspielt, doch als Erwachsene sehr kampflustig und auf ihren Status innerhalb der Gruppe bedacht.

Die von den Baumaffen bewohnten Wälder schrumpften allmählich, als das Klima kühler und trockener wurde und Graslandschaften – Savannen – vorrückten. Es gab Eiszeiten, doch in den Tropen ließen sie die Temperatur nicht erheblich sinken. Sie änderten aber die Verteilung des Regens. Während die anderen Affen gediehen und viele am Boden lebende Arten wie Paviane und Grüne Meerkatzen hervorbrachten, wurden die Populationen der Menschenaffen kleiner.

Vor zehn Millionen Jahren waren nur noch wenige Menschenaffen übrig. Aus jener Zeit gibt es fast keine fossilen Menschenaffen. Es erscheint plausibel, dass –

wie jetzt und wie zuvor – die noch existierenden Menschenaffen Waldbewohner waren. Manche, wie die heutigen Schimpansen, Gorillas und Orang-Utans, waren wahrscheinlich in einigen wenigen Waldgebieten allgemein verbreitet, doch man brauchte eine Menge Glück, sie zu finden. Der beobachtende Elf könnte sogar *alle* diese Menschenaffen auf seine Liste bedrohter Erd-Säugetiere gesetzt haben. Wie unzählige andere Tiergruppen, die im Laufe der Evolution entstanden waren, sollten auch die Baumaffen bald der Geschichte statt der Ökologie angehören. Der gemeinsame Vorfahre von Menschen und Schimpansen war also ein nicht besonders bemerkenswerter Menschenaffe, der wahrscheinlich ähnlich lebte wie heute die verschiedenen Schimpansen: manche in überflutetem Wald wie heute die Bonobos, manche im Regenwald und manche in ziemlich offenem Waldland, das in Grasland übergeht. Die Abstammungslinie der Gorillas trennte sich etwa um diese Zeit von derjenigen der anderen Menschenaffen.

Zunächst wäre der Elf wohl nicht besonders interessiert gewesen, als – gemäß einer der beiden populären Theorien über den Ursprung des Menschen – eine neue Art Menschenaffen eine aufrechtere Haltung als ihre Verwandten entwickelte, ihre Behaarung verlor und in die Savanne hinausging. Viele andere Säugetiere taten dasselbe; die großen Grasebenen boten eine neue Art des Lebensunterhalts. Riesenhyänen, massive Wildhunde, Löwen und Geparden hatten ein gutes Auskommen wegen der großen Herden der Pflanzenfresser, die vom ertragreichen Savannengras lebten; die Riesenpythons waren wahrscheinlich ursprünglich auch Savannentiere.

Die Geschichte ist viele Male erzählt worden, in vielen Versionen. Und eben darum geht es: Wir verstehen unsere Herkunft *durch* Geschichten. Wir wären nicht imstande, unsere Vorfahrenreihe aus den entdeckten Fossilien zu erschließen, wenn wir nicht gelernt hätten, nach welchen entscheidenden Merkmalen wir suchen müssen, zumal nur in wenigen Fossilien-Fundstätten genug Material übrig geblieben ist.

Der neue zu unseren Vorfahren gehörende Menschenaffe der Ebenen sah die Welt auch auf neue Weise. Nach dem Verhalten heutiger Schimpansen, insbesondere Bonobos, zu schließen, waren es hoch intelligente Tiere. Wir nennen ihre Fossilien Südaffen, Australopithecinen, und es gibt hunderte von Büchern, die Geschichten von ihnen erzählen. Sie mögen sich am Meer aufgehalten und an den Stränden kluge Dinge angestellt haben. Einige lebten gewiss am Rande von Seen. Heutige Schimpansen benutzen Steine, um harte Nüsse aufzuschlagen, und Stöcke, um Ameisen aus Ameisenhügeln zu holen; die Australopithecinen benutzten ebenfalls Steine und Stöcke als Werkzeuge, und zwar in wohl größerem Maße als heute ihre Vettern, die Schimpansen. Vielleicht töteten sie Kleinwild, wie es die Schimpansen tun. Wahrscheinlich nutzten sie das Sexualverhalten, um möglichst viel Genuss zu erlangen, wie heutzutage Bonobos, doch höchstwahrscheinlich waren sie geschlechtsbewusster und stärker männlich dominiert. Wie vorangegangene Arten von Menschenaffen teilten sie sich in grazile und robuste Linien. Die robusten, die als *Anthropithecus boisei* bezeichnet werden oder sogar als eine andere Gattung *Zinjanthropus*, als »Nussknackermensch« und mit weiteren diffamierenden Namen, waren Vegetarier wie die heutigen Gorillas und haben wahrscheinlich keine Nachkommen in der Neuzeit hinterlassen.

Diese Art Aufspaltung in grazile und robuste Formen scheint übrigens ein Standardmuster der Evolution zu sein. Mathematische Modelle weisen darauf hin, dass sie wahrscheinlich eintritt, wenn eine gemischte Population von großen und kleinen Wesen die Umwelt besser ausnutzen kann als eine einheitliche Population von mittelgroßen, doch diese Idee muss als hochgradig spekulativ betrachtet werden, bis mehr Beweismaterial gefunden wird.

Der Welt der Zoologen ist vor kurzem in Erinnerung gerufen worden, wie weit verbreitet solche Aufspaltungen sind und wie wenig wir wirklich über die Wesen auf unserem eigenen Planeten wissen. Das Tier, um das es geht, könnte nicht besser bekannt und für die Scheibenwelt nicht passender sein: der Elefant.* Wie jeder schon als kleines Kind lernt, gibt es zwei unterschiedliche Arten Elefanten: den afrikanischen und den indischen.

Keineswegs. Es gibt drei Arten. Seit mindestens einem Jahrhundert diskutieren Zoologen über das, was

---

* Es hat neulich eine sehr hübsche Entdeckung über Elefanten gegeben, und die einzige Stelle, wo wir sie unterbringen können, ist diese Fußnote. (Dazu sind Fußnoten schließlich da.) Seit 1682 ist bekannt, dass Elefanten ungewöhnliche Lungen haben, ohne die »Pleurahöhle«, einen Hohlraum zwischen den Lungen und dem Rippenfell, der mit Flüssigkeit gefüllt ist und den die meisten Säugetiere besitzen. Statt von Flüssigkeit sind Elefantenlungen von lockerem Bindegewebe umgeben. Es sieht nun so aus, als ob diese Art Lunge existiert, weil sie es den Elefanten erlaubt, zu tauchen und durch ihren Rüssel wie durch einen Schnorchel zu atmen. 2001 berechnete der Physiologe John West, dass bei einer normalen Pleurahöhle der Wasserdruck die winzigen Blutgefäße im Lungenfell platzen lassen würde und Schnorcheln tödlich sein könnte. Wir fragen uns jetzt, ob sich der Rüssel im Ozean als Schnorchel entwickelt hat. Landwirbeltiere entwickelten sich zuerst aus Fischen, die auf den Strand kamen. Viel später kehrte eine Anzahl verschiedener Säugetiere in die Ozeane zurück und entwickelte sich zu mehreren Arten Seesäugern, deren spektakulärste Nachkommen die Wale sind. Wir sehen jetzt, dass irgendwo auf halber Strecke einige von diesen ans Wasserleben angepassten Säugetieren umkehrten und zu Elefanten wurden. Der Elefant ist also jetzt zum zweiten Mal in seiner Evolution dabei, aus dem Wasser an Land zu kommen. Es wäre nett, wenn er sich entscheiden würde.

sie höchstens für eine Unterart »des« afrikanischen Elefanten *Loxodonta africana* hielten. Der typische große, stämmige afrikanische Elefant lebt in der Savanne. Die Elefanten, die im Wald leben, sind scheu und schwer zu entdecken: Beispielsweise gibt es nur einen davon im Pariser Zoo. Biologen hatten angenommen, dass, weil sich Waldelefanten und Savannenelefanten am Waldrand kreuzen können, sie keine verschiedenen Arten seien. Immerhin ist die Standarddefinition der biologischen Art, wie sie der Evolutionsbiologe Ernst Mayer verfochten hat, dass ihre Mitglieder sich mit Erfolg paaren können. Also beharrten sie darauf, dass es entweder nur eine Art gebe oder dass der »afrikanische Elefant« eine spezielle Unterart habe, den Waldelefanten *Loxodonta africana cyclotis*. Andererseits hegen Zoologen, die das Glück hatten, Waldelefanten zu sehen, keinen Zweifel, dass sie sehr verschieden von den Savannenelefanten sind: Sie sind kleiner, haben geradere, längere Stoßzähne und runde Ohren statt spitze. Nicholas Georgiadis, ein Biologe am Mpala Research Centre in Kenia, hat gesagt: »Wenn Sie zum ersten Mal einen Waldelefanten sehen, denken Sie: ›He, was ist denn das?‹« Aber die Biologen *wussten* aus der Theorie, dass die Tiere zur selben Art gehören *mussten*, und die Beobachtungen wurden als nicht aussagekräftig ignoriert.

Im August 2001 präsentierte jedoch eine Gruppe von vier Biologen – Georgiadis, Alfred Roca, Jill Pecon-Slattery und Stephen O'Brien – in der Zeitschrift *Science* »Genetische Beweise für zwei Elefantenarten in Afrika«. Ihre DNS-Analyse macht absolut deutlich, dass es vom afrikanischen Elefanten wirklich zwei unterschiedliche Formen gibt: die übliche robuste und eine gesonderte grazile Form. Zudem sind die grazilen afrikanischen Elefanten wirklich eine andere Spezies als die robusten. Die beiden Arten unterscheiden sich voneinander so sehr wie jede der beiden vom indischen Elefanten. Also haben wir jetzt den robusten afrikanischen Steppenelefanten *Loxodonta africana* und den grazilen afrikanischen Waldelefanten *Loxodonta cyclotis*.

Was ist mit der Annahme, es könne nur eine Art geben, da sich die einen mit den anderen kreuzen können? Diese spezielle Definition einer biologischen Art wird gegenwärtig gerade niedergemacht, und dies zu Recht. Der Hauptgrund ist die zunehmende Erkenntnis, dass, selbst wenn Tiere sich paaren *können*, sie es vielleicht einfach nicht tun.

Die Geschichte des dritten Elefanten ist nicht neu: Nur die Namen sind anders. Vor 1929 *wussten* die Zoologen, dass es nur eine Schimpansenart gibt; nach 1929, als die Bonobos in den unzugänglichen Sümpfen von Zaire als zweite Spezies erkannt worden waren*, wurde vielen Zoos klar, dass sie seit Jahren zwei verschiedene Schimpansenarten besaßen, ohne es zu wissen. Genau dieselbe Geschichte wird jetzt mit Elefanten durchgespielt.

Wie wir erwähnten, interessiert sich die Scheibenwelt neuerdings wieder für ihren fünften Elefanten, eine Geschichte, die – wer hätte es gedacht – in *Der fünfte Elefant* erzählt wird. Der Legende zufolge gab es ursprünglich fünf Elefanten, die auf Groß-A'Tuin standen und die Scheibe trugen, aber einer rutschte ab, fiel von der Schildkröte und schlug in einer abgelegenen Gegend der Scheibenwelt auf:

> Es *heißt*, dass der fünfte Elefant vor langer Zeit heulend und trompetend durch die Luft der jungen Welt raste und hart genug landete, um Kontinente zu zerreißen und hohe Berge entstehen zu lassen.

---

* Siehe *Die Gelehrten der Scheibenwelt*, Kapitel 38.

Niemand beobachtete die Landung, woraus sich eine interessante philosophische Frage ergibt: Wenn ein Millionen Tonnen schwerer zorniger Elefant vom Himmel fällt, ohne dass jemand da ist, der ihn hört – verursacht er dann, philosophisch gesehen, irgendwelche Geräusche?

Und wenn ihn niemand sah – schlug er dann *wirklich* auf?

Es gibt Indizien in Form reichhaltiger Lagerstätten von Fett und Gold (die großen Elefanten, die die Welt tragen, haben keine gewöhnlichen Knochen) tief unter der Erde in den Schmalzberg-Lagerstätten. Es gibt jedoch eine scheibenwelt-ständigere Theorie: Bei einer Katastrophe kamen Millionen von Mammuts, Bisons und Riesenspitzmäusen um und wurden dann zugeschüttet. Auf der Rundwelt gäbe es eine gute wissenschaftliche Probe, um die beiden Theorien abzuwägen: Haben die Fett-Lagerstätten die Form eines abgestürzten Elefanten? Aber auf der Scheibenwelt ist es zwecklos, auch nur nachzuschauen, denn der narrative Imperativ sorgt dafür, dass sie diese Form haben, selbst wenn sie aus Millionen von Mammuts, Bisons und Riesenspitzmäusen entstanden sind. Die Wirklichkeit muss der Legende folgen.

Die Rundwelt hat es bisher nur zu ihrem dritten Elefanten gebracht, obwohl Jack hofft, dass sorgfältige Züchtung einen vierten wieder ins Leben rufen kann: den Zwergelefanten, der auf Malta lebte und etwa die Größe eines Shetlandponys hatte. Das wäre ein wunderbares Schoßtier – außer dass er wie viele kleinwüchsige Wesen wahrscheinlich ziemlich zänkisch wäre. Und zum Teufel nicht davon abzubringen, sich aufs Sofa zu setzen.

Wir sind ein graziler Affe (nicht, dass man das in manchen Weltgegenden bemerken würde, wo viele von uns lebhaft an ein robustes Flusspferd erinnern). Vor etwa vier Millionen Jahren begann eine grazile Abstammungslinie von Menschenaffen, größere Gehirne und bessere Werkzeuge zu bekommen. Gegen alle Regeln der Taxonomie nennen wir diese Linie, unsere, *Homo*: eigentlich sollte es *Pan* heißen, denn wir sind der dritte Schimpanse. Wir verwenden diesen Namen, weil es unsere eigene Abstammungslinie ist und weil wir uns gern für ungeheuer verschieden von den Menschenaffen halten möchten. Dabei könnten wir Recht haben: Zwar haben wir tatsächlich 98 Prozent unserer Gene mit Schimpansen gemein, aber wir teilen ja auch 47 Prozent mit den Kohlarten. Unser großer Unterschied zu den Menschenaffen ist kultureller, nicht genetischer Natur. Wie dem auch sei, innerhalb der *Homo*-Linie finden wir abermals grazile und robuste Arten. *Homo habilis* war unser graziler Werkzeug machender Vorfahr, aber *Homo ergaster* und andere waren von der vegetarischen, robusten Sorte. Wenn es wirklich einen Yeti oder einen Bigfoot gibt, dann darf man ihn am ehesten für einen robusten *Homo* halten. Der Erfolg des *Homo habilis* brachte einen *Homo* mit größerem Gehirn hervor, der sich vor etwa 700 000 Jahren über Afrika ausbreitete, nach Asien (als Pekingmensch) und Osteuropa.

Wir haben eine Art dieser Fossilien *Homo erectus* getauft. Der auf Besuch kommende Elf würde diesen Kerl sicherlich bemerkt haben. Er hatte verschiedene Arten von Werkzeugen und nutzte das Feuer. Vielleicht besaß er sogar eine Art Sprache. Was wir von ihm mit gutem Grund erwarten können und was seine Vorfahren und Vettern nur gelegentlich fertig brachten, war, seine Welt zu »verstehen« und sie zu verändern. Schimpansen lassen sich auf eine ganze Reihe von Wenn-dann-Aktivitäten ein, einschließlich des Lügens: »... wenn ich so tue, als hätte ich die Banane nicht gesehen, kann ich später wiederkommen und sie mir holen, wenn das große Männchen sie mir nicht mehr wegnimmt.«

Die Jungen dieses frühen Hominiden wuchsen in Familiengruppen auf, wo sich Dinge ereigneten, die sonst nirgends auf dem Planeten ihresgleichen hatten. Natürlich gab es eine Menge andere Säugetier-Nester, -Rudel und -Horden, wo die Jungen spielten, sie wären Erwachsene, oder einfach herumalberten; Nester waren sicher, und die Methode von Versuch und Irrtum endete selten tödlich, sodass die Jungen in Sicherheit lernen konnten. Doch in der Abstammungslinie des Menschen machte Vater Steinwerkzeuge, grunzte seinen Frauen etwas *über* die Kinder zu, *über* die Höhle, *darüber*, dass mehr Holz ins Feuer gelegt werden sollte. Es gab bevorzugte Flaschenkürbisse *zum* Draufschlagen, vielleicht *zum* Wasserholen, Speere *zum* Jagen, eine Menge Steine *zur* Herstellung von Werkzeugen.

Inzwischen, vor etwa 120000 Jahren, war in Afrika eine weitere neue Abstammungslinie entstanden und hatte sich ausgebreitet; sie führte zu uns, und wir nennen sie den archaischen *Homo sapiens*. Sein Gehirn war noch größer, und in Höhlen an der Küste von Südafrika begann er – begannen wir –, bessere Werkzeuge zu fertigen und primitive Malereien an Felsen und Höhlenwänden anzubringen. Unsere Population explodierte, und wir begannen zu wandern. Vor knapp über sechzigtausend Jahren erreichten wir Australien und vor etwa fünfzigtausend Jahren Europa.

In Europa gab es bereits einen mäßig robusten Homo, den Neandertaler *Homo sapiens neanderthalensis*, eine Unterart. Manche Anthropologen halten uns für eine Schwester-Unterart, *Homo sapiens sapiens*, oder, leichthin gesagt, den »richtig weisen Menschen«. Toll. Die Steinwerkzeuge der Neandertaler waren für verschiedene Funktionen gut entwickelt, doch jene speziellen Hominiden scheinen nicht fortschrittlich gewesen zu sein. Ihre Kultur änderte sich im Laufe von zig Jahrtausenden nur geringfügig. Doch hatten sie eine Art geistigen Impuls, denn sie begruben ihre Toten mit Zeremonien – oder zumindest mit Blumen.

Unsere grazileren Vorfahren, die Cro-Magnon-Menschen, lebten zur selben Zeit wie die letzten Neandertaler, und es gibt viele Theorien darüber, was geschah, als die beiden Unterarten in Wechselwirkung traten. Die Hauptsache dabei ist, dass wir überlebten und die Neandertaler nicht ...

Warum? Lag es daran, dass wir ihnen wirksamer auf den Kopf hauten als sie uns? Haben wir uns schneller vermehrt als sie? Sie zur Inzucht gebracht? Sie an den Rand gedrängt? Sie mit überlegener Extelligenz zermalmt? Wir werden später im Buch unsere eigene Theorie darlegen.

Wir hängen nicht der »rationalen« Geschichte von menschlicher Evolution und Entwicklung an, der Geschichte, der wir den anmaßenden Namen *Homo sapiens sapiens* verdanken. Kurz gesagt, konzentriert sich diese Geschichte auf die Nervenzellen in unseren Gehirnen und besagt, dass unsere Hirne immer größer wurden, bis wir schließlich Albert Einstein hervorbrachten. Das taten sie, und wir taten es, und Albert war in der Tat ziemlich helle; dennoch ist die Zielrichtung dieser Geschichte Unsinn, denn sie erörtert nicht, warum oder auch nur wie unsere Gehirne größer wurden. Es ist, als wollte man eine Kathedrale beschreiben und sagen: »Man fängt mit einer niedrigen Steinmauer an und fügt nach und nach Steine hinzu, sodass sie immer höher wird.« An Kathedralen ist viel mehr dran, wie ihre Erbauer bestätigen würden.

Was wirklich geschah, ist weitaus interessanter, und man sieht es heute überall ringsum weitergehen. Betrachten wir es aus der Sicht des Elfen. Wir programmieren unsere Kinder nicht rational, wie wir es bei einem Computer tun. Stattdessen füllen wir ihren Geist mit irrationalem Zeug von schlauen Füchsen, weisen Eulen, Helden und Prinzen, Zauberern und Genies, Göttern und Dämonen und von Bären, die in Kaninchenhöhlen stecken bleiben; wir ängstigen sie halb zu Tode mit Schreckensgeschichten, und sie lernen die Furcht zu genießen. Wir schlagen sie (in den letzten paar Jahrzehnten nicht mehr so sehr, aber davor ganz gewiss Jahrtausende lang). Wir hüllen die lehrreichen Botschaften in lange Sagen, in priesterliche Anordnungen und in erfundene Geschichten voller dramatischer Lehren, in Kindergeschichten, die ihnen mithilfe von Andeutungen Lehren vermitteln. Bleiben Sie in der Nähe eines Kinderspielplatzes stehen (sagen Sie heutzutage vorher auf der Polizeiwache Bescheid und tragen Sie auf jeden Fall Schutzkleidung). Peter und Iona Opie haben eben das vor vielen Jahren getan und Kinderlieder und -spiele gesammelt, manche davon Jahrtausende alt.

Die Kultur durchläuft den Strudel, den die Kindergemeinschaft darstellt, ohne zu ihrer Übertragung Erwachsene zu benötigen: Wir alle erinnern uns an Enemene-mu oder einen anderen Abzählvers. Es gibt eine Kinder-Subkultur, die sich fortpflanzt, ohne dass Erwachsene eingreifen, sie zensieren oder auch nur von ihr wissen.

Später sammelten die Opies die ursprünglichen Märchen wie Aschenbrödel und Rumpelstilzchen und begannen sie den Erwachsenen zu erklären.* Im Mittel-

---

* Ein Teil der Erklärungen leuchtet nur auf Englisch sofort ein; gelegentlich muss daher im Folgenden auf englische Namen und Begriffe zurückgegriffen werden. Übrigens wird in deutschen Kinderbüchern von mehreren Versionen, die sich bei den Gebrüdern Grimm finden lassen, zumeist die jeweils harmloseste geboten; nicht nur sexuelle Anspielungen sind dabei ausgeblendet worden, sondern in neuerer Zeit auch möglichst viel von der märchentypischen »Grausamkeit«. – *Anm. d. Übers.*

alter war Aschenbrödels Pantoffel (slipper) nicht aus Glas, sondern aus Pelz (fur). Und das war ein Euphemismus, denn die Mädchen (zumindest in der deutschen Fassung) gaben dem Prinzen ihren »Pelzpantoffel« zum Anprobieren ... Die Geschichte ist uns übers Französische überliefert worden, und in dieser Sprache kann »verre« sowohl »Glas« als auch »Pelz« bedeuten. Die Gebrüder Grimm wählten die hygienische Variante und ersparten den Eltern peinliche Erklärungen.

Auch Rumpelstilzchen (Rumplestiltskin) war ein sexuelles Gleichnis, eine Erzählung, die die Botschaft programmieren sollte, weibliche Selbstbefriedigung führe zu Unfruchtbarkeit. Erinnern Sie sich an die eigentliche Geschichte? Die Müllerstochter, in einem Stall eingeschlossen, um »Stroh zu Gold zu spinnen«, *sitzt* jungfräulich auf einem kleinen Stöckchen, aus dem ein kleiner Mann wird ... Das Ende der Geschichte lässt den kleinen Mann, als sein Name schließlich herausgefunden worden ist, auf die Dame losspringen, um sie sehr intim zu »stöpseln«, und die versammelten Soldaten können ihn nicht herausziehen. In der modernen »gereinigten« Fassung bleibt davon als Rudiment übrig, dass der kleine Mann seinen Fuß in den Boden stampft und ihn nicht wieder herausziehen kann, eine totale *non sequitur*. Also kann sich keiner von den Betroffenen – König, Müller, Königin – fortpflanzen (das gestohlene erste Kind haben die Soldaten umgebracht), und es endet alles mit Tränen. Wenn Sie diese Interpretation anzweifeln, dann erfreuen Sie sich doch an folgender Anspielung: »Wie heißt er? Wie heißt er?« wird in der Geschichte immer wieder gefragt. Wie also heißt er? Was ist eine Stelze (stilt) mit runzlig-zerknitterter (rumpled) Haut (skin)? Oh! Der Name lässt sich auch in vielen Sprachen auf entsprechende Art ableiten. (Auf der Scheibenwelt will Nanny Ogg eine Kindergeschichte mit dem Titel »Der kleine Mann, der zu groß wurde« geschrieben haben; aber Frau Ogg glaubt ja immer, dass eine Zweideutigkeit nur eines bedeuten kann.)

Warum mögen wir Geschichten? Warum sind ihre Botschaften so tief in der menschlichen Psyche verankert?

Unser Gehirn hat sich so entwickelt, dass es die Welt anhand von Mustern begreift. Das können visuelle Muster wie Tigerstreifen sein oder akustische wie das Heulen eines Kojoten. Oder Gerüche. Oder Geschmacksempfindungen. Oder erzählte Handlungen. Geschichten sind kleine geistige Modelle der Welt, Folgen von Ideen, die wie Perlen einer Kette aufgereiht sind; jede Perle führt unweigerlich zur nächsten. Wir wissen, dass es auch das zweite kleine Schweinchen erwischen wird – die Welt würde nicht richtig funktionieren, wenn es anders wäre.

Wir gehen nicht nur mit Mustern um, sondern auch mit Meta-Mustern. Mit Mustern von Mustern. Wir schauen zu, wie der Schützenfisch mit Wasserstrahlen Insekten aus der Luft schießt, wir freuen uns, wenn der Elefant seine Nase benutzt, um von Zoobesuchern Kekse zu bekommen (heutzutage leider kaum noch), wir genießen den Flug der Mehlschwalbe (es gibt jetzt weniger Schwalben, an denen man sich erfreuen könnte) und den Gesang von Vögeln im Garten. Wir bewundern das Nest des Webervogels, die Kokons der Seidenraupe, die Geschwindigkeit des Geparden. All diese Dinge sind für die jeweiligen Wesen charakteristisch. Und was ist für uns charakteristisch? Geschichten. Also erfreuen wir uns unter demselben Vorzeichen an Geschichten von Menschen. Wir sind der Geschichten erzählende Schimpanse und wissen die Metapher zu schätzen, die darin steckt.

Als wir sozialer wurden und uns zu Gruppen von hundert oder mehr sammelten, wahrscheinlich mit Aufkommen der Landwirtschaft, tauchten in unserer Extelligenz weitere Geschichten auf, um uns den Weg zu weisen. Wir brauchten Verhaltensregeln, Methoden für den Umgang mit Kranken und Behinderten, Methoden, Gewalt abzuleiten. In frühen und gegenwärtigen Stammesgesellschaften ist alles, was nicht verboten ist, Pflicht. Geschichten weisen auf schwierige Situationen hin, wie die Geschichte vom Guten Samariter im Neuen Testament; auch der Verlorene Sohn ist durch Andeutung lehrreich wie Rumpelstilzchen. Um das deutlich zu machen, folgt eine Erzählung des Haussa-Stammes in Nigeria, »Die Laterne des Blinden«.

Ein junger Mann kommt spät von einem Rendezvous mit seiner Freundin im Nachbardorf zurück, es ist sehr dunkel unter dem Sternenhimmel und der Weg zurück in sein Heimatdorf nicht leicht zu finden. Er sieht eine Laterne auf sich zukommen, doch aus der Nähe stellt er fest, dass der Blinde aus seinem eigenen Dorf sie trägt. »He, Blinder«, sagt er, »du, für den die Dunkelheit nicht dunkler als der Mittag ist! Wozu trägst *du* eine Laterne?«

»Ich trage diese Laterne nicht um meinetwillen«, sagt der Blinde, »sondern um Dummköpfe mit Augen fern zu halten!«

Als biologische Art haben wir uns nicht nur auf Geschichten spezialisiert. Ganz wie bei den oben erwähnten anderen Spezialitäten weist unsere Art noch ein paar sonderbare Eigenschaften auf. Die wohl merkwürdigste Eigenart, die unser elfischer Beobachter feststellen würde, ist unsere zwanghafte Zuneigung zu Kindern. Uns gehen nicht nur unsere *eigenen* Kinder nahe, was biologisch durchaus zu erwarten wäre, sondern auch die Kinder aller anderen Leute, sogar die anderer Völkerschaften (oft finden wir fremdartig aussehende Kinder *attraktiver* als unsere eigenen), ja überhaupt die Kinder aller Land bewohnenden *Wirbeltierarten*. Wir sind gerührt von Lämmern, Rehkitzen, frisch geschlüpften Schildkröten, sogar Kaulquappen!

Unsere verwandte Spezies, die Schimpansen, sind weitaus realistischer. Auch sie bevorzugen Jungtiere. Sie bevorzugen sie als Nahrung, weil sie zarter sind. (Menschen haben auch eine Vorliebe für Lamm, Kalb, Ferkel, Jungente … Wir können gerührt von ihnen sein *und* sie essen.) Bei Kriegen zwischen Schimpansengruppen, die mittlerweile gut belegt sind, töten und fressen die Sieger die Jungen der Besiegten. Männliche Löwen töten die Jungen der Rudel, die sie übernehmen, und es kommt durchaus vor, dass sie die Toten fressen. Viele Säugetierweibchen fressen ihre Jungen, wenn beide Hunger leiden, und auch sonst wird zumindest der erste Wurf auf diese Weise »wiederverwertet«.

Nein, es ist sehr klar, dass wir wirklich die Seltsamen Menschen sind. Wir haben geistige Schaltkreise, um uns an unseren eigenen Babys zu freuen und sie zu beschützen, sodass die Mickymaus sich später bei den Konturen eines dreijährigen Knirpses einpegelte, ebenso E. T. Es ist kein Wunder, dass so viele Leute seine Telefonrechnung bezahlt haben. Doch wir sind auch von knuddeligen Jungtieren von viel zu vielen anderen Arten hingerissen. Aus biologischer Sicht ist das sehr seltsam.

Eine Nebenprodukt unserer Zuneigung zu den Jungtieren anderer Arten war offensichtlich die Zähmung von Hunden, Katzen, Ziegen, Pferden, Elefanten, Falken, Hühnern, Rindern … Diese Symbiosen haben Milliarden von Menschen und ihren Tieren riesiges Vergnügen bereitet und erheblich zu unserer Ernährung beigetragen. Wer glaubt, wir würden die Tiere ungerecht ausnutzen, sollte überlegen, welche Alternativen es für die Tiere in der Wildnis gibt, wo sie fast alle als Jungtiere gefressen werden und nicht einmal den Vorzug eines schnellen Todes genießen.

Die Landwirtschaft kann möglicherweise unserem Hang zum Geschichtenerzählen zugeschrieben werden. Der Samen, aus dem die Pflanze entsteht, hat als Bild für so viele neue Wörter und Gedanken gedient, für Metaphern und neues Verständnis der Natur. Und der von der Landwirtschaft erzeugte Wohlstand erlaubte es den Menschen, sich Fürsten und Philosophen zu leisten, Bauern* und Päpste. Das kulturelle Kapital wuchs, indem wir unser Wissen an folgende Generationen weitergaben. Doch man hat mehr Freude an dieser Kultur, wenn es ein paar Lagerhäuser voll Gerste für Bier gibt, Weizen auf den Feldern und Kühe auf den Wiesen.

In jüngster Zeit haben wir die ganze Sache mit der Symbiose viel stärker technisiert – jene strittigen »genetisch modifizierten Organismen« – und eine Menge eingebüßt, als wir unsere tierischen Gehilfen aus dem System herausnahmen, insbesondere Hunde und Pferde, und sie durch Maschinerie ersetzten.

Wir haben nicht vorhersagen können, welchen Nutzen uns die Symbiosen mit Tieren und Pflanzen bringen würden, und wir wissen nicht, welche Folgen es haben wird, sie zu verlieren. Derlei Ereignisse überfallen uns plötzlich, wenn die Extelligenz jenen Anhang der Technik hinab auf Schussfahrt geht, und sie können völlig unerwartete Wirkungen haben.

Ja, der Ford Model T machte die Motorisierung vielen Menschen zugänglich – eine sozial wichtigere Veränderung war es aber, dass er zum ersten Mal Abgeschiedenheit mit Bequemlichkeit gewährte, sodass ein gut Teil der nächsten Generation auf dem Polster des Rücksitzes gezeugt wurde. Ebenso bedeutete der Hund, als er als Symbiont zu uns stieß, dass wir erfolgreicher jagen konnten. Als Wachhund bedeutete er

---

* Bauern kosten nämlich.

dann, dass private Gehöfte beschützt werden konnten und dass man eine Hilfe hatte, Tiere einzukreisen und Raubtiere, auch menschliche, fern zu halten. Schoßhündchen hatten wahrscheinlich Einfluss auf unsere sexuellen Höflichkeitsformen, insbesondere im Frankreich des 18. Jahrhunderts, und Hunde- und Katzen-Schauen haben im modernen England die oberen Mittelschichten mit der niederen Aristokratie vermengt.

Denken Sie einen Augenblick darüber nach, was wir mit Hunden und Katzen gemacht haben. In stärkerem Maße als Pferde und Kühe wachsen sie in unseren Familien auf. Wir spielen mit ihnen wie mit unseren eigenen Kindern, und unsere Kinder sind oft in das Spiel einbezogen. Wie bei unseren Kindern bringt dieses Spiel bei unseren Haustieren einen Geist hervor. Sogar Menschenkinder sind in geistiger Hinsicht nicht besonders gut, wenn sie nicht spielen. Und wie Jack herausgefunden und Ian gezeigt hat, können sogar wirbellose Tiere – kluge Wirbellose wie der Fangschreckenkrebs – einen Geist erlangen, wenn sie in Spiele einbezogen werden.* In *Figments of Reality* haben wir beschrieben, wie das geschieht. Wir wollen hier nur anmerken, dass wir unsere Symbionten mit einem »Uplift«** in die Welt des Geistes erhoben haben. Hunde machen sich Sorgen, viel mehr, als es Wölfe tun. Also haben Hunde zumindest eine Art Empfindung von sich selbst als Wesen, die in der Zeit leben, eine Art Bewusstsein, dass sie

---

* Siehe auch Kapitel 40 in *Die Gelehrten der Scheibenwelt*. – *Anm. d. Übers.*
** David-Brin-Fans wissen, was wir hier meinen: In den Fünf Galaxien ist nie eine Rasse (außer den seit langem nicht mehr wirkenden Progenitoren) extelligent geworden, ohne dass ihr dabei eine Patronatsrasse geholfen hätte, die es schon war. Die einzige Ausnahme sind die Menschen, denn sogar in einer SF-Geschichte müssen wir uns überlegen fühlen. Schließlich sind wir die Wahren Menschen.

nicht nur eine Gegenwart, sondern auch eine Zukunft haben. Geist ist *ansteckend*.

Für gewöhnlich stellen wir uns die Domestikation des Hundes als einen Selektionsprozess vor, der von den Absichten der Menschen vorangetrieben wurde. Der Prozess kann zufällig begonnen haben, vielleicht, als ein Stamm ein Wolfsjunges aufzog, das die Kinder mit in die Höhle gebracht hatten, doch in einem relativ frühen Stadium wurde daraus ein gezieltes Dressurprogramm. Die Proto-Hunde wurden nach ihrem Gehorsam gegenüber dem Herrn und nach nützlichen Fähigkeiten wie denen für die Jagd selektiert. Im Lauf der Zeit wurde aus Gehorsam Hingabe, und der moderne Hund betrat die Szene.

Es gibt jedoch eine anziehende Alternativtheorie: Die Hunde haben uns selektiert. Es waren die Hunde, die die Menschen dressierten. In diesem Szenario wurden Menschen, die bereit waren, Welpen in ihre Höhle zu lassen, und die sie auszubilden vermochten, von den Hunden mit der Bereitschaft belohnt, ihnen bei der Jagd zu helfen. Die Menschen, die diese Aufgaben am besten erfüllten, konnten leichter neue Welpen bekommen und neue Generationen ausbilden. Auf der Seite der Menschen war demnach die Selektion eher kulturell als genetisch, denn die Zeit reicht nicht, dass genetische Einflüsse sich in nennenswertem Maße direkt auswirken könnten. Es mag jedoch auf genetischem Niveau durchaus eine Auslese danach gegeben haben, ob der Mensch intelligent genug war, um die Vorzüge eines dressierten Wolfes würdigen zu können, oder ob er die für solch eine Dressur notwendigen allgemeinen Fähigkeiten wie Beharrlichkeit besaß. Jedenfalls hatte der Stamm als Ganzes Nutzen von jenen wenigen Individuen, die Proto-Hunde dressieren konnten, sodass der Selektionsdruck zugunsten der Gene, die allgemein die Hundedressur förderten, schwach gewesen sein muss.

Das ist keine von den Entweder-Oder-Entscheidungen: Wir sind nicht verpflichtet, eine Theorie auszuschließen, wenn wir die andere annehmen. Und das sollten wir für diese Theorie und für viele andere sehr deutlich festhalten: Die Dinge geschehen, überall und anscheinend einigermaßen wirr, und später unternimmt es die Menschheit, das alles zu »Geschichten« zu sortieren. Wir müssen es so machen, doch gelegentlich sollten wir einen Schritt zurücktreten und uns bewusst werden, was wir da eigentlich tun.

Was die Hunde angeht, so steckt aller Wahrscheinlichkeit nach in beiden Theorien eine Menge Wahrheit, und was geschehen ist, war eine verkettete Co-Evolution von Hunden und Menschen. In dem Maße, wie Hunde gehorsamer und leichter zu dressieren waren, wuchs die Bereitschaft der Menschen, sie zu dressieren; in dem Maße, wie die Menschen eher bereit waren, einen Hund zu halten, neigten die Hunde eher dazu, mitzuspielen und sich nützlich zu machen.

Bei Katzen ist die Lage vielleicht klarer. Hier hatten zu großen Teilen die Katzen das Steuer in der Pfote. Rudyard Kiplings Genau-so-Geschichte über »Die Katze, die ihrer eigenen Wege ging« akzeptiert auf zu naive Weise den Eindruck, den Katzen machen wollen – dass sie tun, was sie wollen, und Menschen, die mitspielen, gerade mal tolerieren –, doch in den meisten Fällen ist es unmöglich, eine Katze zu dressieren. Sehr wenige Katzen sind bereit, Kunststücke auszuführen, während viele Hunde an solchen Vorführungen zum Vergnügen der Menschen sichtlich Freude haben. Für die alten Ägypter waren Katzen kleine Götter auf Erden, verkörpert in der Katzengöttin Bastet. Bastet wurde ursprünglich in der Gegend von Bubastis im Nildelta verehrt und hatte einen Löwenkopf, der sich später in einen Katzenkopf verwandelte. Der Bastet-Kult breitete sich nach Memphis aus, wo sie mit Sachmet verschmolz, der einheimischen löwenköpfigen Göttin. Bastet war eine verallgemeinerte Göttin für Dinge, die für Frauen besonders wichtig waren, wie Fruchtbarkeit und sichere Geburt. Katzen wurden als göttliche Verkörperungen von Bastet verehrt und wegen ihrer religiösen Bedeutung oft mumifiziert. Es gab auch eine Art Hundegott, den schakalköpfigen Anubis, doch der Unterschied bestand daran, dass er eine wesentliche praktische Aufgabe hatte: Er war der Gott des Einbalsamierens, und seine Rolle war es, den Übergang der Toten in die Unterwelt zu erleichtern (oder zu erschweren). Anubis urteilte, ob der Tote des Lebens nach dem Tode würdig war. Die einzigen Pflichten, die die göttlichen Katzen hatten, bestanden darin, sich von den Menschen verehren zu lassen.

Also nichts Neues.

Sogar heute machen Katzen gewissenhaft den Eindruck, sie seien unabhängig; sie kommen selten, wenn man sie ruft, und verschwinden garantiert im Handumdrehen aus Gründen, die nicht so recht klar sind. Alle Katzenbesitzer wissen jedoch, dass dieser Eindruck oberflächlich ist: Ihre Katzen brauchen Zuwendung und wissen das. Doch dieses Bedürfnis zeigt sich indirekt. Beispielsweise kommt Ians Katze »Ms. Garfield« für gewöhnlich an die Haustür, wenn die Familie mit dem Wagen zurückkommt, doch ihre Freude am Auftauchen des Wagens wird gründlich als heftiger Vorwurf getarnt: »Wo, zum Teufel, habt ihr euch denn herumgetrieben?« Wenn die Familienmitglieder im Urlaub oder außer Landes waren und sich nach der Rückkehr im Garten aufhalten, stellen sie jedes Mal fest, dass die Katze im selben Teil des Gartens ist – aber entweder schläft oder anscheinend gerade nur vorübergeht. Es hat den Anschein, dass Hauskatzen die Schlacht um ihre Zähmung allmählich verlieren, aber einen harten Kampf liefern. Bei wilden Katzen ist es etwas anderes, und richtige Arbeitskatzen wie die auf

Bauernhöfen sind oft wirklich unabhängig. Heutzutage werden viele Katzen auf dem Lande allerdings weitgehend wie Hauskatzen behandelt. Jedenfalls sind über die Co-Evolution der frühen Menschen und ihrer Haustiere noch ein paar gute Forschungsprojekte durchzuführen.

In einem anderen Strang dieser Co-Evolution machte das Pferd Reiterkulturen möglich und erlaubte es den Mongolen, die größten und am besten kontrollierten Reiche der menschlichen Geschichte zu errichten. Es heißt, dass unter den Khanen eine Jungfrau unbelästigt von Sevilla bis Hangchou wandern konnte. Erst im zwanzigsten Jahrhundert war das wieder möglich, wobei man etwas Glück brauchte und wahrscheinlich länger nach der Jungfrau suchen musste. Die Spanier brachten Pferde nach Amerika, wo die Menschen etwa 13 000 Jahre zuvor mehrere Pferdearten ausgerottet hatten*, und veränderten das Leben vieler nordamerikanischer Indianerstämme – und der Cowboys natürlich. Und etwas später das Leben in Hollywood.

Das Pferd hat auch Wunder für die Genetik der Menschen vollbracht. Man sagt ja, dass die Erfindung des Fahrrads die Leute in East Anglia davor bewahrt hat, an Inzucht einzugehen; ebenso waren die Menschen, die Afrika verließen, nur ein winziger Teil von der genetischen Vielfalt des frühen *Homo sapiens.* Alle neueren Untersuchungen der DNS-Genetik menschlicher Populationen stimmen darin überein, dass die genetische Vielfalt außerhalb von Afrika nur ein winziger Bruch-

---

* Seien Sie immer vorsichtig im Hinblick auf die im 20. Jahrhundert kursierende »Geschichte« von »den Eingeborenen, die in Harmonie mit ihrer Umwelt leben«. Dabei wird meistens die Tatsache unterschlagen, dass sie in der Vergangenheit alle wirklich großen Tiere ausrotteten, und nun bleibt ihnen nur die Wahl zwischen Harmonie oder Tod.

teil der Vielfalt ist, die man heute noch auf diesem Kontinent vorfindet. Diejenigen, die Afrika verlassen haben, um bis nach Australien und China zu wandern, nach Westeuropa oder über die Arktis nach Amerika, sind insgesamt weniger vielfältig als viele kleine einheimische Völkerschaften in Afrika. Mit dem Pferd wurde es für Händler möglich, Waren – und Gen-Allele – sehr wirksam über weite Entfernungen zu transportieren. Die Menschen außerhalb Afrikas haben also einen relativ kleinen Teil des afrikanischen Genpools geerbt: Wir sind genetisch verarmt, aber gut durchmischt.

Gegen Ende des zwanzigsten Jahrhunderts herrschte ein paar Jahre lang die Ansicht, der *Homo sapiens* sei eine polyphyletische Spezies. Das Wort bedeutet, dass sich verschiedene Gruppen von *Homo sapiens* an verschiedenen Orten aus verschiedenen Gruppen von *Homo erectus* entwickelten. Das, so glaubte man, könnte die Rassenunterschiede erklären, insbesondere Unterschiede in der Hautpigmentierung, die gut zur Geographie zu passen schienen. Aus Untersuchungen der DNS wissen wir heute, dass diese Theorie nicht wahr sein kann. Im Gegenteil, es gab in unserer Evolution einen Flaschenhals, als wir aus Afrika kamen – die Menschheit war auf ziemlich kleine Zahlen geschrumpft –, und wir alle, die wir heute leben, all die aus Afrika gekommenen Rassen, stammen von dieser kleinen Population ab. Alle Vertreter des *Homo erectus* sind ausgestorben. Die Anzeichen sprechen vorerst dafür, dass es nur *einen* Auszug aus Afrika gegeben hat, an dem mindestens rund 100 000 Menschen teilnahmen. Wir alle waren *in potentia* in jener winzigen Population enthalten, Japaner und Eskimos und Norweger und Sioux und Glockenbecher-Leute und Mandarin-Chinesen, Inder und Juden und Iren. Auf dieselbe Weise waren alle gegenwärtigen Hundesorten im ursprünglich domestizierten Wolf (angenommen, es war ein Wolf) »anwesend« – das heißt, sie befanden sich im Raum der angrenzenden Möglichkeiten des Wolfes –, und wir haben Bernhardiner und Chihuahuas und Labradors und King-Charles-Spaniels und Pudel aus jenem lokalen Bereich des Organismen-Raums herausgezogen.

Vor etwa dreißig Jahren war das Konzept der »Mitochondrien-Eva« für kurze Zeit in Mode, und viele Berichte in den Medien scheinen die Idee aufgegriffen zu haben, an jenem Flaschenhals unserer Vorfahren habe sich eine einzige Frau befunden, eine wahrhaftige Eva. Das ist Unsinn, doch die Berichte untermauerten diesen Glauben. Die wahre Geschichte war wie üblich ein wenig komplizierter, und sie geht so: In den Zellen von Menschen, eigentlich von den meisten Tieren und Pflanzen, gibt es Mitochondrien. Dies sind über Milliarden von Generationen hinweg die Nachkommen symbiotischer Bakterien, und sie besitzen noch immer etwas von ihrem alten DNS-Erbe, Mitochondrien-DNS genannt. Mitochondrien der Mutter gehen in die Zellen des Embryos über, nicht aber die des Vaters: Diese sterben oder gehen nur in die Plazenta ein. Jedenfalls werden die Mitochondrien praktisch nur über die Mutter vererbt. Die Mitochondrien-DNS akkumuliert im Laufe der Zeit Mutationen, wobei sich wichtige Gene weniger verändern (vermutlich weil die so entstehenden Kinder, wenn überhaupt welche entstehen, Defekte haben), und manche DNS-Sequenzen verändern sich ziemlich rasch. Das erlaubt es uns, anhand der akkumulierten Unterschiede in mehreren DNS-Sequenzen zu beurteilen, wie weit die gemeinsame Vorfahrin zweier beliebiger Frauen zurück liegt. Überraschenderweise laufen fast alle solche Sequenzen von sehr verschiedenen Frauen zu einer einzigen übereinstimmenden Sequenz zusammen, die ungefähr siebzigtausend Jahre zurück liegt.

Eine einzige Frau, Vorfahrin von uns allen.

Eva?

Nun ja, das war die Geschichte, auf die sich die Medien stürzten, und man sieht, warum. Sie ist jedoch nicht schlüssig. Das Auftreten von nur einer Sequenz von Mitochondrien-DNS bedeutet nicht, dass es nur eine Frau mit dieser Sequenz gegeben hat oder dass sie die Vorfahrin aller anderen Frauen war, deren DNS-Sequenzen verglichen wurden. Die gegenwärtige Vielfalt verschiedener Gene weist darauf hin, dass es in der menschlichen Population vor siebzigtausend Jahren mindestens fünfzigtausend Frauen gab, und *viele* davon werden jene spezielle DNS-Sequenz gehabt haben – oder eine, die anhand der heute feststellbaren Daten nicht davon zu unterscheiden ist. Die Abstammungslinien der Frauen, die jene Sequenz nicht besaßen, dauerten noch eine Weile an, starben aber schließlich aus: Ihr »Zweig« am Stammbaum der Menschheit reicht nicht bis in die Gegenwart. Wir wissen nicht genau, warum jene Linien ausstarben, doch in mathematischen Modellen tauchen derlei Effekte häufig auf. Vielleicht waren die Frauen mit der heute noch zu rekonstruierenden Sequenz »tüchtiger«, oder sie haben die anderen rein zufällig verdrängt. Es kann sogar sein, dass die Auswahl zeitgenössischer Frauen, die untersucht wurden, irgendwie verfälscht war und dass es bei heutigen Frauen mehr Sequenzen von Mitochondrien-DNS gibt als jene eine.

Woher wissen wir, dass es vor siebzigtausend Jahren mindestens 100 000 Menschen gab und nicht wie in den Geschichten nur zwei vor 6000 Jahren? Viele Gene im Zellkern (etwa 30 Prozent) kommen in der heutigen Menschenpopulation in mehreren Versionen vor. Wie die meisten »wilden« Populationen (die also nicht im Labor oder für Hundeschauen gezüchtet wurden) besitzt jedes menschliche Individuum von etwa 10 Prozent seiner Gene zwei Versionen – unterschiedliche Versionen, die er oder sie mit dem Ei beziehungsweise der Samenzelle von Mutter und Vater erhalten hat. Menschen haben ungefähr 30000 Gene, von denen bei einem durchschnittlichen Menschen etwa 3000 in zwei Versionen vertreten sind. Bei manchen Genen – insbesondere denen des Immunsystems, die jedem von uns eine sehr spezifische Schlüssel-Schloss-Individualität verleihen, uns für manche Krankheiten anfällig, aber immun gegen andere machen –, gibt es hunderte von Versionen (jedenfalls bei vier wichtigen Genen). Der (durchschnittliche) Schimpanse hat ein Ensemble dieser Immunvarianten, die dem des Menschen sehr ähnlich sind: In einer Liste von 65 Varianten eines Immungens waren nur zwei nicht *exakt* gleich. Wir kennen derzeit noch nicht die DNS von hinreichend vielen Bonobos, um zu beurteilen, ob es bei ihnen ebenso ist, doch die kluge Wette lautet, das es so sein wird, vielleicht in noch größerem Maße. Das entsprechende Gen-Ensemble bei den Gorillas scheint wiederum etwas abzuweichen (doch bisher sind nur rund dreißig Gorillas untersucht worden).

Jedenfalls müssen *alle* diese Immungen-Varianten mit jener »Flaschenhals«-Population aus Afrika gekommen sein, aus der alle außerafrikanischen Populationen hervorgegangen sind. Es gibt keinen vernünftigen Grund zu der Annahme, dass jedes Individuum von seinen Eltern unterschiedliche Versionen jedes variablen Gens geerbt habe: Manche werden nur eine Version gehabt haben, dieselbe von beiden Eltern, und niemand kann mehr als zwei gehabt haben. Die Menschen, die aus Afrika kamen, haben von rund siebenhundertfünfzig möglichen Immunvarianten mindestens an die fünfhundert mit Schimpansen gemein. Die Menschen, die in Afrika blieben, haben mehr: Sie waren nicht dem Flaschenhals ausgesetzt. Es gibt viele andere Gene, wo mehrere alte Versionen (alt, weil wir sie mit Schimpansen, vielleicht Gorillas, möglicherweise auch mit anderen Arten teilen) durchgekommen sind. 100 000 Menschen sind das Minimum, von dem man vernünftigerweise erwarten kann, alle diese Varianten mitgebracht zu haben. Wenn Sie kritisch sein und diese Zahl etwas verringern wollen, könnten Sie einwenden, dass ein paar Varianten von afrikanischen Populationen später zugemischt worden sein könnten, beispielsweise über die Sklaverei in die USA oder zu den Mittelmeervölkern und dann über phönizische Seeleute zu uns allen. Dennoch weisen die Fakten nicht auf einen Adam und eine Eva hin, es sei denn, dass sie eine Menge Diener, Sklaven und Konkubinen bei sich hatten.

In den biblischen Geschichten ist davon nicht die Rede.*

---

* Wohlgemerkt, das erste Buch Mose sagt tatsächlich, dass Kain nach dem Mord an Abel in das Land Nod östlich von Eden verbannt wurde, wo er »sein Weib erkannte« und wo Henoch geboren wurde. Es teilt uns nicht mit, wie das Weib nach Nod kam, um erkannt zu werden. Sie hätte zu jenen nicht erwähnten Dienern, Sklaven und Konkubinen gehören können. Das wiederum macht die Geschichte von Adam und Eva noch problematischer.

ELF

Der Schaltier-Ort

Die Zauberer hielten aufmerksam Ausschau.

»Jetzt sitzen fünf von ihnen bei ihm«, sagte Ponder. »Und auch einige Kinder. Es scheint keine Probleme zu geben.«

»Sie haben großes Interesse an seinem Hut«, meinte der Dekan.

»Ein spitzer Hut wird in allen Kulturen respektiert«, erklärte Ridcully.

»Warum haben einige von ihnen dann versucht, ihn zu essen?«, fragte der Professor für unbestimmte Studien.

»Wenigstens scheinen sie nicht feindselig zu sein«, sagte Ponder. »Wir sollten zu ihnen gehen und uns vorstellen.«

Als die Zauberer die kleine Gruppe am Feuer erreichten, stellten sie erstaunt fest, dass die Fremden überhaupt nicht reagierten. Sie waren weder überrascht noch verwundert. Die großen Leute behandelten sie so, als kämen sie von der Bar zurück; ihr Interesse galt höchstens dem Geschmack der Kartoffelchips, die sie mitgebracht hatten.

»Freundliche Seelen, nicht wahr?«, meinte Ridcully. »Wer ist der Boss?«

Rincewind sah auf, drehte sich dann halb um und zog seinen Hut aus einer großen Hand.

»Niemand von ihnen«, sagte er. »Lass die Finger von den Pailletten!«

»Hast du ihre Sprache gelernt?«

»Das kann ich nicht! Weil sie gar keine haben! Sie

zeigen und treten nur! Das ist mein *Hut*, herzlichen Dank!«

»Wir haben gesehen, wie du herumgegangen bist«, sagte Ponder. »Dabei hast du bestimmt etwas herausgefunden, oder?«

»Oh, ja«, erwiderte Rincewind. »Folgt mir, dann zeige ich es euch – *gib mir meinen Hut!*«

Er hielt seinen Hut, der inzwischen einige Pailletten eingebüßt hatte, mit beiden Händen auf dem Kopf fest und führte die Zauberer zu einer großen Lagune auf der anderen Seite des Dorfes. Ein Flussarm reichte hindurch; das Wasser war kristallklar.

»Seht ihr die Muscheln?« Rincewind deutete auf einen großen Haufen nicht weit vom Strand entfernt.

»Süßwasser-Miesmuscheln«, sagte Ridcully. »Sehr nahrhaft. Nun?«

»Es ist ein recht großer Haufen, nicht wahr?«

»Na und?«, erwiderte Ridcully. »Auch ich esse gern Miesmuscheln.«

»Seht ihr den Hügel dort drüben am Ufer? Den grasbewachsenen? Und den dahinter, mit den Büschen und Bäumen? Und … Habt ihr gemerkt, dass dieser ganze *Bereich* höher liegt als die angrenzenden Gebiete? Wenn ihr den Grund dafür wissen wollt … Ihr braucht nur den Boden beiseite zu kratzen. Überall liegen Miesmuscheln, bis ganz nach unten! Diese Leute leben schon seit vielen Jahrtausenden hier!«

Die großen Leute waren ihnen gefolgt und beobachteten sie mit verständnislosem Interesse – das war ihr normaler Gesichtsausdruck. Einige von ihnen wateten ins Wasser und suchten nach Miesmuscheln.

»Das sind ziemlich viele Schalentiere«, sagte der Dekan. »Ganz offensichtlich unterliegen sie keinem Tabu.«

»Ja, und das ist überraschend, denn diese Burschen scheinen mit ihnen verwandt zu sein«, erwiderte Rincewind müde. »Ihre steinernen Werkzeuge taugen nichts, und sie können keine richtigen Hütten bauen. Sie sind nicht einmal imstande, Feuer zu machen.«

»Aber wir haben doch eins gesehen!«

»Oh, sie *benutzen* das Feuer«, sagte Rincewind. »Sie warten, bis ein Blitz in einen Baum schlägt oder das Gras entzündet. Und dann bewahren sie es über Jahre hinweg. Glaubt mir, ich musste viel schnaufen und zeigen, um *das* herauszufinden. Und sie haben keine Vorstellung von Kunst. Ich meine, ihr wisst schon … Bilder. Ich habe das Bild einer Kuh in den Boden geritzt, und die Leute schienen verwirrt zu sein. Ich glaube, sie sahen einfach nur … Linien.«

»Vielleicht malst du keine guten Kuhbilder«, vermutete Ridcully.

»Sieh dich um«, erwiderte Rincewind. »Keine Perlen, keine Farbe im Gesicht, kein Schmuck. Man muss nicht besonders hoch entwickelt zu sein, um eine Halskette aus Bärenklauen anzufertigen. Selbst Höhlenbewohner können malen. Hast du die Höhlen von Überkich gesehen? Büffel und Mammuts, so weit der Blick reicht.«

»Ich muss sagen, es ist dir erstaunlich schnell gelungen, eine gute Beziehung mit den Leuten herzustellen«, meinte Ponder.

»Ich bin immer gut darin gewesen, andere Leute zu verstehen – um zu erkennen, wann man besser die Flucht ergreifen sollte«, sagte Rincewind.

»Aber du musst doch nicht *immer* fliehen, oder?«

»Doch, natürlich. Und es ist wichtig, den richtigen Augenblick zu erkennen. Ah, dies ist Ug«, sagte Rincewind, als ihn ein weißhaariger Mann mit einem dicken Finger anstieß. »So heißen auch alle anderen.«

Der gegenwärtige Ug deutete zu den Muschelbergen.

»Offenbar möchte er, dass wir ihn begleiten«, sagte Ponder.

»Vielleicht«, räumte Rincewind ein. »Oder er zeigt dorthin, wo er zum letzten Mal einen sehr zufrieden stellenden Stuhlgang hatte. Siehst du, wie sie uns alle beobachten?«

»Ja.«

»Siehst du ihren seltsamen Gesichtsausdruck?«

»Ja.«

»Fragst du dich, was sie denken?«

»Ja.«

»Nichts. Glaub mir. Der Gesichtsausdruck bedeutet, dass sie auf den nächsten Gedanken warten.«

Jenseits der Muschelberge gab es einen kleinen Weidenwald, und in seiner Mitte befand sich ein viel älterer Baum, beziehungsweise seine Reste. Er war in zwei Teile gespalten, abgestorben und halb verbrannt.

Der weißhaarige Ug folgte den Zauberern noch ein wenig, während der Rest des Stammes zurückblieb.

Etwas knackte unter Rincewinds Füßen. Er senkte den Blick und bemerkte einen gelblichen Knochen, der den Fluchtreflex in ihm stimulierte. Dann sah er die kleinen Hügel auf der Lichtung, viele von ihnen überwachsen.

»Und hier ist der Baum, von dem das Feuer kam«, sagte Ridcully, dem die kleinen Hügel ebenfalls aufgefallen waren. »Heiliger Boden, meine Herren. Hier begraben sie ihre Toten.«

»Sie werden nicht in dem Sinne *begraben*«, meinte Rincewind. »Ich glaube, man lässt sie hier einfach liegen. Wahrscheinlich wollten sie mir nur zeigen, woher sie das Feuer haben.«

Ridcully griff nach seiner Pfeife.

»Diese Leute können wirklich kein Feuer machen?«, fragte er.

»Sie verstanden die Frage nicht«, sagte Rincewind. »Nun, wenn ich hier von einer Frage spreche ... Sie verstanden nicht das, wovon ich *hoffte*, dass es die Frage war. Wir haben es hier nicht mit großen Denkern zu tun. Für diese Burschen war es ein enormer Fortschritt, als sie auf die Idee kamen, die Tiere zu häuten, *bevor* sie ihre Felle trugen. Nie zuvor bin ich so ... *langweiligen* Leuten begegnet. Ich begreife sie nicht. Sie sind nicht in dem Sinne *dumm*, aber ihre Vorstellung von Schlagfertigkeit ist eine Antwort nach zehn Minuten.«

»Nun, dies wird ihnen auf die Sprünge helfen«, sagte Ridcully und zündete seine Pfeife an. »Es dürfte sie beeindrucken!«

Die Ugs wechselten Blicke. Sie sahen, wie Rauch aus dem Mund des Erzkanzlers kam. Und dann griffen sie an.

Auf der Scheibenwelt gibt es ein Volk, dem jede Vorstellungskraft fehlt: die N'tuiftif. Sie haben eine gute Beobachtungsgabe, und es mangelt ihnen nicht an der Fähigkeit, Schlüsse zu ziehen, aber sie erfinden nie etwas. Sie waren das erste Volk, das sich Feuer *lieh*. Da sich andere Völker mit viel Phantasie in der Nähe befanden, lernten die N'tuiftif schnell, sich zu verstecken. Wenn für andere Leute »Stock« auch »Keule, Knüppel, Hebel, Weltherrschaft« bedeutet, so ist man ihnen gegenüber im Nachteil, wenn man selbst in einem Stock nur einen Stock sieht.

Derzeit bedeutete »Stock« für jemanden »Stange«.

Eine Gestalt setzte über die Lichtung hinweg und landete vor den Ugs.

Orang-Utans treten nicht in den Boxring, weil sie zu intelligent sind. Wenn das doch der Fall wäre, könnten sie ihren Gegner k.o. schlagen, ohne vom Stuhl aufzustehen, was den Mangel an Finesse bei der Beinarbeit ausgleicht.

Die meisten Stammesangehörigen wandten sich zur Flucht und hätten das Gesicht der Truhe gesehen, wenn sie mit einem Gesicht ausgestattet gewesen wäre. Der Aufprall warf sie nach rechts und links, und sie fragten sich, was mit ihnen geschah. Und dann fiel der Bibliothekar über sie her.

Einige kamen auf die Idee, die Lichtung zu verlassen. Die anderen blieben benommen auf dem Boden liegen.

Der verblüffte Erzkanzler hielt noch immer das brennende Streichholz in der Hand, als sich ihm der heulende Bibliothekar näherte.

»Was sagt er?«, fragte Ridcully.

»Er meint, er sei in einer Bibliothek gewesen und dann plötzlich in dem Fluss dort drüben«, sagte Ponder.

»Das ist alles? Klang nach mehr.«

»Der Rest bestand aus Flüchen, Herr.«

»Affen fluchen?«

»Ja, Herr. Die ganze Zeit über.«

Der Bibliothekar heulte erneut und schlug mit den Fäusten auf den Boden.

»Weitere Flüche?«, fragte Ridcully.

»O *ja*, Herr. Er ist sehr aufgeregt. HEX hat ihm mitgeteilt, dass es nirgends mehr Bibliotheken gibt, zu keinem Zeitpunkt in der Geschichte dieses Planeten.«

»Autsch!«

»In der Tat, Herr.«

»Ich hab mir den Finger verbrannt!« Ridcully saugte an seinem Daumen. »Wo ist HEX überhaupt?«

»Das habe ich mich auch gerade gefragt, Herr. Immerhin gehörte die Kristallkugel zu einer Stadt, die nicht mehr existiert ...«

Sie drehten sich um und blickten zum Baum.

Bestimmt hatte er lodernd gebrannt, nachdem der Blitz eingeschlagen war. Vermutlich war er zu jenem Zeitpunkt bereits abgestorben und völlig trocken gewesen. Es gab nur noch einige wenige Aststummel. Das ganze Ding war schwarz und wirkte unheilvoll vor dem Hintergrund der grünen Weiden.

Rincewind saß oben.

»Was machst du da, Mann?«, donnerte Ridcully.

»Ich kann nicht über Wasser laufen!«, rief Rincewind. »Und ... ich glaube, ich habe HEX gefunden. Dieser Baum spricht ...«

ZWÖLF

Randleute

Rincewinds Randleute sind eine Karikatur der frühen Hominiden und kommen dem ziemlich nahe, wie sich die Anthropologen die Neandertaler vorzustellen pflegten.

Wir glauben jetzt, dass an den Neandertalern etwas mehr dran war, abgesehen davon, dass sie ihre Toten begruben. Zumindest passt der Wunsch zu glauben, dass hinter diesen großen Überaugenbrauenbögen etwas los war, zur Stimmung unserer Zeit. In Slowenien ist ein Knochen mit Löchern darin gefunden worden, den manche Archäologen für eine 43 000 Jahre alte Knochenflöte der Neandertaler halten. Doch andere bestreiten, dass es ein Musikinstrument ist. Francesco d'Errico und Philip Chase haben den Knochen sorgfältig untersucht und sind sich sicher, dass die Löcher von Tieren hineingenagt und nicht von musikalischen Neandertalern gebohrt wurden. Wir wissen nicht, ob man den Knochen einem Musiker gegeben hat ...

Wie immer es um die Flöte stehen mag, es ist klar, dass sich die Neandertaler-Kultur über lange Zeiträume hinweg nicht wesentlich veränderte. Wohl aber tat das die Kultur, die zu uns führte. Sie hat sich dramatisch verändert und bisher nicht damit aufgehört.

Was hat den großen Unterschied zwischen uns und den Neandertalern ausgemacht?

Gemäß der Out-of-Africa-Theorie stammen unser aller Vorfahren von einer ursprünglichen Population ab, die sich in Afrika entwickelte. Sie wanderten durch den

Mittleren Osten; diejenigen, die sich auf den Weg nach Australien machten, sind wahrscheinlich in Südafrika aufgebrochen, *könnten* aber auch über den Fernen Osten und Malaysia gegangen sein. Mit Booten kann man beides tun.

Im Grunde könnte uns die Geschichte von den Immun-Genen, die wir in Kapitel 10 erörtert haben, mehr verraten, doch bisher hat niemand entsprechende Untersuchungen durchgeführt: Entweder haben die australischen Aborigines dasselbe Genspektrum wie wir übrigen Flaschenhals-Menschen oder sie haben stattdessen ihre eigene kleine und charakteristische Auswahl. Wie dem auch sei, wir werden daraus etwas Interessantes erfahren, doch bis jemand die genetischen Daten sammelt, haben wir keine Ahnung, *was* das Interessante sein wird. Ein Großteil der Wissenschaft ist eine solche Situation, wo man nur gewinnen kann. Aber erklären Sie das mal den Erbsenzählern, die die Mittel für Forschung verwalten.

Wenn wir in diesem Zusammenhang von »Wanderungen« sprechen, sollten Sie nicht an den Auszug der Hebräer aus Ägypten denken. Es war keine Angelegenheit einer Gruppe, die vierzig Jahre oder wie lange auch immer dauerte und die Unterwerfung anderer Hominiden unterwegs einschloss. Es kam eher der allmählichen Bildung kleiner Siedlungen gleich, die sich langsam immer weiter von der ursprünglichen Heimat entfernten. Die Menschen selbst wussten nicht einmal, dass sie wanderten. Es ging eher nach dem Muster: »He, Alan, warum versuchen du und Marilyn es nicht ein paar Täler weiter mit Jagen und Sammeln, bei dem hübschen Fluss Euphrat dort?« Und hundert Jahre später gab es dann auch ein paar Ansiedlungen auf der anderen Seite des Flusses. Das ist keine reine Spekulation: Archäologen haben einige dieser Siedlungen gefunden.

Wenn Menschen alle zehn Jahre anderthalb Kilometer weiter eine neue Siedlung gründeten, hätte es nur 50 000 Jahre oder 1000 Großväter gedauert, bis sie sich von Afrika die ganze Strecke bis in den gefrorenen Norden ausgebreitet hätten. Und sie breiteten sich gewiss schneller aus. Es wird kaum jemand wirklich irgendwohin *gegangen* sein, die Kinder richteten sich einfach ein paar hundert Meter weiter ein, wo es etwas mehr Platz gab, um ihre eigenen Kinder großzuziehen.

Während wir uns ausbreiteten, wurden wir vielfältiger. Es ist beeindruckend, wie vielfältig wir körperlich und kulturell sind. Doch aus der Sicht des Elfen sind wir einander vielleicht sehr ähnlich, vom Chinesen über den Inuit zu Majas und Walisern. Unsere Ähnlichkeiten sind viel größer als unsere Unterschiede.* Wir sind auch in Afrika unterschiedlicher geworden, von den hoch gewachsenen Massai und Zulu bis zu den !Kung-Pygmäen** und den untersetzten Yoruba. Diese Völker sind wirklich und von alters her andersartig: Sie unterscheiden sich von uns und voneinander fast so sehr wie Wölfe von Schakalen. Die Menschen, die durch den Flaschenhals gingen, haben sich erst vor relativ kurzer Zeit differenziert, wie sich die Hunderassen aus einer Art Wolf herausbildeten (oder vielleicht war es ein Schakal).

Diese Art rascher Differenzierung ist eine Standardgeschichte der Evolution und heißt »adaptive Radia-

---

* Deshalb waren wir gezwungen, Unterschiede in der Religion zu erfinden, die uns einen Vorwand geben, einander umzubringen, weil Die Anderen sich von uns Wahren Menschen so drastisch unterscheiden – die wissen nicht einmal, dass man, wenn man Salz verschüttet und danach nicht dreimal um den Tisch hüpft, sich einen Dämon ins Haus holt. *Also* ist es recht, die Falschen Menschen, Die Anderen, vom Antlitz der Erde hinwegzufegen.
** Das »!« steht für einen speziellen Klicklaut.

tion«. »Radiation« bedeutet Ausbreitung, und »adaptiv« bedeutet, dass sich die Organismen während der Ausbreitung *verändern*, indem sie sich an neue Umwelten anpassen – und insbesondere an die Veränderungen, die ihre eigene adaptive Radiation mit sich gebracht hat. Das geschah mit den »Darwinfinken«, als eine kleine Gruppe von Finken einer einzigen Art auf die Galapagos-Inseln gelangte und sich binnen weniger Millionen Jahre in dreizehn verschiedene Arten aufspaltete, plus eine vierzehnte auf den Cocos-Inseln. (Wir fragen uns, wie die Legende vom *Vierzehnten Finken* aussehen könnte.) Ein weiteres, wohlbekanntes Beispiel ist das breite Spektrum von Buntbarschen, die sich im Laufe der letzten halben Million Jahre im Victoriasee diversifiziert hatten. Sie brachten Varianten für die Welsnische hervor, für den Plankton-Filterer, für den allgemeinen Abfallfresser; sie entwickelten sich zu Arten mit großen Brechzähnen, um Muschelschalen zu knacken, Arten, die sich darauf spezialisierten, die Schuppen oder Flossen anderer Fische abzufressen, und Arten, die darauf spezialisiert waren, die Augen anderer Fische zu fressen. Ja, wirklich: Als Fische dieser Art gefangen wurden, hatten sie nichts im Magen als lauter Augen. Diese Buntbarsche wiesen Größen von ein paar Zentimetern bis zu einem halben Meter auf. Die ursprüngliche, in Flüssen lebende Art *Haplochromis burtoni*, von der sie alle abstammten, erreicht eine Länge von 10 bis 12 Zentimetern.

Merkwürdigerweise war die genetische Streubreite dieser Fische ziemlich gering, wenn man das Spektrum ihrer Morphologie und Verhaltensweisen bedenkt: etwa ebenso breit wie bei den aus Afrika gekommenen Menschen, aber schmaler als bei den Menschen in Afrika. Zumindest erhält man dieses Ergebnis anhand einiger plausibler Methoden, die genetische Vielfalt abzuschätzen.

Zum zweiten Teil dieser Geschichte gehört fast immer die Ausrottung: Mitunter kommt es vor, dass eine der neuen Arten einen neuen und erfolgreichen Trick entwickelt hat und überlebt, während die anderen untergehen. Üblicherweise naht das Ende jener spezialisierten, durch adaptive Radiation entstandenen Fische dann, wenn ein spezialisierter Profi – etwa ein Wels, dessen Vorfahren sich seit zwanzig Millionen Jahren von Abfall ernähren – die Bühne betritt und den als Amateur-Wels agierenden Buntbarsch verdrängt. In diesem Fall war es leider kein friedlicher Wels, sondern der Nilbarsch, ein spezialisierter Raubfisch von alter Abstammung. Der Nilbarsch hat inzwischen mit der Artenexplosion der Buntbarsche im Victoriasee nahezu vollständig aufgeräumt, weshalb die vorangehende Passage in der Vergangenheitsform steht.* Die meisten Überreste jener glorreichen Radiation der Buntbarsche sind jetzt bei ein paar Hobby-Aquarianern zu finden, die ein paar seltsame Buntbarscharten halten, und im Geoffrye-Museum in London, welches zufällig eines der breitesten Spektren von Buntbarschen besitzt und jetzt von öffentlichen Institutionen unterstützt wird. Wir wissen aber noch nicht, ob nicht vielleicht eine der Buntbarsch-Varianten im Victoriasee einen Trick gefunden hat, sogar den Nilbarsch zu überleben.

Es ist schwer vorauszusagen, welcher Nilbarsch kommen wird, um die gegenwärtige Vielfalt des *Homo sapiens* zurückzustutzen. Mit etwas Glück wird es unsere eigene Neigung zur Rassenmischung sein, von Fluglinien unterstützt und entgegen den Ratschlägen unserer Priester. Vielleicht werden wir uns alle zu einem ziem-

---

* Im Malawi- und im Tanganyika-See gibt es noch die Buntbarscharten; Ihr Laden für tropische Fische dürfte Vertreter davon haben.

lich vielfältigen Typus vermischen. Oder vielleicht werden es Außerirdische wie in »Independence Day« sein, darauf aus, die Galaxis zu erobern. Oder auch tüchtigere, die elementare Virenschutz-Software besitzen.

Waren wir der Nilbarsch für die Neandertaler? Was war das Besondere an uns, womit sie nicht konkurrieren konnten? In einem Leitartikel in *Astounding Science Fact and Fiction* hat John W. Campbell die Hypothese dargelegt, dass wir uns seit frühester Zeit selbst selektiert haben, ziemlich nach Art der Elfen. Campbell schrieb seine Idee dem Anthropologen des 19. Jahrhunderts Lewis Morgan zu, doch der größte Teil der Geschichte stammt in Wahrheit von Campbell.

Die Geschichte geht so: Wir selektieren uns durch Pubertätsrituale und andere Stammesriten. In gewissem Maße wirken diese Riten mit unseren religiösen Geschichten zusammen, doch als Sozialisierungstechnik kann das Pubertätsritual allen außer den grundlegendsten animistischen Glaubensvorstellungen vorangegangen sein. Zweifellos liegt es unserem *Homo-sapiens*-Baukasten zugrunde. Doch die Neandertaler hatten vielleicht keinen solchen kulturellen Baukasten, zumindest nicht in derart wirksamer Form. Wenn sie keinen hatten, sind sie wahrscheinlich Rincewinds Randleuten ziemlich ähnlich gewesen, eigentlich allen anderen größeren Menschenaffen: Sie leben in geordneten Verhältnissen und (größtenteils) zufrieden in ihrem Garten Eden, bleiben aber, wo sie sind.

Was ist das Besondere an Pubertätsritualen? Was macht sie zum notwendigen Bestandteil unserer Entwicklung zum Geschichten erzählenden Tier? Einfach dies, sagte Campbell: Pubertätsrituale wählen aus, wer sich fortpflanzt. Das ist der Standardmechanismus der »unnatürlichen Auslese«, den man zur Züchtung von Dahlien oder Hunden verwendet, nur dass hier neue Varianten von Menschen gezüchtet oder die bestehenden stabilisiert wurden. Die Zauberer haben die unnatürliche Auslese immer gekannt, und auf der Scheibenwelt ist sie als Gott der Evolution in *Heiße Hüpfer* reifiziert. Unnatürliche Auslese ist auch nicht nur eine Frage der Genetik. Wenn man sich nicht fortpflanzen kann, hat man keine Gelegenheit, seine kulturellen Vorurteile an die Kinder weiterzugeben. Man kann höchstens versuchen, sie auf anderer Leute Kinder zu übertragen.

Und so geht das: Da drüben sehen wir eine Gruppe von einem halben Dutzend junger Burschen, vielleicht zwischen elf und vierzehn Jahre alt. Die älteren Männer haben eine Prüfung vorbereitet, und die Jungen müssen sie über sich ergehen lassen, um voll berechtigte, das heißt: zur Fortpflanzung berechtigte Stammesmitglieder zu werden. Vielleicht werden sie beschnitten oder auf andere Weise verwundet, und die Wunden werden mit Schmerzen verursachenden Kräutern »verbunden«; vielleicht werden sie mit Skorpionen oder beißenden Insekten gepeitscht; vielleicht werden ihnen mit glühend heißen Eisen Brandnarben im Gesicht zugefügt; vielleicht (eigentlich für gewöhnlich) werden die älteren Männer sie vergewaltigen. Man wird sie hungern lassen, sie mit Klistieren traktieren, sie schlagen ... o ja, wir sind in dieser Hinsicht eine sehr erfindungsreiche Spezies.

Wer dabei weglief, wurde nicht in die Gruppe aufgenommen* und konnte sich demnach nicht fortpflanzen. Also waren sie insbesondere nicht unsere Vorfahren, weil sie niemandes Vorfahren waren. Hingegen wurden die, die sich der Erniedrigung unterwarfen, mit der Aufnahme in den Stamm belohnt. Campbells Erkennt-

---

* »Going walkabout« (umherlaufen, im australischen Englisch auch: weglaufen) scheint zumindest bei einigen australischen Stämmen eine Möglichkeit gewesen zu sein, sich dieser Tortur zu entziehen.

nis besagt, dass diese Pubertätsrituale eine Auslese *gegen* die normale tierische Reaktion bildeten, Schmerz zu vermeiden, und *für* Vorstellungskraft und Heldentum. »Wenn ich diesen Schmerz ertrage, werde ich belohnt, indem ich die Privilegien erhalte, die diese alten Männer genießen, und ich kann mir vorstellen, dass sie genau das durchgemacht und überstanden haben.«

Später waren es die Priester, die den Schmerz zufügten. Genau dadurch waren sie Priester geworden und hatten bei den folgenden Generationen »Respekt« für sich und ihre Lehren erlangt. Zu diesem Zeitpunkt war Erniedrigung schon auf beiden Seiten des Folterinstruments ihr eigener Lohn geworden (siehe das Kapitel *Einfach göttlich*), und die Menschen waren zum Gehorsam gegenüber der Obrigkeit selektiert worden.

Stanley Milgrams Buch *Das Milgram-Experiment* zeigt in der Tat, wie gehorsam wir geworden sind, indem die Autorität des weißen Laborkittels benutzt wurde, Menschen zu veranlassen, dass sie andere Menschen aus der Ferne folterten. Die anderen Menschen waren in Wahrheit Schauspieler, die – wie man die Versuchspersonen glauben machte – auf »leichten«, »starken« und »unerträglichen« Schmerz mit dem entsprechenden Verhalten reagierten. Milgrams Buch zeigt, wie Menschen Obrigkeit und Gehorsam erfanden, beides sehr elfische Empfindungen. Dieser Bestandteil in der Geschichte unserer Evolution erklärt Adolf Eichmann ebenso wie Einstein: Wir wollen hier nicht näher auf dieses Thema eingehen, da wir es bereits in *The Privileged Ape* und *Figments of Reality* behandelt haben.

Einige wenige Menschen weigerten sich allerdings, Milgrams Anweisungen zu befolgen, und diese Ausnahmen beruhten immer entweder auf Erfahrung (manche von den Verweigerern hatten Konzentrationslager überlebt oder waren bei anderer Gelegenheit selbst gefoltert worden) oder auf dem Menschenbaukasten selbst. Viele von diesen Baukästen bringen ein paar Abtrünnige hervor, und wir blicken mit Optimismus auf den westlichen, der Hollywood-Filme benutzt, um Widerstand gegen die Obrigkeit zu ermuntern. Doch vielleicht funktioniert das nur im Zusammenspiel mit der richtigen Genetik und dem richtigen häuslichen Hintergrund.

Viele von diesen alten Ritualen haben heute keinen Inhalt mehr. Juden benutzen die Beschneidung, um die Treue der Eltern zu testen, nicht die des Babys, das ja keine Wahl hat. Jack war in den frühen sechziger Jahren der Vorhautsammler von Boston; dies war eine gute Quelle für die Proben von Menschenhaut, die er für seine Forschungen an Pigmentzellen der Haut benötigte. Er hat eine Menge Eltern gesehen, von denen viele sehr blass und ein paar ohnmächtig wurden, Männer häufiger als Frauen. Die jüdische Bar Mizwa ist für das Kind eine sehr entmutigende Aussicht, obwohl bei der Beschneidung niemand versagt – heute nicht mehr. Doch früher kam es vor, dass jemand durchfiel, und das hatte ernste Konsequenzen. In den Ghettos beispielsweise, wo nur ein Drittel der Bevölkerung heiratete, wählten die Mütter der »besten« Mädchen nur die Jungen aus, die bei ihrer Bar Mizwa geglänzt hatten. Das könnte die Art des sprachlichen Erfolgs erklären, den der jüdische Anteil vieler westlicher Bevölkerungen erreicht hat. Eine andere Erklärung, dass den Juden sprachliche Fähigkeiten nur deshalb erlaubt waren, weil ihnen Land- und anderer Besitz verwehrt waren, betrifft eine kontextuelle Einschränkung, mit der sie leben mussten. Warum sie sprachlich gut genug waren, um trotz dieser Einschränkung Erfolg zu haben, ist die interessante Frage, und der Wettbewerb bei der Bar Mizwa und die Auslese der zur Fortpflanzung Zugelassenen sind eine überzeugende Antwort.

Zigeuner bieten jedoch möglicherweise ein Gegenbeispiel, wo die jungen Männer vor der Heirat sehr wenigen Prüfungen unterzogen werden, da die Heirat oft in einem Alter stattfindet, das andere Kulturen für vorpubertär halten. Die wenigen Zigeuner, die in westlichen Kulturen Erfolg hatten, waren das nicht primär in Angelegenheiten der Sprache. Die Musik bietet einen guten Kontrast, wo Zigeuner im Tanz brillieren, während klassische Komponisten und Instrumentalsolisten oft Juden sind. Natürlich teilen auch die Zigeuner unsere gemeinsame selektive Abstammung, wenn es zutrifft, dass Pubertätsriten uralt und praktisch universell sind.

Die anderen großen Menschenaffen quälen ihre Kinder nicht zu rituellen Zwecken, und die anderen Hominiden wie die Neandertaler taten es wahrscheinlich auch nicht. Also haben sie keine Zivilisation hervorgebracht. Tut uns Leid, aber was uns nicht umbringt, scheint uns tatsächlich stark gemacht zu haben.

Es gibt eine andere Geschichte, die wir nun erzählen wollen, und sie handelt davon, was mit den jungen Männern um die Zeit geschah, als die Menschen die Landwirtschaft erfanden; diese Geschichte erklärt die barbarischen Gesellschaften. Verstehen Sie uns nicht falsch: Wir meinen nicht, dass Heranwachsende zu quälen barbarisch sei. Aus der Sicht der Stammesgesellschaft ist es das nicht. Es ist eine völlig angemessene Art, sie in den Stamm aufzunehmen. »Wir haben das schon immer getan, seit Gott in der Höhe die Welt erschaffen hat, und zum Beweis ist hier das heilige Beschneidungsmesser, das wir immer benutzt haben.« Nein, aus der Stammessicht sind die Barbaren, an die wir denken, schrecklich, sie haben *überhaupt* keine Regeln oder Traditionen ... Sogar der Manky-Stamm, ein paar Meilen da drüben, ist besser als die; die Mankys *haben* wenigstens Traditionen, selbst wenn sie sich von unseren unterscheiden. Und wir haben ein paar von ihren Frauen gestohlen, und die kennen *erstaunliche* Tricks ...

Das Problem sind die da am Berghang, die jungen Männer, die aus dem Stamm ausgestoßen wurden, weil sie bei den Ritualen versagt haben oder von selbst gegangen sind (und so die Prüfung erst recht nicht bestanden haben). »Ein paar von meinen Brüdern sind bei denen da oben, und der Junge von Joel, und natürlich die vier Kinder, die übrig geblieben sind, als Gertie gestorben ist. Oh, die kommen schon allein zurecht; aber wenn sie in dieser Bande zusammen sind, wo sie sich alle das Haar so herrichten, damit sie anders aussehen, dann schließt man die Schafe ein und lässt die Hunde los. Sie haben so komische Wörter wie ›Ehre‹ und ›Mut‹ und ›Beute‹ und ›Held‹ und ›unsere Bande‹. Wenn meine Brüder ins Tal in meinen Hof herunterkommen – allein –, dann gebe ich ihnen etwas zu essen. Aber eine Bande von jungen Männern, ich sag nicht, dass es die waren, aber ich sag auch nicht, dass sie es nicht waren, die haben Browns Hof angezündet, einfach so zum Spaß ...«

In jedem Cowboyfilm finden wir die Botschaft, dass Barbarei der Stammesgesellschaft zuwiderläuft, dass Ehre und Tradition nicht unter einen Hut passen. Und dass, nachdem er sich selektiert hat mit Blick auf die Vorstellungskraft und die Fähigkeit, für künftige Lust Schmerz zu ertragen, *Homo sapiens* nun bereit ist, für seine – oder ihre – Glaubensvorstellungen zu sterben, für seine oder ihre Bande, für Ehre, für Hass oder für die Liebe.

Die Zivilisation, wie wir sie kennen, scheint Elemente von beiden Wegen der menschlichen Kultur zu kombinieren, die Tradition des Stammes und die Ehre, den Stolz der Barbaren. Nationen sind nach innen hin wie Stammesgesellschaften aufgebaut, zeigen anderen Nationen aber ein barbarisches Gesicht. Unsere Extelligenz erzählt uns Geschichten, und wir erzählen unseren Kindern Geschichten, und die Geschichten geben uns Hinweise, was wir unter welchen Umständen sein oder tun sollen. In diesem Sinne ist Shakespeare das Nonplusultra des Zivilisators. Seine Stücke wurden vor einem barbarischen Hintergrund verfasst, in einer Stadt, wo man Köpfe auf Spießen und rituell zerstückelte Körper sehen konnte; sie alle beruhen auf der stammesgesellschaftlichen, traditionellen Grundlage, die den größten Teil des menschlichen Lebens ausmacht, die meiste Zeit. Er sagt uns sehr überzeugend, dass das Böse am Ende unterliegt, dass Liebe siegt und dass Lachen – das größte Geschenk, das die Barbarei der Stammesgesellschaft gemacht hat – eine der schärfsten Waffen ist, weil es zivilisiert.

Cohens sind die Nachkommenschaft der Hohepriester der Juden. Jack ist in Jerusalem einmal gefragt worden, ob er angesichts der edlen Geschichte, die die Hohepriester vorangebracht hatten, nicht stolz sei, ein Cohen zu sein. Jack ist der Ansicht, dass dieser Adel – wie der von praktisch allen anderen Völkern – in Blut gegründet ist, das vielleicht sechs Zoll hoch durch die Straßen fließt, also ist er nicht stolz. Soweit jeder von uns für die Taten seiner Vorfahren verantwortlich ist, schämt er sich vielmehr. Er liebt die kleinen Götter von *Einfach göttlich* ebenso wie den jüdischen Jom Kippur, den Tag der Sühne und Versöhnung: Der Tag erzeugt ein Gefühl der Reue, und er kann immer viel finden, das es zu bereuen gibt. Er ist sicher, dass dieses Gefühl – Schuld – als Erbe über Stammesrituale aus der Morgan/Campbell-Linie seiner Vorfahren stammt.

Stammesangehörige sind nicht »stolz«, für sie ist alles entweder vorgeschrieben oder verboten, worauf also sollten sie stolz sein? Man kann seine Kinder loben, wenn sie etwas richtig machen, oder sie ermahnen oder bestrafen, wenn sie etwas falsch machen, aber man kann nicht darauf stolz sein, was man selbst – ein vollwertiges Stammesmitglied – tut. Das ergibt sich von selbst. Man kann jedoch durchaus schuldig sein, wenn man Dinge nicht getan hat, die man hätte tun sollen. In diesem Sinne bedeuten Hohepriester, die Krieg gegen Abtrünnige oder Nachbarstämme führen, was dann zu Gräueln wie Köpfen auf Spießen führt, die blanke Barbarei.

Der Unterschied zwischen Stammestradition und Barbarei wird von der Geschichte der Dina im Kapitel 34 des ersten Buches Mose erhellt. Dina, eine Israelitin, war die Tochter von Lea und Jakob, und »da sie sah Sichem, Hemors Sohn, des Heviters, der des Landes Herr war, nahm er sie und lag bei ihr und schwächte sie«, will sagen, schwängerte sie. Und dann verliebte er sich in sie und wollte sie zu seiner Frau machen. Doch die Söhne Jakobs waren der Ansicht, dass er sich in der Reihenfolge vertan habe. »Und da sie es hörten, verdross es die Männer, und sie wurden sehr zornig, dass er eine Torheit an Israel begangen und bei Jakobs Tochter gelegen hatte; denn so sollte es nicht sein.« Als nun Hemor, Sichems Vater, um die Zustimmung zur Heirat bat und dafür, seinen Stamm mit den Israeliten vermischen zu dürfen, verfielen die Söhne Jakobs auf einen schlauen Plan. Sie sagten den Hevitern, sie würden das Angebot annehmen, doch erst, nachdem sich die Heviter beschnitten hätten, sodass sie den Israeliten glichen. Die Heviter waren bereit, darauf einzugehen, denn sie sagten sich: »Diese Leute sind friedsam bei uns und wollen im Lande wohnen und werben; so ist nun das Land weit genug für sie. Wir wollen uns ihre Töchter zu Weibern nehmen und ihnen unsere Töchter geben.« So beschlossen sie es, gehorchten Hemor »und beschnitten alles, was männlich war, das zu seiner Stadt aus und ein ging«. Und ein paar Tage lang hatten sie

Schmerzen. Da holten Dinas Brüder Simeon und Levi sie aus Sichems Haus, metzelten alle hevitischen Männer nieder und nahmen sich ihre Haustiere, ihre Habe, versklavten ihre Kinder und Weiber. Diese Geschichte von Täuschung und Verrat wird in neuerer Zeit nicht mehr an die große Glocke gehängt; die Leute finden sie nicht mehr so komisch wie seinerzeit.

Jedenfalls reagieren die Heviter in der Geschichte auf Sichems Verbrechen in der Art der Stammesgesellschaft, doch die Israeliten verhalten sich wie Barbaren. Nachdem sie zunächst einen Fehler gemacht haben, wollen die Heviter ihn in Ordnung bringen und friedlich koexistieren; sie sind bereit, Mitgift zu zahlen und andere Zugeständnisse zu machen, um Sichems Tat wieder gutzumachen. Doch für die Israeliten zählt nichts als eine verdrehte Art von »Ehre«, die Grausamkeit, Mord und Diebstahl rechtfertigt, um Dinas Ruf zu schützen. Oder wohl eher ihre eigene Vorstellung von Männlichkeit.

Eine der beliebtesten Scheibenwelt-Gestalten ist Cohen der Barbar, eine Satire auf Helden der Sword-and-Sorcery-Fantasy wie Conan der Barbar, nichts als Muskeln und Halsketten aus Trollzähnen und testosterongetriebenes Heldentum. Zum ersten Mal taucht er im zweiten Scheibenwelt-Roman *Das Licht der Phantasie* auf:

> »He, einen Augenblick«, wandte Rincewind ein. »Cohen ist ein großer, bulliger, stiernackiger Bursche, der vor Kraft kaum laufen kann. Ich meine: Er ist der berühmteste Krieger der ganzen Scheibenwelt, eine lebende Legende. Ich erinnere mich deutlich daran, dass mir mein Großvater von ihm erzählte ... mein ... mein *Großvater* ...«
>
> Er brach ab, als er den durchdringenden Blick des Greises bemerkte.

»Oh.« Er schluckte. »Oh, ja, natürlich. Ich verstehe.«
»So ist das nun einmal«, sagte Cohen und seufzte.
»Auch für Helden bleibt die Zeit nicht stehen. Legenden sind da weitaus widerstandsfähiger.«

Cohen, inzwischen 87 Jahre alt, ist die Sorte Barbar, deren Horde in die Stadt reitet, die Häuser in Brand steckt und lüstern nach Frauen schaut. Aber er ist kein Weichling: Mit zunehmendem Alter wird er hart wie eine Eiche. In *Echt zauberhaft* erklärt er Rincewind, warum in dem als Spitzhornberge bekannten Gebiet die Barbarei keine Zukunft mehr hat:

»*Überall* Zäune und Bauerhöfe, Zäune und Bauerhöfe. Wenn man heutzutage einen Drachen erschlägt, *beschweren* sich die Leute. Weißt du, was passiert ist? Weißt du's?«
»Nein. Was ist passiert?«
»Leute kamen zu mir und meinten, Trolle nähmen Anstoß an meinen Zähnen. Was soll man *davon* halten?«

Der jüdischen Tradition zufolge sind Cohens die wahren Kohanim, die Abkömmlinge Aarons in gerader Linie. Die moderne Forschung hat für die Genetik der Cohens ein paar interessante Entdeckungen über die sehr stolze (barbarische) Frage der Cohen'schen Abstammung zu Tage gefördert. Professor Vivian Moses (ja, wirklich …) und eine Gruppe von Wissenschaftlern in Israel haben beschlossen zu überprüfen, ob die Tradition eine faktische Grundlage besitzt. Ebenso, wie die Mitochondrien-DNS-Sequenz die weibliche Vererbung zeigen, kann das nur bei Männern vorkommende Y-Chromosom benutzt werden, um die männliche Vererbung zu verfolgen.

Es hat eine interessante Teilung des jüdischen Volkes

gegeben, und daraus lässt sich eine wissenschaftliche Probe für die Geschichte von den Kohanim ableiten. Während der Diaspora blieben einige Juden in Nordafrika, doch eine große Bevölkerungsgruppe ging nach Spanien. Sie sind als Sepharden bekannt, und die Rothschilds, Montefiores und andere Bankiersfamilien sind allesamt sephardischer Herkunft. Eine andere, diffusere Gruppe ging nach Mitteleuropa, und sie sind als Aschkenasen bekannt. Moses und seine Kollegen untersuchten das Y-Chromosom repräsentativer sephardischer und aschkenasischer Cohens* und Nicht-Cohens (»Israeliten«). Sie fanden für die Kohanim spezifische DNS-Sequenzen bei etwa der Hälfte der von ihnen untersuchten Cohens, aber mit geringen und charakteristischen Unterschieden zwischen den drei Gruppen. Aus diesen Unterschieden kann man schlussfolgern, dass sich die sephardischen und die aschkenasischen Juden vor weniger als 2000 Jahren trennten und dass noch vor 2500 Jahren alle Cohens eine einzige Gruppe bildeten.

Das sieht nach einer hübschen Geschichte aus, wo die Indizien der DNS die erwartete geschichtliche Entwicklung bestätigen. Doch die Wissenschaft ist der beste Schutz gegen den Glauben an Dinge, die man glaubt, weil es einem so passt. Es gibt einen Faktor, den Moses und seine Kollegen nicht speziell berücksichtigt haben, und der muss wegerklärt werden, denn er lässt diese Zahlen viel zu gut erscheinen.

Die meisten Gruppen von Menschen geben vor, Monogamie zu betreiben, aber wie bei Schwänen und Gibbons und anderen Wesen, von denen wir glaubten, sie seien ein Leben lang treu, gibt es eine Menge ehebre-

---

* Diese Cohens heißen übrigens nicht alle exakt so, »Cohen« ist besonders im englischen Sprachraum verbreitet. Andere Namensformen sind beispielsweise »Cohn«, »Kogan« oder »Kahan«. – *Anm. d. Übers.*

cherischer Beziehungen und Kinder, »deren gesetzliche und biologische Vaterschaft differiert«. In der englischen Gesellschaft befindet sich ungefähr eins von sieben Kindern in dieser Lage, und das Verhältnis in den Slums von Liverpool unterscheidet sich kaum von dem im Börsenmakler-Gürtel von Maidenhead.*

Die in dieser Hinsicht zurückhaltendsten Menschen, die wir kennen, sind die Mitglieder der Amish-Sekte in Ost-Pennsylvania und anderen Teilen der Vereinigten Staaten; bei ihnen beträgt das Verhältnis nur eins von zwanzig. Um also mit dem Irrtum auf der sicheren Seite zu sein, wollen wir annehmen, dass alle Frau Cohens – vom heutigen Tage bis hundert Generationen zurück zu den Söhnen Aarons – ebenso wohlanständig wie die Amish waren. Dann müsste der Anteil der männlichen Cohens mit Aarons Y-Chromosom $0{,}96^{100}$ betragen, was erheblich weniger als ein Hundertstel ist. Wie also kann er so hoch sein, nämlich 1/2?

---

* Ja, wir wissen, dass Sie das nicht glauben, aber ... Die ersten verlässlichen Daten stehen in Elliott Phillips Analyse der Blutgruppen aus Familien in Hochhauswohnungen im Liverpool der später sechziger Jahre, veröffentlicht 1973. Dort waren 10 Prozent der »gesetzlichen Vaterschaften« biologisch unmöglich. Wenn man nun noch die Fälle berücksichtigt, wo der Milchmann dieselbe Blutgruppe wie der gesetzliche Vater hatte, waren etwa 13 bis 17 Prozent »diskrepante Vaterschaften«, wie die schamhafte Formulierung lautet. Hunderte von Geburten in Maidenhead, im Börsenmakler-Gürtel, erbrachten dasselbe Verhältnis. In Amerika betrugen die Zahlen für die achtziger Jahre etwa 10 Prozent, doch diese waren zu niedrig angesetzt, weil die oben erwähnte Korrektur nicht berücksichtigt wurde.
So ist das mit der Wissenschaft: Sie erzählt einem Sachen, die man nicht erwartet hat.
Es wird noch schlimmer. Oder vielleicht finden Sie, dass es besser wird. Jedenfalls erweist sich, dass viele Tiere, die bisher für ihre Treue berühmt waren, wie etwa Schwäne, einem Seitensprung nicht abgeneigt sind. Jenes weit verbreitete Tier, der Monogame, stirbt rasend schnell aus.

Es gibt eine mögliche Erklärung, die zu dem passt, was wir über die menschliche Sexualität wissen, oder zumindest zu dem, was John Symons, ein Experte für menschliche Sexualpraktiken, in seinen Büchern schreibt. Vielen Untersuchungen über das Sexualverhalten zufolge, die bis auf Alfred Kinsey in den fünfziger Jahren zurückreichen, brechen Frauen sowohl mit höher gestellten Männern als auch mit sozial tiefer stehenden die Ehe. Die beiden Situationen treten regelmäßig in unterschiedlichen sozialen Zusammenhängen auf, wobei Frauen Männern mit höherem Status »einen Gefallen tun« (man denke an Clinton), sich aber für »ein richtiges Abenteuer« in die Niederungen begeben. Wenn aus dem Seitensprung ein Kind hervorgeht, hat der Vater jedoch in den weitaus meisten Fällen einen höheren gesellschaftlichen Rang als der Ehemann oder Lebenspartner der Frau.

Das heißt, wenn Frau Cohen, die in einem Ghetto oder in einer sonstigen überwiegend jüdischen Umwelt lebt, nach Höherem strebt, dann kommen für sie nur andere Cohens in Frage. Also ist die Beständigkeit des Aaronschen Y-Chromosoms vielleicht eher sexuellem Snobismus als erstaunlicher Treue zu danken, und das ist eine viel wahrscheinlichere Geschichte.

DREIZEHN

Stasis quo

Wind schüttelte die Weiden. Und mitten auf der Lichtung sprach der Baum, mit sehr leiser Stimme. Die Ugs hatten gesehen, wie derselbe Baum dreimal vom Blitz getroffen wurde. Er war der höchste Punkt weit und breit, dank der Muschelhügel.

Das beeindruckte selbst Leute, die nur sehr widerstrebend neue Gedanken dachten. Sie glaubten, dass der Baum eine gewisse Bedeutung habe. Er war ein wichtiges Ding. Der Ort, an dem er stand, war ein wichtiger Ort; dort berührte der Himmel den Boden.

Die Sache gab nicht viel her. Es handelte sich um eine Story ohne Plot, und von einem Glauben in dem Sinne konnte kaum die Rede sein. Aber HEX musste sich mit dem Wenigen begnügen.

Die Zauberer dachten über die Zukunft nach. Oder über die Zukünfte.

»*Nichts* verändert sich?«, fragte der Dekan.

»Nein«, sagte Ponder zum vierten Mal. »Und ja, dies ist die gleiche *Zeit* wie jene, in der die Stadt existierte. Aber die Dinge sind anders.«

»Die Stadt war fast modern!«

»Ja, es gab aufgespießte Köpfe in ihr«, meinte Rincewind.

»Nun, sie war ein wenig rückständig, zugegeben«, sagte Ridcully. »Und das Bier schmeckte nicht. Aber sie hatte Potenzial.«

»Ich verstehe das nicht!«, entfuhr es dem Dekan. »Wir haben die Elfen *besiegt und vertrieben!*«

»Und jetzt gibt es zahllose Jahrtausende hiervon«, erwiderte Ponder. »Das sagt jedenfalls HEX. Bis der große Felsen vom Himmel fällt, haben diese Leute nicht einmal gelernt, Feuer zu machen. Rincewind hat Recht. Sie sind nicht in dem Sinne dumm, aber sie ... entwickeln sich nicht *weiter*. Erinnert ihr euch an die Krabbenzivilisation?«

»Die Krabben führten Krieg und nahmen Gefangene und hatten Sklaven!«, wandte der Dozent für neue Runen ein.

»Ja, Fortschritt«, sagte Ponder.

»Aufgespießte Köpfe«, warf Rincewind ein.

»Hör endlich auf damit!«, entgegnete Ponder scharf. »Es waren nur zwei.«

»Vielleicht haben wir etwas anderes getan, das die Geschichte verändert hat«, überlegte der Professor für unbestimmte Studien. »Vielleicht sind wir auf das falsche Insekt getreten oder so ... War nur ein Gedanke«, fügte er hinzu, als ihn die anderen anstarrten.

»Wir haben die Elfen verscheucht, das war alles«, sagte Ridcully. »Elfen verursachen genau das, was wir hier gesehen haben. Aberglauben und ...«

»Die Ugs sind nicht abergläubisch«, meinte Rincewind. »Als ich das Streichholz entzündete ... Das gefiel ihnen ganz und gar nicht.«

»Sie haben auch nicht damit begonnen, dich anzubeten. Ihnen gefallen nur keine Dinge, die zu schnell geschehen. Ich habe es euch ja *gesagt*: Sie malen keine Bilder, beschmieren sich nicht mit Farbe, *konstruieren* nichts ... Ich habe Ug nach dem Mond und den Sternen gefragt, und soweit ich das feststellen kann, denken sie nicht darüber nach. Für sie sind es nur Dinge am Himmel.«

»Oh, ich bitte dich«, sagte Ridcully. »*Jeder* erzählt Geschichten über den Mond.«

»Die Ugs nicht«, erwiderte Rincewind. »Sie haben überhaupt keine Geschichten.«

Stille herrschte, als die Zauberer darüber nachdachten.

»Meine Güte«, sagte Ponder.

»Kein Narrativium«, murmelte der Dekan. »Erinnert ihr euch? Es fehlt in diesem Universum. Wir haben keine Spur davon gefunden. Nichts weiß, was es sein soll.«

»Aber es *muss* hier doch etwas Vergleichbares geben, oder?«, brummte Ridcully. »Immerhin sieht dieser Ort einigermaßen normal aus. Aus Samen wachsen Bäume und Gras, wie's scheint. Und die Wolken wissen, dass sie am Himmel bleiben müssen.«

»Herr, du erinnerst dich bestimmt daran, dass in diesem Universum andere Dinge die Funktion von Narrativium ausüben«, erwiderte Ponder in einem Tonfall, der *Ich weiß, dass du es vergessen hast* besagte.

»Warum sitzen diese Leute dann nur herum?«

»Weil sie nichts anderes zu tun haben!«, sagte Rincewind. »Offenbar existiert hier kaum etwas, das ihnen schaden kann. Es gibt genug zu essen. Die Sonne scheint … Alles ist leicht! Die Ugs sind wie … Löwen. Löwen brauchen keine Geschichten. Man esse, wenn man hungrig ist, und man schlafe, wenn man müde wird. Mehr brauchen sie nicht zu wissen. Was benötigen sie sonst?«

»Aber im Winter wird's doch bestimmt kalt, oder?«

»Na und? Im Frühling wird's wärmer! Es ist wie mit dem Mond und den Sternen. Dinge geschehen!«

»Und so sind sie seit hunderttausenden von Jahren«, sagte Ponder.

Neuerliche Stille folgte diesen Worten.

»Erinnert ihr euch an die dummen großen Echsen?«, fragte der Dekan. »Lebten hundert Millionen Jahre, wenn ich mich recht entsinne. Ich schätze, sie waren recht erfolgreich, auf ihre eigene Art und Weise.«

»Erfolgreich?«, wiederholte Ridcully.

»Ich meine, sie hielten ziemlich lange durch.«

»Ach? Und haben sie eine einzige Universität gebaut?«
»Äh, nein ...«
»Haben sie ein einziges Bild gemalt? Die Schrift erfunden? Oder auch nur einfachen Unterricht erteilt?«
»Nicht dass ich wüsste ...«
»Und ein weiterer großer Felsen, der vom Himmel stürzte, brachte sie alle um«, sagte Ridcully. »Sie wussten überhaupt nicht, wie ihnen geschah. Es ist keine Leistung, Jahrmillionen zu überdauern. Das bringen selbst Steine fertig.«

Unter den Zauberern herrschte eine gedrückte Stimmung.

»Und Dees Volk kam gut zurecht«, sagte Ridcully. »Obwohl das Bier natürlich schrecklich war.«

»Vielleicht ...«, begann Rincewind.

»Ja?«, hakte der Erzkanzler nach.

»Nun, wie wär's, wenn wir zurückkehrten und uns am Kampf gegen die Elfen hinderten? Dann hätten wir wenigstens wieder Leute, die interessanter sind als Kühe.«

»Wäre das möglich?«, wandte sich Ridcully an Ponder.

»Ich denke schon«, meinte Ponder Stibbons. »Wenn wir uns daran hindern, die Elfen anzugreifen, wird sich nichts verändern. Dann ist dies alles nicht geschehen. Glaube ich. Äh, ich meine, einerseits ist es natürlich geschehen, weil wir uns daran erinnern, aber andererseits ist es *nicht* geschehen.«

»Na schön«, sagte Ridcully. Zauberer bringen Zeitparadoxa nicht viel Geduld entgegen.

»*Können* wir uns an dem Angriff auf die Elfen hindern?«, fragte der Dekan. »Ich meine, wie sollen wir das anstellen?«

»Wir erklären uns einfach die Situation«, meinte Ridcully. »Wir sind doch vernünftige Männer.«

»Ha!«, sagte Ponder und sah auf. »Oh, entschuldige

bitte, Erzkanzler. Ich muss an etwas anderes gedacht haben. Bitte fahr fort.«

»Ähem«, ließ sich der Dozent für neue Runen vernehmen. »Wenn ein Kampf gegen Elfen unmittelbar bevorstünde, und wenn dann jemand zu mir käme, der so aussähe wie ich ... Ich würde es für einen Trick der Elfen halten. Ihr wisst ja, dass sie einen dazu bringen können, sie in einer anderen Gestalt zu sehen.«

»Wenn ich mich sähe, wäre mir sofort klar, dass ich es bin!«, behauptete der Dekan.

»Es ist ganz einfach«, sagte Rincewind. »Glaubt mir. Erzählt euch etwas, das niemand sonst wissen kann.«

Sorge zeigte sich im Gesicht des Dekans.

»Wäre das klug?«, fragte er. Wie viele Leute haben Zauberer Geheimnisse, die sie sich nicht verraten wollen.

Ridcully stand auf. »Wir wissen, dass es klappt«, sagte er. »Weil es bereits geschehen ist. Denkt mal darüber nach. Wir müssen letztendlich erfolgreich sein, denn wir wissen, dass eine Spezies den Planeten rechtzeitig verlässt.«

»Ja«, erwiderte Ponder langsam. »Und nein.«

»Was soll das denn heißen?«, fragte Ridcully.

»Nun, wir kennen zweifellos eine Zukunft, in der so etwas geschieht«, sagte Ponder und drehte seinen Stift nervös hin und her. »Aber es gibt noch andere Zukünfte. Die multiplexe Natur des Universums, die es ihm erlaubt, die Auswirkungen offensichtlicher Paradoxa aufzufangen und zu absorbieren, bedeutet auch, dass keine Gewissheit existiert, nicht einmal dann, wenn man etwas weiß.« Er mied Ridcullys Blick. »Wir sind in einer bestimmten Zukunft gewesen, die derzeit nur in unseren Erinnerungen existiert. Sie war real, aber jetzt könnte sie nie existieren. Rincewind hat mir von einem Dramatiker erzählt, der etwa zu Dees Zeit geboren wurde, aber nicht in diesem Zweig des Universums. Wir wissen, dass es ihn *irgendwo* gibt, denn der B-Raum enthält alle möglichen Bücher in allen möglichen Historien. Versteht ihr, was ich meine? Nichts ist gewiss.«

Nach einer Weile bekundete der Professor für unbestimmte Studien: »Wisst ihr, mir sind die allgemein gültigen Gesetze lieber, nach denen der dritte Sohn des Königs immer die Prinzessin bekommt. *Sie* ergeben einen Sinn.«

»Wenn wir in die Vergangenheit zurückkehren und mit uns reden, wieso erinnern wir uns nicht daran?«, fragte der Dozent für neue Runen.

Ponder seufzte. »Zwar ist es bereits geschehen, aber noch nicht mit *uns*.«

»Ich, äh, habe etwas in der Art versucht«, sagte Rincewind. »Während ihr jetzt gerade eure Muschelsuppe gegessen habt, bin ich mit HEX' Hilfe in die Vergangenheit gereist und habe mich aufgefordert, die Luft anzuhalten, bevor wir in den Fluss fielen. Es hat funktioniert.«

»Du hast die Luft angehalten?«

»Ja. Weil ich mich selbst gewarnt habe.«

»Nun ... Hat es irgendwann mal eine Zeit gegeben, in der du nicht die Luft angehalten und Flusswasser geschluckt hast, was dich dazu veranlasst hat, in die Vergangenheit zurückzukehren und dich zu warnen?«

»Ich denke schon. Aber jetzt gibt es eine solche Zeit nicht mehr.«

»Oh, ich *verstehe*«, sagte der Dozent für neue Runen. »Meine Güte, zum Glück sind wir Zauberer. Andernfalls könnte diese Sache mit den Zeitreisen wirklich verwirrend sein ...«

»Zumindest wissen wir, dass HEX noch immer einen Kontakt mit uns herstellen kann«, meinte Ponder. »Ich bitte ihn, uns zurückzubringen.«

Der Bibliothekar beobachtete, wie sie verschwanden.
Und dann verschwand auch alles andere.

VIERZEHN

Pu und die Propheten

Die Ugs haben keine echten Geschichten und daher kein Gefühl für ihren Platz in der Zeit. Sie haben kein Konzept von der Zukunft und daher auch nicht den Wunsch, sie zu verändern.
Wir wissen, dass es andere Zukünfte gibt ...
Wie Ponder Stibbons bemerkt, leben wir in einem multiplexen Universum. Wir betrachten die Vergangenheit und sehen Zeiten und Orte, wo es hätte anders kommen können, und wir fragen uns, ob wir in eine andere Gegenwart hätten geraten können. Analog dazu betrachten wir die Gegenwart und stellen uns viele unterschiedliche Zukünfte vor. Und wir fragen uns, welche davon eintreffen wird und was wir tun können, um die Entscheidung zu beeinflussen.
Kann sein, dass wir uns irren. Vielleicht ist die fatalistische Sichtweise, »es steht geschrieben«, die richtige. Vielleicht sind wir alle Automaten, die die deterministische Zukunft in einem Uhrwerk-Universum herbeiführen. Oder vielleicht haben die Quantenphilosophen Recht und alle möglichen Zukünfte (und Vergangenheiten) koexistieren. Oder vielleicht ist alles, was existiert, nur ein Punkt in einem multiplexen Phasenraum von Universen, eine einzelne Karte, die vom Kartenstapel des Schicksals gezogen wird.
Wie haben wir diese Empfindung von uns selbst als in der Zeit existierenden Wesen erworben? Die sich an ihre Vergangenheit erinnern und versuchen, mit ihrer Hilfe (meistens erfolglos) die Zukunft zu bestimmen?
Das alles reicht weit, weit zurück.

Beobachten Sie einen Proto-Menschen, der ein Zebra beobachtet, welches eine Löwin beobachtet. Die drei Säugetiergehirne tun sehr verschiedene Dinge. Das Pflanzenfresser-Hirn hat die Löwin gesehen, ist sich seines ganzen Umkreises von 360 Grad bewusst (wie wir vermuten – beobachten Sie ein paar Pferde auf einem Feld) und hat ein paar Dinge registriert, wie das Grasbüschel da drüben, die Stute dort, die gerade rössig sein könnte, den Hengst, der ihr die richtigen Signale gibt, die drei Büsche, hinter denen sich eine Überraschung verbergen könnte … Wenn sich die Löwin bewegt, bekommt sie plötzlich oberste, aber nicht totale Priorität, denn es gibt noch andere Erwägungen. Hinter jenen Büschen könnte durchaus eine zweite Löwin lauern, und ich sollte lieber zu diesem hübschen Gras hinübergehen, ehe es Nigella tut … Wenn ich so das Gras betrachte, muss ich an den Geschmack von diesem langen Gras denken … DIE LÖWIN BEWEGT SICH.

Die Löwin denkt: Das ist ein hübscher Zebrahengst, den lass ich in Ruhe, er ist zu stark (Erinnerung an eine frühere Augenverletzung vom Tritt eines Zebras), aber wenn ich ihn zum Laufen bringen kann, kann Dora dort hinter den Büschen wahrscheinlich die junge Stute da drüben anspringen, die den Hengst da hinten anzuziehen versucht, und dann kann ich zusammen mit Dora hinter ihr herlaufen …

Das ist wahrscheinlich ein ebenso dürftiger Plan wie der im Hirn des Zebras, doch es wird dabei ein Stückchen Zukunft vorhergesehen, und Erinnerungen werden in die gegenwärtige Planung mit einbezogen. *Wenn ich jetzt aufstehe …*

Der Mensch betrachtet die Löwin und das Zebra. Selbst wenn es ein *Homo erectus* war, wetten wir, dass er Geschichten im Kopf hatte. Die Löwin wird hervorspringen, das Zebra wird aufschrecken, die andere Löwin wird sich auf … ah, die junge Stute stürzen.

Dann kann ich da hinauslaufen und vor den jungen Hengst kommen; ich sehe, wie ich auf ihn zu renne und ihn mit diesem Stein schlage. Der *Homo sapiens* kann durchaus von Anfang an besser gewesen sein; sein Gehirn war größer und wahrscheinlich besser. Er kann von Anfang an Raum für mehrere alternative, überdachte »Oder«-Szenarios gehabt haben, dazu wahrscheinlich das »Und«-Szenario: »... und ich werde ein großer Jäger sein und interessante Frauen kennen lernen.« »Wenn« kam wahrscheinlich später hinzu, vielleicht mit den Höhlenzeichnungen, doch indem sie Vorhersagen trafen, ließen unsere Vorfahren ihre tierischen Feinde und ihre Beute weit hinter sich.

Es hat mehrere Erklärungsversuche gegeben, warum unsere Gehirne plötzlich auf fast die doppelte Größe anwuchsen, von der Notwendigkeit, sich die Gesichter aus unserer sozialen Gruppe zu merken, während wir über sie klatschten, über die Notwendigkeit, mit anderen Jägergruppen zu konkurrieren, bis hin zur wettbewerbsorientierten Natur der Sprache und ihrem strukturierenden Einfluss auf das Gehirn, sodass Lügen dem Lügner Vorteile brachte – doch dann wurde der Belogene besser im Erkennen von Lügen. Derlei Eskalationen haben alle etwas Anziehendes. Sie ergeben gute Geschichten, solche, die man sich leicht vorstellen kann, indem man den Hintergrund ergänzt, wie man es tut, wenn man Sentenzen hört oder sich an Bildern erfreut. Deswegen sind sie natürlich noch nicht automatisch wahr, wie ja auch unsere Neigung zu der vermuteten Strandphase in unserer Entwicklung den »aquatischen Affen« nicht wahr macht. Die Geschichten dienen als Platzhalter für alles, was wirklich den Druck bewirkte: Die Meta-Erklärung dafür, dass unsere Gehirne richtig in Schwung kamen, besagt, dass alle oben genannten Wege und viele andere mehr einen Wettbewerbsvorteil brachten.

Vielleicht ist der menschliche Beobachter jener Szene aus freier Wildbahn Kameramann für eine Naturserie im Fernsehen. Vor nur rund fünfzehn Jahren wäre es eine Arriflex 16-mm-Kamera gewesen (oder, wenn er sie selbst bezahlen musste, vielleicht nur eine Bolex H16) mit sehr teuren 260 Metern Film darin; im Rucksack hätte er vielleicht noch ein paar Filmrollen gehabt (260 Meter ergeben ungefähr 40 Minuten Aufnahmen: wenn man sehr gut ist und großes Glück hat, sind davon fünf Minuten zu gebrauchen). *Jetzt* hat er eine Videokamera, die damals als ein Wunder gegolten hätte, die ein Stück Magnetband immer wieder verwenden kann, bis es von Anfang bis Ende voll Fünf-Minuten-Sequenzen ist. Alles, was er sich wünschte, hat er also jetzt in dem Apparat in seiner Hand: Er hält die Bildschärfe, korrigiert leichte Schwankungen, funktioniert noch bei (für jene von uns, die mit Fotofilm aufgewachsen sind) *unglaublich* schwachem Licht und kann über ein viel größeres Spektrum von Entfernungen aufnehmen als je zuvor.

Im Grunde ist es Magie.

Und im Kopf hat er ein Dutzend alternative Szenarien für die Löwinnen und Zebras, zu denen er umschalten wird, sobald die Tiere handeln, um ihre möglichen Zukünfte einzuschränken. Eigentlich denkt er an ganz andere Dinge und lässt den erfahrenen Profi-Teil seines Gehirns die Arbeit machen, während er Tagträumen nachhängt (»Ich werde dafür einen Preis bekommen und interessante Frauen kennen lernen«). Es ist wie Autofahren auf einer ruhigen Autobahn, ein Großteil des Denkens ist dabei ausgeblendet.

Unsere Vorfahren haben an dieser Fähigkeit, alternative Szenarios zu bedenken, lange gefeilt. Und bei jedem dieser Szenarios war die Fähigkeit, aus dem Geschehen eine Geschichte zu machen, eine sehr bedeutungsvolle Methode, sich daran zu erinnern und es mitzuteilen. Und es vor allem als Gleichnis zu nutzen, um unsere künftigen Taten oder die unserer Kinder zu lenken. Menschen brauchen sehr lange, um das Gehirn auf Touren zu bringen, mindestens doppelt so lange, wie unsere Brüder und Schwestern, die Schimpansen. Darum verhalten sich dreijährige Schimpansen fast wie erwachsene und bringen die geistigen Tricks von sechs- oder siebenjährigen Kindern zu Stande.

Doch die jungen Schimpansen hören keine Geschichten. Unsere Kinder hören welche, seit sie überhaupt Wörter verstehen, und mit drei Jahren konstruieren sie aus dem, was rings um sie geschieht, ihre eigenen Geschichten. Wir sind alle beeindruckt von ihrem sprachlichen Geschick und davon, wie sie sich Syntax und Semantik aneignen; wir sollten aber auch zur Kenntnis nehmen, wie gut sie es vermögen, aus Ereignissen Erzählungen zu machen. Etwa vom Alter von fünf Jahren an bringen sie ihre Eltern dazu, Dinge für sie zu tun, indem sie diese Dinge in den Kontext einer Erzählung stellen. Und die meisten ihrer Spiele mit Gleichaltrigen haben einen Kontext, in dem Geschichten durchgespielt werden. Der Kontext, den sie erschaffen, gleicht dem aus den Tiergeschichten und Märchen, die wir ihnen erzählen. Die Eltern unterweisen das Kind nicht, wie man das tut, ebenso wenig brauchen die Kinder die »richtigen« Verhaltensweisen beim Geschichtenerzählen von ihren Eltern abzuschauen. Dies ist eine komplizite Entwicklung der Evolution.* Es wirkt ganz natürlich – immerhin sind wir *Pan narrans* –, dass wir Kindern Geschichten erzählen und dass Kinder und Eltern Freude daran haben. Wir erfahren sehr früh in unserer Ent-

---

* »Komplizit« (nicht »kompliziert«!) bezeichnet miteinander verknüpfte, sich gegenseitig beeinflussende Entwicklungen. Mehr dazu findet sich in Kapitel 40 des ersten Bands der *Gelehrten der Scheibenwelt* und weiter unten im vorliegenden Kapitel. – *Anm. d. Übers.*

wicklung vom »Narrativium«, und wir gebrauchen und fördern es unser ganzes Leben lang.

Die menschliche Entwicklung ist ein komplexes, rekursives Verhalten. Dabei werden nicht einfach DNS-»Blaupausen« gelesen und weitere Bauteile hergestellt (im Gegensatz zur neuen Laien-Biologie der Gene). Um zu zeigen, wie wahrlich bemerkenswert unsere Entwicklung ist, obwohl sie so einfach und natürlich wirkt, wollen wir einige Fälle früheren Eltern-Kind-Verhaltens betrachten.

Beachten Sie einen Unterschied, der sich im wissenschaftlichen Denken immer stärker durchsetzt, nämlich den zwischen »kompliziert« und »komplex«. »Kompliziert« bedeutet, dass ein ganzes Ensemble von einfachen Dingen zusammenarbeitet, um eine Wirkung zu erzielen, etwa eine Uhr oder ein Automobil: jedes Einzelteil – Bremsen, Motor, Karosserie, Lenkung – trägt zur Funktion des Autos bei, indem es seine eigene Sache ordentlich macht. Es gibt freilich Wechselwirkungen. Wenn der Motor schnell läuft, hat er eine Kreiselwirkung, die ein anderes Verhalten der Lenkung bewirkt, und das Getriebe hat Einfluss darauf, wie schnell der Motor bei einer bestimmten Fahrtgeschwindigkeit läuft. Wenn man die menschliche Entwicklung als eine Art Montage eines Autos betrachtet, wobei die jeweils nächsten genetischen Blaupausen jedes neue Bauteil »definieren«, welche wir hinzufügen, so heißt das, uns nur als kompliziert zu betrachten.

Ein Wagen, der gefahren wird, ist jedoch ein *komplexes* System: Jede seiner Aktionen trägt dazu bei, künftige Aktionen festzulegen, und hängt von vorangehenden Aktionen ab. Er ändert während der Fahrt die für ihn geltenden Regeln. Das tut auch ein Garten. Während die Pflanzen wachsen, entziehen sie dem Boden Nährstoffe und beeinflussen so, was später dort wachsen kann. Doch sie verrotten auch und fügen Nährstoffe hinzu, bieten Lebensräume für Insekten, Larven, Igel ... Ein reifer Garten hat eine Dynamik, die sich sehr von der einer neuen Parzelle auf einem Wohngrundstück unterscheidet.

In ähnlicher Weise ändern wir im Lauf unserer Entwicklung unsere eigenen Regeln.

Es gibt immer mehrere äußerlich verschiedene, sich nicht überschneidende Beschreibungen für jedes komplexe System, und eine Art, ein komplexes System zu behandeln, ist es, diese Beschreibungen zu sammeln und für verschiedene Arten, sein Verhalten zu beeinflussen, dann die passenden auszuwählen.* Ein erfreulich einfaches Beispiel sieht man auf vielen französischen und Schweizer Bahnhöfen und Flughäfen: ein Schild mit der Aufschrift

> LOST PROPERTY
> OBJETS TROUVÉS

Der englische Text bedeutet »verlorenes Eigentum«, der französische »Fundsachen«. Wir glauben aber nicht, dass es hier darum geht, dass die Engländer etwas verlieren und die Franzosen es finden. Es sind zwei Beschreibungen derselben Situation.

Betrachten wir nun ein Baby im Kinderwagen, das seine Rassel auf den Bürgersteig wirft, damit Mutti oder wer sonst mit ihm unterwegs ist, ja sogar fremde Passanten es ihm wiedergeben. Wir glauben wahrscheinlich, dass das Kind noch nicht gut genug koordi-

---

* Bis wir wirklich schnelle Computer bekamen und ein wenig darüber lernten, wie man die Komplexität von Ökosystemen oder Unternehmen oder Bakteriengesellschaften modelliert, praktizierten die meisten von uns den reduktionistischen Trick, die Teile herauszusuchen, die wir verstehen zu können glaubten, und diese zu modellieren. Dann hofften wir, wir könnten diese separaten Teile zusammensetzen, um das Ganze zu verstehen. Wir haben uns fast immer geirrt.

niert ist, um seine Rassel in Reichweite zu behalten: Wir denken »Verlorenes Eigentum«. Dann sehen wir, wie Mutti dem Kind die Rassel zurückgibt und mit einem Lächeln belohnt wird, und wir denken: »Nein, es ist raffinierter: Da bringt ein Baby seiner Mutter bei, Dinge heranzuschaffen, ganz so, wie wir Erwachsenen es Hunden beibringen.« Jetzt denken wir: »Fundsachen.« Das Babylächeln ist selbst Teil eines komplexen, reziproken Systems von Belohnungen, das die Evolution vor langer Zeit eingerichtet hat. Wir sehen, wie Babys das Lächeln Erwachsener »nachahmen« – doch nein, es kann keine Nachahmung sein, denn auch blinde Babys lächeln. Die Nachahmung wäre sowieso ungeheuer schwierig: Von einem Eindruck irgendwo auf der Netzhaut muss das unentwickelte Gehirn ein Gesicht mit einem Lächeln »aussortieren«, dann mit seinen eigenen Muskeln trainieren, um diese Wirkung zu erzeugen, und all das ohne Spiegel. Nein, es ist ein vorgeformter Reflex. Babys reagieren reflektorisch auf Sprechen in zärtlichem Tonfall und auf die vorgeformte Erkennung eines Lächelns; eine nach oben gebogene Linie auf einem Stück Papier bewirkt dasselbe. Das »Lächeln«-Symbol belohnt den Erwachsenen, der sich dann heftig bemüht, dafür zu sorgen, dass das Baby weiterlächelt. Die komplexen Wechselwirkungen setzen sich fort und verändern beide Seiten immer stärker.

Leichter können sie in ungewöhnlichen Situationen analysiert werden, etwa bei sehenden Kindern mit Eltern, die Zeichensprache verwenden, die vielleicht taub oder stumm sind, gelegentlich aber auch im Zuge eines psychologischen Experiments. Zum Beispiel untersuchte 2001 eine Gruppe kanadischer Forscher unter der Leitung von Laura Ann Pettito drei Kinder im Alter von ungefähr sechs Monaten, die alle perfekt hörten, aber taube Eltern hatten. Die Eltern »redeten« zu den Babys in Zeichensprache, und die Babys begannen ihrerseits in Zeichensprache zu »lallen« – das heißt, zufällige Handbewegungen zu machen. Die Eltern benutzten eine ungewöhnliche und sehr rhythmische Form der Zeichensprache, ganz unähnlich dem, was sie gegenüber Erwachsenen gebrauchten. Ebenso sprechen Erwachsene mit Babys in einem rhythmischen Singsang, und im Alter zwischen etwa sechs Monaten und einem Jahr nimmt das Lallen der Babys die spezifischen Spracheigenschaften der Eltern an. Die Babys stellen ihre Sinnesorgane um und stimmen sie ab, in diesem Fall die Ohrschnecke, um die Sprache möglichst gut zu hören.

Manche Wissenschaftler glauben, das Lallen sei nur ein zufälliges Öffnen und Schließen des Mundes, doch andere sind überzeugt, dass es ein wesentliches Stadium beim Erlernen der Sprache ist. Die Verwendung spezieller Rhythmen durch die Eltern und das spontane »Lallen« mit Handbewegungen, wenn die Eltern taub sind, deutet darauf hin, dass die zweite Theorie der Wahrheit näher kommt. Petitto vermutet, der Gebrauch von Rhythmus sei ein uralter Evolutionstrick, der die natürliche Sensitivität des kleinen Kindes nutzt.

Wenn das Kind größer wird, geschieht es, dass seine komplexe Wechselwirkung mit den Menschen in seiner Umgebung völlig unerwartete Ergebnisse zeitigt – was wir »emergentes« Verhalten nennen, will sagen, es ist nicht offen im Verhalten der Komponenten vorhanden. Wenn zwei oder mehr Systeme derart wechselwirken, nennen wir den Prozess eine *Komplizität*. Die Wechselwirkung eines Schauspielers mit einem Publikum kann eine völlig neue und unerwartete Beziehung herstellen. Die evolutionäre Wechselwirkung von Blut saugenden Insekten mit Wirbeltieren hat Protozoen den Weg geebnet, die als Blutparasiten Krankheiten wie Malaria und die Schlafkrankheit hervorrufen. Das System Fahrer-und-Wagen verhält sich anders als beide einzeln (und

Fahrer-und-Wagen-und-Alkohol sind noch weniger berechenbar). In ähnlicher Weise ist die menschliche Entwicklung eine fortschreitende Wechselwirkung zwischen der Intelligenz des Kindes und der Extelligenz der Kultur: eine Komplizität. Diese Komplizität schreitet vom einfachen Erlernen des Wortschatzes zur Syntax kleiner Sätze und zur Semantik fort, mit der die Bedürfnisse und Wünsche des Kindes und die Erwartungen der Eltern erfüllt werden. Der Beginn des Geschichtenerzählens wird dann zu einer frühen Tür zu Welten, von denen unsere Verwandten, die Schimpansen, nichts wissen.

Die Geschichten, auf die alle menschlichen Kulturen zurückgreifen, um die Erwartungen und das Verhalten des heranwachsenden Kindes zu formen, benutzen symbolhafte Figuren: immer gewisse Tiere, dann Statusgestalten der Kultur (Prinzessinnen, Zauberer, Riesen, Nixen). Diese Geschichten stecken uns allen im Kopf, tragen zu unserem Handeln bei, zu unseren Gedankenspielen, unserem Denken, unserer Vorhersage, was als Nächstes geschehen wird, als Höhlenmensch oder Kameramann. Wir lernen zu erwarten, dass die Geschichte auf die eine oder andere besondere Art ausgeht, die häufig in rituellen Wendungen ausgedrückt wird (»Und sie lebten glücklich bis an ihr Ende« oder »Und so endete alles mit Tränen«).* Die Geschichten, die in England im Lauf der Jahrhunderte im Gebrauch gewesen sind, haben sich komplizit mit der sich wan-

---

* Wie G. K. Chesterton dargelegt hat, spielen Märchen keineswegs in einer Welt, »wo schlechthin alles passieren kann«, wie es moderne Gegner der Fantasy glauben. Sie entstammen einer Welt voller Regeln (»weiche nicht vom Wege ab«, »öffne nicht die blaue Tür«, »du musst vor Mitternacht zu Hause sein«, und so weiter). In einer Welt, wo schlechthin *alles* passieren kann, sind überhaupt keine Geschichten möglich.

delnden Kultur verändert – sie haben Veränderungen der Kultur bewirkt und auf diese Veränderungen reagiert wie ein Fluss, der seinen Lauf in einer Schwemmlandebene ändert, die er selbst geschaffen hat. Die Gebrüder Grimm und Hans Christian Andersen waren nur die Letzten in einer langen Reihe, nachdem Charles Perrault um 1690 die Geschichten von Mutter Gans gesammelt hatte; auch davor gab es viele Sammlungen, insbesondere einige interessante italienische Zusammenstellungen und Nacherzählungen für Erwachsene.

Der große Vorteil, den wir alle von dieser Programmierung haben, ist völlig klar. Sie trainiert uns, im Geiste »Was-wäre-wenn«-Experimente zu machen, indem wir auf die Regeln zurückgreifen, die wir aus diesen Geschichten aufgeschnappt haben, wie wir die Syntax aufgeschnappt haben, als wir unsere Eltern reden hörten. Diese Zukunftsgeschichten erlauben es uns, uns in eine erweiterte imaginäre Gegenwart zu versetzen, wie unser Blickfeld ein erweitertes Bild ist, das sich in alle Richtungen viel mehr erstreckt als der winzige zentrale Teil, dem unsere Aufmerksamkeit gilt. Diese Fähigkeiten ermöglichen es einem jeden von uns, uns im Nexus von Raum und Zeit zu sehen; unser Hier und Jetzt bildet nur den Ausgangspunkt, von dem aus wir uns zu anderen Zeiten an anderen Orten erblicken. Diese Fähigkeit ist »Zeit-Bindung« genannt und als wundersam betrachtet worden, doch wir meinen, dass sie (vorerst) die Kulmination eines durchweg natürlichen Fortschritts ist, der von der Interpretation und Ausweitung des Sehens und Hörens ausgeht und von »Sinnerfassen« im Allgemeinen. Die Extelligenz nutzt diese Begabung und schärft und verbessert sie für jeden von uns, sodass wir auf Metaphern zurückgreifen können, um den Lauf unserer Gedanken zu lenken. Pu der Bär, der stecken bleibt und nicht mit Anstand hinausgehen kann, weil er zu viel Honig gegessen hat, ist exakt die

Art Gleichnis, das wir in uns tragen, damit es als Metapher tagein, tagaus unser Handeln lenkt. Dasselbe gilt für biblische Geschichten mit all ihren Lehren fürs Leben.

Heilige Bücher wie die Bibel und der Koran bringen diese unsere Fähigkeit einen Riesenschritt voran. Die biblischen Propheten tun *en gros*, was *en detail* für unser eigenes Leben und das unserer Nächsten und Liebsten zu tun ein jeder von uns programmiert ist. Die Propheten sagten vorher, was mit jedem im Stamm geschehen würde, wenn sie in ihrem Verhalten fortführen, und änderten damit dieses Verhalten. Das war ein Schritt auf dem Weg zu den modernen Propheten, die das Ende der Welt in naher Zukunft voraussagen. Sie scheinen das Gefühl zu haben, dass sie einen Trend, eine Beschränkung des Universums erfasst haben, die wir anderen nicht begreifen und deren Eigenschaften das Universum auf einen unerwünschten oder verhängnisvollen Weg führen. Allerdings meinen sie für gewöhnlich nicht »das Universum«, sondern »meine Welt und die angrenzenden«. Bisher haben sie nicht Recht behalten. Doch hätten sie es, wären wir nicht da und könnten diese Worte nicht schreiben; es handelt sich also wieder um einen Fall des Anthropischen Prinzips, aber keinen besonders wichtigen, denn sie haben sich wirklich ziemlich oft geirrt. Sie sagen vorher, was passieren wird, *wenn das so weitergeht*, doch in zunehmendem Maße scheint *das* nicht sehr lange *so weiterzugehen*, weil an seine Stelle unerwartet ein neues *das* tritt.

Wir alle glauben, dass wir durch Übung bessere Propheten werden können. Wir alle glauben eine schlaue Methode zu haben, den »nicht eingeschlagenen Weg« in unsere Erfahrung einzubinden. Dann erfinden wir die Zeitreise, zumindest in unserer Phantasie. Wir möchten alle zum Beginn jenes Streits mit dem Chef zurückgehen und es diesmal richtig machen. Wir möchten die Kausalitätskette sprengen, die zu den langweiligen Randleuten führte. Wir möchten die schlechten Wirkungen der Elfen vermeiden, die guten aber behalten. Wir möchten uns aus verschiedenen Universen das Passende heraussuchen.

Doch trotz ihrer Betonung der Prophetie haben monotheistische Religionen ernste Schwierigkeiten mit multiplen Zukünften. Nachdem sie ihre Theologie hin zu einem einzigen Gott vereinfacht haben, neigen sie auch dazu, nur »einen richtigen Weg in den Himmel« für möglich zu halten. Die Priester sagen dem Volk, was es tun soll, und wenigstens solange die Religion frisch ist, geben die Priester gute Beispiele. So kommt ihr in den Himmel, sagen sie: kein Ehebruch, kein Mord, immer den Kirchenzehnt abliefern und die anderen Geistlichen nicht in puncto Nachsicht übertreffen. Dann wird das Tor zum Himmel immer enger, bis nur noch die Seligen und die Heiligen hindurchkommen, ohne einige Zeit in dem einen oder anderen Fegefeuer zugebracht zu haben.

Andere Religionen, insbesondere extreme Formen des Islam, versprechen den Himmel als Belohnung für einen Märtyrertod. Diese Ideen hängen eher mit barbarischen Ansichten von der Zukunft zusammen als mit der Stammestradition: Das Paradies wird wie das Walhalla der nordischen Helden voll von Belohnungen für den Helden sein, von ständig neuen Frauen bis zu reichlich Essen und Trinken und Spiel. Doch sie hängen auch – anders als in den reineren barbarischen Legendendes Nordens – mit dem Glauben an das Schicksal zusammen, an den Willen eines Gottes, der durch nichts zu vermeiden oder abzulehnen ist. Das ist die andere Methode der Obrigkeit, Gehorsam zu erzwingen: Das Versprechen einer endgültigen Belohnung ist eine sehr verlockende Geschichte.

Barbaren, für die Ehre, Ruhm, Macht und Liebe, Würde, Kühnheit bedeutsame Konzepte sind, erhalten Pluspunkte, wenn sie Autorität ablehnen und die Ereignisse nach ihren eigenen Wünschen formen. Unter ihren Göttern und Helden sind die boshaften, unberechenbaren wie Lemminkänen und Puck.

Barbarische Kindergeschichten wie auch ihre Sagas preisen den Helden. Sie zeigen, wie Glück mit einer bestimmten Haltung verknüpft ist, insbesondere mit einem reinen Herzen, das keine unmittelbare oder letztendliche Belohnung anstrebt. Es gibt immer wieder eine Prüfung dieser Reinheit, von der Hilfe für den armen blinden Krüppel, der sich als verkleideter Gott erweist, bis zur Heilung oder Fütterung eines verzweifelten Tieres, das einem später zu Hilfe kommt.

Die Akteure in vielen dieser Geschichten sind übernatürliche – außerhalb der Ordnung der Dinge stehende, magische und ursachenlose – »Leute« wie Elfen und Feen (einschließlich der Elfenkönigin und der Feen-Patinnen), Verkörperungen von Göttern, Dämonen und Dschinns. Menschen, insbesondere Helden oder solche, die es werden wollen (wie Siegfried, aber auch Aladdin) gewinnen mit Hilfe von magischen Ringen, mit Namen versehenen Schwertern, Zaubersprüchen oder einfach kraft ihres inneren Adels Macht über diese übernatürlichen Wesen. Das ändert ihr Schicksal, und das Glück tritt ihnen zur Seite; sie gewinnen gegen alle Wahrscheinlichkeit Schlachten und Beute, erklettern hohe Berge, töten unsterbliche Drachen und Ungeheuer. Keinem Denker der Stammesgesellschaft würden derlei Geschichten auch nur im Traum einfallen. Aus ihrer Sicht begünstigt das Schicksal die gut Vorbereiteten.

Die Erfindungsgabe des Menschen ist grenzenlos, und wir haben Geschichten, die auch die heroischsten Geschichten kontern: die Sidh, die sieben Fuß großen Elfen in *Lords und Ladies* und in der alten irischen Folklore, der Teufel, der deine Seele kauft und dem du verfallen bist, selbst wenn du bereust, der Großwesir, die Gegenspieler von James Bond.

Interessant für unsere Erörterung von Geschichten hier ist der Charakter jener Antihelden. Sie haben keinen. Elfen sind das Hohe Volk, doch sie haben kein eigenes Leben, sie werden einfach als die Antithese zu dem dargestellt, was Menschen, insbesondere Helden, tun möchten. Die menschlichen Aspekte von James Bonds symbolhaften Feinden sind uns gleichgültig: Sie werden immer als geistlos grausam dargestellt oder als machtgierig und verantwortungslos, ohne aber Hindernisse überwinden zu müssen. Sie sind Chiffren, sie haben keine kreative Persönlichkeit, und sie lernen nicht. Wenn sie es täten, hätte einer von ihnen James Bond schon vor Jahren mit einer gewöhnlichen Pistole erschossen, nachdem er erfahren hätte, was denen passiert, die sich auf Laserstrahlen und Kreissägen verlassen. Sie würden ihm auch zuerst die Armbanduhr wegnehmen.

Rincewind würde die Elfen als »Randfeen« charakterisieren. Sie erzählen sich keine Geschichten, oder genauer gesagt, immer wieder dieselbe alte Geschichte.

Es ist nur natürlich, sich vorzustellen, dass Geschichten auf Sprache beruhen, aber die Kausalität wirkt eher anders herum. In seinem Buch *Mind and the Universe* widmet Gregory Bateson mehrere Kapitel den Menschensprachen und der Art, wie wir sie zum Denken benutzen. Doch sein Ansatz für diesen Gegenstand ist ein schöner Fehler. Er beginnt, indem er eine »äußere« Sicht der Sprache betrachtet, eine Art chemische Analogie. Wörter, sagt er, sind offensichtlich die Atome der Sprache, Sätze die Moleküle, kombinierte Atome. Verben sind reaktive Atome, sie verbinden Substantive, und so weiter. Er erörtert Absätze, Kapitel, Bücher …

und die Literatur, von der er sehr überzeugend behauptet, sie sei der höchste Triumph der menschlichen Sprache.

Bateson zeigt uns ein Szenario, wo ein Publikum einen Mord auf der Bühne beobachtet, und niemand läuft zum Telefon, um die Polizei anzurufen. Und dann wechselt er den Modus und spricht seine Leser direkt an. Er erzählt ihnen, wie er das Gefühl hatte, bei der Einführung zur Sprache wirklich gute Arbeit geleistet zu haben, also belohnte er sich mit einem Besuch im Washingtoner Zoo. Fast gleich im ersten Käfig hinter dem Tor befanden sich zwei Affen, die spielerisch miteinander kämpften, und während er ihnen zusah, stülpte sich in seinem Kopf das ganze schöne Gedankengebäude um, das er niedergeschrieben hatte. Die Affen besaßen keine Verben, keine Substantive, keine Absätze. Doch die Literatur verstanden sie bestens.

Was sagt uns das? Nicht einfach nur, dass wir die Szene mit dem Chef im Geiste umschreiben können. Nicht einmal, dass wir hingehen und mit ihm bereden können, was geschehen ist. Die wichtigste Implikation ist, dass der Unterschied zwischen der Literatur, also der Fiktion, und den Tatsachen an der Basis der Literatur liegt, nicht an ihrer obersten Spitze. Verben und Substantive sind überaus exklusive Abstraktionen, nicht das ursprüngliche Rohmaterial. Wir erwerben Geschichten nicht durch die Sprache: Wir eignen uns Sprache durch Geschichten an.

FÜNFZEHN

Hosenbein der Zeit

In der Hitze der Nacht bewegte sich Magie auf leisen Sohlen.

Die untergehende Sonne färbte einen Horizont rot. Diese Welt umkreiste einen zentralen Stern. Die Elfen wussten das nicht, und wenn sie es gewusst hätten, wäre es ihnen gleich gewesen. Solche Details spielten für sie nie eine Rolle. Das Universum hatte Leben an vielen seltsamen Orten entstehen lassen, aber auch das kümmerte die Elfen nicht.

Auf dieser Welt war vielfältiges Leben entstanden. Bisher hatte ihm indes immer etwas gefehlt, das die Elfen für Potenzial hielten. Doch diesmal gab es Hoffnung.

Natürlich gab es auch Eisen. Elfen hassten Eisen. Aber diesmal lohnte sich ein Risiko. Diesmal …

Einer von ihnen gab ein Zeichen. Die Beute befand sich in der Nähe. Und dann sahen sie sie, in den Bäumen am Rand einer Lichtung zusammengedrängt, dunkle Punkte vor dem Rot des Sonnenuntergangs.

Die Elfen bereiteten sich vor. Und dann begannen sie zu singen, in einer so hohen Tonlage, dass das Gehirn den Gesang ohne die Ohren hörte.

»Grmmmmpf!«, sagte Erzkanzler Ridcully, als ein schwerer Körper auf seinem Rücken landete, ihm den Mund zuhielt und ihn zurück ins hohe, taufeuchte Gras zwang.

»Hör gut zu«, zischte eine Stimme an seinem Ohr. »Als du klein warst, hattest du ein einohriges Plüschkaninchen namens Herr Schlappi! An deinem sechsten Geburtstag schlug dir dein Bruder mit einem Modellschiff auf den Kopf! Und an deinem zwölften … Sagen dir die Worte ›Lustiger Lutscher‹ etwas?«

»Mmpf!«

»Na schön. Ich bin du. Dies ist eins von den Zeitdingen, über die Ponder Stibbons immer wieder redet. Ich nehme jetzt die Hand weg, und dann kriechen wir beide still fort, ohne dass uns die Elfen sehen. Verstanden?«

»Mmp.«

»Bravo.«

Woanders im Gebüsch flüsterte sich der Dekan selbst ins Ohr: »Unter einer geheimen Diele in deinem Arbeitszimmer …«

Ponder teilte sich leise mit: »Du bist sicher ebenfalls der Meinung, dass dies eigentlich nicht geschehen sollte …«

Der einzige Zauberer, der keine besondere Vorsicht walten ließ, war Rincewind. Er klopfte sich einfach nur auf die Schulter und zeigte nicht die geringste Verwunderung darüber, dem eigenen Ich zu begegnen. In seinem Leben hatte er weitaus ungewöhnlichere Dinge gesehen als sich selbst.

»Oh, du«, sagte er.

»Ließ sich nicht vermeiden«, erwiderte er bedrückt.

»Warst du eben hier und hast mir gesagt, dass ich die Luft anhalten soll?«

»Äh … vielleicht. Aber ich glaube, ich habe mich selbst abgelöst.«

»Oh. Hat Ponder Stibbons wieder über Quanten gesprochen?«

»Du hast es erfasst.«

»Ein neuerliches Durcheinander?«

»Mehr oder weniger. Es hat sich herausgestellt, dass es eine schlechte Idee ist, die Elfen zu vertreiben.«

»Typisch. Überleben wir beide? Im Arbeitszimmer gibt es nicht viel Platz, bei all der Kohle …«

»Ponder Stibbons meint, dass wir uns vielleicht an alles erinnern – wegen residueller Quanteninfraktion –, aber wir bleiben gewissermaßen die gleiche Person.«

»Sind große Zähne oder scharfe Klingen an der Sache beteiligt?«

»Bisher nicht.«

»Dann könnte es schlimmer sein, alles in allem.«

Jeweils zu zweit versammelten sich die Zauberer so leise wie möglich. Nur Ridcully schien Gefallen an der eigenen Gesellschaft zu finden. Die anderen vermieden es, ihre Doppelgänger anzusehen. Es kann recht peinlich sein, neben einer Person zu stehen, die alles über einen weiß, auch wenn man diese Person *ist.*

In unmittelbarer Nähe, mit der Plötzlichkeit eines Blitzes, erschien ein matter Kreis im Gras.

»Unser Transportmittel ist da, meine Herren«, sagte Ponder.

Einer der beiden Dekane – sie wahrten einen sicheren Abstand – hob die Hand.

»Was passiert mit denen von uns, die zurückbleiben?«, fragte er.

»Es spielt keine Rolle«, erwiderte Ponder Stibbons. »Sie verschwinden im selben Augenblick wie wir. Diejenigen von uns, die im, äh, anderen Hosenbein der Zeit enden, haben die Erinnerungen von uns beiden. Das stimmt doch, oder?«

»Ja«, bestätigte Ponder Stibbons. »Eine ziemlich gute Zusammenfassung für den Laien. Nun, meine Herren, sind wir so weit? Jeweils einer in den Kreis, bitte.«

Nur die Rincewinds rührten sich nicht. Sie wussten, was geschehen würde.

»Deprimierend, nicht wahr?«, meinte einer von ihnen, als sie den Kampf beobachteten. Den beiden Dekanen gelang es, sich gleich beim ersten Angriff gegenseitig aus dem Kreis zu werfen.

»Insbesondere die Art und Weise, in der einer der beiden Stibbonse den anderen mit einem linken Haken erledigt hat«, sagte Rincewind. »Ein ungewöhnliches Talent bei einem so gebildeten Mann.«

»Man könnte wirklich das Vertrauen verlieren. Lassen wir die Münze entscheiden?«

»Warum nicht?«

Sie warfen eine Münze.

»Das wär's«, sagte der Sieger. »Schön, dich kennen gelernt zu haben.« Er ging vorsichtig an den Stöhnenden auf dem Boden und den letzten beiden noch kämpfenden Zauberern vorbei, setzte sich in die Mitte des matt glühenden Kreises und zog seinen Hut so weit wie möglich herunter.

Einen Moment später wurde er für einen Augenblick zu einem sechsdimensionalen Knoten, der sich auf dem Holzboden einer Bibliothek löste.

»Nun, das war nicht ganz schmerzlos«, murmelte er und sah sich um.

Der Bibliothekar saß auf einem Stuhl. Die Zauberer umgaben Rincewind, wirkten verwirrt und in einigen Fällen auch angeschlagen.

Dr. Dee beobachtete sie besorgt.

»Meine Güte, offenbar hat es nicht funktioniert«, sagte er und seufzte. »Auch bei mir klappt es nie. Ich weise die Bediensteten an, Essen zu bringen.«

Als er fort war, musterten sich die Zauberer gegenseitig.

»Sind wir fort gewesen?«, fragte der Dozent für neue Runen.

»Ja, aber wir sind zur selben Zeit zurückgekehrt«, sagte Ponder. Er rieb sich das Kinn.

»Ich erinnere mich an *alles*!«, entfuhr es dem Erzkanzler. »Erstaunlich! Ich bin zurückgeblieben *und* auch …«

»Am besten, wir reden nicht darüber, in Ordnung?« Der Dekan strich seinen Mantel glatt.

Eine dumpfe Stimme versuchte, sich Gehör zu verschaffen. Der Bibliothekar öffnete seine Hand.

»Achtung bitte, Achtung bitte«, sagte HEX.

Ponder nahm die Kristallkugel.

»Wir hören dich.«

»Elfen nähern sich diesem Haus.«

»Was, hier? Am helllichten Tag?«, fragte Ridcully. »In unserer verdammten Welt? Während wir *hier* sind? Unverschämtheit!«

Rincewind blickte aus dem Fenster zur Zufahrt.

»Bilde ich es mir nur ein, oder ist es kälter geworden?«, fragte der Dekan.

Eine Kutsche näherte sich, begleitet von zwei Lakaien, die neben ihr liefen. Sie war prächtig, nach den Maßstäben dieser Stadt. Federn schmückten die Pferde. Alles glänzte entweder schwarz oder silbern.

»Nein, du bildest es dir nicht ein«, sagte Rincewind und wich vom Fenster zurück.

Geräusche kamen von der Eingangstür. Die Zauberer hörten Dees Stimme, dann das Knarren der Treppenstufen.

»Brüder«, sagte Dee und öffnete die Tür. »Unten ist ein Besucher für euch.« Er lächelte besorgt. »Eine Dame ...«

Sechzehn

Freier Unwille

Was ist die größte Gefahrenquelle für jeden Organismus? Raubtiere? Naturkatastrophen? Mitorganismen derselben Art, welche die direktesten Konkurrenten auf *allen* Gebieten darstellen? Rivalisierende Geschwister, die sogar in derselben Familie, im selben Nest mit einem konkurrieren? Nein.

Die größte Gefahr ist die Zukunft.

Wenn Sie bisher überlebt haben, dann bieten Ihre Vergangenheit und Ihre Gegenwart keine Gefahren, zumindest keine neuen. Die Gelegenheit, zu der Sie sich das Bein brachen, das dann nicht mehr richtig geheilt ist, hat Sie zu einer leichteren Beute für Löwen gemacht, aber der Angriff steht, wenn er überhaupt jemals kommt, Ihnen in der Zukunft noch bevor. Sie können nichts tun, um die Vergangenheit zu verändern – wenn Sie kein Zauberer sind –, aber Sie können etwas tun, um Ihre Zukunft zu ändern. Eigentlich ändert alles, was Sie tun, Ihre Zukunft, und zwar in dem Sinn, dass der nebelhafte Raum künftiger Möglichkeiten sich zu der einen Zukunft zu kristallisieren beginnt, die tatsächlich eintritt. *Wenn* Sie jedoch ein Zauberer sind, imstande, die Vergangenheit zu besuchen und auch sie zu verändern, müssen Sie immer noch daran denken, wie sich aus einem Spektrum von Möglichkeiten eine einzige herauskristallisiert. Sie marschieren immer noch an Ihrer persönlichen Zeitlinie entlang vorwärts in Ihre persönliche Zukunft, nur dass diese Zeitlinie, aus der Sicht der konventionellen Geschichtsschreibung betrachtet, ziemlich im Zickzack verläuft.

Wir hängen einer Sicht von uns selbst als Wesen an, die in der Zeit existieren, nicht nur in einer sich ständig wandelnden Gegenwart. Deshalb sind wir von Zeitreisegeschichten fasziniert. Und von Zukunftsgeschichten. Wir haben kunstvolle Methoden entwickelt, um die Zukunft vorherzusagen, und sehen uns solchen tief sitzenden Konzepten wie Schicksal und Freier Wille ausgeliefert, die sich auf unseren Platz in der Zeit beziehen und auf unser Vermögen, die Zukunft zu verändern – oder auch nicht. Wir haben jedoch eine zwiespältige Haltung der Zukunft gegenüber. In vieler Hinsicht glauben wir, dass sie vorherbestimmt ist, für gewöhnlich durch Faktoren, auf die wir keinen Einfluss haben. Wie könnte sie sonst vorhergesagt werden? Die meisten wissenschaftlichen Theorien vom Universum sind deterministisch: Die Gesetze lassen nur eine mögliche Zukunft entstehen.

Gewiss, die Quantenmechanik bringt unvermeidliche Elemente des Zufalls mit sich, zumindest nach der orthodoxen Sicht von nahezu allen Physikern, doch die Quanten-Unbestimmtheit verwischt sich und »dekohäriert«, wenn wir von der Mikrowelt in die Makrowelt hinüberwechseln, sodass in menschlichen Größenordnungen wieder nahezu alles von Bedeutung aus physikalischer Sicht determiniert ist. Das heißt jedoch nicht, dass wir vorher wissen, was geschehen wird. Wir haben gesehen, wie sich aus zwei Eigenschaften der Funktionsweise von Naturgesetzen, nämlich Chaos und Komplexität, die Folge ergibt, dass deterministische Systeme nicht im praktischen Sinne vorhersagbar zu sein brauchen. Doch wenn wir über uns selbst nachdenken, sind wir ganz und gar gewiss, dass wir überhaupt nicht determiniert sind. Wir haben einen freien Willen, wir können wählen. Wir können wählen, wann wir aufstehen, was wir zum Frühstück essen wollen, ob wir das Radio einschalten und die Nachrichten hören oder nicht.

Wir sind nicht so sicher, ob Tiere einen freien Willen haben. Treffen Katzen und Hunde Entscheidungen? Oder reagieren sie nur auf ihnen innewohnende und unveränderliche »Triebe«? Was einfachere Organismen wie Amöben betrifft, können wir uns schwer vorstellen, dass sie zwischen alternativen Möglichkeiten wählen; wenn wir sie jedoch durchs Mikroskop betrachten, bekommen wir den starken Eindruck, dass sie wissen, was sie tun. Wir glauben gern, dieser Eindruck sei eine Illusion, ein dummes Stück Anthropomorphismus, der auf einen winzigen Klumpen Biochemikalien menschliche Eigenschaften überträgt; zweifellos reagiert die Amöbe deterministisch auf chemische Gradienten in ihrer Umwelt. Doch wegen der erwähnten Ausnahmen, Chaos und Komplexität, wirkt es nicht deterministisch. Im Gegenteil, wenn wir eine Wahl treffen, stehen wir unter dem überwältigenden Eindruck, wir hätten auch anders wählen können. Wenn das nicht möglich wäre, hätten wir wirklich keine Wahl.

Wir haben daher ein Modell von uns, in dem wir freie Akteure sind, die vor dem Hintergrund einer komplexen und chaotischen Welt immer wieder Entscheidungen treffen. Uns ist bewusst, dass jede Bedrohung für unsere Existenz – wie auch alles Wünschenswerte – aus dieser Zukunft erwächst und dass die freien Entscheidungen, die wir jetzt treffen, darauf Einfluss nehmen können und werden, wie die Zukunft wird. Wenn wir nur die Zukunft vorhersehen könnten, dann könnten wir die besten Entscheidungen ermitteln und die Zukunft so geschehen lassen, wie wir es möchten, und nicht so, wie die Löwen es möchten. Unsere Intelligenz verleiht uns die Fähigkeit, geistige Modelle der Zukunft zu konstruieren, meistens einfache Extrapolationen der Muster, die wir in der Vergangenheit festgestellt haben. Unsere Extelligenz sammelt diese Modelle und verschmilzt sie zu religiösen Prophezeiungen, wissenschaftlichen Gesetzen, Ideologien, sozialen Imperativen ... Wir sind zeitbindende Tiere, bei denen jede Tat nicht nur von Vergangenheit und Gegenwart eingeschränkt wird, sondern auch von unseren eigenen Erwartungen von der Zukunft. Wir wissen, dass wir die Zukunft nicht sehr präzise vorhersagen können, aber eine Vorhersage, die nur manchmal funktioniert, halten wir für besser als gar keine. Also erzählen wir uns selbst und einander Geschichten von der Zukunft und benutzen diese Geschichten, um unser Leben zu steuern.

Diese Geschichten bilden einen Teil der Extelligenz und stehen mit anderen Elementen von ihr, wie Wissenschaft und Religion, in Wechselwirkung, um eine starke emotionale Bindung an Glaubenssysteme oder an die Technik zu erzeugen, die uns helfen können, in einer unsicheren Zukunft unseren Weg zu finden. Oder die eben das zu können behaupten und die uns von der Gültigkeit ihrer Behauptung zu überzeugen vermögen, selbst wenn sie nicht zutrifft. In vielen Religionen wird Propheten enormer Respekt gezollt, Menschen, die so weise sind oder so im Einklang mit der Gottheit, dass sie wissen, was die Zukunft bringen wird. Die Priester erlangen Respekt, indem sie Sonnenfinsternisse und den Wechsel der Jahreszeiten vorhersagen. Wissenschaftler erlangen deutlich weniger Respekt, indem sie die Planetenbewegung und (weniger wirksam) das morgige Wetter vorhersagen. Wer immer die Zukunft lenkt, lenkt das Schicksal der Menschheit.

Schicksal. Das ist ein sonderbares Konzept bei einem Wesen, das freien Willen zu besitzen glaubt. Wenn man die Zukunft lenken kann, dann kann sie nicht feststehen. Wenn sie nicht feststeht, gibt es kein Schicksal. Es sei denn, dass die Zukunft vielleicht immer zu denselben Ereignissen zurückfindet, was immer man auch tut. Es gibt viele Geschichten zu diesem Thema, von denen die berühmteste »Die Verabredung in Samara« ist (parodiert in *Die Farben der Magie*), wo die Anstrengungen eines Mannes, dem Tod zu entgehen, ihn an eben den Ort führen, wo der Tod ihn erwartet.

Wir hängen widersprüchlichen Vorstellungen von der Zukunft an. Das überrascht nicht: Wir sind nicht die allerlogischsten Wesen. Wir neigen dazu, die Logik lokal zu gebrauchen, in engen Grenzen und wenn es uns passt. Wir sind sehr schlecht, wenn es darum geht, sie global anzuwenden, eine unserer geliebten Vorstellungen mit einer anderen zu konfrontieren und nach Widersprüchen zu suchen. Doch besonders widersprüchlich sind wir, wenn es um die Zukunft geht.

Paradoxerweise ist freier Wille das Letzte, was man haben möchte, wenn man der Stammesgesellschaft angehört. Man ist gefangen in der Matrix des »Alles, was nicht Pflicht ist, ist verboten«, und da ist einfach kein Platz für freien Willen. Einerseits ist ein solches Dasein sehr sicher; doch andererseits sind Strafen und Belohnungen ebenso fest vorgeschrieben wie alles, wenn Verfehlungen herauskommen. Die persönliche Verantwortlichkeit eines jeden besteht nur im Einhalten der Regeln.

Man kann sich immer noch Geschichten über die Zukunft erzählen, doch sie enthalten sehr wenig Spielraum. »Soll ich heute Abend zu dem rituellen Mahl gehen, und zwar vor dem Abendgebet, oder soll ich wie alle anderen am Gemeindegebet teilnehmen?« Sogar in einem Stammessystem wird eine Menge getrickst, weil wir Menschen sind. »Hm, also ... Wenn ich *frühzeitig* gehe, kann ich in Fatimas Zelt vorbeischauen, ohne dass meine Frauen davon erfahren ...«

Sogar in der Stammesgesellschaft sind viele Sünden möglich, und in der Realität erlauben die Gesellschaften, die überleben, ein wenig Flexibilität. Wenn du, sagen wir, am Heiligen Tag zu fasten vergessen hast und jemand dich essen sieht, und du glaubst wirklich, der Heilige Tag sei erst morgen, oder wenn ein Feind dir gesagt hat, dass er erst morgen sei, oder wenn ein Feind dich mithilfe eines Fluches glauben machte, er sei erst morgen – dann kannst du mit etwas geschicktem Argumentieren deine Bestrafung abwenden.

Die natürliche und anziehende Option ist immer, anderen die Schuld zu geben; es ist unerträglich zu wissen, dass man sich die Bestrafung selbst zugezogen hat. Wenn du keine Möglichkeit siehst, jemand anderem aus materiellen Gründen die Schuld zuzuschieben, dann hat er dich eben verflucht. Gib Fatima die Schuld, dass sie attraktiv und willig ist, beschuldige einen Feind, der dich belogen hat. »Glück« steht in einer Stammesgesellschaft als Konzept nicht zur Verfügung, denn Allah weiß alles, Jahwe ist allwissend: Die natürliche Reaktion ist es, alles zu akzeptieren, was sie einem bescheren.* Wenn dir zugedacht ist, in den Himmel zu kommen, dann soll es so sein; wenn es dein Schicksal ist, in ewige Feuer geworfen zu werden, dann ist das Gottes Wille, dem wir unterworfen sind. Das Beste, was man als Stammesmitglied auf Bauern-Niveau tun kann, ist herauszufinden, was einem bevorsteht, was im *Buch* geschrieben ist.

Vielleicht möchtest du eigentlich gar nicht wissen, was im Buch steht, doch äffische Neugier überwindet die Furcht, und man kann sowieso nicht ändern, was geschrieben steht, und es könnte ja ganz nett sein. Also gehst du zu der alten Dame im Walde, die aus

---

* Zugegeben, viele afrikanische Stämme denken nichts dergleichen: Vor dem ziemlich einfachen Lokalgott kann man Dinge verbergen. Aber dann macht er als Gott nicht viel her. Wahrscheinlich sind die Stammessitten im Lauf der Zeit verwässert worden.

Teeblättern lesen kann*, oder (heutzutage) zum Iridologen oder zu einem spiritistischen Medium. Alle diese vermeintlichen Wege, die Zukunft zu schauen, haben eine sehr viel sagende gemeinsame Eigenschaft. Sie interpretieren das Kleine und Gelegentliche zu etwas Großem und Bedeutsamem.

Ganz so, wie der römische General vor der Schlacht die Eingeweide eines Schafbocks auf dem Erdboden verstreut, damit das Kleine und Komplizierte die bevorstehende Schlacht widerspiegeln kann, die groß und kompliziert sein wird, sind Teeblätter und Handlinien klein und kompliziert, und deshalb »muss« in ihnen die komplizierte Zukunft eines Menschen verschlüsselt sein. Die Art Magie, die hier beschworen wird, ist eine unausgesprochene Homologie, an die wir in gewissem Grade alle glauben, weil wie sie fortwährend benutzen. Die Geschichten, die wir in unserem Geist konstruieren, sind klein und kompliziert und spiegeln tatsächlich die großen und komplizierten Dinge wider, die uns widerfahren. *The Concise Lexicon of the Occult* verzeichnet 93 Methoden der Weissagung, von Aeromantik (Weissagung aus der Form von Wolken) bis Xylomantik (Weissagung aus der Form von Zweigen). Bis auf vier verwenden sie alle das Kleine und Komplizierte, um das Große und Komplizierte vorherzusagen; zu ihren Materialien gehören Salz, Gerste, Wind, Wachs, Blei, Zwiebelsprossen (das heißt »Kromniomantik«), Gelächter, Blut, Fischeingeweide, Flammen, Perlen und die Geräusche, die Mäuse machen (»Myomantik«). Bei den anderen vier werden Geister beschworen, Dämonen gerufen, oder es wird mit Göttern gesprochen.

---

* Ein finsterer Aberglaube der Briten: Es weiß doch jedes Kind, dass man die Zukunft aus dem Kaffeesatz liest. – *Anm. d. Übers.*

Für viele einfältige Stammesmitglieder scheinen andere Menschen zuweilen Zugang zu kleinen Geschichten zu haben, denen sie Bedeutung für dein Leben geben können, wie »Dein Leben steht in deiner Hand geschrieben« oder »Die Toten reden mit mir, und sie wissen alles«. Also können Menschen mit dieser Neigung dich mit ein bisschen Flunkerei überzeugen, dass sie deine Zukunft kennen, und sie können überzeugende große Geschichten produzieren, die du als dein Schicksal deutest.

In unserer Haltung zum persönlichen freien Willen existiert ein tiefes Paradoxon. Wir möchten wissen, wie die Zukunft sein wird, um eine freie Entscheidung treffen zu können, die uns vor ihr schützt. Also stellen wir uns die Zukunft von allem außer uns als determiniert vor, weshalb die Zigeunerin oder das Medium oder der Tote wissen kann, was sein wird. In Bezug auf unsere eigene Zukunft stellen wir uns jedoch vor, dass freie Wahlmöglichkeiten zu ihr gehören. Unser freier Wille lässt uns entscheiden, dass wir die Zigeunerin konsultieren wollen, die uns dann überzeugt, dass wir keine Wahl haben: dass beispielsweise die Lebenslinie auf unserer Hand festlegt, wann wir sterben. Also verraten unsere Handlungen einen tief gegründeten Glauben, dass die Gesetze des Universums für alles außer uns gelten.

Das größte En-gros-Geschäft, das von unseren Überzeugungen und Verwirrungen in Bezug auf den freien Willen in einem mächtigen und oft grausamen Universum lebt, ist die Astrologie. Astrologen berufen sich auf das Alte Ägypten, auf Paracelsus und Dee, auf Uralte Weisheit aller Art einschließlich der indischen Veden und anderer östlicher Literatur. Betrachten wir die Anziehungskraft der Astrologie im Licht des Narrativiums.

Astrologen haben eine ungeheuer zahlreiche Anhängerschaft und bringen es fertig, sich sowohl der Stammes- als auch der barbarischen Geschichten zu bedienen. Sie verfügen über die gegen-wissenschaftliche Geschichte für die zivilisierte Kultur, die sowohl die stammesgesellschaftlichen als auch die barbarischen Aspekte unserer Dummheit anzuziehen vermag. Sie glauben wirklich, die Zukunft eines jeden von uns sei vom Zeitpunkt unserer Geburt vorbestimmt.* Sie bestimmen ihn auf die Sekunde genau.

Wichtig scheint für sie zu sein, vor welchem Sternenhintergrund (dem Tierkreis) wir die Planeten unseres Sonnensystems sehen. Wenn wir vom Leben in der Gebärmutter in die Hände der Hebamme, des Arztes, des Lebenspartners übergehen, wird unser Leben fortan von astralen Kräften bestimmt. Dieser seltsame Glaube wird von so vielen Menschen geteilt, die in der Tageszeitung zuerst die Seite mit dem Horoskop aufschlagen, dass wir eine Erklärung in unserem Rahmen der »Geschichten« sichern sollten. Wie lautet die Geschichte von unserer Zukunft, die der Beherrschung unseres Lebens durch die Positionen der Sterne innewohnt? Im Gegensatz, sagen wir, zu dem medizinischen Personal, das zum Zeitpunkt unserer Geburt wahrscheinlich einen stärkeren Gravitationseinfluss auf uns ausübte als der Planet Jupiter?**

---

* Wieso die *Geburt*, der reinste Zufall in unserer ganzen Entwicklung? Warum nicht die Befruchtung? Oder das Austreten aus der *zona pellucida*, der Eimembrane? Oder der erste Herzschlag? Oder der erste Traum (noch in der Gebärmutter)? Oder das erste Wort oder die erste fleischliche Erfahrung? Es gibt tatsächlich Aspekte unserer Zukunft, die zumindest vom Geburtsdatum bestimmt werden (wir können die jüngste oder das älteste Kind im Einschulungsjahrgang sein, und das kann einen großen Unterschied ausmachen), doch wir sprechen hier nicht von diesen menschengemachten Dingen.

** Die Anziehungskraft, die ein einziger Arzt in fünfzehn Zentimetern Entfernung ausübt, beträgt ungefähr das Doppelte der Anziehung des Jupiters auf dem erdnächsten Punkt seiner Bahn.

Nun, die Sterne sind offensichtlich sehr göttlich, mächtig. Sie kreisen da oben über uns. Zumindest taten sie das, als wir Schafhirten waren und die ganze Nacht draußen blieben, doch heute wissen die wenigsten zivilisierten Menschen, warum der Mond seine Gestalt verändert, geschweige denn, wo der Polarstern steht. Ja doch, *Sie* wissen es, und das überrascht uns nicht. Andere wissen es nicht und glauben nicht, dass sich etwas zu wissen lohnt, was sie nicht wissen.

Sie haben ein vages Gefühl für ein paar von den Sternbildern, vor allem den Großen Wagen (oder Großen Bären), doch sie wissen nicht, dass diese Sterne nicht nahe beieinander stehen, sondern nur von der Erde aus in dieser Anordnung erscheinen, und auch das nur, astronomisch gesprochen, für kurze Zeit. Den meisten Menschen sind astronomische Gedanken fern; warum also spielen die Sterne in unseren stärksten Geschichten solch eine große Rolle? Vielleicht, weil in unseren Märchen die Himmelssphäre einen Kontext liefert, einen primitiv animistischen, in dem Sonne und Mond Hauptrollen spielen? Das finden wir nicht überzeugend. Vielleicht liegt es daran, dass die Macht der Sterne in unsere Geschichten trat, als jeder den klaren Nachthimmel sehen konnte, und weil sie sich seither behauptet hat. Oder vielleicht ist es der Jargon der Tierkreisverkäufer mit dem Sprachgebrauch einer wahrsagenden Zigeunerin, um überaus nebelhaften Prophezeiungen den überzeugenden Anstrich von Gewissheit zu geben. Wir haben noch nie jemanden sagen hören, nachdem er das Horoskop in der Zeitung gelesen hatte: »Also heute liegen sie völlig schief, jetzt habe ich genug von der Astrologie!«

Es gibt noch andere, die dieselbe Karte ausspielen, von Pyramidologen über Verfechter der Paläoastronautik und Visionäre à la »Fliegende Untertassen werden uns retten« bis zu Rosenkreuzern. Reguläre UFO-Fans und Leute, die das Ungeheuer von Loch Ness fotografieren, sind viel ungefährlicher. Wir konzentrieren uns auf die Propheten: jene, die wie die Anhänger der Nostradamus-Prophezeiungen oder der Astrologie wohl glauben, dass all die kleinen Nebensächlichkeiten sich zu einem großen Muster der menschlichen Zukunft summieren und dass das Schicksal über uns alle gebietet.

Dies ist die stammesmäßige Interpretation des freien Willens: Er ist eine Illusion, denn Gott kennt bereits unsere Zukunft. Das Kismet (das Wort kommt übers Türkische vom arabischen »qisma«) regiert. Mehr noch – ein hübscher Dreh, der Macht über Menschen wie auch über ihr Geld verleiht –, ob Sie mit der nächsten Umdrehung des kosmischen Rades ein Käfer oder ein König werden, wird von der Bilanz bestimmt, die Sie in diesem Leben erreicht haben. Das entzieht sich in der Praxis ebenfalls Ihrer Kontrolle, doch Sie können in ein Innenleben entfliehen und es so weit wie möglich von den Wechselfällen lösen, die auf Ihr äußeres Ich einströmen, und solcherart bei Ihrer nächsten Inkarnation das Käferdasein vermeiden.

Diese scheinbare Fluchtmöglichkeit hängt wiederum von unserer Fähigkeit ab, Geschichten über unsere Zukunft zu konstruieren. Hier teilt sich unsere Zukunft, und die Seele schlägt eine bestimmte Richtung ein, von uns gelenkt und von fremder Gewalt befreit, während sich der Körper sichtlich unter Sklaverei, Hunger oder Folter krümmt. Hunderte von Millionen haben in dieser scheinbaren Gewalt über ihre Zukunft Trost gefunden, indem sie der Geschichte von ihrem geistigen Ich folgten und die Leiden ihres materiellen Ichs abtaten.

In der buddhistischen Literatur und Praxis scheint etwas, was dieser Transzendenz nahe kommt, erreichbar zu sein. Wenn Sie an das Schicksal oder an das verwandte Konzept des Karma glauben, dann kann Weisheit nur darin bestehen, Ereignisse vorherzusehen, unser geistiges Ich darin zu üben, zu akzeptieren, was geschieht, und das auch anderen beizubringen. Irgendeine Obrigkeit wird die Karte für Ihre materiellen Ereignisse liefern, doch Ihr Los kann nicht verändert werden, indem Sie dagegen ankämpfen. Ihre einzige Möglichkeit ist, ein diszipliniertes geistiges Leben zu führen – geführt von Geschichten über frühere Erfolge bei dieser Suche, insonderheit des Buddhas – und Hoffnung zu hegen, das Rad des Lebens vollends zu verlassen, als geistige Wesenheit zu existieren, die alle Bindungen an die materielle Welt gekappt hat.

Dieses Nirwana-Bild vom Himmel taugt nicht für jene, denen die materielle Fahrt zu gut gefällt, als dass sie aussteigen möchten. Und die paradoxe Natur der prophetischen Vorhersagen – aller prophetischen Vorhersagen – irritiert. Es ist völlig ausgeschlossen, eine deterministische Erde mit den heutigen Ansichten über das Wesen der Planeten in Übereinstimmung zu bringen, und die meisten ausgefeilteren Religionen von heute haben keinen Platz für einen immanenten Gott, der sich an jedem Leben und seinem Kontext zu schaffen macht, um es seinem Schicksal zuzuführen. Diejenigen, die Raum für Immanenz haben, bekommen echte Probleme mit der modernen Technik, welcher Wege des Universums zu Grunde liegen, die von der Wissenschaft modelliert werden, nicht von Dschinns oder von der Laune einer Gottheit oder mehrerer. Und obwohl wir uns mit Fredric Brown darüber wundern können, wenn der Dschinn, der das elektrische Licht und das Radio in Gang hält, in den Streik tritt und sich die Dampfkraft-Genien aus Solidarität anschließen, genießen wir diese animistische Phantasie als Treibstoff für Murphys Gesetz und für hübsche Animationen à la Disney. Wir halten nichts davon für eine wirkliche Kausalität.

Joseph Needham hat Licht in diese Art Verwirrung gebracht. In der Einführung zu seiner wahrlich gigantischen *History of Science in China* hat er den Grund dargelegt, warum China nie eine Wissenschaft in der Art des Westens hervorgebracht hat: China hat nie den Monotheismus angenommen. In polytheistischen Philosophien ergibt es nicht viel Sinn, nach *dem* Grund für etwas zu suchen, sagen wir, ein Gewitter: Man bekommt da am ehesten eine sehr spezifische Antwort, bei der es um mehrere Zwischenfälle im Liebesleben der Götter geht, und eine Erklärung für die Herkunft von Blitz und Donner, die ans Lächerliche grenzt.*

Monotheisten jedoch – womit wir etwas wie den Platzhalter Abraham meinen, auf den wir uns schon bezogen haben – gehen davon aus, dass Gott ein stimmiges Ensemble von Ideen im Sinn hatte, als er das Universum einrichtete. *Ein* Ensemble von Ideen. Wenn man erwartet, dass der einzige Gott stimmig vorgeht, dann lohnt sich die Frage, wie sich diese Kausalitäten zueinander verhalten, beispielsweise: »Schwarze Wolken und Regen hängen mit Gewittern zusammen, wenn ...« was auch immer der Fall ist. Der Monotheist kann das Wetter vorhersagen, wenn auch ziemlich schlecht. Der Polytheist aber braucht einen Theopsychologen und genaue Informationen darüber, was die Götter im Augenblick gerade vorhaben. Er muss wissen, ob ein Krach zwischen zwei Göttern zu einem Gewitter führen wird. Wissenschaftliche Kausalität ist also mit Gotteskausalität vereinbar, nicht aber mit Götterkausalität.

Monotheisten verfügen zudem über eine innewohnende Unduldsamkeit. Die Einstellung, dass es nur eine

---

* Zumindest auf der Scheibenwelt kann man *sehen*, wie die Götter sich ungebührlich benehmen.

Wahrheit gibt, eine Straße zu dem einen Gott, stellt jede monotheistische Religion in den Gegensatz zu allen anderen. Es gibt keinen Spielraum, keine Möglichkeit, die offensichtlichen Irrtümer von Leuten zu dulden, die an einen anderen Gott glauben. Also hat der Monotheismus die Grundlagen für die Inquisition gelegt wie auch für das unduldsame Christentum über die Jahrhunderte hinweg – von den Kreuzzügen bis zu Missionaren in Afrika und Polynesien. »Ich habe die Story, und es ist die einzige« ist charakteristisch für viele Kulte, die allesamt intolerant sind.

Die Glaubenslehren und -gemeinschaften entwickeln sich natürlich weiter. Aber sie tun das wegen der Schlappen, die sie von der Wissenschaft, von der materiellen Entwicklung und von besserer Bildung einstecken mussten. Sie entwickeln sich weiter, weil kluge Menschen in ihnen die Gemeinsamkeit der Menschheit erkennen. Wo es zu wenige kluge Menschen gibt, bekommt man Nordirland. Wenn man Glück hat.

Wenn die Zukunft nicht feststeht, sondern formbar ist, und wenn wir die Auswirkungen unseres gegenwärtigen Verhaltens vorhersagen können, wie schlecht auch immer, dann können Vorhersagen der Zukunft ihre Verwirklichung selbst verhindern. Und das kann sogar der Zweck solcher Vorhersagen sein.

Viele von den biblischen Propheten scheinen – wie heute viele Science-Fiction-Autoren – davor zu warnen, was passieren kann, wenn wir so weitermachen wie bisher. Sie haben also Erfolg, wenn sich ihre Prophezeiung als *falsch* erweist, weil die Menschen sie beherzigen und ihr Tun ändern. Wir können das verstehen; obwohl die Prophezeiung nicht eingetroffen ist, sehen wir alle, dass sie hätte eintreffen können: Sie hat uns ein besseres Bild von dem Phasenraum gegeben, in dem sich die Zukunft unserer Kultur befindet.

Wie ist es mit der Zigeunerin, die Ihnen prophezeit, dass ein großer dunkelhaariger Mann in Ihr Leben treten wird, und die Sie so empfänglich für all jene künftigen großen dunkelhaarigen Männer macht? (Falls Sie sich überhaupt für große dunkelhaarige Männer interessieren; das liegt ganz bei Ihnen.) Das könnte eine sich selbst erfüllende Prophezeiung sein, das Gegenteil der von den biblischen Propheten erzählten Geschichten. Es ist eine Geschichte, auf die der Adressat eingeht, weil er möchte, dass sie geschieht.

Es heißt, es gebe nur sieben grundlegende Fabeln für Geschichten; also ist unser Geist vielleicht viel weniger abwechslungsreich, als wir glauben, sodass der Zeitungsastrologe und die Wahrsagerin sich in einem viel kleineren Phasenraum der menschlichen Erfahrung bewegen, als wir annehmen. Das würde erklären, warum so viele Menschen glauben, dass die Vorhersagen tiefe Einsichten erkennen lassen.

Wenn aber *Astronomen* die Zukunft vorhersagen und dabei *Recht* haben, sind die Leute paradoxer Weise viel weniger beeindruckt. Wenn sie jedes Mal Sonnen- und Mondfinsternisse korrekt vorhersagen, scheint das weniger bedeutsam zu sein, als wenn die Astrologen manchmal vielen Leuten etwas Plausibles prophezeien. Erinnern Sie sich an Y2K, die Prophezeiung, dass mit dem Anbruch des Jahres 2000 Flugzeuge abstürzen würden und Ihr Toaster nicht mehr funktionieren würde? Diese Prophezeiung hat die Welt für etliche Milliarden Dollar Arbeit gekostet, um das Problem abzuwenden – und es ist nicht geschehen. Vergeudete Zeit also? Durchaus nicht. Es ist nicht geschehen, weil die Menschen Vorkehrungen getroffen haben. Wenn sie das nicht getan hätten, wären die Kosten viel höher gewesen. Es war eine biblische Prophezeiung: »Wenn das so weitergeht ...« Und siehe, die vielen beherzigten es.

Diese rekursive Abhängigkeit der Prophezeiung von

den Reaktionen der Menschen darauf – im Unterschied zu dem meisten, was wir sonst sagen – lässt sich auf unsere Fähigkeit im Umgang mit unseren eigenen erfundenen Zukünften zurückführen, auf die Geschichten, die wir uns erzählen. Sie bestätigen uns in unserer Identität. Wenn jemand – ein Astrologe oder, sagen wir, Nostradamus – mit dem Finger in jenen geistigen Ort sticht, an dem wir leben, und ein paar von seinen eigenen Geschichten einfügt, so ist es kein Wunder, dass wir ihm glauben möchten. Seine Geschichten sind aufregender als unsere. Auf dem Weg die Treppe hinab, um eine U-Bahn zur Arbeit zu erwischen, hätten wir nicht gedacht: »Ob ich heute wohl eine großen dunkelhaarigen Mann treffen werde?« Doch nachdem es uns erst einmal eingegeben worden ist, lächeln wir alle dunkelhaarigen Männer an, und sogar ein paar, die gar nicht groß sind. So wird unser Leben verändert (vielleicht sogar ziemlich nachhaltig, wenn Sie ein Mann sind, der da lächelt), und mit ihm die Geschichten, die wir uns für unsere Zukunft ausgemalt haben.

Diese Art, wie wir ziemlich vorhersehbar auf das reagieren, was uns die Welt präsentiert, lässt uns an unserem ansonsten unerschütterlichen Glauben zweifeln, dass *wir entscheiden, was wir tun*. Verfügen wir wirklich über einen freien Willen? Oder sind wir wie die Amöbe, die hierhin und dorthin treibt, vorangetrieben von der Dynamik eines Phasenraums, der von außen nicht wahrgenommen werden kann?

In *Figments of Reality* haben wir ein Kapitel eingefügt, das heißt: »Wir wollten ein Kapitel über den freien Willen, haben es uns dann aber anders überlegt, und hier ist es nun«. Darin untersuchten wir solche Fragen wie diejenige, ob es in einer Welt ohne wirklich freien Willen gerecht wäre, jemandem seine Taten vorzuwerfen. Wir kamen zu dem Schluss, dass es in einer Welt ohne wirklich freien Willen nichts zu entscheiden gibt: Wer beschuldigt wird, der wird sowieso beschuldigt, denn jede andere Möglichkeit ist ja ausgeschlossen.

Wir wollen bei diesen Fragen nicht ausführlicher verweilen, doch wir möchten die Hauptlinie der Argumentation zusammenfassen. Beginnen wir mit der Beobachtung, dass es keinen effektiven wissenschaftlichen Test für freien Willen gibt. Wir können das Universum nicht noch einmal seinen Gang gehen lassen, wobei alles *exakt* so ist wie zuvor, und sehen, ob beim zweiten Mal eine andere Entscheidung getroffen werden kann. Zudem scheint es in den Gesetzen der Physik keinen Raum für wirklich freien Willen zu geben. Die Quanten-Unbestimmtheit, die bei so vielen Philosophen und Wissenschaftlern als allumfassende Erklärung für das »Bewusstsein« herhalten muss, ist ein ganz und gar falsches Beispiel: stochastische Unbestimmtheit ist etwas anderes als die Wahl zwischen zwei klar abgegrenzten Möglichkeiten.

Es gibt viele Wege, wie die bekannten Gesetze der Physik eine *Illusion* des freien Willens erzeugen könnten, beispielsweise unter Rückgriff auf Chaos oder Emergenz, doch es ist ausgeschlossen, ein System einzurichten, das unterschiedliche Entscheidungen treffen könnte, obwohl jedes Teilchen im Universum einschließlich derer, die das System bilden, sich in beiden Fällen im selben Zustand befindet.

Hinzu kommt nun noch ein ziemlich interessanter Aspekt des menschlichen Sozialverhaltens: Obwohl wir das Gefühl haben, *selbst* freien Willen zu besitzen, handeln wir nicht so, als ob wir glaubten, irgendjemand anders hätte welchen. Wenn jemand etwas Untypisches tut, was »nicht nach ihm aussieht«, dann sagen wir nicht: »Oh, Fred übt seinen freien Willen aus. Er ist viel glücklicher, seit er diesen großen dunkelhaarigen Fremden angelächelt hat.« Wir sagen: »Was zum Teufel ist nur in Fred gefahren?« Nur, wenn wir einen Grund für sein Verhalten finden, eine Erklärung, die *nicht* die Ausübung des freien Willens einschließt (wie Trunkenheit oder »es wegen einer Wette tun«), sind wir zufrieden.

Das alles weist darauf hin, dass unser Geist nicht wirklich Entscheidungen trifft: Er fällt Urteile. Diese Urteile lassen nicht erkennen, was wir gewählt haben, sondern welche Art Geist wir besitzen. »Also damit hätte ich nie gerechnet«, sagen wir und glauben etwas gelernt zu haben, was wir im künftigen Umgang mit jener Person verwenden können.

Was also ist nun mit jener starken Empfindung, dass wir eine Wahl treffen? Das ist nicht, was wir tun, es ist das *Gefühl*, das *wir* dabei haben, wenn wir es tun, ebenso, wie das lebhafte graue Qualium* des visuellen Systems nicht da draußen an dem Elefanten vorhanden ist, sondern als zusätzliche Dekoration in unserem Kopf existiert. »Wählen« ist das Gefühl, das unser Geist von innen her hat, wenn er die Möglichkeiten einer Alternative beurteilt. Freier Wille ist überhaupt kein wirkliches Attribut von Menschen: Es ist nur das Qualium des Urteilens.

---

* Zur Erinnerung die Stelle über die »Qualia« aus Kapitel 38 der *Gelehrten der Scheibenwelt*: Der Geist funktioniert in einer Welt von »Qualia« – lebhaften Sinneseindrücken wie *rot, heiß, sexy*. Qualia sind keine Abstraktionen – sie sind »Gefühle«. – *Anm. d. Übers.*

SIEBZEHN

Informationsfreiheit

Die Leute glaubten, Elfen könnten jede beliebige Gestalt annehmen, aber genau genommen stimmt das nicht. Elfen sahen die ganze Zeit über gleich aus (ziemlich langweilig und grau, mit großen Augen, wie Riesengalagos ohne deren Charme), aber sie konnten Beobachtern mühelos ein ganz anderes Erscheinungsbild vorgaukeln.

Die Königin wirkte derzeit wie eine nach der Mode dieser Zeit gekleidete Dame und trug schwarze Spitze. Hier und dort glänzte ein Diamant. Selbst ein geübter Zauberer musste sich das eine Auge zuhalten und sehr konzentrieren, um die wahre Elfengestalt zu erkennen, wobei das Auge Besorgnis erregend tränte.

Die Zauberer standen auf, als die Elfenkönigin hereinkam. Schließlich gibt es so etwas wie Höflichkeit.

»Willkommen in meiner Welt«, sagte die Königin und setzte sich. Hinter ihr bezogen zwei Wächter rechts und links von der Tür Aufstellung.

»Unsere!«, knurrte der Dekan. »Dies ist *unsere* Welt!«

»Lasst uns auch weiterhin unterschiedlicher Meinung sein«, erwiderte die Königin fröhlich. »Ihr habt sie erschaffen, aber jetzt gehört sie uns.«

»Wir haben Eisen«, sagte Ridcully. »Übrigens, möchtest du Tee? Schreckliches Zeug, ohne echten Tee gekocht.«

»Vielleicht tut er euch gut. Nein, danke«, erwiderte die Königin. »Bitte nehmt zur Kenntnis, dass die Wächter Menschen sind. Das gilt auch für euren Gastgeber. Der Dekan wirkt zornig. Wollt ihr hier *kämpfen*? Ohne

Magie? Aber nicht doch. Eigentlich solltet ihr dankbar sein. Dies ist eine Welt ohne Narrativium. Die seltsamen Menschen waren Affen ohne Geschichten. Sie wussten nicht, wie die Welt beschaffen sein sollte. Wir gaben ihnen Geschichten und machten sie zu Leuten.«

»Ihr habt ihnen Götter und Ungeheuer gegeben«, sagte Ridcully. »Dinge, die Menschen nicht mehr vernünftig denken lassen. Aberglaube. Dämonen. Einhörner. Butzemänner.«

»Auf deiner Welt gibt es Butzemänner, nicht wahr?«, fragte die Königin.

»Ja. Aber draußen, wo wir sie sehen können. Es sind keine Geschichten. Wenn man sie *sehen* kann, haben sie keine Macht.«

»Wie Einhörner«, ließ sich der Dozent für neue Runen vernehmen. »Wenn man einem *begegnet*, so stellt man fest, dass es nur ein großes, schwitziges Pferd ist. Sieht hübsch aus, riecht nach Pferd.«

»Und es ist *magisch*«, sagte die Königin mit glänzenden Augen.

»Ja, aber das ist nur eine weitere Eigenschaft«, erwiderte Ridcully. »Groß, schwitzig und magisch. Es hat nichts *Geheimnisvolles*. Man lernt einfach nur die Regeln.«

»Aber bestimmt seid ihr zufrieden!«, sagte die Königin. Der Glanz in ihren Augen verriet: Sie wusste von der Unzufriedenheit der Zauberer und freute sich darüber. »Hier glauben alle, dass diese Welt so ist wie eure! Viele halten sie sogar für flach!«

»Ja, bei uns lägen sie mit einer solchen Meinung genau richtig«, entgegnete Ridcully. »Hier zeugen derartige Ansichten nur von Unwissenheit.«

»Ja, und ihr könnt nichts dagegen tun«, erwiderte die Elfenkönigin. »Dies ist *unsere* Welt, Herr Zauberer. Hier wimmelt es von Geschichten. Die Religionen sind … bemerkenswert! Und die Dinge, an die die Menschen glauben! Das Getreide steht gut und verspricht eine ausgezeichnete Ernte. Ist euch klar, dass hier mehr Leute an Magie glauben als auf eurer Welt?«

»*Wir* brauchen nicht daran zu glauben!«, schnappte Ridcully. »Sie *funktioniert!*«

»Hier glaubt man an die Magie, und sie funktioniert *nicht*«, sagte die Königin. »Und deshalb glauben die Leute noch fester an sie, während sie gleichzeitig aufhören, an sich selbst zu glauben. Ist das nicht erstaunlich?«

Sie stand auf. Die meisten Zauberer machten Anstalten, sich ebenfalls zu erheben, und ein oder zwei führten die Bewegung zu Ende. Die Zauberer waren durch und durch frauenfeindlich, was sie dazu veranlasste, Damen mit besonderer Höflichkeit zu begegnen.

»Hier seid ihr nur linkische Alte«, fuhr die Königin fort. »Aber *wir* verstehen diese Welt, und wir hatten Zeit, sie zu entwickeln. Sie gefällt uns. Ihr könnt sie uns nicht wegnehmen. Eure Menschen brauchen uns. Wir sind jetzt Teil ihrer Welt.«

»Teuerste, dieser Welt bleiben noch etwa tausend Jahre, bis alles Leben auf ihr ausgelöscht wird«, erwiderte Ridcully.

»Dann gibt es andere Welten«, meinte die Elfenkönigin.

»Mehr hast du dazu nicht zu sagen?«

»Was sollte ich sonst noch sagen? Welten nehmen ihren Anfang und enden. So funktioniert das Universum. Das ist der große Kreis der Existenz.«

»Der große Kreis der Existenz, Teuerste, kann meine Unterwäsche fressen!«, sagte Ridcully.

»Schöne Worte«, entgegnete die Königin. »Du versuchst, deine wahren Gedanken vor mir zu verbergen, aber ich sehe sie in deinem Gesicht. Du glaubst, noch immer gegen uns kämpfen und siegen zu können. Du vergisst dabei, dass es auf dieser Welt *kein* Narrativium gibt. Sie weiß nicht, wie Geschichten beschaffen sein sollten. *Hier* ist der dritte Sohn eines Königs wahrscheinlich nur ein nutzloser, schwächlicher Prinz. *Hier* gibt es keine Helden, nur mehr oder weniger Gemeinheit. Eine Alte, die im Wald Holz sammelt, ist nur eine Alte und nicht, wie in deiner Welt, mit ziemlicher Sicherheit eine Hexe. Oh, man *glaubt* an Hexen. Hier dient das Konzept von Hexen dazu, die Gesellschaft von lästigen alten Frauen zu befreien und das Feuer des Nachts weiterbrennen zu lassen, ohne dass es viel kostet. Hier, meine Herren, triumphiert das Gute nicht letzten Endes über das Böse, und die Folgen derartiger Auseinandersetzungen beschränken sich nicht auf einige blaue Flecken und eine ungefährliche Schulterverletzung. Hier unterliegt das Böse einer organisierteren Form des Bösen. Es ist meine Welt, nicht eure. Ich wünsche euch noch einen guten Tag.«

Und damit verschwand die Königin.

Die Zauberer setzten sich. Draußen holperte die Kutsche von dannen.

»Wohl gesprochen, für eine Elfin«, sagte der Dozent für neue Runen. »Gute Wortwahl.«

»Und das *ist* es?«, fragte Rincewind. »Wir können überhaupt nichts tun?«

»Hier haben wir keine Magie«, sagte Ponder.

»Aber wir *wissen* doch, dass alles ein gutes Ende nimmt, nicht wahr?«, fragte Ridcully. »Wir wissen, dass die Bewohner den Planeten verlassen, bevor es erneut kracht, oder? Wir haben es gesehen.«

Ponder seufzte.

»Ja, Herr. Aber vielleicht kommt es nicht dazu. Es ist wie mit den Leuten von den Muschelbergen.«

»Es *gab* sie gar nicht?«

»Nicht ... hier, Herr«, erwiderte Ponder.

»Ah. Und vermutlich willst du irgendwann darauf hinweisen, dass es an Quanten liegt, nicht wahr?«

»Das hatte ich eigentlich nicht vor, Herr, aber darauf läuft es hinaus.«

»Als wir sie verließen ... Daraufhin hörten sie auf zu existieren?«

»Nein, Herr. Wir hörten auf zu existieren.«

»Oh. Nun, wenigstens ging die Existenz für *irgendjemanden* zu Ende«, sagte Ridcully. »Irgendwelche Vorschläge, meine Herren?«

»Könnten wir noch einmal die Taverne besuchen?«, fragte der Dozent für neue Runen hoffnungsvoll.

»Nein«, sagte Ridcully. »Dies ist eine ernste Angelegenheit.«

»Ich habe es ernst gemeint.«

»Ich schätze, wir können nicht viel machen«, warf der Dekan ein. »Die hiesigen Menschen brauchten Elfen, die ihr Denken beeinflussten. Als wir es verhinderten, bestand das Ergebnis aus den Muschelberg-Leuten. Als wir *uns* daran hinderten, etwas gegen die Elfen zu unternehmen, bekamen wir Leute wie Dee, deren Kopf voller Unsinn steckt.«

»Ich kenne eine Person, die über solche Dinge Bescheid weiß«, sagte Ridcully nachdenklich. »Können wir in unsere Welt zurückkehren, Stibbons? Um eine Semaphor-Nachricht zu schicken?«

»Ja, Herr, aber wir brauchen gar nicht zurückzukehren«, erwiderte Ponder. Es gelang ihm nicht, die nächsten Worte zurückzuhalten. »HEX kann die Nachricht für uns abschicken.«

»Wie?«, fragte Ridcully.

»Ich ... äh ... habe ihn mit dem Semaphor verbunden, kurz nachdem du gegangen bist, Herr. Äh ... es war nur eine Frage von Rollen und Dingen. Auf dem Dach des Forschungstrakts für hochenergetische Magie habe ich einige Signalarme installiert und, äh, einen Wasserspeier damit beauftragt, Ausschau zu halten, wir brauchten dort ohnehin einen, weil die Tauben recht zahlreich geworden sind ... äh ...«

»HEX kann also Nachrichten senden und empfangen?«, fragte Ridcully.

»Ja, Herr. Die ganze Zeit über. Äh ...«

»Aber das kostet ein Vermögen! Kommt das Geld aus deinem Budget?«

»Äh, nein, Herr, eigentlich ist es recht billig, um nicht zu sagen, äh, gratis ...« Ponder holte tief Luft. Jetzt gab es kein Zurück mehr. »HEX hat den Code geknackt. Den Wasserspeiern auf dem großen Turm ist es gleich, woher die Signale kommen – sie sehen sie nur. Äh, HEX hat damit begonnen, unseren Nachrichten den Code der Assassinen- oder der Diebesgilde hinzuzufügen, und, äh, wahrscheinlich bemerken sie die zusätzlichen Beträge auf ihren Rechnungen überhaupt nicht, weil sie heutzutage dauernd Nachrichten verschicken ...«

»Wir ... *stehlen* also?«, fragte Ridcully.

»Nun, äh, in gewisser Weise, aber es lässt sich kaum feststellen, *was* wir stehlen. Letzten Monat hat HEX den Code der Turmgesellschaft entschlüsselt; seine Nachrichten werden jetzt als Teil der internen Mitteilungen versendet. Niemand bekommt eine Rechnung dafür.«

»Das sind sehr beunruhigende Neuigkeiten, Stibbons«, sagte Ridcully streng.

»Ja, Herr.« Ponder blickte auf seine Füße.

»Ich muss dir eine schwierige und Besorgnis erregende Frage stellen: Könnte jemand dahinter kommen?«

»O nein, Herr. Es ist unmöglich, die Nachrichten zurückzuverfolgen.«

»Unmöglich?«

»Ja, Herr. Jede Woche schickt HEX der Zentrale der Turmgesellschaft eine Mitteilung und korrigiert mit ihr die Anzahl aller verschickten Nachrichten, Herr. Wie dem auch sei: Inzwischen sind so viele Nachrichten unterwegs, dass vermutlich niemand mehr kontrolliert.«

»Ach? Na dann ist ja alles in Ordnung«, sagte Ridcully. »Eigentlich passiert es gar nicht, und außerdem kann uns niemand auf die Schliche kommen. Lassen sich alle unsere Nachrichten auf diese Weise versenden?«

»Rein theoretisch ja, Herr. Aber ich denke, es wäre ein Missbrauch der ...«

»Wir *sind* Akademiker, Stibbons«, sagte der Dekan. »Und Informationen sollten frei fließen können.«

»Genau«, bestätigte der Dozent für neue Runen. »Ein unbeschränkter Informationsfluss hat größte Bedeutung für eine fortschrittliche Gesellschaft. Immerhin ist dies das Zeitalter der Semaphore.«

»Natürlich fließen die Informationen *zu* uns«, sagte Ridcully.

»Oh, selbstverständlich«, pflichtete ihm der Dekan bei. »Wir wollen nicht, dass sie von uns *fort* fließen. Wir reden hier von Fluss, nicht von *Ausbreitung*.«

»Möchtest du eine Nachricht schicken?«, fragte Ponder, bevor sich die Zauberer ganz der Diskussion dieses Themas widmen konnten.

»Und wir müssen wirklich nicht dafür bezahlen?«, vergewisserte sich Ridcully.

Ponder seufzte. »Nein, Herr.«

»Hervorragend«, sagte der Erzkanzler. »Schick folgende Mitteilung zum Königreich Lancre. Dort gibt es nur einen Nachrichtenturm. Bist du mit deinem Notizbuch bereit? Die Mitteilung lautet: An Frau Esmeralda Wetterwachs. Wie geht es dir? Mir geht es gut. Ein interessantes Problem hat sich ergeben ...«

ACHTZEHN
Bit from It

Ein Semaphor ist ein einfaches und altehrwürdiges Beispiel für ein digitales Kommunikationssystem. Dabei werden Buchstaben des Alphabets in den Positionen von Flaggen, Lichtern oder dergleichen codiert. 1795 erfand George Murray eine Version, die dem zurzeit auf der Scheibenwelt benutzten System nahe kommt: eine Anordnung von sechs Klappen, die geöffnet oder geschlossen werden konnten und so 64 verschiedene »Codes« ergaben, mehr als genug für das gesamte Alphabet, die Ziffern 0 bis 9 und etliche »Sonderzeichen«. Das System wurde weiterentwickelt, verschwand aber von der vordersten Front der Technik, als der elektrische Telegraph aufkam. Der Semaphor (auch »die Nachrichten« genannt) auf der Scheibenwelt hat es *viel* weiter gebracht, mit mächtigen Türmen auf den Hauptlinien, die Reihe um Reihe von Klappen enthalten, im Dunkeln mit Lampen bestückt, und die in beide Richtungen Nachrichten über den Kontinent strömen lassen. Es ist eine ziemlich genaue »Evolution« der Technik: Wenn es uns nicht gelungen wäre, Dampf und Elektrizität zu zähmen, könnten wir heute durchaus etwas Ähnliches haben ...

Das System hat sogar genug Kapazität, um Bilder zu übermitteln – im Ernst. Man überträgt das Bild auf ein 64 × 64-Raster von kleinen Quadraten, die schwarz, weiß oder in vier Abstufungen grau sein können, und dann liest man das Raster von links nach rechts und von oben nach unten wie ein Buch. Es braucht dazu nur die Information, ein paar schlaue Angestellte, die ein paar Kompressionsalgorithmen ausarbeiten, und einen Mann mit einem flachen Kasten mit 4096 Holzwürfeln darin, deren Seiten, jawohl, schwarz, weiß und in vier Abstufungen grau sind. Sie werden eine Weile brauchen, bis sie die Bilder zurechtsortiert haben, aber Angestellte sind billig.

Digitale Botschaften sind das Rückgrat des Informationszeitalters – so nennen wir unsere Zeit in dem Glauben, wir wüssten viel mehr als alle anderen Menschen zu allen Zeiten. Die Scheibenwelt ist ähnlich stolz, sich im Semaphor-Zeitalter zu befinden, im Zeitalter der Nachrichten-Türme. Doch was genau ist Information?

Wenn man eine Nachricht sendet, wird für gewöhnlich erwartet, dass man dafür bezahlt – denn wenn man es nicht tut, wird, wer immer die Arbeit der Nachrichtenübertragung erledigt, etwas dagegen einwenden. Es ist diese Eigenschaft von Nachrichten, die Ridcully Kummer macht, denn er hängt der Idee an, dass Akademiker Freifahrt haben.

Die Kosten sind eine Art, Dinge zu messen, doch sie hängen von komplizierten Marktkräften ab. Was, zum Beispiel, wenn Ausverkauf ist? Das wissenschaftliche Konzept von »Information« ist ein Maß, wie viel Nachricht man sendet. Im Alltag scheint es ein ziemlich allgemeingültiges Prinzip zu sein, dass bei jedem gegebenen Medium lange Botschaften mehr als kurze kosten. Im Hinterkopf der Menschen sitzt also tief verankert der Glaube, dass Nachrichten quantifiziert werden können: Sie haben eine *Größe*. Die Größe der Nachricht sagt einem, »wie viel Information« sie enthält.

Ist »Information« dasselbe wie »Geschichte«? Nein. Eine Geschichte vermittelt Information, doch das ist wahrscheinlich das am wenigsten Interessante an Geschichten. Die meiste Information bildet keine Geschichte. Denken Sie an ein Telefonbuch: eine Menge Information, starke Besetzung, aber ziemlich schwache

Handlung. Was bei einer Geschichte zählt, ist ihre Bedeutung. Und das ist ein ganz anderes Konzept als Information.

Wir sind stolz, im Informationszeitalter zu leben. Da leben wir wirklich, und das ist das Problem. Wenn wir jemals ins Bedeutungszeitalter kommen sollten, werden wir endlich verstehen, was wir falsch gemacht haben.

Information ist kein Ding, sondern ein Konzept. Die menschliche Neigung, Konzepte zu reifizieren, hat jedoch viele Wissenschaftler dahin gebracht, Information als tatsächlich real zu behandeln. Und manche Physiker beginnen sich zu fragen, ob nicht vielleicht auch das Universum aus Information besteht.

Wie ist diese Sichtweise entstanden, und wie sinnvoll ist sie?

Die Menschheit hat die Fähigkeit, Information zu quantifizieren, 1948 erworben, als der zum Ingenieur gewordene Mathematiker Claude Shannon einen Weg fand zu definieren, wie viel Information in einer Nachricht – er zog den Begriff *Signal* vor – enthalten ist, die mithilfe eines Codes von einem Sender zu einem Empfänger übertragen wird. Mit einem Signal meinte Shannon Folgen von Binärzahlen (»binary digits« oder Bits, 0 und 1) von der Art, die in modernen Computern und Kommunikationsgeräten allgegenwärtig ist – und in Murrays Semaphor. Mit einem Code meinte er eine spezifische Prozedur, die ein ursprüngliches Signal in ein anderes umwandelt. Der einfachste Code ist das triviale »lass es, wie es ist«; raffiniertere Codes können verwendet werden, um Übertragungsfehler zu entdecken oder sogar zu korrigieren. In den technischen Anwendungen haben Codes eine zentrale Stellung, doch für unsere Zwecke hier können wir sie ignorieren und annehmen, dass die Nachricht »im Klartext« gesendet wird.

Shannons Maß der Information ordnet dem Maß, in

dem unsere Ungewissheit über die Bits eines Signals beim Empfang des Signals vermindert wird, einen Zahlenwert zu. Im einfachsten Fall, wenn die Nachricht eine Kette von Nullen und Einsen und jede Möglichkeit gleich wahrscheinlich ist, ergibt sich die Informationsmenge in einer Nachricht geradezu: Es ist die Anzahl aller Binärzahlen. Jede Zahl, die wir empfangen, vermindert unsere Ungewissheit über ebendiese Zahl (ist sie 0 oder 1?) und macht daraus Gewissheit (»es ist eine 1« beispielsweise), sagt uns aber nichts über die anderen Zahlen, also haben wir ein Bit Information empfangen. Wenn man das tausendmal tut, hat man tausend Bits Information empfangen. So einfach.

Die Sichtweise hierbei ist die eines Informationstechnikers, und es wird stillschweigend angenommen, dass uns der bitweise Inhalt des Signals interessiert, nicht seine Bedeutung. Die Nachricht 111111111111111 enthält also 15 Bits Information, und die Nachricht 111001101101011 ebenfalls. Doch Shannons Konzept der Information ist nicht das einzig mögliche. In neuerer Zeit hat Gregory Chaitin dargelegt, dass man quantifizieren kann, in welchem Ausmaß ein Signal *Muster* enthält. Dazu richtet man das Augenmerk nicht auf die Größe der Nachricht, sondern auf die Größe eines Computerprogramms, eines *Algorithmus*, der sie erzeugen kann. Beispielsweise kann die erste der oben angeführten Nachrichten von dem Algorithmus »jede Zahl ist eine Eins« erzeugt werden. Doch es gibt keine einfache Methode, um die zweite Botschaft zu beschreiben, außer sie Bit für Bit zu notieren. Die beiden Nachrichten enthalten also dieselbe Menge an Shannon'scher Information, doch aus der Sicht von Chaitin enthält die zweite viel mehr »algorithmische Information« als die erste.

Man kann es auch anders ausdrücken: Chaitins Konzept richtet das Augenmerk auf das Maß, in dem die

Nachricht »komprimiert« werden kann. Wenn ein kurzes Programm eine lange Nachricht erzeugen kann, dann können wir statt der Nachricht das Programm übertragen und Zeit und Geld sparen. Solch ein Programm »komprimiert« die Nachricht. Wenn Ihr Computer eine große Bilddatei – sagen wir, ein Foto – nimmt und daraus eine viel kleinere Datei im JPEG-Format macht, hat er einen Standard-Algorithmus verwendet, um die Information in der ursprünglichen Datei zu komprimieren. Das ist möglich, weil Fotos etliche Muster enthalten: zahlreiche Wiederholungen blauer Pixel für den Himmel beispielsweise. Je weniger ein Signal komprimiert werden kann, umso mehr Information im Sinne von Chaitin enthält es. Und die Methode, ein Signal zu komprimieren, ist, die Muster zu beschreiben, aus denen es besteht. Das bedeutet auch, dass nicht komprimierbare Signale zufällig sind, keine Muster enthalten, dafür aber die meiste Information. In einer Hinsicht ist das plausibel: Wenn jedes nächste Bit maximal unvorhersagbar ist, erfährt man mehr, wenn man weiß, wie groß es ist. Wenn das Signal 111111111111111 lautet, dann ist es keine große Überraschung, wenn sich das nächste Bit als 1 erweist; lautet das Signal 111001101101011 (wie wir es erhalten haben, indem wir fünfzehn Mal eine Münze warfen), dann kann man das folgende Bit nicht ohne weiteres erraten.

Beide Maße für die Information sind bei der Entwicklung elektronischer Technik von Nutzen. Von der Shannon'schen Information hängt die Zeit ab, die man braucht, um ein Signal zu übertragen; die Chaitin'sche Information sagt einem, ob es eine schlaue Methode gibt, das Signal erst zu komprimieren und dann etwas Kürzeres zu übertragen. Zumindest würde sie das sagen, wenn man sie berechnen könnte, doch es gehört zu Chaitins Theorie, dass es unmöglich ist, die Menge der algorithmischen Information in einer Nachricht zu berechnen – und das kann er beweisen. Die Zauberer würden diese Wendung billigen.

»Information« ist also ein nützliches Konzept, doch es ist merkwürdig, dass »Sein oder nicht sein« dieselbe Shannon'sche Information und *weniger* Chaitin'sche Information als »xyQGRlfryu&d%sk0wcKL« enthält. Der Grund für diese Ungleichheit ist, dass Information nicht dasselbe wie Bedeutung ist. Das ist faszinierend. Den Menschen wirklich wichtig ist die Bedeutung einer Nachricht, nicht die Anzahl ihrer Bits, doch die Mathematiker haben die Bedeutung nicht quantifizieren können. Bisher.

Und damit sind wir wieder bei Geschichten, die Nachrichten sind, welche eine Bedeutung enthalten. Die Moral lautet, dass wir eine Geschichte nicht mit »Information« verwechseln dürfen. Die Elfen haben den Menschen Geschichten gegeben, aber keinerlei Information. Die Geschichten, auf die die Menschen kamen, enthielten nämlich Dinge wie Werwölfe, die auf der Rundwelt nicht einmal *existieren*. Darin ist keine Information enthalten – zumindest keine außer dem, was man daraus vielleicht über die menschliche Phantasie erfahren kann.

Die meisten Menschen, insbesondere Wissenschaftler, haben am liebsten ein Konzept, dem sie eine Zahl zuordnen können. Alles andere halten sie für zu vage, um von Nutzen zu sein. »Information« ist eine Zahl, also schleicht sich dieses bequeme Gefühl von Genauigkeit ein, ohne dass jemandem auffällt, dass es womöglich unberechtigt sein kann. Zwei Wissenschaften, die auf diesem schlüpfrigen Weg ziemlich weit gegangen sind, sind die Biologie und die Physik.

Die Entdeckung der »linearen« Molekülstruktur der DNS hat der Evolutionsbiologie eine verlockende Metapher für die Komplexität von Organismen und für die

Art, wie sie sich entwickeln, geliefert, nämlich: *Das Genom eines Organismus verkörpert die Information, die benötigt wird, um ihn zu bauen.* Der Ursprung dieser Metapher ist Francis Cricks und James Watsons monumentale Entdeckung, dass die DNS eines Organismus aus »Codewörtern« mit den vier molekularen »Buchstaben« A T C G besteht, die, wie Sie sich erinnern, die Anfangsbuchstaben der vier möglichen »Basen« sind. Diese Beschreibung führte unvermeidlich zu der Metapher, dass das Genom Information über den entsprechenden Organismus enthalte. Das Genom wird tatsächlich häufig so beschrieben, dass es »die zur Herstellung eines Organismus benötigte Information« enthält.

Die leicht zu treffende Zielscheibe ist hier das Wort »die«. Es gibt zahllose Gründe, warum die DNS eines sich entwickelnden Organismus ihn nicht festlegt. Die nicht dem Genom entstammenden Einflüsse auf die Entwicklung werden zusammen als »Epigenetik« bezeichnet und reichen von der raffinierten chemischen Markierung der DNS bis zur Pflege durch die Eltern. Die schwierige Zielscheibe ist »Information«. Gewiss enthält das Genom in gewissem Sinne Information: Gegenwärtig werden enorme internationale Anstrengungen unternommen, diese Information für das menschliche Genom aufzulisten, und ebenso für andere Organismen wie Reis, Hefe und den Fadenwurm *Caenorhabditis elegans*. Doch beachten Sie, wie leicht wir in oberflächliche Attitüden abrutschen, denn hier bezieht sich das Wort »Information« auf den menschlichen Geist als Empfänger, nicht auf den sich entwickelnden Organismus. Das »Human Genom Project« informiert *uns*, nicht die Organismen.

Diese ungenaue Metapher führt zu dem gleichermaßen ungenauen Schluss, das Genom erkläre die Komplexität eines Organismus in Begriffen der Informationsmenge in seinem DNS-Code. Menschen sind kompliziert, weil sie ein langes Genom besitzen, welches eine Menge Information enthält; Fadenwürmer sind weniger kompliziert, weil ihr Genom kürzer ist. Diese verlockende Idee kann jedoch nicht wahr sein. Beispielsweise ist der Gehalt des menschlichen Genoms an Shannon'scher Information um mehrere Größenordnungen kleiner als die Menge der Information, die benötigt wird, um die Verschaltung der Neuronen im Gehirn des Menschen zu beschreiben. Wie können wir komplexer sein als die Information, die uns beschreibt? Und manche Amöben haben viel längere Genome als wir, was uns etliche Stufen herabholt und noch mehr an der DNS als Information zweifeln lässt.

Dem weit verbreiteten Glauben, dass die Komplexität der DNS die Komplexität der Organismen erkläre (obwohl sie das sichtlich nicht tut), liegen zwei wissenschaftliche Geschichten zu Grunde, die wir uns erzählen. Die erste Geschichte ist *DNS als Blaupause*, in der das Genom nicht nur als wichtige Quelle für die Steuerung der biologischen Entwicklung vorkommt, sondern als die Information, die benötigt wird, um einen Organismus festzulegen. Die zweite ist *DNS als Nachricht*, die Metapher vom »Buch des Lebens«.

Beide Geschichten vereinfachen übermäßig ein wunderbar komplexes interaktives System. *DNS als Blaupause* sagt, das Genom sei eine molekulare »Karte« eines Organismus. *DNS als Nachricht* sagt, ein Organismus könne diese Karte an die nächste Generation weitergeben, indem er die geeignete Information »sendet«.

Beide sind sie falsch, obwohl sie als Science Fiction recht gut sind – oder zumindest als auf interessante Weise schlechte Science Fiction mit guten Spezialeffekten.

Wenn es einen Empfänger für die DNS-»Nachricht« gibt, so ist es nicht die nächste Generation des Organismus, der zur Zeit der »Sendung« der »Nachricht« noch gar nicht existiert, sondern das Ribosom, die molekulare Maschine, die die DNS-Sequenzen (in einem Protein codierenden Gen) in Protein umwandelt. Das Ribosom ist ein wesentlicher Teil des Verschlüsselungssystems; es fungiert als »Adapter«, der die Sequenz-Information entlang der DNS in eine Sequenz von Aminosäuren in Proteine verwandelt. Jede Zelle enthält viele Ribosomen; wir sagen »das« Ribosom, weil sie alle identisch sind. Die Metapher von der DNS als Information ist fast universell geworden, doch praktisch noch niemand hat geäußert, das Ribosom müsse ein umfangreiches Reservoir von Information sein. Die Struktur des Ribosoms ist jetzt sehr detailliert bekannt, und es gibt kein Anzeichen für eine offensichtlich »informationstragende« Struktur wie jene in der DNS. Das Ribosom scheint eine festgelegte »Maschine« zu sein. Wo also ist die Information hingeraten? Nirgends hin. Das ist die falsche Frage.

Die Wurzel dieses Missverständnisses liegt in der fehlenden Aufmerksamkeit für den Kontext. Die Wissenschaft ist sehr stark in Bezug auf den Inhalt, hat aber die Angewohnheit, »äußere« Begrenzungen des untersuchten Systems zu ignorieren. Der Kontext ist eine wichtige, aber vernachlässigte Eigenschaft der Information. Es ist so einfach, das Augenmerk auf die kombinatorische Klarheit der Nachricht zu lenken und den wirren, komplizierten Prozess zu vernachlässigen, den der Empfänger durchführt, wenn er die Nachricht entschlüsselt. Der Kontext ist entscheidend für die Interpretation von Nachrichten: für ihre Bedeutung. In seinem Buch *The User Illusion* (»Die Nutzer-Illusion«) hat Tor Nørretranders den Begriff Exformation eingeführt, um die Rolle des Kontexts zu erfassen, und in *Gödel, Escher, Bach* hat Douglas Hofstadter dasselbe festgestellt. Beobachten Sie, wie im nächsten Kapitel die ansonsten unverständliche Nachricht »DIESCHICHTEGE« deutlich wird, wenn der Kontext beachtet wird.

Statt sich die DNS als »Blaupause« vorzustellen, die einen Organismus codiert, kann man sich leichter vorstellen, dass eine CD Musik codiert. Die biologische Entwicklung gleicht einer CD, die Anweisungen für den Bau eines neuen CD-Players enthält. Man kann diese Anweisungen nicht »lesen«, wenn man nicht schon einen hat. Wenn Bedeutung nicht vom Kontext abhängt, dann müsste der Code auf der CD eine *unveränderliche* Bedeutung haben, eine, die nicht vom Player abhängt. Hat er die aber?

Vergleichen Sie zwei Extreme: einen »Standard«-Player, der den digitalen Code so auf Musik abbildet, wie es die Hersteller vorgesehen haben, und eine Musikbox. Bei einer normalen Musikbox ist die einzige Nachricht, die man sendet, etwas Geld und ein Druckknopf; im Kontext der Musikbox werden diese aber als Äquivalent von mehreren Minuten Musik interpretiert. Im Prinzip kann jeder Zahlencode jedes Musikstück »bedeuten«, das Sie wünschen; es hängt nur davon ab, wie die Musikbox eingestellt ist, das heißt, von der Exformation, die der Konstruktion der Musikbox entspricht. Nun stellen Sie sich eine Musikbox vor, die nicht auf eine CD reagiert, indem sie die darauf als Folge von Bits codierte Musik spielt, sondern indem sie diesen Code als Zahl interpretiert und dann eine andere CD spielt, der diese Zahl zugeordnet wurde. Nehmen wir zum Beispiel an, eine digitale Aufzeichnung von Beethovens Fünfter beginnt mit 11001. Das ist die Binär-Darstellung der Zahl 25. Die Musikbox liest die CD also als »25« und sucht CD Nummer 25 heraus, beispielsweise eine Jazz-Aufnahme von Charlie Parker. Anderseits befindet sich anderswo in der Musikbox die CD Nr. 973, die tatsächlich Beethovens Fünfte Sinfonie ist. Eine CD mit Beethovens Fünfter kann also auf zwei total unterschiedliche Arten »gelesen« werden: als »Zeiger« auf Charlie Parker oder als Beethovens Fünfte Sinfonie selbst (eingeschaltet von irgendeiner CD, die mit der Binärzahl für 973 beginnt). Zwei Kontexte, zwei Interpretationen, zwei Bedeutungen, zwei Ergebnisse.

Ob etwas wirklich eine Nachricht ist, hängt auch vom Kontext ab: Sender und Empfänger müssen sich über ein Protokoll einig sein, nach dem Bedeutungen in Symbole umgewandelt und zurückübersetzt werden. Ohne dieses Protokoll ist ein Semaphor nichts als ein paar Holzstücke, die herausragen. Drei Äste sind auch Holzstücke, die herausragen, doch niemand versucht jemals, die von einem Baum übermittelte Nachricht zu entschlüsseln. Drei Ringe – die Jahresringe, die erscheinen, wenn man den Stamm durchsägt – sind etwas anderes. Wir haben gelernt, ihre »Botschaft« zu »entschlüsseln« – über das Klima im Jahre 1066 und dergleichen. Ein dicker Ring weist auf ein gutes Jahr hin, in dem der Baum stark gewachsen ist, wahrscheinlich warm und feucht; ein dünner Ring bedeutet ein schlechtes Jahr, wahrscheinlich kalt und trocken. Doch die Folge von drei Ringen wurde erst zur Nachricht, trug erst Information, als wir die Regeln herausfanden, die das Klima mit dem Wachstum der Bäume koppeln. Der Baum hat uns seine Nachricht nicht *geschickt*.

Bei der biologischen Entwicklung besteht das Protokoll, welches der DNS-Botschaft Bedeutung verleiht, aus Gesetzen der Physik und Chemie. Dort steckt die Exformation. Es ist jedoch unwahrscheinlich, dass Exformation quantifiziert werden kann. Die Komplexität wird nicht von der *Anzahl* der »Basen« in seiner DNS-Sequenz bestimmt, sondern von der Komplexität der Abläufe, die von diesen Basen im Kontext der biologischen Entwicklung ausgelöst werden. Das heißt, von der *Bedeutung* der DNS-Botschaft, wenn sie von einer fein abgestimmten, sofort startbereiten biochemischen

Maschine empfangen wird. Das ist es, wo wir jene Amöben hinter uns lassen. Mit einem Embryo zu beginnen, der kleine Hautlappen entwickelt, und daraus ein Baby mit diesen einmaligen Händen zu machen, schließt eine Folge von Prozessen ein, die Skelett, Muskeln, Haut und so weiter erzeugen. Jedes Stadium hängt vom aktuellen Zustand der anderen Stadien ab, und sie alle sind wiederum vom Kontext der physikalischen, biologischen, chemischen und kulturellen Prozesse abhängig.

Ein zentrales Konzept in Shannons Informationstheorie ist etwas, was er *Entropie* nannte; in diesem Zusammenhang ist es ein Maß dafür, wie statistische Muster in einer Nachrichtenquelle die Menge der Information beeinflussen, welche die Nachrichten enthalten können. Wenn bestimmte Bitmuster wahrscheinlicher als andere sind, dann liefert ihr Vorhandensein *weniger* Information, da die Ungewissheit in geringerem Maße vermindert wird. Im Englischen oder Deutschen beispielsweise kommt der Buchstabe E viel häufiger als der Buchstabe Q vor. Wenn man also ein E empfängt, erfährt man weniger als bei einem Q. Wenn man die Wahl zwischen E und Q hat, rät man am besten, dass man ein E empfangen wird. Und am meisten erfährt man, wenn die Erwartung sich als falsch erweist. Shannons Entropie glättet diese statistischen Verzerrungen und liefert ein »richtiges« Maß für den Informationsgehalt.

Im Nachhinein betrachtet ist es schade, dass er den Begriff »Entropie« verwendete, denn in der Physik gibt es ein seit langem eingeführtes Konzept mit derselben Bezeichnung, welche normalerweise als »Unordnung« interpretiert wird. Das Gegenteil, »Ordnung«, wird für gewöhnlich mit Komplexität gleichgesetzt. Der Kontext ist hier das als Thermodynamik bekannte Gebiet der Physik, ein spezifisches vereinfachtes Modell eines Gases. In der Thermodynamik werden die Moleküle eines Gases als »harte Kugeln« modelliert, winzige Billardkugeln. Gelegentlich stoßen Kugeln zusammen, und dann prallen sie voneinander ab, als wären sie vollkommen elastisch. Die Gesetze der Thermodynamik stellen fest, dass eine große Ansammlung solcher Kugeln bestimmten statistischen Regeln folgt. In solch einem System gibt es zwei Energiearten: mechanische und Wärmeenergie. Der Erste Hauptsatz besagt, dass sich die Gesamtenergie des Systems nie ändert. Wärmeenergie kann in mechanische Energie umgewandelt werden, wie beispielsweise in einer Dampfmaschine, umgekehrt kann mechanische Energie in Wärme umgewandelt werden. Die Summe von beiden ist aber immer gleich. Der Zweite Hauptsatz stellt (in exakteren Begriffen, die wir gleich erklären werden) fest, dass Wärme nicht von einem kälteren Körper zu einem wärmeren übertragen werden kann. Und der Dritte Hauptsatz besagt, dass es eine bestimmte Temperatur gibt, die das Gas nicht unterschreiten kann – den »absoluten Nullpunkt«, der bei etwa −273 °C liegt.

Das schwierigste – und interessanteste – von diesen Gesetzen ist der Zweite Hauptsatz. Genauer gesagt, geht es darin um eine Größe, die wiederum »Entropie« genannt und für gewöhnlich als »Unordnung« interpretiert wird. Wenn das Gas in einem Zimmer beispielsweise in einer Ecke konzentriert ist, ist dies ein geordneterer (das heißt, weniger ungeordneter!) Zustand als einer, bei dem es gleichmäßig im Zimmer verteilt ist. Wenn das Gas also gleichmäßig verteilt ist, ist seine Entropie größer, als wenn es sich vollständig in einer Ecke befindet. Eine Formulierung des Zweiten Hauptsatzes beinhaltet, dass die Entropie im Universum im Laufe der Zeit zunimmt. Anders gesagt, das Universum wird im Laufe der Zeit immer weniger geordnet, also weniger komplex. Dieser Interpretation zufolge wird die hochgradig komplexe Welt der Lebewesen unweigerlich weniger komplex, bis dem Universum schließlich der Dampf ausgeht und es zu einer dünnen, lauwarmen Suppe wird.

Diese Eigenschaft bringt eine Erklärung für den »Zeitpfeil« hervor, für die merkwürdige Tatsache, dass es leicht ist, ein Ei zu rühren, aber unmöglich, es wieder zusammenzusetzen. Die Zeit fließt in die Richtung der zunehmenden Entropie. Wenn man das Ei rührt, macht man es ungeordneter – erhöht also seine Entropie –, was mit dem Zweiten Hauptsatz übereinstimmt. Das Rührei zu »entrühren« macht es weniger ungeordnet und verringert die Entropie, was dem Zweiten Hauptsatz widerspricht. Ein Ei ist kein Gas, wohlgemerkt, doch die Thermodynamik kann auch auf Flüssigkeiten und Festkörper ausgedehnt werden.

An diesem Punkt begegnen wir einem der großen Paradoxe der Physik, das rund ein Jahrhundert lang für erhebliche Verwirrung gesorgt hat. Ein anderes Ensemble von physikalischen Gesetzen, Newtons Bewegungsgesetze, sagt aus, dass ein Ei zu rühren und es wieder zusammenzusetzen gleichermaßen plausible physikalische Vorgänge sind. Genauer gesagt, für jedes dynamische Verhalten, welches Newtons Gesetzen folgt, gilt, dass es, wenn man es in der Zeit rückwärts laufen lässt, im Ergebnis ebenfalls Newtons Gesetzen gehorcht. Kurzum, Newtons Gesetze sind »zeit-reversibel«.

Ein thermodynamisches Gas ist jedoch wirklich nur ein mechanisches System, das aus vielen winzigen Kugeln besteht. In diesem Modell ist Wärmeenergie nur eine besondere Art von mechanischer Energie, bei der die Kugeln vibrieren, sich aber nicht *en masse* bewegen. Wir können also Newtons Gesetze mit denen der Thermodynamik vergleichen. Der Erste Hauptsatz der Thermodynamik ist einfach eine Bestätigung des Energieerhaltungssatzes in der Newton'schen Mechanik und widerspricht also nicht den Gesetzen Newtons. Ebenso wenig der Dritte Hauptsatz: Der absolute Nullpunkt ist einfach die Temperatur, bei der die Kugeln nicht vibrieren. Die Menge der Vibration kann niemals kleiner als Null sein.

Leider verhält sich der Zweite Hauptsatz der Thermodynamik sehr anders. Er *widerspricht* den Gesetzen Newtons. Speziell widerspricht er der Eigenschaft der Zeit-Reversibilität. Unser Universum hat eine bestimmte Richtung für seinen »Zeitpfeil«, doch ein Universum, welches Newtons Gesetzen gehorcht, hat zwei verschiedene Zeitpfeile, einer dem anderen entgegengerichtet. In unserem Universum ist das Rühren von Eiern einfach, und das Wiederherstellen scheint unmöglich zu sein. Daher ist es nach Newtons Gesetzen in einer Zeitumkehrung unseres Universums einfach, Eier aus Rührei zusammenzusetzen, doch sie zu rühren ist unmöglich. Newtons Gesetze sind aber in beiden Universen dieselben, sodass sie keinen bestimmten Zeitpfeil vorschreiben können.

Zahlreiche Vorschläge wurden gemacht, um diese Diskrepanz zu lösen. Der beste mathematische besagt, dass die Thermodynamik eine Näherung ist, die ein Rastern des Universums einschließt, wobei Einzelheiten von sehr kleiner Größenordnung verwischt und ignoriert werden. Im Ergebnis wird das Universum in winzige Kästchen unterteilt, von denen jedes (beispielsweise) mehrere tausend Gasmoleküle enthält. Die Bewegung innerhalb solch eines Kästchens im Einzelnen wird ignoriert und nur der durchschnittliche Zustand der Moleküle darin betrachtet.

Das ähnelt ein wenig einem Bild auf einem Computer-Bildschirm. Wenn man es von weitem betrachtet, sieht man Kühe und Bäume und alle möglichen Strukturen. Betrachtet man aber einen Baum aus hinreichend großer Nähe, sieht man nichts als eine gleichmäßig grüne Fläche, ein Pixel. Ein wirklicher Baum würde in dieser Größenordnung immer noch ins Einzelne gehende Strukturen aufweisen – sagen wir, Blätter und Zweige –, doch auf dem Bild sind alle diese Details zum selben Grünton verwischt.

Wenn bei dieser Näherung die »Ordnung« unterhalb der Rasterung erst einmal verschwunden ist, kann sie nie wiederkommen. Wenn ein Pixel erst einmal verwischt ist, kann man es nicht wieder »ent-verwischen«. Im wirklichen Universum ist das jedoch manchmal möglich, denn im wirklichen Universum geht die Bewegung innerhalb der Kästchen weiter, und ein verwischter Mittelwert ignoriert diese Einzelheiten. Modell und Wirklichkeit sind also *unterschiedlich*. Außerdem behandelt die in diesem Modell verwendete Annahme vor- und rückwärts gerichtete Zeit asymmetrisch. In der vorwärts gerichteten Zeit kann ein Molekül, wenn es erst einmal ins Kästchen gelangt ist, nicht mehr entweichen. In der Zeitumkehrung dieses Modells kann es hingegen aus dem Kästchen entweichen, aber niemals hineingelangen, wenn es nicht von Anfang an darin war.

Diese Erklärung macht deutlich, dass der Zweite Hauptsatz der Thermodynamik keine echte Eigenschaft des Universum ist, sondern nur eine Eigenschaft einer näherungsweisen Beschreibung. Ob die Näherung nützlich ist oder nicht, hängt also vom Kontext ab, in dem sie verwendet wird, nicht vom Inhalt des Zweiten Hauptsatzes. Und die dabei verwendete Näherung zerstört jeden Bezug zu Newtons Gesetzen, die unlöslich mit jenen feinen Einzelheiten verknüpft sind.

Nun hat, wie gesagt, Shannon dasselbe Wort »Entropie« für sein Maß von jener Struktur verwendet, die von statistischen Mustern in eine Informationsquelle eingeführt wird. Er tat es, weil die mathematische Formel für seine Entropie exakt wie die Formel für das thermodynamische Konzept aussieht. Ausgenommen ein Minuszeichen. Die thermodynamische Entropie sieht also wie negative Shannon'sche Entropie aus; das heißt, thermodynamische Entropie kann als »fehlende« Information interpretiert werden. Viele Artikel und Bücher sind auf der Grundlage dieser Beziehung geschrieben worden – indem sie beispielsweise den Zeitpfeil dem Verlust von Information im Universum zuschreiben. Wenn man alle feinen Einzelheiten in einem Kästchen durch den verwischten Mittelwert ersetzt, verliert man die Information über diese Einzelheiten. Und wenn sie erst einmal verloren ist, kann man sie nicht wiedergewinnen. Volltreffer: Die Zeit fließt in die Richtung des Informationsverlustes.

Die hier angenommene Beziehung ist jedoch unecht. Ja, die Formeln sehen gleich aus ... doch sie gelten in sehr unterschiedlichen Kontexten, die nichts miteinander zu tun haben. In Einsteins berühmter Formel, die Masse und Energie in Beziehung zueinander setzt, steht das Symbol c für die Lichtgeschwindigkeit. Im Satz des Pythagoras vertritt derselbe Buchstabe die Hypotenuse eines rechtwinkligen Dreiecks. Die Buchstaben sind dieselben, doch niemand erwartet, sinnvolle Schlüsse daraus ziehen zu können, dass er die Hypotenuse mit der Lichtgeschwindigkeit identifiziert. Die vermeintliche Beziehung zwischen der thermodynamischen Entropie und negativer Information ist natürlich nicht derart albern. Nicht *ganz*.

Wie schon gesagt, ist die Wissenschaft kein feststehender Korpus von »Tatsachen«, und es gibt unterschiedliche Meinungen. Die Beziehung zwischen Shannon'scher Informationsentropie und thermodynamischer Entropie ist solch ein Fall. Ob es Sinn hat, die thermodynamische Entropie als negative Information zu betrachten, ist seit vielen Jahren ein Streitpunkt. Die wissenschaftlichen Meinungsverschiedenheiten dauern heute noch an, und veröffentlichte, von Experten begutachtete Artikel anerkannter Wissenschaftler widersprechen einander glatt.

Was hier geschehen zu sein scheint, ist eine Verwechslung zwischen einem formalen mathematischen Ansatz, in dem »Gesetze« für Information und Entropie festgestellt werden können, und einer Reihe physikalischer Eingebungen über die heuristische Interpretation jener Konzepte, sowie fehlendes Verständnis für die Rolle des Kontexts. Es wird viel mit der Ähnlichkeit zwischen den Entropieformeln in der Informationstheorie und der Thermodynamik operiert, der Kontext, in dem diese Formeln gelten, wird aber kaum beachtet. Diese Gewohnheit hat zu etlichen sehr schludrigen Gedankengängen über bedeutende Fragen der Physik geführt.

Ein wichtiger Unterschied ist es, dass in der Thermodynamik die Entropie eine mit dem *Zustand* des Gases verknüpfte Größe ist, während sie in der Informationstheorie für eine Informations*quelle* definiert ist: für ein System, das ganze Sammlungen von Zuständen (»Nachrichten«) erzeugt. Grob gesprochen ist eine Quelle ein Phasenraum für aufeinander folgende Bits einer Nachricht, und eine Nachricht ist ein Weg, eine Bahn in diesem Phasenraum. Eine spezifische Konfiguration von Gasmolekülen hat eine thermodynamische Entropie, doch eine spezifische Nachricht hat keine Shannon'sche Entropie. Dieser Umstand sollte allein schon als Warnung dienen. Und sogar in der Informationstheorie ist die »in« einer Nachricht enthaltene Information keine negative informationstheoretische Entropie. Die Entropie der Quelle bleibt nämlich unverändert, egal, wie viele Nachrichten sie erzeugt.

Noch ein weiteres Rätsel hängt mit der Entropie in unserem Universum zusammen. In kosmologischen Größenordnungen scheint unser Weltall im Lauf der Zeit komplexer geworden zu sein, nicht weniger komplex. Die Materie im Universum begann mit dem Urknall in einer sehr gleichmäßigen Verteilung und ist seither immer klumpiger – immer komplexer – geworden. Die Entropie des Universums scheint erheblich ab- statt zugenommen zu haben. Die Materie ist jetzt in einem breiten Bereich von Größenordnungen untergliedert: in Felsbrocken, Planetoiden, Planeten, Sterne, Galaxien, Galaxishaufen, galaktische Superhaufen und so weiter. Wenn man dieselbe Metapher wie in der Thermodynamik verwendet, scheint die Verteilung der Materie im Universum in zunehmendem Maße geordnet zu sein. Das ist rätselhaft, da uns der Zweite Hauptsatz sagt, dass ein thermodynamisches System immer ungeordneter werden müsse.

Die Ursache dieses Zusammenklumpens scheint wohlbekannt zu sein: Es ist die Schwerkraft. Jetzt erhebt ein zweites Paradox der Zeit-Irreversibilität sein Haupt. Einsteins Feldgleichungen für gravitative Systeme sind zeitreversibel. Das heißt, wenn irgendeine Lösung für Einsteins Feldgleichungen in der Zeit umgekehrt wird, ergibt sich eine ebenso gültige Lösung. Wenn man es solcherart rückwärts laufen lässt, wird unser Weltall zu einem gravitativen System, welches im Lauf der Zeit immer weniger klumpig wird – weniger klumpig zu werden ist also eine physikalisch ebenso gültige Lösung, wie klumpiger zu werden. Unser Universum tut jedoch nur eins von beidem: Es wird klumpiger.

Paul Davies meint dazu: »... wie bei allen Zeitpfeilen ist das Rätsel, wo die Asymmetrie ins Spiel kommt ... Die Asymmetrie muss daher zu den Anfangsbedingungen zurückverfolgt werden.« Er meint damit, dass man sogar bei zeitreversiblen Gesetzen unterschiedliches Verhalten bekommen kann, wenn das System auf unterschiedliche Weise beginnt. Wenn man mit einem Ei beginnt und es mit einer Gabel rührt, bekommt man Rührei. Beginnt man mit Rührei und gibt jedem winzigen Teilchen des Eis exakt den richtigen Anstoß entlang der entgegengesetzten Bahn, dann wird das Ei wieder zusammengesetzt. Der Unterschied liegt gänzlich im Anfangszustand, nicht in den Gesetzen. Beachten Sie, dass »mit einer Gabel rühren« eine sehr allgemeine Art von Anfangsbedingung ist: Viele verschiedene Arten des Rührens werden Rührei ergeben. Hingegen sind die Anfangsbedingungen für das Zusammensetzen des Eis außerordentlich subtil und speziell.

In gewisser Weise ist das eine attraktive Möglichkeit. Unser klumpig werdendes Universum ähnelt einem »ent-rührten« Ei: Seine zunehmende Komplexität ist eine Folge von sehr speziellen Anfangsbedingungen. Die meisten »gewöhnlichen« Anfangsbedingungen würden zu einem Universum führen, das keine Klumpen bildet – wie jede vernünftige Art des Rührens zu Rührei führt. Und die Beobachtungen weisen nachdrücklich darauf hin, dass die Anfangsbedingungen des Universums zur Zeit des Urknalls überaus gleichmäßig waren, während jeder »gewöhnliche« Zustand eines gravitativen Systems wahrscheinlich klumpig sein müsste. Gemäß der eben umrissenen Vermutung hat es also den Anschein, dass die Anfangsbedingungen des Universums sehr speziell gewesen sein müssen – eine anziehende Aussicht für diejenigen, die glauben, unser Universum sei höchst ungewöhnlich, und ebenso unser Platz darin.

Vom Zweiten Hauptsatz ist es ein einfacher Schritt zu Gott.

Roger Penrose hat sogar quantifiziert, wie speziell dieser Anfangszustand ist, indem er die thermodynamische Entropie des Anfangszustandes mit der des hypothetischen, aber plausiblen Endzustandes verglichen hat, in dem das Universum ein System Schwarzer

Löcher wird. Dieser Endzustand zeigt einen extremen Grad von Klumpenbildung – aber nicht den äußersten Grad, der einem einzigen riesigen Schwarzen Loch entspräche. Das Ergebnis lautet, dass die Entropie des Anfangszustandes etwa das 10^{-30}-fache von der des hypothetischen Endzustandes beträgt, was Ersteren sehr speziell macht. Eigentlich so speziell, dass Penrose sich veranlasst sah, ein neues zeit-asymmetrisches Gesetz einzuführen, welches das frühe Universum dazu bringt, außerordentlich gleichförmig zu sein.

Oh, wie uns unsere Geschichten in die Irre führen ... Es gibt eine andere, viel plausiblere Erklärung. Der Schlüssel ist einfach: Die Schwerkraft unterscheidet sich sehr von der Thermodynamik. In einem Gas von umherschwirrenden Molekülen ist der gleichförmige Zustand – gleiche Dichte überall – stabil. Wenn man das Gas auf einen kleinen Teil des Raums beschränkt und dann sich selbst überlässt, ist es nach Sekundenbruchteilen wieder im gleichförmigen Zustand. Die Schwerkraft ist genau das Gegenteil: Gleichförmige Systeme von gravitierenden Körpern sind instabil. Unterschiede, die kleiner sind als jeder bestimmte Grad der Rasterung, *können* nicht nur zu makroskopischen Unterschieden auflaufen, sondern tun es.

Hier liegt der große Unterschied zwischen Gravitation und Thermodynamik. Das thermodynamische Modell, das unserem Universum am besten entspricht, ist eins, in dem sich Unterschiede auflösen, indem sie mit fortschreitender Zeit unterhalb der Rasterauflösung verschwinden. Das Gravitationsmodell, das unserem Universum am besten entspricht, ist eins, bei dem sich Unterschiede verstärken, indem sie mit fortschreitender Zeit von unterhalb der Rasterauflösung hochsteigen. Das Verhältnis dieser beiden wissenschaftlichen Gebiete zur Rasterauflösung ist genau entgegengesetzt, wenn für beide derselbe Zeitpfeil benutzt wird.

Wir können jetzt eine völlig andere und weitaus plausiblere Erklärung für die »Entropielücke« zwischen frühen und späten Universen geben, wie sie Penrose beobachtet und erstaunlich unwahrscheinlichen Anfangsbedingungen zugeschrieben hat. Es ist tatsächlich ein Produkt der Rasterung. Gravitative Klumpenbildung steigt von einem Niveau der Rasterung empor, das von der thermodynamischen Entropie per definitionem nicht erfasst wird. Daher führt praktisch *jede* Anfangsverteilung von Materie im Universum schließlich zur Klumpenbildung. Es braucht dazu nichts außerordentlich Spezielles.

Die physikalischen Unterschiede zwischen gravitativen Systemen und thermodynamischen sind ganz klar: Gravitation ist eine weitreichende Anziehungskraft, während elastische Stöße kurze Reichweite haben und abstoßend wirken. Bei derart unterschiedlichen Kraftgesetzen ist es kein Wunder, dass sich die Systeme derart unterschiedlich verhalten. Stellen Sie sich als Extremfall Systeme vor, wo eine »Schwerkraft« so kurze Reichweite hat, dass sie nur wirkt, wenn Teilchen zusammenstoßen, sie dann aber für immer aneinander kleben lässt. Bei einem solchen Kraftgesetz ist es offensichtlich, dass die Klumpenbildung zunimmt.

Das wirkliche Weltall ist sowohl gravitativ als auch thermodynamisch. In manchen Zusammenhängen ist das thermodynamische Modell besser geeignet, in anderen Zusammenhängen ist ein gravitatives Modell angebrachter. Es gibt noch mehr Zusammenhänge: Die Molekularchemie folgt wiederum anderen Arten von Kräften. Es ist ein Fehler, alle Naturerscheinungen über den Leisten der thermodynamischen Näherung oder der gravitativen Näherung zu schlagen. Besonders zweifelhaft ist es, wenn man erwartet, dass sowohl die thermodynamische als auch die gravitative Näherung im selben Kontext funktionieren, wenn sie auf diametral entgegengesetzte Weise auf Rasterungseffekte reagieren.

Sehen Sie? Es ist einfach. Überhaupt keine Zauberei ...

Vielleicht wäre es jetzt an der Zeit, unsere Gedankengänge zusammenzufassen.

Die »Gesetze« der Thermodynamik, insbesondere der gefeierte Zweite Hauptsatz, sind statistisch gültige Modelle der Natur in einem bestimmten Ensemble von Zusammenhängen. Sie sind *nicht* universell gültige Wahrheiten über das Weltall, wie die Klumpenbildung durch die Gravitation zeigt. Es erscheint sogar plausibel, dass eines Tages ein geeignetes Maß für gravitative Komplexität definiert werden könnte, analog der thermodynamischen Entropie, aber unterschiedlich – nennen wir es zum Beispiel »Gravtropie«. Dann könnten wir vielleicht mathematisch einen »zweiten Hauptsatz der Gravitationsdynamik« ableiten, der aussagt, dass die Gravtropie eines gravitativen Systems im Laufe der Zeit *zunimmt*. Beispielsweise könnte die Gravtropie vielleicht die fraktale Dimension (der »Grad der Feinstrukturierung«) des Systems sein.

Obwohl die Rasterung sich auf diese beiden Typen von Systemen in gegensätzlicher Weise auswirkt, würden beide »zweiten Hauptsätze« – der thermodynamische und der gravitative – ziemlich gut unserem Universum entsprechen. Der Grund ist, dass beide Gesetze so formuliert wurden, dass sie dem entsprechen, was wir tatsächlich in unserem Weltall beobachten. Dennoch würden trotz dieser offensichtlichen Übereinstimmung die beiden Gesetze für drastisch unterschiedliche physikalische Systeme gelten: das eine für Gase, das andere für Systeme von Teilchen, die sich unter dem Einfluss der Gravitation bewegen.

Nachdem wir diese beiden Beispiele für den Missbrauch von informationstheoretischen und von damit in Verbindung gebrachten thermodynamischen Prinzipien hinter uns haben, können wir uns der faszinierenden Überlegung zuwenden, das Universum bestehe aus Information.

Ridcully hatte erwartet, dass Ponder Stibbons sich auf »Quanten« berufen würde, um etwas wirklich Bizarres wie das Verschwinden der Muschelberg-Leute zu erklären. Die Quantenwelt ist wahrlich bizarr, und es ist immer eine Versuchung, sich darauf zu berufen. Mehrere Physiker haben sich bemüht, Sinn in das Quantenuniversum zu bringen, indem sie vorschlugen, alle Quantenphänomene (also schlechthin alles) auf das Informationskonzept zurückzuführen. John Archibald Wheeler hat den Ausdruck »It from Bit« (»Es aus dem Bit«) geprägt, um diese Idee zu erfassen. Kurz gesagt ist jedes Quantenobjekt von einer endlichen Anzahl von Zuständen gekennzeichnet. Der Spin eines Elektrons beispielsweise kann zwei Richtungen haben, entweder »up« oder »down«. Der Zustand des Universums ist daher eine riesige Liste von Ups und Downs und komplizierteren Quantitäten derselben allgemeinen Art: eine sehr lange Binärnachricht.

So weit ist das ein schlauer und (wie sich erweist) nützlicher Weg, die Mathematik der Quantenwelt zu formalisieren. Der nächste Schritt ist strittiger. Alles, was wirklich zählt, ist diese Nachricht, die Liste von Bits. Und was ist eine Nachricht? Information. Schlussfolgerung: Der *wahre* Stoff des Universums ist rohe Information. Alles andere besteht daraus, gemäß den Quantenprinzipien. Ponder würde dem zustimmen.

Die Information nimmt solcherart einen Platz in dem kleinen Pantheon vergleichbarer Konzepte – Geschwindigkeit, Energie, Impuls – ein, die den Übergang von einer bequemen mathematischen Fiktion zur Wirklichkeit vollzogen haben. Physiker wandeln ihre technisch nützlichsten mathematischen Konzepte gern in wirkliche Dinge um: Wie auf der Scheibenwelt reifizieren sie das Abstrakte. Es schadet nicht physikalisch, wenn man die Mathematik derart ins Universum »zurückprojiziert«, doch es kann philosophisch schaden, wenn man das Ergebnis wörtlich nimmt. Dank einem ganz ähnlichen Vorgang behaupten geistig durchaus gesunde Physiker heute beispielsweise, unser Universum sei nur eins von Billionen, die in einer Quanten-Überlagerung existieren. In einem davon sind Sie heute Morgen aus dem Haus gegangen und von einem Meteoriten erschlagen worden; in dem, wo Sie dieses Buch lesen, ist das nicht geschehen. »Gewiss doch«, beteuern sie, »jene anderen Universen *existieren tatsächlich*. Wir können Experimente durchführen, um es zu beweisen.«

Keineswegs.

Übereinstimmung mit einem experimentellen Ergebnis beweist nicht, ja zeigt nicht einmal, dass eine Erklärung gültig ist. Das »Viele-Welten«-Konzept, wie es genannt wird, ist in seinem eigenen Rahmen eine Interpretation der Experimente. Doch jedes Experiment hat viele Interpretationen, von denen nicht alle das sein können, »was das Universum wirklich tut«. Beispielsweise können alle Experimente als »Gott hat es geschehen lassen« interpretiert werden, doch ebenjene Physiker würden bestreiten, dass ihr Experiment die Existenz Gottes beweist. Damit haben sie Recht: Es ist nur eine Interpretation von vielen. Dasselbe gilt aber auch für eine Billion nebeneinander existierender Universen.

Quantenzustände überlagern sich wirklich. Quantenuniversen können sich auch überlagern. Doch sie in klassische Welten auseinander zu sortieren, in denen richtige Menschen richtige Dinge tun, und zu sagen, dass *die* sich überlagern, ist Unsinn. Es gibt auf der ganzen Welt keinen Quantenphysiker, der die quantenmechanische Beschreibung eines Menschen niederschreiben könnte. Wie können sie dann behaupten, dass ihr Experiment (das für gewöhnlich mit ein paar Elektronen oder Photonen durchgeführt wird) »beweise«, dass in einem anderen Universum ein Alter Ego von Ihnen von einem Meteoriten getroffen wurde?

»Information« begann ihr Dasein als menschliches Konstrukt, als ein Konzept, das bestimmte Kommunikationsprozesse beschrieb. Das war »bit from it«, »Bit aus ihm«, die Abstraktion einer Metapher von der Wirklichkeit, statt »Es aus dem Bit«, statt der Rekonstruktion der Wirklichkeit aus der Metapher. Die Metapher von der Information ist seither weit über ihre ursprünglichen Grenzen hinaus ausgedehnt worden, oft unkluger Weise. Information zur Grundsubstanz des Universums zu reifizieren ist wahrscheinlich noch weniger klug. Mathematisch wird es wohl harmlos sein, aber Reifikation kann Ihrer Philosophie schaden.

Neunzehn

Brief aus Lancre

Oma Wetterwachs, allen und nicht zuletzt sich selbst als fähigste Hexe der Scheibenwelt bekannt, sammelte Holz im Wald von Lancre, hoch oben in den Bergen und von allen Universitäten weit entfernt.

Das Sammeln von Holz war eine gefährliche Aufgabe für eine alte Frau, die das Narrativium so sehr anzog wie sie. Wenn sie heutzutage nach Feuerholz Ausschau hielt, fiel es ihr immer schwerer, dritten Söhnen von Königen, Schweinehirten auf der Suche nach ihrem Glück und anderen Leuten aus dem Weg zu gehen, deren Abenteuer von ihnen verlangte, nett zu einer Alten zu sein, die sich *zweifellos* als Hexe herausstellen würde – was beweist, dass sich Tugend selbst belohnt.

Selbst eine freundliche Person nimmt es nur einige Male hin, über einen Fluss getragen zu werden, den sie eigentlich gar nicht überqueren möchte. Neuerdings hatte Oma Wetterwachs immer einige kleine Steine und Kiefernzapfen dabei, um edle Zuvorkommenheit zu entmutigen.

Sie hörte das Pochen von Hufen auf dem weichen Boden, drehte sich um und hob einen Kiefernzapfen.

»Ich *warne* dich, ich habe genug von Leuten, die es auf drei Wünsche abgesehen haben ...«, begann sie.

Shawn Ogg saß auf seinem Dienstesel und winkte verzweifelt.*

---

* Das Königreich Lancre war so rückständig, dass es bei einer Bevölkerung von 500 nur einen Beamten hatte, Shawn Ogg, der sich um alles kümmerte, von der Landesverteidigung bis hin zum Einziehen der Steuern und dem Mähen des Schlossrasens. Beim Rasen bekam er Hilfe, denn ein guter Rasen braucht Pflege.

»Ich bin's, Frau Wetterwachs! Ich wünschte, du würdest endlich damit aufhören!«

»Siehst du?«, erwiderte Oma. »Du hast keine zwei anderen Wünsche!«

»Nein, nein, ich bin gekommen, um dir dies zu bringen ...«

Shawn holte ein dickes Papierbündel hervor.

»Was ist das?«

»Eine Nachricht für dich, Frau Wetterwachs! Es ist erst die Dritte, die wir bekommen haben!« Shawn strahlte und freute sich darüber, dem technischen Fortschritt so nahe zu sein.

»Eine Nachricht?«, wiederholte Oma.

»Ja, eine Art Brief, der in einzelnen Stücken durch die Luft geschickt wird«, erklärte Shawn.

»Von den Türmen, gegen die ich immer wieder fliege?«

»Ja, Frau Wetterwachs.«

»Man bewegt sie des Nachts, weißt du«, sagte Oma und nahm das Papierbündel entgegen.

»Äh, ich glaube nicht ...«, erwiderte Shawn.

»Ach, ich weiß also nicht, wie man mit einem Besen umgeht, wie?«, fragte Oma, und in ihren Augen blitzte es.

»Oh, jetzt fällt es mir wieder ein«, sagte Shawn rasch. »Die Türme werden *ständig* bewegt. Auf Karren schiebt man sie hin und her. Auf *großen* Karren. Sie ...«

»Ja, ja.« Oma Wetterwachs setzte sich auf einen Baumstumpf. »Schweig jetzt, ich lese ...«

Es wurde still im Wald. Gelegentlich knisterte Papier.

Schließlich hatte Oma Wetterwachs die ganze Nachricht gelesen. Sie schniefte, und daraufhin wagten es die Vögel, wieder zu zwitschern.

»Die dummen alten Narren glauben, den Wald vor lauter Bäumen nicht zu sehen, aber die Bäume *sind* der Wald«, murmelte sie. »Es ist teuer, solche Nachrichten zu schicken, nicht wahr?«

»Diese kostete mehr als sechshundert Dollar«, sagte Shawn voller Ehrfurcht. »Ich habe die Wörter gezählt! Zauberer müssen steinreich sein!«

»Nun, ich bin es nicht«, erwiderte die Hexe. »Wie viel kostet ein Wort?«

»Fünf Cent für das Versenden und fünf Cent für das erste Wort«, sagte Shawn.

»Ah«, sagte Oma. Sie runzelte die Stirn, als sie sich konzentrierte, und ihre Lippen bewegten sich lautlos. »Mit Zahlen konnte ich nie besonders gut umgehen. Ich schätze, das macht … sieben Cent, nicht wahr?«

Shawn kannte sich mit Hexen aus. Es war besser, sofort nachzugeben.

»Stimmt genau«, sagte er.

»Hast du einen Stift?«, fragte Oma. Shawn reichte ihr einen. Mit großer Sorgfalt malte sie einige Blockbuchstaben auf die Rückseite eines Blattes und reichte es ihm.

»Das ist alles?«, fragte er.

»Lange Frage, kurze Antwort«, sagte Oma so, als handelte es sich dabei um eine universelle Wahrheit. »Gibt es sonst noch etwas?«

Nun, da wäre zum Beispiel das Geld, dachte Shawn, aber Oma Wetterwachs bekleidete auf ihre eigene Art und Weise eine akademische Position. Hexen waren der Ansicht, dass sie der Gesellschaft viele Dienste erwiesen, die nicht leicht erklärt werden konnten, aber sofort ersichtlich wurden, wenn sie damit aufhörten. Ihrer Meinung nach sollte es sieben – oder zehn – Cent Wert sein, nicht herauszufinden, worum es bei jenen Diensten ging.

Shawn bekam seinen Stift nicht zurück.

Die Öffnung zum B-Raum war inzwischen recht deutlich zu erkennen. Sie faszinierte Dr. Dee, der voller Zuversicht darauf wartete, dass Engel zum Vorschein kamen. Bisher war nur ein Affe durchs Loch gekommen.

Die automatische Reaktion der Zauberer auf ein Problem bestand darin, nach einem Buch darüber zu suchen. Im B-Raum gab es reichlich Bücher. Die Schwierigkeit bestand darin, jene zu finden, die zur gegenwärtigen Historie gehörten – wenn man potenziell alles weiß, ist es schwer, etwas zu finden, das man wissen möchte.

»Lasst uns Zwischenbilanz ziehen«, sagte Ridcully nach einer Weile. »Die letzten bekannten Bücher in diesem Hosenbein der Zeit werden wann geschrieben?«

»In etwa hundert Jahren«, sagte der Dozent für neue Runen und blickte auf seine Notizen. »Kurz vor dem Zusammenbruch der Zivilisation. Anschließend gibt es Brände, Hungersnöte, Krieg – der übliche Kram.«

»HEX meint, die Menschen leben wieder in Dörfern, wenn der Asteroid einschlägt«, sagte Ponder. »Auf ein oder zwei anderen Kontinenten sieht die Sache etwas besser aus, aber niemand sieht ihn auch nur kommen.«

»Es hat schon früher solche Epochen gegeben«, meinte der Dekan. »Soweit sich das feststellen lässt, gab es in diesem Bereich immer kleine, isolierte Gruppen von Menschen, die ihre Bücher bewahrten.«

»Ah. Leute wie wir«, kommentierte Ridcully.

»Ich fürchte nein«, sagte der Dekan. »Religiöse Menschen.«

»Oje!«, meinte Ridcully.

»Offenbar gibt es auf diesem Kontinent vier Hauptgötter, die in lockerer Verbindung zueinander stehen«, erklärte der Dekan.

»Große Bärte am Himmel?«, fragte Ridcully.

»Zwei, ja.«

»Sicher eine morphische Erinnerung an uns«, sagte der Erzkanzler.

»Bei Religionen ist das schwer zu sagen«, erwiderte der Dekan. »Aber zumindest haben die Menschen an der Idee festgehalten, dass Bücher wichtig und Lesen und Schreiben nicht nur für Leute da sind, die nicht genug Muskeln haben, um mit Schwertern aufeinander einzudreschen.«

»Existieren diese religiösen Orte noch?«, fragte der Dozent für neue Runen. »Hätte es einen Sinn, sie zu besuchen, uns als Schöpfer dieses Universums vorzustellen und den Leuten einige Dinge zu erklären?«

Stille folgte. Und dann sagte Ponder mit seiner besten Zu-Vorgesetzten-sprechen-Stimme: »Ich glaube, Menschen, die plötzlich irgendwo erscheinen und sich als Götter präsentieren, begegnet man hier mit der gleichen Einstellung wie auf unserer Welt.«

»Wir könnten nicht mit einer Sonderbehandlung rechnen?«

»Nicht mit der, die du dir erhoffst, nein«, entgegnete Ponder. »Außerdem sind die entsprechenden Orte in diesem Land vom letzten Monarchen geschlossen worden. Ich bin nicht sicher, ob ich alles verstehe, aber offenbar ging es dabei um eine Art Sparpolitik.«

»Streichung von Arbeitsplätzen, Reorganisation, Umbesetzung des Personals, solche Sachen?«, fragte Ridcully.

»Ja, Herr«, erwiderte Ponder. »Und einige Morde und Folterungen, solche Sachen.«

»Aber derartige Probleme können bestimmt gelöst werden, indem man alle Beteiligten in den Wald schickt und dort mit Farbe aufeinander schießen lässt«, meinte der Dozent für neue Runen unschuldig.

»Das überhöre ich, Runen«, sagte Ridcully. »Und nun, meine Herren: Wir *sind* Denker. Wir haben keine Magie. Wir *können* uns in Zeit und Raum bewegen, mit HEX' Hilfe. Und wir haben große Stäbe. Welche Maßnahmen sollen wir ergreifen?«

»Eine Nachricht ist eingetroffen«, sagte HEX.

»Aus Lancre? Das ging schnell!«

»Ja. Die Nachricht ist nicht unterschrieben und lautet: DIESCHICHTEGE.«

HEX buchstabierte. Ponder notierte das Wort in seinem Notizbuch.

»Was bedeutet das?« Ridcully richtete einen fragenden Blick auf die Zauberer.

»Klingt nach Kauderwelsch«, sagte der Dekan. »Rincewind? Du kennst dich doch mit solchen Dingen aus, nicht wahr?«

Rincewind betrachtete das Wort. Nun, wenn man genau darüber nachdachte, war sein ganzes *Leben* ein Kreuzworträtsel ...

»Jedes einzelne Wort kostet Geld, nicht wahr?«, fragte er.

»Ja, es ist skandalös«, sagte Ridcully. »Bei Fernübermittlungen verlangt die Turmgesellschaft fünf Cent pro Wort!«

»Und diese Nachricht stammt von einer alten Frau in Lancre, wo das einfachste Zahlungsmittel ein Huhn ist, wenn ich mich recht entsinne«, meinte Rincewind. »Sie hat kein Geld für lange Mitteilungen übrig. Für mich sieht es nach einem einfachen Anagramm von ... DIE GESCHICHTE ... aus.«

»Ich glaube, es bedeutet ›Die Geschichte verändern‹«, sagte Ponder, ohne aufzusehen. »Und sie hat dabei zehn Cent gespart.«

»Wir haben *versucht*, die Geschichte zu verändern!«, sagte der Dekan.

»Vielleicht sollten wir sie auf eine andere Art und Weise ändern«, erwiderte Ponder. »Und zu einem anderen Zeitpunkt. Uns steht der B-Raum zur Verfügung. Wir können also auf die Hilfe von Büchern zurückgreifen, die in unterschiedlichen Zukünften geschrieben wurden ...«

»Ugh!«

»Tut mir Leid, aber hier gelten die Bibliotheksregeln nicht!«, sagte Ponder.

»Sieh's mal so, alter Knabe«, wandte sich Ridcully an den zornigen Bibliothekar. »Natürlich gelten hier die Regeln, das sieht jeder, und normalerweise käme es uns nie in den Sinn, von dir zu verlangen, in die Natur der Kausalität einzugreifen. Allerdings ist die Natur der Kausalität dieser Welt so beschaffen, dass alle Bibliotheken, die die nächsten tausend Jahre überstehen, ohne als Feueranzünder oder Toilettenpapier verwendet zu werden, in einem Feuerball enden und/oder unter Eis verschwinden. Dr. Dees wundervollen Büchern, die dir so sehr gefallen, mit ihren vielen detaillierten Illustrationen und völlig nutzlosen magischen Kreisen und recht interessanten mathematischen Ziffern wird es ebenso ergehen wie, wie …« Er schnippte mit den Fingern. »Man nenne mir den Namen von etwas, das aussterben wird.«

»Menschen«, sagte Rincewind.

Stille folgte.

Dann sagte der Bibliothekar: »Ugh, ugh.«

»Er sagt, er *sucht* nur die Bücher, in Ordnung?«, übersetzte Rincewind. »Und er lässt sie auf einem Haufen zurück und geht aus dem Zimmer, und niemand darf sie sich ansehen, während er fort ist, denn wenn sie sich jemand ansieht, *weiß er nichts davon*, und er hustet laut, bevor er wieder hereinkommt, und das liegt nur an seinem Husten, es gibt *absolut keinen anderen Grund dafür*, klar?«

ZWANZIG

Einfach göttlich

»Religiöse Menschen«, sagte der Dekan.

»Oje!«, sagte Ridcully.

Die Magierzunft auf der Scheibenwelt hat es nicht sehr mit der Religion. Bei der Geschichte der Scheibenwelt überrascht das nicht. Ein großes Problem ist: Man *weiß* auf der Scheibenwelt, dass Götter real sind. Wir werden später ein paar aufzählen, doch den Rahmen spannen können wir mit einem Verweis auf den Gott der Eintagsfliegen. In *Alles Sense* erzählt eine alte Eintagsfliege ein paar jungen von diesem Gott, während sie knapp über der Oberfläche eines Flusses schweben:

»... Du hast uns von der Großen Forelle erzählt.«

»Ja. Ja, genau. Die Forelle. Nun, wenn man eine gute Eintagsfliege gewesen ist und immer auf die richtige Weise im Zickzack überm Bach flog ...«

»... und wenn man außerdem immer Respekt vor Älteren hatte ...«

»Ja, und wenn man außerdem immer Respekt vor Älteren hatte, dann kommt die Große Forelle und ...«

Plitsch.

Platsch.

»Ja?«, fragte eine der jungen Eintagsfliegen.

Keine Antwort.

»Dann kommt die Große Forelle und was?«, ertönte die nervöse Stimme einer anderen Fliege.

Sie blickten aufs Wasser hinab und sahen mehrere sich ausdehnende konzentrische Kreise.

»Das heilige Zeichen!«, entfuhr es einer Eintagsfliege. »Man hat mir davon erzählt! Ein Großer Kreis im Wasser! Es ist das Zeichen der Großen Forelle!«

Die Religionen der Rundwelt vermeiden die Schwierigkeiten mit Göttern, die man wirklich sehen oder treffen oder von denen man verspeist werden kann: Die meisten gegenwärtigen Religionen halten es für angezeigt, Nägel mit Köpfen zu machen und ihre Götter an einem Ort zu lokalisieren, der sich nicht nur außerhalb des Rundwelt-Planeten befindet, sondern außerhalb des Rundwelt-Universums. Das lässt bewundernswerte Voraussicht erkennen, denn Gegenden, die heute unerreichbar sind, können morgen ein Wald von Touristenhotels sein. Als der Himmel ein unerforschter und unauslotbarer Bereich war, war es Mode, die Götter im Himmel zu orten oder auf dem unbesteigbaren Berg Olymp oder in den Hallen von Walhalla, was so ziemlich auf dasselbe hinausläuft. Doch inzwischen sind alle wesentlichen Berge bestiegen worden, die Menschen fliegen routinemäßig über den Atlantik, acht Kilometer hoch, und man hört selten Berichte von Begegnungen mit Göttern.

Es zeigt sich jedoch, dass Götter, die sich nicht Tag für Tag in körperlicher Form manifestieren, einen beeindruckenden Grad von Unaussprechlichkeit erlangen. Auf der Scheibenwelt andererseits ist es möglich, dass einem auf der Straße Götter über den Weg laufen, wenn sie nicht gerade im Straßengraben liegen. Sie faulenzen auch im Scheibenwelt-Gegenstück von Walhalla herum, bekannt als *Würdentracht*, welches sich auf dem Gipfel von Cori Celesti befindet, einer zehn Meilen hohen Felssäule von grünem Eis und grauem Stein bei der Mitte der Scheibe.

Wegen der alltäglichen Anwesenheit von Göttern, die man anfassen kann, gibt es auf der Scheibenwelt kein Problem mit dem *Glauben* an Götter; es geht vielmehr darum, wie sehr man ihre Lebensweise missbilligt. Auf der Rundwelt trifft man nicht auf Schritt und Tritt Götter – oder wenn doch, dann in so raffinierter Verkleidung, dass der Ungläubige sie nicht bemerkt. So ist es denn möglich, ernsthaft über Glauben zu debattieren, denn darauf beruht das Konzept, das die meisten Menschen von Gott haben.

Wir sagten schon, dass auf der Scheibenwelt alles reifiziert ist, und das gilt in ziemlich großem Maße auch für den Glauben. Nun ist der GV-Raum, der Raum der Glaubensvorstellungen, sehr groß, weil die Menschen lebhafte und vielfältige Phantasien haben und fast alles zu glauben imstande sind. Darum ist auch der G-Raum, der Götter-Raum, sehr groß. Und auf der Scheibenwelt werden Phasenräume reifiziert. Also ist es nicht nur so, dass die Scheibenwelt Götter hat: Sie ist damit geradezu verseucht. Es gibt mindestens 3000 größere Götter auf der Scheibe, und es vergeht kaum eine Woche, ohne dass die Forschungstheologen weitere entdecken. Manche verwenden Hilfsmittel wie Pappnasen, um in religiösen Aufzeichnungen unter hunderten von verschiedenen Namen aufzutauchen, weshalb es schwierig ist, den Überblick zu behalten. Unter ihnen sind Cephut, der Gott des Essbestecks (*Pyramiden*), Flatulus, Gott der Winde (*Einfach göttlich*), Gruni, der Gott des unreifen Obstes (*Alles Sense*), Hut, der geierköpfige Gott unerwarteter Besucher (*Pyramiden*), Offler, der Krokodilgott (*Gevatter Tod* und *Der Zauberhut*), Petulis, die Göttin veräußerlicher Zuneigung (*Einfach göttlich*), und Steikhegel, der Gott entlegener Kuhställe (*Gevatter Tod*).

Dann gibt es noch die geringeren Götter. Wie *Die Scheibenwelt von A – Z* uns mitteilt, gibt es »Milliarden von ihnen: winzige Bündel, die nicht mehr enthalten als reines Ego und ein wenig Verlangen«. Wonach es sie verlangt, zumindest für den Anfang, ist Menschenglaube, denn auf der Scheibenwelt sind Größe und

Macht eines Gottes proportional zur Anzahl der Menschen, die an ihn oder sie oder es glauben. Es ist tatsächlich ganz ähnlich wie auf der Rundwelt, denn Einfluss und Macht einer Religion sind proportional zur Anzahl ihrer Anhänger. Die Parallele ist also viel enger, als man erwarten sollte – und just das sollte man von der Scheibenwelt immer erwarten, denn sie hat eine unheimliche Fähigkeit, die menschlichen Verhältnisse auf der Rundwelt zu reflektieren und zu erhellen. Eigentlich entscheidet nicht immer der Glaube der Menschen (oder der Eintagsfliegen). Siehe dazu *Lords und Ladies*:

> Ein den Bergen und Wäldern von Lancre gab es viele Götter. Einer von ihnen hieß Hern der Gejagte. Er war der Gott des Jagens und Verfolgens. Mehr oder weniger.
>
> Die meisten Götter werden von Glauben und Hoffnung erschaffen und am Leben erhalten. Jäger tanzen in Fellen und Tierhäuten, schaffen dadurch Jagdgötter, die zu Ausgelassenheit neigen und den Takt einer Flutwelle besitzen. Aber dabei handelt es sich nicht um die einzigen Götter der Jagd. Auch das Opfer hat eine okkulte Stimme, während der Puls rast und die Hunde bellen. Hern war der Gott der Gejagten und Verfolgten und all jener kleinen Geschöpfe, deren Schicksal darin besteht, ihr Leben mit einem erschrockenen Quieken zu beenden.

Wenn man religiöse Glaubensvorstellungen diskutiert, läuft man immer Gefahr, jemanden aufzubringen. Dasselbe gilt natürlich auch für Diskussionen über Fußball, doch die Leute nehmen ihre Religion fast ebenso ernst. Beginnen wir also – wie gegen Ende von *Die Gelehrten der Scheibenwelt* – mit dem Eingeständnis: »Alle Religionen sind wahr, wenn man für Wahrheit einen bestimmten Wert annimmt.« Wir haben nicht den Wunsch, Ihren

Glaubensvorstellungen Schaden zuzufügen, falls Sie welche haben, noch andernfalls Ihrem Mangel an Glauben. Wir haben freilich nichts dagegen, wenn wir Ihre Glaubensvorstellungen modifizieren. Das ist unsere Verantwortung und Ihre Entscheidung: Machen Sie uns keinen Vorwurf. Doch wir werden uns in Kürze die Wissenschaft vornehmen und dann die Kunst, also wäre es wohl nicht fair, die Religion unbehelligt zu lassen. Was immer Sie auch glauben mögen, Religion ist doch ein grundlegender Zug des Menschseins, und sie ist eins von den Dingen, die uns zu dem gemacht haben, was wir sind. Wir *müssen* sie untersuchen und fragen, ob die Scheibenwelt sie in einem neuen Licht erscheinen lässt.

Wenn Sie religiös sind und sich bei dem, was wir sagen, wohl fühlen möchten, können Sie allemal annehmen, dass wir von allen *anderen* Religionen sprechen, nur nicht von Ihrer. Vor ein paar Jahren sprach während der Ökumenischen Woche Rabbi Lionel Blue innerhalb einer Folge über Toleranz den »Gedanken des Tages« im Radioprogramm der BBC. Er war der erste Sprecher in der Folge und schloss mit einem Scherz. »Man hätte mich nicht bitten sollen, die Folge zu beginnen«, sagte er und erklärte dann, worin sich die folgenden Sprecher der anderen Religionen von ihm unterscheiden würden und wie es sich dazu tolerant verhalten würde. »Schließlich«, sagte er, »verehren sie Gott auf ihre Art ..., während ich Ihn auf die Seine verehre.«

Wenn Sie das wirklich für einen Scherz halten, wie es der gute Rabbi tat, aber auch verstehen, dass es außerhalb dieses gemütlichen Kontexts in einer multikulturellen Welt keine gute Art zu denken ist, geschweige denn zu sprechen, dann haben Sie schon den Finger auf der zwiespältigen Rolle, welche die Religion in der menschlichen Geschichte gespielt hat. Mit den geistigen Drehungen und Wendungen, die es braucht, um in einer Multikultur zu leben.

Für einen unvoreingenommenen und kühlen Beobachter hat das große Problem bei der Religion nichts mit dem Widerstreit von Glaube und Beweis zu tun. Wenn die Religion Beweisen oder Widerlegungen wissenschaftlicher Art zugänglich wäre, gäbe es nicht viel zu diskutieren. Nein, das große Problem ist die Ungleichheit zwischen der individuellen menschlichen Spiritualität – dem tief sitzenden Gefühl, dass wir in dieses Ehrfurcht gebietende Universum gehören – und den verheerenden Katastrophen, die organisierte Religionen im Großmaßstab zu verschiedenen Zeiten, höchstwahrscheinlich auch gestern, dem Planeten und seinen Menschen zugefügt haben. Das ist bestürzend. Die Religion sollte eine Macht für das Gute sein, und meistens ist sie das ... Doch wenn sie es nicht ist, geht sie auf spektakuläre und schreckliche Art fehl.

Sowohl in *Pyramiden* als auch in *Einfach göttlich* sehen wir, dass das eigentliche Problem in diesem Zusammenhang nicht die Religionen als solche sind, sondern die Priester. Es ist bekannt, dass Priester sich der spirituellen Gefühle von Individuen bemächtigt und sie zu etwas Schrecklichem verdreht haben; die Quisition in *Einfach göttlich* war schwerlich eine Erfindung. Manchmal wurde es für Macht oder für Geld getan. Es wird sogar getan, weil die Priester tatsächlich glauben, dass der Gott ihrer Wahl es von ihnen verlange.

Wiederum sind auf individueller Ebene viele Priester (oder ihre Entsprechungen) nette Leute, die viel Positives tun, doch im Kollektiv können sie sehr negative Wirkungen haben. Es ist dieses Missverhältnis, das den Kern unserer Diskussion bilden wird, denn es sagt uns interessante Dinge darüber, was es bedeutet, Mensch zu sein.

Wir sind sehr winzige, verletzliche Wesen in einem riesigen, unkontrollierbaren Universum. Die Evolution hat uns nicht nur mit Augen ausgestattet, damit wir das

Universum sehen, sondern auch mit einem Geist, um kleine Modelle davon in uns zu bewahren, das heißt, damit wir uns Geschichten darüber erzählen können.

Im Lauf der Jahrtausende haben wir gelernt, mehr und mehr Einfluss auf unsere Welt auszuüben, doch jeden Tag sehen wir Beweise dafür, dass unsere Fähigkeit, unser eigenes Leben nachhaltig zu beeinflussen, außerordentlich beschränkt ist. In der Vergangenheit waren Krankheit, Tod, Hunger und Raubtiere Teil des alltäglichen Daseins. Man hatte unter Kontrolle, was man an Pflanzen anbaute, aber nicht, wann der Regen kam, und wenn man sich gerade bückte, um Unkraut auszurupfen, konnte ein Rudel Löwinnen über einen herfallen.

Es ist sehr unangenehm, wenn man ohne Hilfe mit solch einer Welt zurechtkommen muss, und viele Menschen müssen das auch noch. Allen ist viel wohler zumute, wenn sie *glauben*, es gäbe Möglichkeiten, Regen und Löwinnen unter Kontrolle zu bringen.

Nun ist der menschliche Geist ein unablässiger Muster-Sucher und findet sogar dort Muster, wo es keine gibt. Jede Woche suchen Millionen von völlig normalen Menschen nach Mustern in den Lottozahlen und vergessen, dass es in Zufallszahlen keinerlei bedeutungsvolle Struktur gibt. Der Glaube an die Fähigkeit, Gewalt über Regen oder Löwinnen zu haben, braucht also nicht mit der tatsächlichen Fähigkeit zu korrespondieren. Wir alle wissen, dass Dinge auch dann schief gehen können, wenn wir sie unter Kontrolle haben, also wird unser Glaube selten ernsthaft in Frage gestellt, egal, was geschieht.

Die Idee, es gebe eine Regengöttin, die entscheidet, wann es regnet, oder einen Löwengott, der einen entweder vor Löwenangriffen schützt oder die Löwen auf einen loslässt, hat unwiderstehliche Vorteile. Man kann nicht über den Regen gebieten, und über die Regengöttin natürlich auch nicht, doch mit den richtigen Riten kann man hoffen, ihre Entscheidungen zu beeinflussen. Hier nun tritt die Priesterschaft auf den Plan, denn sie kann als Mittler zwischen jedermann und den Göttern dienen. Sie kann die angemessenen Rituale vorschreiben – und wie alle guten Politiker können die Priester den Erfolg für sich in Anspruch nehmen und jemand anderem die Schuld zuschieben, wenn sie etwas falsch machen. »Was, Henry ist von einem Löwen gefressen worden? Nun ja, dann wird er wohl nicht den richtigen Respekt gezeigt haben, als er dem Löwengott sein tägliches Opfer darbrachte.« – »Woher wisst Ihr das?« – »Na, wenn er den richtigen Respekt gezeigt hätte, wäre er nicht gefressen worden.« Nehmen Sie dazu noch die von den Priestern rasch erworbene Macht, Sie den irdischen Vertretern des Löwengottes vorzuwerfen, wenn Sie widersprechen, und Sie sehen, dass der Kult des Löwengottes eine Menge für sich hat.

Die Menschen blicken auf das Universum ringsum und empfinden überwältigende Ehrfurcht. Es ist so groß, so unverständlich – und dennoch scheint es nach einer Melodie zu tanzen. Menschen, die in einer Kultur aufwachsen – insbesondere in einer mit langer Geschichte und gut entwickelten Techniken, um Häuser zu bauen, Landwirtschaft zu betreiben, Tiere zu jagen, Boote zu bauen –, erkennen sofort, dass sie sich *etwas* gegenüber sehen, das viel größer ist als sie selbst. Woraus sich sogleich alle großen philosophischen Fragen ergeben: Wo kommt es her, wozu dient es, warum bin ich hier? Und so weiter.

Stellen Sie sich vor, wie es Abraham vorgekommen sein muss, einem der Gründungsväter des Judaismus. Er war wahrscheinlich ein Schafhirte und lebte wahrscheinlich in Ur, einem der ersten echten Stadtstaaten, und in der Umgebung. Er war umringt von den Bildern einfältiger Religionen: von goldbelegten Idolen, Masken, Altären. Sie beeindruckten ihn überhaupt nicht. Es waren triviale Dinge, kleingeistig. Sie wurden nicht annähernd der Ehrfurcht gebietenden Größe der Natur und ihrer frappierenden Macht gerecht. Zudem war ihm bewusst, dass »etwas« viel Größeres als er selbst jene Welt regierte. *Es* wusste, wann die Felder zu bestellen und wann die Ernte einzubringen war, wie man sagen konnte, ob Regen zu erwarten war, wie man Boote baute, wie man Schafe züchtete (nun ja, dieses bisschen wusste er auch), wie man ein Leben in Wohlstand haben konnte. Mehr noch: Es wusste, wie man all dieses Wissen an die nächste Generation weitergab. Abraham wusste, dass seine eigene winzige Intelligenz nichts war im Vergleich zu jenem majestätischen *Etwas*. Also reifizierte er es und gab ihm einen Namen: Jahwe, was bedeutet »Das, was ist«.* So weit, so gut, doch dann machte er einen einfachen, aber intellektuell verhängnisvollen Fehler. Er geriet in die Falle der »ontischen Ablage«.

Ein netter Begriff. Was bedeutet er? Ontologie ist die Lehre von Wissen. Nicht das Wissen selbst, sondern die Lehre davon, seine Erforschung. Eine wichtige Methode, neues Wissen festzumachen, ist die Erfindung neuer Wörter. Wenn man beispielsweise einen Hammer macht, muss jemand ein schweres, festes Ding herstellen, das am wirksamen Ende sitzt. Man verwendet einen passenden Stein oder fertigt es aus Metall an; jedenfalls kann man es nicht endlos »das schwere feste Ding am Ende des Hammers« nennen. Also schauen

---

* Der Gottesname wird im Hebräischen nur mit den Konsonanten JHWH geschrieben, im Englischen meistens fälschlich als »Jehova«, von gläubigen Juden aber niemals ausgesprochen, sondern durch das Wort für »Herr« ersetzt; seine ursprüngliche Bedeutung ist nicht eindeutig geklärt. Üblich ist, ihn auf die Formulierung »Ich bin, der ich bin« oder, wie man in der Lutherbibel nachlesen kann (2. Mose 3, 14), »Ich werde sein, der ich sein werde« zurückzuführen. – *Anm. d. Übers.*

Sie sich nach einer Metapher um und erinnern sich, dass das Ding, was bei einen Menschen oder einem Tier am wirksamen Ende sitzt, Kopf genannt wird. Und so erfinden Sie den Begriff »Hammer-Kopf«.

Sie haben jetzt das Wissen, was der Stein oder das Metallstück ist, in einem Namen *abgelegt*. Wir sagen »abgelegt«, weil Sie sich für die meisten Zwecke nicht zu erinnern brauchen, wo der Name herkam. Hammerkopf (ohne Bindestrich) ist ein eigenständiges Ding geworden, nicht eine Eigenschaft, die einem Hammer zukommt.

Der menschliche Geist ist eine Erzählvorrichtung, eine Metaphern-Maschine: ontische Ablage ergibt sich für Wesen wie uns ganz natürlich. So funktionieren unsere Sprache, unser Geist. Es ist ein Trick, um Dinge zu vereinfachen, die sonst unfasslich wären. Es ist das linguistische Analogon zu einer politischen Hierarchie als Methode, mit der ein Mensch über Millionen gebieten kann. Ein Nebeneffekt ist, dass ontisch abgelegte Wörter in Assoziationen schwimmen. Wir sind uns dieser Assoziationen selten bewusst, außer, wenn wir gelegentlich innehalten und uns etwas in der Art fragen wie: »Was in aller Welt hat ›Elfenbein‹ mit den Beinen von Elfen zu tun?« Dann stürzen wir zum Wörterbuch und stellen fest, dass »Bein« das alte deutsche Wort für »Knochen« war (wie noch im Schlüsselbein, Nasenbein usw.) und dass die Elfen in diesem Wort gar keine netten oder gemeinen Elfen sind, sondern nachlässig ausgesprochene Elefanten …

Im Unterbewusstsein sind wir uns der dunklen Assoziationen mehrere Ebenen abwärts in der Hierarchie der ontischen Ablage nur zu gut bewusst. Daher sind Wörter, die abstrakte Etiketten sein sollten, über und über mit ihren (oft irrelevanten) Geschichten behaftet.

Abraham also war von der Ehrfurcht vor »dem, was ist« überwältigt und legte sie ontisch in einem Wort ab,

Jahwe. Woraus schon bald ein Ding wurde, ja sogar eine *Person*. Das ist wiederum eine von unseren Angewohnheiten: Dinge zu personifizieren. Abraham tat also den winzigen Schritt von »es gibt etwas außerhalb von uns, das größer ist als wir« zu »es gibt *jemanden* außerhalb von uns, der größer ist als wir«. Er hatte einen Blick auf die sprießende Extelligenz seiner Kultur geworfen, und vor seinen Augen verwandelte sie sich in Gott.

Und das ergab so viel Sinn. Es erklärte noch so vieles anderes. Statt dass die Welt aus Gründen, die er nicht verstehen konnte, so war, wie sie war – obwohl das größere Etwas sie durchaus verstand –, sah er nun, dass die Welt so war, weil Gott sie so gemacht hatte. Es regnete nicht, weil irgendein ordinärer götzenhafter Regengott es regnen ließ; Abraham war zu klug, *das* zu glauben. Es regnete, weil der Ehrfurcht gebietende Gott, dessen Anwesenheit überall zu sehen war, es regnen ließ. Und er, Abraham, konnte nicht hoffen, den Geist Gottes zu verstehen, also konnte er natürlich nicht voraussagen, wann es regnen würde.

Wir haben Abraham hier als Platzhalter verwendet. Nehmen Sie Ihre Religion, Ihren Gründer, und passen Sie die Geschichte an. Wir behaupten nicht zu wissen, dass die Geburt des Judaismus so stattfand, wie wir es eben erklärt haben. Das war nur eine Geschichte, wahrscheinlich nicht wahrer als die von Pu dem Bären und dem Honig. Doch so, wie Pu im Kaninchenbau uns etwas über Gier lehrt, weist Abrahams ontische Ablage auf einen plausiblen Weg hin, auf dem normale, vernünftige Leute von ihren eigenen spirituellen Gefühlen dazu geführt werden können, einen Naturprozess zu einem unergründlichen Wesen zu reifizieren.

Diese Reifikation hatte viele positive Folgen. Menschen beachten die Wünsche unergründlicher, allmächtiger Wesen. Religiöse Lehren legen oft Richtlinien (Gesetze,

Gebote) für ein akzeptables Verhalten anderen Menschen gegenüber fest. Freilich, es gibt viele Meinungsverschiedenheiten zwischen den einzelnen Religionen oder zwischen Sekten innerhalb einer Religion, was die Feinheiten angeht. Und es gibt ein paar ziemlich wesentliche Bereiche von Meinungsverschiedenheiten, wie die empfohlene Behandlung von Frauen oder das Ausmaß, in dem den Ungläubigen Grundrechte gewährt werden sollten. Im Großen und Ganzen jedoch besteht in solchen Lehren eine starke Übereinstimmung, beispielsweise eine fast universelle Verurteilung von Diebstahl und Mord. Praktisch alle Religionen bekräftigen einen sehr ähnlichen Konsens, was »gutes« Verhalten ist, vielleicht, weil es dieser Konsens ist, der die Erprobung durch die Zeit bestanden hat. In Begriffen des Unterschieds zwischen barbarischer und Stammesgesellschaft ist es ein stammesmäßiger Konsens, von Stammesmethoden wie dem Ritual verstärkt, doch darum nicht schlechter.

Viele Menschen finden in ihrer Religion Inspiration, und sie hilft ihnen, ein Gefühl der Zugehörigkeit zu vermitteln. Sie verstärkt ihr Gefühl, welch ein Ehrfurcht gebietender Ort das Universum ist. Sie hilft ihnen, mit Katastrophen fertig zu werden. Mit Ausnahmen, die größtenteils mit spezifischen Umständen wie Krieg zusammenhängen, predigen die meisten Religionen, dass Liebe gut und Hass schlecht ist. Und die ganze Geschichte hindurch haben gewöhnliche Menschen auf dieser Grundlage große Opfer gebracht – oftmals ihr eigenes Leben. Diese Art Verhalten, allgemein Altruismus genannt, hat den Evolutionsbiologen eine Menge Kopfzerbrechen beschert. Zuerst wollen wir zusammenfassen, was sie über das Problem gedacht haben und zu welchen Schlussfolgerungen sie gelangt sind. Dann werden wir eine alternative Herangehensweise betrachten, die ursprünglich von religiösen Erwägungen motiviert ist und uns viel mehr zu versprechen scheint.

Zunächst einmal ist Altruismus kein Problem. Wenn zwei Organismen zusammenarbeiten – womit wir in diesem Kontext meinen, dass jeder bereit ist, sein Leben zu riskieren, um dem anderen zu helfen* –, dann haben beide Aussicht auf Gewinn. Die natürliche Auslese fördert solche Vorteile und verstärkt sie. Was mehr braucht es zur Erklärung?

Leider ziemlich viel. Ein Standard-Reflex in der Evolutionsbiologie ist die Frage, ob solch eine Situation stabil ist – ob sie hält, wenn andere Organismen andere Strategien einsetzen. Was passiert beispielsweise, wenn die meisten Organismen kooperieren, ein paar aber lieber betrügen? Wenn die Betrüger gedeihen, dann ist es besser, ein Betrüger zu werden, als zu kooperieren, und die Strategie der Kooperation ist instabil und stirbt aus. Wenn man auf die Methoden der Genetik Mitte des 20. Jahrhunderts zurückgreift – den Ansatz, den als Erster Ronald Aylmer Fisher vorgebracht hat –, dann kann man berechnen und die Umstände ermitteln, unter denen Altruismus eine evolutionär stabile Strategie ist. Die Antwort lautet, dass es darauf ankommt, mit wem man kooperiert, für wessen Leben man das eigene riskiert. Je enger sie mit einem verwandt sind, je mehr Gene sie mit einem teilen, umso eher sind sie es wert, dass man die eigene Sicherheit für sie aufs Spiel setzt. Diese Analyse führt zu Schlussfolgerungen wie: »Es lohnt sich, in einen See zu springen, um die eigene Schwester zu retten, aber nicht die Tante.« Und schon gar nicht einen Fremden.

Das ist genetische Orthodoxie, und wie die meisten Orthodoxien wird sie von den Orthodoxen geglaubt. Doch andererseits: Wenn jemand in einen See gefallen ist, fragt man nicht: »Entschuldigen Sie, mein Herr, wie eng sind wir verwandt? Sind Sie vielleicht zufällig ein

---

* Es scheint kein brauchbares Wort für »altruistisch sein« zu geben. Altruieren?

naher Verwandter von mir?«, ehe man hineinspringt, um ihn zu retten. Wenn jemand die Sorte Mensch ist, der hineinspringt, dann tut er es, egal, wer in den See gefallen ist. Ist er das nicht, dann tut er es nicht. Meistens. Eine deutliche Ausnahme ergibt sich, wenn ein Kind hineinfällt; selbst wenn sie nicht schwimmen können, werden die Eltern sehr wahrscheinlich hineinspringen, um es zu retten, doch sie würden das wahrscheinlich nicht für ein fremdes Kind tun und erst recht nicht für einen Erwachsenen. Es spricht also einiges für die genetische Orthodoxie.

Allerdings nicht viel. Fishers Mathematik ist ziemlich altmodisch und beruht auf einem stark – und sehr unsicher – vereinfachten Modell.* Es stellt eine biologische Art durch ihren Genpool dar, wo nichts zählt als der Anteil der Organismen, die ein bestimmtes Gen besitzen. Statt verschiedene Strategien zu vergleichen, die ein Organismus anwenden könnte, ermittelt das Modell, welche Strategie »im Durchschnitt« am besten ist. Und soweit individuelle Organismen in diesem Rahmen überhaupt vorkommen, nämlich nur als Beiträger zum Genpool, wird Wettbewerb zwischen Organismen als direkte Entscheidung »ich gegen dich« betrachtet. Ein Vogel, der Samen frisst, wird im Kampf ums Überleben – einer gegen einen – einem Würmer fressenden Vogel gegenübergestellt, wie zwei Tennisspieler ... und möge der bessere Vogel siegen.

Das ist eine Erbsenzähler-Analyse, mit Erbsenzähler-Mentalität ausgeführt. Der Vogel mit den meisten Erbsen (etwa Energie von Samen oder Würmern) überlebt, der andere nicht.

---

* Zu Fishers Zeit war diese Vereinfachung eine großartige Idee, weil sie es ermöglichte, die Berechnungen anzustellen. Heute ist es eine schlechte Idee, und zwar aus demselben Grunde. Man kann es so berechnen, doch man kann den Antworten nicht im Mindesten trauen.

Als komplexes System betrachtet, funktioniert die Evolution überhaupt nicht so. Organismen können manchmal direkt miteinander konkurrieren – zum Beispiel zwei Vögel, die am selben Wurm ziehen. Oder zwei Vogeljunge im Nest, wo direkte Konkurrenz heftig und tödlich sein kann. Doch meistens findet die Konkurrenz indirekt statt – so indirekt, dass »konkurrieren« einfach nicht das richtige Wort ist. Jeder einzelne Vogel überlebt oder nicht vor dem Hintergrund von allem anderen, einschließlich der anderen Vögel. Vogel A und Vogel B stehen sich nicht einer gegen einen gegenüber. Sie konkurrieren miteinander nur in dem Sinne, dass *wir* die Leistung des einen mit der des anderen vergleichen wollen und einen von beiden für erfolgreicher erklären.

Es ist wie bei zwei jungen Leuten, die die Fahrprüfung ablegen. Vielleicht befindet sich der eine in Großbritannien und der andere in den USA. Wenn einer besteht und der andere durchfällt, können wir den Ersteren zum »Sieger« erklären. Doch die beiden jungen Leute wissen nicht einmal, dass sie miteinander im Wettbewerb stehen, weil sie es nämlich nicht tun. Erfolg oder Misserfolg des einen hat keine Auswirkung auf Erfolg oder Misserfolg des anderen. Trotzdem darf der eine einen Wagen fahren und der andere nicht.

Das System der Fahrprüfungen funktioniert so, und es spielt keine Rolle, dass die amerikanische Prüfung leichter als die britische zu bestehen ist (wie wir aus persönlicher Erfahrung bestätigen können). Evolutionäre »Konkurrenz« funktioniert meistens wie die Fahrprüfung, doch mit der zusätzlichen Komplikation, dass sie gelegentlich doch eher einem Tennisspiel gleicht.

So gesehen, ist die Evolution ein komplexes System mit Organismen als Wesenheiten. Welche Organismen überleben und sich fortpflanzen und welche nicht, wird auf der Ebene des Systems bestimmt. Es hängt ebenso vom Kontext (amerikanische Fahrprüfung oder britische) wie von den inneren Eigenschaften der Individuen ab. Das Überleben einer biologischen Art ist eine emergente Eigenschaft des ganzen Systems, und keine einfache kurzschlüssige Berechnung kann es vorhersagen. Insbesondere können Berechnungen, die auf der Häufigkeit von Genen im Genpool beruhen, es nicht vorhersagen, und die vermeintliche Erklärung des Altruismus durch Gen-Häufigkeiten überzeugt nicht.

Warum tritt dann Altruismus auf? Eine interessante Antwort gab Randolph Nesse 1999 in der Zeitschrift *Science and Spirit*. In einem Wort lautet seine Antwort »Über-Verpflichtung«. Und es ist ein erfrischender und sehr notwendiger Gegenentwurf zum Erbsenzählen.

Wir haben schon mehrfach gesagt, dass Menschen Zeitbinder sind. Wir richten unser Leben nicht nur nach dem ein, was momentan geschieht, sondern nach dem, wovon wir glauben, dass es in Zukunft geschehen wird. Das ermöglicht es uns, uns auf eine künftige Tat zu verpflichten. »Wenn du krank wirst, werde ich für dich sorgen.« – »Wenn ein Feind dich angreift, werde ich dir zu Hilfe kommen.« Verpflichtungsstrategien ändern das Erscheinungsbild der »Konkurrenz« völlig. Ein Beispiel ist die Strategie der »garantierten gegenseitigen Vernichtung« als Abschreckung gegen einen Atomkrieg. »Wenn du mich mit Kernwaffen angreifst, werde ich meine einsetzen, um dein Land vollkommen zu zerstören.« Selbst wenn ein Land viel mehr Kernwaffen besitzt, was nach der Erbsenzähler-Logik bedeuten würde, dass es »gewinnt«, bedeutet die Verpflichtungsstrategie, dass es nicht gewinnen kann.

Wenn zwei Menschen, Stämme oder Völker einen Pakt schließen und vereinbaren, einander zu unterstützen, werden sie beide gestärkt, und ihre Überlebensaussichten steigen. (Vorausgesetzt, dass es ein vernünftiger Pakt ist. Wir überlassen es Ihnen, Szenarios zu erfinden, wo das soeben Gesagte falsch ist.) Schön und gut, doch kann man sich darauf verlassen, dass der andere sich an die Vereinbarung halten wird? Wir haben einige ziemlich wirksame Methoden entwickelt, um zu entscheiden, ob wir jemandem trauen sollten oder nicht. Auf der einfachsten Ebene beobachten wir, was derjenige tut, und vergleichen es mit dem, was er sagt. Wir können auch versuchen herauszufinden, wie sie sich früher unter ähnlichen Umständen verhalten haben. Solange wir solche Entscheidungen meistens richtig treffen, bieten sie einen wesentlichen Überlebensvorteil. Sie verbessern *unseren* Erfolg vor dem Hintergrund von allem Übrigen. Der Vergleich mit anderen ist unwesentlich.

Aus der Sicht des Erbsenzählers ist die »richtige« Strategie unter solchen Umständen, zu zählen, wie viele Erbsen man bekommt, wenn man seiner Verpflichtung nachkommt, diese mit der Anzahl zu vergleichen, die Betrug einbringt, und zu schauen, welcher Haufen Erbsen größer ist. Aus Nesses Sicht läuft das alles nicht auf einen Haufen Erbsen hinaus. Die ganze Kalkulation kann mit der Strategie der Über-Verpflichtung auf einen Schlag umgangen werden. »Vergiss die Erbsen: Ich garantiere, dass ich meine Pflicht dir gegenüber tue, egal was passiert. Und du kannst mir vertrauen, denn ich werde dir beweisen und jeden Tag unseres Lebens von neuem beweisen, dass ich in solchem Grade dir verpflichtet bin.« Über-Verpflichtung nimmt den Erbsenzählern die Argumente aus der Hand. Während sie versuchen, 142 Erbsen mit 143 zu vergleichen, hat die Über-Verpflichtung sie hinweggefegt.

Nesse äußert die Ansicht, dass solche Strategien eine entscheidende Auswirkung auf die Formung unser Extelligenz hatten (obwohl er dieses Wort nicht verwendet):

Verpflichtungsstrategien bringen Komplexitäten hervor, die die menschliche Intelligenz geformt haben.

Darum sind menschliche Psychologie und Beziehungen so schwer auszuloten. Vielleicht wird ein besseres Verständnis für die tiefen Wurzeln der Verpflichtung die Beziehungen zwischen Verstand und Gefühl sowie zwischen Biologie und Glaube erhellen.

Oder, anders gesagt: Vielleicht ist es das, was uns den Neandertalern überlegen machte. Es dürfte freilich schwer sein, eine wissenschaftliche Untersuchung für diese Annahme zu finden.

Wenn Menschen sich auf diese Weise über-verpflichtet verhalten, nennen wir es »Liebe«. Zur Liebe gehört natürlich weit mehr als das eben umrissene einfache Szenario, doch eine Eigenschaft teilen beide: Liebe zählt nicht, was es kostet. Sie *kümmert* sich nicht darum, wer die meisten Erbsen bekommt.* Und indem sie sich dem Erbsenzähler-Spiel verweigert, siegt sie auf der ganzen Linie. Was eine sehr religiöse, spirituelle und erhebende Botschaft ist. *Und* evolutionär guten Sinn ergibt. Was bleibt da noch zu wünschen?

---

* Altruismus, Zusammenarbeit und Liebe unter Menschen sind nicht die einzigen Beispiele für evolutionäre Über-Verpflichtung – wie der Bibliothekar sehr wohl weiß. Eine Banane eignet sich viel besser dazu, von einem Orang-Utan gegessen zu werden, als sie muss. Das übrige Früchtereich kommt dem nicht nahe. Was andere Früchte wie die Tomate davon haben, ist, dass die Samen vom Tier wieder ausgeschieden und verteilt werden, mitsamt einer Beigabe von Dünger. Eine erbsenzählende Tomate könnte das Niveau ihrer Brauchbarkeit vermindern und trotzdem sichern, dass ihre Samen – statt denen der Konkurrenten – verbreitet werden (die saftigsten Tomaten waren meistens die von den Pflanzen, die auf den Rieselfeldern angebaut wurden …). Eine über-verpflichtete Banane geht aber der Notwendigkeit aus dem Weg, derlei Feinheiten zu erproben. Indem sie übertreibt, ihre Fähigkeit zur Fortpflanzung völlig verliert und sich darauf verlässt, dass Menschen sie fortpflanzen werden, sichert sie sich einen derart klaren Gewinn, dass kein Konkurrent auch nur in Sichtweite kommt.

Eigentlich noch eine Menge, denn jetzt wird es allmählich hässlich. Die Gründe jedoch sind bewundernswert. Jede Kultur braucht ihren eigenen »Mach-einen-Menschen-Baukasten«, um der nächsten Generation den Geist einzugeben, der die Kultur in Gang hält – und rekursiv garantiert, dass die nächste Generation dasselbe für die nachfolgenden tut. Rituale passen sehr leicht in solch einen Baukasten, weil es einfach ist, *uns* von *den anderen* anhand der Rituale zu unterscheiden, die *wir* befolgen, *die anderen* aber nicht.* Es ist auch eine hervorragender Test für die Bereitwilligkeit eines Kindes, kulturelle Normen zu beachten, wenn man darauf besteht, dass es eine ganz gewöhnliche Aufgabe auf eine unnötig genau festgelegte und komplizierte Weise ausführt.

Nun jedoch hat die Priesterschaft ihren ideologischen Fuß in der kulturellen Tür. Rituale brauchen jemanden, der sie organisiert und im Einzelnen festlegt. Jede Bürokratie schafft sich eine Herrschaft, indem sie unnötige Aufgaben erzeugt und dann Leute findet, die sie ausführen. Der entscheidende Punkt ist hierbei, dafür zu sorgen, dass die Mitglieder des Stammes oder des Dorfes oder des Volkes die Normen tatsächlich beachten und die Rituale vollführen. Es muss eine Sanktion geben, um sicherzustellen, dass sie es tun, selbst wenn sie Freigeister sind, die es lieber nicht täten. Da alles auf ein ontisch abgelegtes Konzept gegründet ist, muss der Bezug zur Wirklichkeit durch Glauben ersetzt werden. Je weniger sich ein menschlicher Glaube nachprüfen lässt, umso stärker neigen wir dazu, ihn zu bewahren. Tief im Innern erkennen wir an, dass wegen der Unmöglichkeit

---

* ... was derart überwältigend durchgeführt werden kann, dass Leute, die nicht wir sind, überhaupt nichts sind. Siehe die Parodie auf das kaiserliche China – das Achatene Reich – in *Echt zauberhaft* und auch eine Anzahl von Rundwelt-Kulturen. Die anderen zu sein ist im Vergleich dazu schon ein erheblicher Schritt nach oben.

einer Überprüfung Ungläubige zwar nicht nachweisen können, dass wir im Unrecht sind, doch wir ebenso nicht beweisen können, Recht zu haben. Da wir *wissen*, dass wir Recht haben, erzeugt das eine ungeheure Spannung.

Nun beginnen die Grausamkeiten. Religion rutscht über den Rand der Vernunft hinaus, und das Ergebnis sind Gräuel wie die spanische Inquisition. Denken Sie einen Augenblick darüber nach. Die Priesterschaft einer Religion, deren zentrales Credo allumfassende Liebe und Brüderlichkeit waren, wandte systematisch widerwärtigste Foltern, krankhaft und abscheulich, gegen unschuldige Menschen an, die nur eben in *unbedeutenden* Glaubensfragen anderer Ansicht waren. Das ist ein massiver Widerspruch und bedarf der Erklärung. Waren die Inquisitoren schlechte Menschen, die wissentlich Böses taten?

Einfach göttlich, einer der tiefgründigsten und philosophischsten von den Scheibenwelt-Romanen, untersucht die Rolle des Glaubens in Religionen, und die Scheibenwelt macht ihre Version der spanischen Inquisition durch. Eine Besonderheit ist, dass es auf der Scheibenwelt nicht an Göttern mangelt; freilich haben wenige von ihnen nennenswerte Bedeutung.

Es gibt Milliarden von Göttern. In der Welt wimmelt es praktisch von ihnen. Die meisten sind zu klein, um mit bloßem Auge wahrgenommen zu werden, und sie können nur bei Bakterien auf Verehrung hoffen – die zwar häufig ihre Gebete vergessen, allerdings auch nie große Wunder verlangen.

Die Rede ist von den »geringen Göttern«. Sie sind Geister, die dort spuken, wo sich zwei Ameisenpfade kreuzen. Sie beherrschen die Mikroklimate zwischen den Graswurzeln. Und viele von ihnen kommen nie über dieses Stadium hinaus.

Weil ihnen der Glaube fehlt.

Einfach göttlich ist die Geschichte von einem Gott, der eher zu den größeren gehört, dem Großen Gott Om, der sich in der Zitadelle im Herzen der Stadt Kom in den Ländern zwischen den Wüsten von Klatsch und den Dschungeln des Wiewunderlandes einem Mönchsnovizen namens Brutha manifestiert.

Brutha hat zur Religion eine sehr persönliche Haltung. Er richtet sein Leben nach ihr aus. Im Gegensatz dazu glaubt Diakon Vorbis, die Rolle der Religion bestehe darin, das Leben aller anderen Leute nach ihr auszurichten. Vorbis ist das Oberhaupt der Quisition, dessen Rolle es ist, dass er »sich um jene Dinge kümmert, die erledigt werden müssen« und »mit denen andere lieber nichts zu tun haben möchten«. Niemand fällt Vorbis jemals ins Wort, um zu fragen, woran er gerade denkt, denn alle sind starr vor Angst, die Antwort könnte »An dich« lauten.

Die Manifestation des Großen Gottes erfolgt in Gestalt einer Schildkröte. Brutha hat Mühe, das zu glauben:

Ich habe den Großen Gott Om gesehen ... Er erscheint nicht als Schildkröte. Stattdessen wählt er die Gestalt eines Adlers oder Löwen, vielleicht auch die eines Stiers. Im Großen Tempel steht eine Statue. Sie ist elf Ellen hoch und besteht aus Bronze und so. Zerstampft Ungläubige unter sich. Eine Schildkröte kann keinen Ungläubigen unter sich zerstampfen.

Oms Macht ist wegen Mangels an Glauben geschwunden. Er erprobt seine Stärke, indem er im Stillen einen Käfer verflucht, doch es bewirkt nichts, und der Käfer krabbelt ungerührt weiter. Er verflucht eine Melone und ihre Nachkommen bis ins achtzehnte Glied, doch ohne sichtbare Wirkung. Er lässt Furunkel und eitrige Geschwüre über sie kommen, doch sie tut nichts, als dazuliegen und vor sich hin zu reifen. Er gelobt, wenn er den ihm zustehenden Zustand wiedererlangen würde, so würden es die Stämme der Käfer und Melonen bereuen, nicht reagiert zu haben. Denn auf der Scheibenwelt wird die Größe eines Gottes von Stärke und Menge des Glaubens an ihn (oder sie oder es) festgelegt. Oms Kirche ist so korrupt und mächtig geworden, dass der furchtsame Glaube der einfachen Menschen auf die Kirche selbst übertragen wurde – es ist sehr leicht, an ein rot glühendes Stück Eisen zu glauben –, und nur Brutha, die einfältige Seele, glaubt noch wirklich. Kein Gott stirbt jemals, denn es gibt immer noch ein winziges Eckchen Glaube irgendwo auf der Welt, aber eine Schildkröte ist so ziemlich das Äußerste, wie tief man sinken kann.

Brutha wird der 8. Prophet von Om werden. (Seine Großmutter hätte es zwei Generationen früher schaffen können, doch sie war eine Frau, und der narrative Imperativ verbietet Prophetinnen.) Vorbis' Aufgabe ist es, dafür zu sorgen, dass alle Omnianer den Lehren des Großen Gottes Om treu bleiben, will sagen, dass sie tun, was Vorbis sie heißt. Die Anwesenheit des Gottes selbst auf der Scheibenwelt, die Änderungen in all den alten Lehren bewirkt und überhaupt nur Scherereien bereitet, schmeckt Vorbis nicht besonders. Ebenso wenig die Anwesenheit eines echten Propheten. Vorbis sieht sich vor dem spirituellen Dilemma des Inquisitors und löst es in der altehrwürdigen Weise der spanischen Inquisition (was im Grunde bedeutet, sich zu sagen, dass Menschen zu foltern in Ordnung ist, da es ja auf lange Sicht zu ihrem eigenen Besten geschieht).

Brutha hat eine viel einfachere Vorstellung vom Omnianismus: Es ist etwas, wonach Individuen ihr Leben ausrichten sollen. Vorbis zeigt Brutha ein neues Instrument, das er hat anfertigen lassen: eine eiserne Schildkröte, auf der ein Mann oder eine Frau gefesselt werden kann und die ein Feuerloch enthält. Die Zeit, die das Eisen braucht, um heiß zu werden, gibt einem reichlich Gelegenheit, über seine Ketzereien nachzudenken. In einem Anflug von Prophetie erkennt Brutha, dass er selbst das erste Opfer sein wird. Und tatsächlich findet er sich im Lauf der Zeit daran angekettet, und es wird unangenehm warm, während sich Vorbis an seinem Anblick weidet. Dann greift der Große Gott Om ein, den ein Adler aus seinen Krallen fallen lässt.

Einige Personen, die Vorbis aufmerksam beobachteten, meinten später, dass sich der Gesichtsausdruck des Diakons auf eine subtile Weise verändert hatte, bevor zwei Pfund Schildkröte mit einer Geschwindigkeit von drei Metern pro Sekunde gegen seine Stirn prallten.
Der Vorgang kam einer Offenbarung gleich.
Und solche Offenbarungen bleiben nicht ohne Wirkung auf die Zuschauer. Sie sorgen dafür, dass menschliche Seelen von einer Sekunde zur anderen mit aller Kraft glauben.

Der Große Gott Om ist nun wirklich groß. Er erhebt sich über dem Tempel, eine sich blähende Wolke in der Gestalt von adlerköpfigen Männern, Stieren, goldenen Hörnern, alles vermengt und ineinander verwoben. Vier feurige Blitze schießen aus der Wolke hervor und sprengen die Ketten, die Brutha an die eiserne Schildkröte fesselten. Der Große Gott erklärt Brutha zum Propheten Der Propheten.
Der Große Gott gibt Brutha Gelegenheit, ein paar Gebote zu erlassen. Der Prophet lehnt ab, denn er hat beschlossen, man solle »... dabei in erster Linie an das denken, was richtig ist. Göttlicher Wille darf dabei nicht die entscheidende Rolle spielen. Götter könnten ihre Meinung ändern.« Und er sagt Om, es werde keine

Gebote geben, es sei denn, der Gott erkläre sich bereit, sie ebenfalls zu befolgen.

Was für einen Gott ein ganz neuer Gedanke ist.

Einfach göttlich hat viele kluge Worte über Religion und Glauben zu sagen und weist darauf hin, dass nach ihren eigenen Begriffen die Inquisitoren glauben, Gutes zu tun. In Fjodor Dostojewskis Roman *Die Brüder Karamasow* gibt es eine Szene, in der der Großinquisitor Christus begegnet und seine Ansicht erklärt, darunter auch, warum Christi erneuerte Botschaft von allumfassender Liebe zum denkbar ungünstigsten Zeitpunkt kommt und nichts als Scherereien bereiten wird. Ganz wie die Anwesenheit von Brutha, einem echten Propheten, dem Diakon Vorbis gar nicht passt.

Die Rechtfertigung der spanischen Inquisitoren für ihre Taten war philosophisch verschlungen. Ihre Foltern dienten geradezu einem Zweck: nämlich, einen Sünder vor der ewigen Verdammnis zu retten. Die Höllenqualen würden viel schlimmer sein als alles, was einem die Inquisitoren in dieser Welt zufügen konnten, und sie würden nie enden. Also waren sie *natürlich* berechtigt, welche Mittel auch immer zu verwenden, um die arme Seele vor der Verdammnis zu bewahren. Daher glaubten sie, ihre Taten seien gerechtfertigt und entsprächen den christlichen Grundsätzen. Nicht zu handeln hätte bedeutet, den betreffenden Menschen der Gefahr der schrecklichen Höllenfeuer auszusetzen.

Ja, aber was, wenn sie in ihrem Glauben irre gingen? Das ist der verschlungene Teil. Sie waren sich ihrer religiösen Stellung nicht vollends sicher. Wie lauteten die Regeln? Wenn es ihnen nicht gelang, auch nur einen gefolterten Ketzer zu bekehren, würden dann die *Inquisitoren* ewig brennen? Wenn sie auch nur einen Ketzer bekehrten, wäre ihren Seelen dann ein Platz im Himmel sicher? Die Inquisitoren glaubten, dass sie, indem sie

Schmerz und Schrecken zufügten, ohne die Regeln zu kennen, ihre eigenen unsterblichen Seelen riskierten. Wenn sie im Unrecht waren, würden sie es sein, die in ewigen Flammen brennen würden. Doch sie waren bereit, die enorme spirituelle Gefahr zu riskieren, alle Folgen ihrer Taten auf sich zu nehmen, falls diese sich als falsch erweisen sollten. Sehen Sie, wie unglaublich großherzig sie waren, selbst wenn sie Menschen lebendigen Leibes verbrannten oder ihnen mit glühend heißen Messern die Glieder abschnitten ...

Offensichtlich stimmte etwas nicht. Dostojewski löst sein eigenes Handlungsproblem, indem er Christus so antworten lässt, wie dessen Lehren es ihn heißen würden: Er küsst den Inquisitor. Das ist eine Antwort, auf ihre Art, befriedigt aber nicht unsere analytischen Instinkte. In der Haltung des Inquisitors ist ein logischer Fehler: Welcher?

Es ist ganz einfach. Sie dachten daran, was geschehen würde, wenn ihr Glaube an die Richtigkeit ihrer Taten falsch wäre – doch nur im Rahmen ihrer eigenen Religion. Sie haben sich jedoch nicht gefragt, wie ihre Lage wäre, wenn ihre religiösen Glaubensvorstellungen falsch wären, wenn es keine Hölle gäbe, keine ewige Verdammnis, weder Feuer noch Schwefel. Dann würde ihre Rechtfertigung in Stücke zerbrechen.

Freilich, wenn ihre Religion falsch wäre, dann könnte ihre Lehre von der brüderlichen Liebe auch falsch sein. Nicht notwendigerweise: Manches kann zutreffen, anderes Unsinn sein. Doch für die Inquisitoren ist es alles aus einem Guss, es steht und fällt als Ganzes. Wenn sie sich bezüglich ihrer Religion irren, dann gibt es keine Sünde, keinen Gott, und sie können frohgemut Menschen foltern, wenn sie wollen. Es ist wirklich eine hässliche philosophische Falle.

Derlei passiert, wenn eine große, mächtige Priesterschaft sich in etwas festbeißt, was als Ehrfurcht eines

Einzelnen vor dem Universum begann. Es passiert, wenn sich Menschen ausgeklügelte Wortfallen bauen, über die Logik stolpern und Hals über Kopf hineinfallen. Daher kommen Heilige Kriege, wo ein Nachbar dem anderen Grausamkeiten zufügen kann, nur weil dieser ansonsten vernünftige Mensch in eine Kirche mit einem runden Turm statt einem viereckigen geht. Es ist die Haltung, die Jonathan Swift in *Gullivers Reisen* karikierte, als er vom Streit zwischen den Breitendigen und den Spitzendigen berichtete, welches Ende eines Eies zu öffnen sei, wenn man es essen will. Es ist vielleicht der Grund, warum sich heute so viele Menschen unorthodoxen Kulten zuwenden und versuchen, dort eine Heimstatt für ihre Spiritualität zu finden. Doch Kulte unterliegen denselben Risiken wie die Inquisition. Die einzige sichere Heimstatt für die eigene Spiritualität ist man selbst.

Einundzwanzig
Der neue Wissenschaftler

Es gab so etwas wie Psychigkeit, wenn Ponder das richtig sah. Er brauchte seinen ganzen Sachverstand als Leser unsichtbarer Schriften, um eine Vorstellung davon zu gewinnen – der B-Raum war sehr vage in Hinsicht auf die Zukunft dieser Welt.

»Offenbar kann man damit Geschichten erfinden, die funktionieren«, berichtete er. »Es ist eine Methode, um Dinge zu entdecken und darüber nachzudenken. *Psychigkeit*, versteht ihr? ›Psych‹ bezieht sich auf den Geist, und ›igkeit‹ bedeutet, äh, *igkeit*. Auf der Rundwelt funktioniert das so wie die Magie bei uns zu Hause.«

»Also ist es nützlicher Kram«, sagte Ridcully. »Beschäftigt sich jemand damit?«

»HEX kann uns zu einem praktischen Beispiel davon bringen«, erwiderte Ponder.

»Schon *wieder* eine Zeitreise?«, fragte der Dekan.

Ein weißer Kreis erschien auf dem Boden ...

... und auf dem Sand, verschwand dann wieder.

Die Zauberer sahen sich um.

»Na schön«, sagte Ponder. »Trockenes Klima, Hinweise auf Landwirtschaft, Getreidefelder, Bewässerungsgräben, nackter Mann, der eine Kurbel dreht, Mann starrt uns an, Mann schreit und läuft weg ...«

Rincewind trat in den Graben und inspizierte die rohrartige Vorrichtung, die der Mann betätigt hatte. »Es ist nur eine Schraube, die Wasser hebt«, sagte er. »Solche Apparate habe ich oft gesehen. Man dreht die Kurbel, Wasser wird aus dem Graben geschraubt, fließt im Innern durchs Gewinde und oben aus der Öffnung. Im

Innern des Rohrs gibt es so etwas wie kleine Eimer, die sich bewegen und das Wasser befördern. Eine solche Vorrichtung hat nichts *Besonderes*. Sie ist einfach nur ein ... Apparat.«

»Keine Psychigkeit?«, fragte Ridcully.

»Was weiß ich?«, erwiderte Rincewind.

»Psychigkeit ist ein schwieriges Konzept«, meinte Ponder. »Vielleicht läuft es auf Psychigkeit hinaus, wenn man an diesem Apparat herumbastelt, um ihn zu verbessern.«

»Klingt nach Technik«, warf der Dozent für neue Runen ein. »Dabei versucht man, Dinge anders zu bauen, um zu sehen, ob sie dann besser funktionieren.«

»Der Bibliothekar stellte uns ein Buch zur Verfügung, wenn auch widerstrebend.« Ponder zog es aus der Tasche.

Der Titel lautete: *Einfache Wissenschaft für Schulen, ersch. 1920.*

»Sie haben Psychigkeit falsch geschrieben«, sagte Ridcully.

»Und es ist nicht sehr hilfreich«, fügte Ponder hinzu. »Viele Dinge sehen nach Alchimie aus. Ihr wisst schon: Man mische etwas, um zu sehen, was passiert.«

»Das ist alles?«, fragte der Erzkanzler und blätterte. »Moment, Moment. Eigentlich geht es bei der Alchimie vor allem um den Alchimisten. Seine Bücher teilen ihm mit, was er tun muss, damit die Dinge funktionieren: wann er welche Kleidung tragen soll und so weiter. Es ist eine sehr persönliche Angelegenheit.«

»Und?«, fragte der Dozent für neue Runen.

»Hört euch das an«, sagte Ridcully. »Keine Beschwörungen. Nicht ein Hinweis darauf, was man tragen oder wie die Mondphase sein sollte. Nichts Wichtiges. Hier steht: ›Man nehme ein Becherglas und gebe 20 Gramm‹ ... was auch immer das sein mag ... ›Kupfersulfat hinein ...‹« Er unterbrach sich.

»Nun?«, hakte der Dozent für neue Runen nach.

»Wer nimmt das Becherglas? Und wer gibt das Zeug hinein? Was hat das alles zu bedeuten?«

»Vielleicht spielt es keine Rolle, wer das Becherglas nimmt und etwas hineingibt«, vermutete Ponder. Er hatte sich das Buch bereits angesehen, mit dem Ergebnis, dass seine anfängliche Unwissenheit bis zur Seite 10 auf das Mehrfache ihres ursprünglichen Ausmaßes angewachsen war.

»Jeder ist dazu imstande?«, rief Ridcully. »Wissenschaft ist unglaublich wichtig, aber *jeder* kann sie anwenden? Und was soll *dies* bedeuten?«

Er hielt das Buch hoch, damit alle es sehen konnten. Sein Finger deutete auf eine Illustration: Sie zeigte ein Auge in der Seitenansicht, neben einem Apparat.

»Vielleicht ist das der Gott der Wissenschaft«, spekulierte Rincewind. »Er beobachtet, wer was nimmt.«

»Also ... Wissenschaft wird von niemandem im Besonderen erledigt«, sagte Ridcully. »Der größte Teil der Ausrüstung wird gestohlen, und ein großes Auge beobachtet alles?«

Die Zauberer sahen sich schuldbewusst um.

»Hier sind nur wir«, sagte Ponder.

»Dann ist dies keine Wissenschaft«, meinte Ridcully. »Es fehlt ein riesiges Auge. Und außerdem *sieht* man, dass es keine Wissenschaft ist, nur Technik. Jeder einigermaßen intelligente Bursche kann so etwas bauen. Ist doch ganz klar, wie so etwas funktioniert.«

»Wie funktioniert es?«, fragte Rincewind.

»Ganz einfach«, sagte Ridcully. »Die Schraube dreht sich und dreht sich, und oben kommt das Wasser raus.«

»HEX?« Ponder streckte die Hand aus, und ein großes Buch erschien in ihr. Es war dünn, enthielt viele Bilder und trug den Titel *Große Momente der Wissenschaft*. Ponder wusste inzwischen: Wenn HEX oder der Bibliothekar den Zauberern etwas erklären wollten, so griffen sie zu Kinderbüchern.

Er blätterte. Große Bilder, große Schrift.

»Ah«, sagte er. »Archimedes hat dies erfunden. Er war ein Philosoph. Er wurde auch deshalb berühmt, weil eines Tages, als er in die Badewanne stieg, das Wasser über den Rand floss. Dadurch kam er auf die Idee ...«

»... sich eine größere Wanne zuzulegen?«, fragte der Dekan.

»Philosophen haben immer irgendwelche Ideen, wenn sie baden«, erklärte Ridcully. »Na schön. Wenn wir nichts anderes haben ...«

»Meine Herren ...«, sagte Ponder. »HEX, bring uns zu Archimedes. Oh, und gib mir ein Handtuch.«

»Hübscher Ort«, sagte der Dekan, als sich die Zauberer auf die Mauer setzten und übers dunkle Meer blickten. »Ich fühle, dass mir die Seeluft gut tut. Möchte noch jemand Wein?«

Ein interessanter Tag lag hinter ihnen, doch Ponder fragte sich, ob er etwas mit Wissenschaft zu tun hatte. Neben ihm bildeten Bücher einen Stapel. HEX war sehr beschäftigt gewesen.

»Es muss Wissenschaft gewesen sein«, sagte Ridcully. »Der König gab deinem Mann eine Aufgabe. Er sollte herausfinden, ob die Krone ganz aus Gold besteht. Darüber dachte er nach. Wasser schwappte über den Rand der Badewanne. Er verließ die Wanne, wir gaben ihm ein Handtuch, und er ... fand was heraus?«

»Der scheinbare Gewichtsverlust eines Körpers, der teilweise oder ganz in eine Flüssigkeit getaucht wird, entspricht dem Gewicht der verdrängten Flüssigkeit«, sagte Ponder.

»Ja«, bestätigte Rincewind. »Und er begreift, dass es nicht nur bei Körpern funktioniert, sondern auch bei Kronen. Ein paar Versuche, und zack, Wissenschaft. Bei der Wissenschaft geht es darum, Dinge herauszufinden. Und aufzupassen. Und es sollte jemand mit einem Handtuch da sein.«

»Ich bin nicht ... *ganz* sicher, dass es sich darauf beschränkt«, erwiderte Ponder. »Ich habe darüber gelesen und festgestellt: Selbst die Leute, die sich mit Wissenschaft beschäftigen, sind manchmal nicht ganz sicher, was es damit auf sich hat. Man nehme nur Archimedes. Genügt eine gute Idee? Ist es Wissenschaft, wenn man Probleme löst? Handelt es sich dabei um Wissenschaft oder um das, was vor der Wissenschaft kommt?«

»Dein Buch über die Großen Momente bezeichnet ihn als Wissenschaftlicher«, meinte Ridcully.

»Wissenschaftler«, korrigierte Ponder den Erzkanzler. »Aber ich bin mir da nicht ganz sicher. Ich meine, so etwas geschieht oft. Die Leute neigen dazu, in der eigenen Tätigkeit etwas zu sehen, das die Geschichte heiligt. Angenommen, der Mensch hat das Fliegen gelernt. Dann würde man wahrscheinlich sagen: ›Auch Guddrun der Idiot führte frühe Flugversuche durch. Er sprang vom Uhrenturm in Pseudopolis, nachdem er seine Hose mit Tau getränkt und sich Schwanenfedern ans Hemd geklebt hatte.‹ Aber in Wirklichkeit war er gar kein früher Flieger ...«

»... sondern ein toter Idiot?«, fragte Rincewind.

»Genau. Es ist wie mit Zauberern, Erzkanzler. Es genügt nicht, dass sich jemand als Zauberer bezeichnet. Andere Zauberer müssen bestätigen, dass der Betreffende ein Zauberer ist.«

»Man kann also nicht nur einen Wissenschaftler haben? Es müssen mindestens zwei sein?«

»So scheint es, Erzkanzler.«

Ridcully zündete seine Pfeife an. »Nun, es mag recht amüsant sein, Philosophen beim Bad zuzusehen, aber können wir HEX nicht einfach bitten, uns zu einem Wissenschaftler zu bringen, der wirklich ein Wissenschaftler ist und auch von anderen Wissenschaftlern für einen Wissenschaftler gehalten wird? Dann brauchen wir nur noch herauszufinden, ob uns das, was er macht, irgendetwas nützt. Wir wollen nicht den ganzen Tag mit dieser Sache verbringen, Stibbons.«

»Ja, Herr. HEX, wir ...«

Sie erreichten einen Keller. Er war recht groß, zum Glück, denn einige Zauberer fielen bei der Landung übereinander. Als alle aufgestanden waren und den richtigen Hut wieder gefunden hatten, sahen sie ...

... etwas Vertrautes.

»Stibbons?«, fragte Ridcully.

»Ich verstehe das nicht ...«, murmelte Ponder und sah sich um. Alles deutete auf ein alchimistisches Laboratorium hin. Und es roch auch so. Das Erscheinungsbild war typisch: große Retorten, Schmelztiegel, ein Feuer ...

»Wir *wissen*, was Alchimisten sind, Stibbons.«

»Ja, äh, tut mir Leid, offenbar ist irgendetwas schief gegangen ...« Ponder streckte die Hand aus. »Bitte ein Buch, HEX.«

Ein kleiner Band erschien.

»Große Wissenschaftler II«, las Ponder. »Äh ... wenn ich einen kurzen Blick hineinwerfen darf, Erzkanzler ...«

»Ich glaube, das ist nicht notwendig«, sagte der Dekan, der ein Manuskript vom Tisch genommen hatte. »Hört euch dies an: ›... Der Geist dieser Erde ist das Feuer, darin Pontanus verdauet seine fäkulente Materie, das Blut von Säuglingen, darin ☉ & ☽ sich baden, der unreine grüne Löwe, welchselbiger, als da saget Ripley, das Mittel ist zur Verbindung der Tinkturen von ☉ & ☽, die Brühe, so die Medea auf die zween Schlangen goß, die Venus, vermöge selbiger Meditation ☉ vulgus und die ☿ von 7 Adlern, als da saget Philalethes, müssen dekoktiret werden ...‹ und so weiter, und so fort.«

Der Dekan klatschte das Manuskript auf den Tisch.

»Authentisches alchimistisches Kauderwelsch«, sagte

er. »Gefällt mir ganz und gar nicht. Was bedeutet ›fäkulent‹? Wagen wir es, eine Antwort auf diese Frage zu finden? Wohl besser *nicht*.«

»Äh ... der Mann, der hier arbeitete, wird als ein wahrer Gigant unter den Wissenschaftlern beschrieben ...«, murmelte Ponder und blätterte im Buch.

»Wirklich?« Ridcully schniefte abfällig. »HEX, *bitte* bring uns zu einem *Wissenschaftler*. Es ist uns gleich, wo er sich befindet. Wir wollen nur keinen Pfuscher. Bring uns zu jemandem, der die Essenz der *Wissenschaft* verkörpert.«

Ponder seufzte und ließ den kleinen Band auf den Boden fallen.

Die Zauberer verschwanden.

Für einen Augenblick blieb das Buch mit dem Titel nach oben liegen – *Große Wissenschaftler II: Sir Isaac Newton*. Dann verschwand es ebenfalls.

Ein Gewitter grollte in der Ferne, und dunkle Wolken hingen über dem Meer. Die Zauberer befanden sich wieder am Strand.

»Warum sind es immer Strände?«, fragte Rincewind.

»Ränder«, sagte Ridcully. »Die Dinge geschehen am Rand.«

Hier war etwas geschehen. Auf den ersten Blick betrachtet, sah der Ort nach einer Werft aus, die ihr letztes Schiff gebaut hatte. Große Holzkonstruktionen, die meisten von ihnen verfallen, lagen herum. Es gab auch einige Hütten, in die hoffnungslose Aura von verlassenen, aufgegebenen Dingen gehüllt. Es herrschte eine Atmosphäre der Trostlosigkeit.

Und eine bedrückende Stille. Einige Seevögel krächzten und flogen fort, und dann beschränkten sich die Geräusche dieser Welt auf das Rauschen der Wellen und die Schritte der Zauberer, als sie sich den Hütten näherten.

Kurz darauf manifestierte sich ein anderes Geräusch, eine Art rhythmisches Kratzen, ein *Khss ... khss ... khss*, hinter dem man, wenn man die Ohren spitzte, singende Stimmen hören konnte. Die Sänger schienen weit entfernt zu sein und in einer sehr tiefen Blechwanne zu sitzen.

Ridcully blieb vor der größten Hütte stehen, aus der die seltsamen Geräusche kamen.

»Rincewind?« Er winkte. »Ich glaube, hierfür bist du zuständig.«

»Ja, ja, schon gut«, sagte Rincewind und trat mit großer Vorsicht ein.

Es war dunkel im Innern, aber er sah Werkbänke und einige Werkzeuge, die wie vergessen herumlagen. Die Hütte schien in aller Eile gebaut worden zu sein und hatte nicht einmal einen Fußboden; sie stand direkt im Sand.

Der Gesang kam aus einem großen Horn, das mit einem Apparat auf einer Werkbank verbunden war. Rincewind kannte sich mit technischen Dingen nicht besonders gut aus, aber er bemerkte ein Rad, das über den Rand der Werkbank hinwegreichte und sich langsam drehte, vermutlich aufgrund eines kleinen Gewichts, das an einer Schnur hing und langsam in Richtung Sand sank.

»Ist alles in Ordnung?«, fragte Ridcully von draußen.

»Ich habe eine Art Stimmmühle gefunden«, sagte Rincewind.

»Erstaunlich«, ertönte eine Stimme aus den Schatten. »Genau so hat mein Herr den Apparat genannt.«

Der Mann stellte sich als Niklias der Kreter vor und war sehr alt. Er freute sich über den Besuch der Zauberer.

»Ich komme manchmal hierher«, sagte er. »Um mir die Stimmmühle anzuhören und mich an die gute alte Zeit zu erinnern. Alle anderen halten sich von diesem

Ort fern. Er gilt als Heimstatt des Wahnsinns. Und das stimmt.«

Die Zauberer saßen an einem Feuer, in dem Treibholz brannte; das Salz färbte die Flammen blau. Sie neigten dazu, sich zusammenzudrängen, obwohl sie das natürlich nicht zugegeben hätten. Als Zauberer waren sie sehr wohl imstande, die Seltsamkeit dieses Ortes zu spüren. Er hatte die gleiche deprimierende Wirkung wie ein altes Schlachtfeld – hier schien es Geister zu geben.

»Erzähl uns davon«, forderte Ridcully ihn auf.

»Mein Herr war Phokian der Berührte«, begann Niklias und sprach in dem Tonfall eines Mannes, der eine Geschichte erzählte, die er oft gehört hatte. »Er war ein Schüler des großen Philosophen Antigonos, der einst erklärte, dass ein trabendes Pferd zu jedem beliebigen Zeitpunkt mindestens einen Huf am Boden haben muss, wenn es nicht stürzen will.

Es wurde viel darüber diskutiert, und mein Herr, der nicht nur sehr reich, sondern auch ein sehr gelehriger Schüler war, wollte beweisen, dass der Philosoph Recht hatte. Oh, welch schrecklicher Tag! An ihm fing alles an …«

Der alte Sklave deutete auf eine verfallene Holzkonstruktion am Ende des Strands.

»Das war unsere Teststrecke«, fuhr er fort. »Die erste von vier. Mit meinen eigenen Händen half ich ihm beim Bau. Damals bestand großes Interesse, und viele Leute kamen, um bei den Tests zuzusehen. Wir hatten hunderte, *hunderte* von Sklaven, die in Reihen lagen und durch kleine Schlitze einen winzigen Teil der Strecke beobachteten. Es klappte nicht. Sie stritten über das, was sie gesehen hatten.«

Niklias seufzte. »Die Zeit war wichtig, betonte mein Herr. Ich erzählte ihm von Arbeitsgruppen und davon, dass uns Lieder dabei halfen, die Zeit einzuteilen. Er war sehr aufgeregt, dachte darüber nach und baute die Stimmmühle, die ihr gehört habt. Keine Sorge. Sie hat nichts Magisches. Geräusche lassen Dinge erzittern, nicht wahr? Das große Pergamenthorn, das ich mit Schellack verstärkt habe, fängt Geräusche ein und schreibt ihr Muster auf einen warmen Wachszylinder. Mit dem beschwerten Rad drehten wir den Zylinder, und alles funktionierte recht gut, nachdem wir einen geeigneten Schreibmechanismus entwickelten. Anschließend zeichneten wir das perfekte Lied auf und sangen es an jedem Morgen vor Beginn der Arbeit, zusammen mit dem Apparat. Hunderte von Sklaven, die alle zusammen auf diesem Strand sangen. Es war beeindruckend.«

»Kann ich mir denken«, sagte Ridcully.

»Aber es funktionierte nicht, was auch immer wir uns einfallen ließen. Ein trabendes Pferd ist einfach zu schnell. Mein Herr meinte, es müsse uns gelingen, die Zeit in kleinen Teilen zu zählen. Erneut dachte er nach, diesmal noch etwas länger, und dann baute er die Ticktack-Maschine. Möchtet ihr sie sehen?«

Sie ähnelte der Stimmmühle, wies aber ein größeres Rad auf. Und ein Pendel. Und einen langen Zeiger. Während sich das große Rad ganz langsam drehte, drehten sich kleinere Räder im Innern des Mechanismus viel schneller und sorgten dafür, dass der lange Zeiger über eine weiße Holzwand kroch, in einem mit kleinen Markierungen versehenen Bogen. Die ganze Vorrichtung war auf Rädern montiert, und wahrscheinlich hatte es die Kraft von vier Männern erfordert, sie zu bewegen.

»Ich schmiere den Apparat gelegentlich«, sagte Niklias und klopfte aufs Rad. »Um der alten Zeiten willen.«

Die Zauberer wechselten einen Blick, in dem sich ein zahmer Verdacht zeigte – er war zunächst wild gewesen und durch Nachdenken zahm geworden.

»Es ist eine Uhr«, sagte der Dekan.

»Wie bitte?«, erwiderte Niklias.

»Wir haben so etwas Ähnliches«, sagte Ponder. »Wir lassen uns davon die Zeit anzeigen.«

Der Sklave wirkte verwirrt. »Die Zeit anzeigen?«, wiederholte er.

»Damit wir wissen, wie spät es ist«, erklärte Ridcully.

»Wie ... spät ... es ... ist«, murmelte Niklias so, als versuchte er, einen quadratischen Gedanken in einem runden Geist zu denken.

»Welche Stunde des Tages«, sagte Rincewind, der Leuten mit einem derartigen Geist des Öfteren begegnet war.

»Aber wir sehen die Sonne«, meinte der Sklave. »Der Ticktack-Apparat weiß nicht, wo die Sonne ist.«

»Nun, angenommen, ein Bäcker möchte wissen, wie lange er seine Brotlaibe backen soll«, sagte Rincewind. »Mit einer Uhr ...«

»Wie kann er Bäcker sein, wenn er nicht weiß, wie lange man einen Brotlaib backen muss?«, fragte Niklias und lächelte nervös. »Nein, dieser Apparat stellt etwas Besonderes dar, ihr Herren. Er ist nicht für Unverfluchte bestimmt.«

»Aber, aber ... du hast auch eine Vorrichtung, mit der man Geräusche einfangen kann!«, entfuhr es Ponder. »Du könntest die Reden großer Denker aufzeichnen! Man könnte sie selbst dann hören, wenn sie tot sind ...«

»Du willst die Stimmen von Menschen hören, die nicht mehr leben?«, entgegnete Niklias. Seine Miene verfinsterte sich. »Du willst die *Stimmen* von *Toten* hören?«

Stille folgte.

»Erzähl uns mehr von dem faszinierenden Projekt, bei dem es um die Feststellung geht, ob sich ein Pferd jemals ganz in der Luft befindet«, sagte Rincewind laut und betont fröhlich.

Die Sonne sank am Himmel herab, besser gesagt: Der Horizont neigte sich nach oben. Die Zauberer vermieden es, darüber nachzudenken. Man konnte das Gleichgewicht verlieren, wenn man zu sehr darüber nachdachte.

»... und schließlich hatte mein Herr eine neue Idee«, sagte Niklias.

»Noch eine?«, fragte der Dekan. »War sie besser als die, ein Pferd von einer Schlinge fallen zu lassen, um zu sehen, ob es kippt?«

»Dekan!«, sagte Ridcully scharf.

»Ja, das war sie«, erwiderte der alte Sklave, der den Sarkasmus überhaupt nicht zu bemerken schien. »Wir benutzten die Schlinge erneut, aber diesmal im Innern eines großen Karrens. Unten war der Karren offen, sodass die Hufe des Pferds den Boden berührten. Versteht ihr? Und dann – und dies ist der schlaue Teil, fand ich – ließ mein Herr den Karren *von vier trabenden Pferden ziehen.*«

Er lehnte sich zurück, bedachte die Zauberer mit einem zufriedenen Blick und schien Lob von ihnen zu erwarten.

Der Gesichtsausdruck des Dekans veränderte sich langsam.

»Heureka!«, rief er.

»Ich hole ein Handtuch ...«, sagte Rincewind.

»Nein, begreifst du denn nicht? Wenn der Karren nach vorn gezogen wird, so bewegt sich der Boden *nach hinten*, ganz gleich, was das Pferd anstellt. Wenn man ein gut dressiertes Pferd hat und es traben lässt, während es in der Schlinge hängt ... Ihr habt alles so arrangiert, dass die ziehenden Pferde nicht direkt vor dem Karren liefen und das Pferd in der Schlinge über Sand trabte, in dem es keine Hufabdrücke gab, nicht wahr?«

»Ja!« Niklias strahlte.

»Und ihr habt den Sand geharkt, damit sich die Hufabdrücke des in der Schlinge trabenden Pferds deutlich zeigten?«

»Ja!«

»Wenn dann das Pferd den Boden berührt und der Huf stationär zu ihm ist, *bewegt* sich der Boden unter dem Huf, was den Hufabdruck in die Länge zieht. Und wenn man ganz genau die Gesamtlänge des Bodens misst, der während des Trabs zurückgelegt wird, und wenn man außerdem die Gesamtlänge aller Abdruckstreifen addiert und dann feststellt, dass sie nicht so lang sind wie die Gesamtlänge des Bodens ...«

»Das Ergebnis wäre falsch«, sagte Ponder.

»Ja!«, bestätigte Niklias erfreut. »So sind wir vorgegangen!«

»Nein, es ist richtig«, sagte der Dekan. »Wenn der Huf stationär ist ...«

»In Bezug auf das Pferd bewegt er sich mit der gleichen Geschwindigkeit nach hinten, mit der sich das Pferd nach vorn bewegt«, sagte Ponder. »Tut mir Leid.«

»Nein, hör mal«, protestierte der Dekan. »Es *muss* funktionieren, denn wenn sich der Boden *nicht* bewegt ...«

Rincewind stöhnte. Gleich würden alle Zauberer ihre Meinung äußern, ohne dass jemand darauf achtete, was die anderen sagten. Und los ging's ...

»Soll das heißen, dass sich Teile des Pferds *rückwärts* bewegen?«

»Wenn wir den Karren in die entgegengesetzte Richtung ziehen ließen ...«

»Der Huf wäre eindeutig stationär, denn wenn sich der Boden nach vorn bewegt ...«

»Ihr irrt euch, ihr irrt euch alle! Wenn das Pferd ... nein, Moment mal ...«

Rincewind nickte sich selbst zu. Für die Zauberer begann jetzt die besondere Fuge, die als »Tumult« bekannt war. In jenem Zustand konnte niemand einen Satz beenden, weil immer jemand anders dazwischenredete. Auf diese Weise entschieden Zauberer über Dinge. Mit großer Wahrscheinlichkeit würden sie sich in diesem Fall darauf einigen, dass das Pferd logischerweise das eine Ende des Strands erreichte, während sich die Hufe am anderen befanden.

»Mein Herr Phokian meinte, dass wir es versuchen sollten, und die Hufe hinterließen nur Hufabdrücke«, sagte Niklias der Kreter, als die Diskussion nachließ, weil die Zauberer außer Atem gerieten. »Dann versuchten wir es damit, den Strand unterm Pferd zu bewegen ...«

»Wie?«, fragte Ponder.

»Wir bauten einen langen, flachen Kahn, füllten ihn mit Sand und probierten ihn in der Lagune aus«, berichtete der Sklave. »Das Pferd ließen wir von einem Gerüst herab. Phokian glaubte, dass wir Fortschritte erzielten, als wir den Kahn mit der doppelten Geschwindigkeit des Pferds bewegten, aber das Tier versuchte immer, ebenso schnell zu werden wie der Kahn ... Und dann kam es eines Nachts zu einem Unwetter, und der Kahn sank. Oh, es waren arbeitsreiche Monate. Wir verloren vier Pferde, und der Tischler Nosios bekam einen Tritt an den Kopf.« Das Lächeln verblasste. »Und dann ... und dann ...«

»Ja?«

»... geschah etwas Schreckliches.«

Die Zauberer beugten sich vor.

»Phokian entwarf den vierten Versuch. Ihr seht ihn dort drüben. Jetzt ist natürlich nicht mehr viel davon übrig. Die Leute stahlen das schwere Tuch der Endlosen Straße und auch einen großen Teil des Holzes.« Der Sklave seufzte. »Es war der Hades, alles zu bauen, und wir brauchten viele Monate, um es richtig hinzubekommen. Nun, wir gingen folgendermaßen vor. Wir verwendeten eine riesige Rolle aus weißem Tuch, das wir von einer großen Spindel auf eine andere abrollten. Glaubt mir, ihr Herren: Allein dies war schon schwer genug und erforderte die Arbeit von vierzig Sklaven. An der Stelle, wo sich das Pferd befinden sollte, spannten wir das Tuch über einem niedrigen Trog, gefüllt mit Holzkohlepulver – etwas Gewicht auf dem Tuch sollte es nach unten drücken, aufs schwarze Pulver ...«

»Aha«, sagte der Dekan. »Ich glaube, ich verstehe ...«

Niklias nickte. »Mein Herr ließ viele Änderungen vornehmen, bevor alles zu seiner Zufriedenheit funktionierte. Viele Zahnräder, Rollen und Kurbeln. Seltsame Mechanismen, die immer wieder neu konstruiert wurden. Jede Menge Profanität, die die Götter zweifellos bemerkten. Aber schließlich setzten wir das gut dressierte Pferd in die Schlinge, und der Reiter ließ es traben, während wir unten das Tuch abrollten. Und ja, nachher – o wie traurig war jener Tag! – maßen wir die Länge des Tuchs, auf dem der Trab stattgefunden hatte, und auch die Länge der Holzkohlestreifen, hervorgerufen von den Hufen des Pferds. Noch heute fällt es mir schwer, darauf hinzuweisen, aber die Länge von Streifen und Tuch standen in einem Verhältnis von vier zu fünf.«

»Also waren während eines Fünftels der Zeit alle Hufe in der Luft!«, sagte der Dekan. »Bravo! Ich liebe ein gutes Rätsel!«

»*Wir* haben uns nicht gefreut!«, rief der Sklave. »Mein Herr geriet ganz außer sich! Wir haben den Versuch mehrmals wiederholt, immer mit dem gleichen Ergebnis!«

»Ich verstehe nicht ganz, wo da das Problem liegt ...«, begann Ridcully.

»Er raufte sich das Haar und schrie uns an, und die meisten Männer flohen! Und dann ging er und saß in den Wellen am Strand, und nach einer Weile wagte ich es, zu ihm zu gehen und ihn anzusprechen. Da drehte er den Kopf, sah mich aus trüben Augen an und sagte: ›Der große Antigonos hat sich geirrt. Ich habe es bewiesen! Nicht in einem geistreichen Dialog, sondern mit Hilfe großer mechanischer Apparate! Ich schäme mich! Er ist der größte aller Philosophen! Von ihm wissen wir, dass sich die Sonne um unsere Welt dreht, und er sagte uns auch, wie sich die Planeten bewegen! Und wenn er sich irrt, was ist dann noch wahr und richtig? Was habe ich getan? Ich habe den Reichtum meiner Familie vergeudet! Welchen Ruhm kann es jetzt für mich geben? Welchem verfluchten Projekt soll ich mich zuwenden? Soll ich die Farben einer Blume stehlen? Soll ich allen Leuten sagen, was ihr denkt, ist richtig oder nicht? Soll ich die Sterne wiegen? Soll ich die Tiefen des Meeres ausloten? Soll ich den Dichter bitten, die Breite von Liebe zu messen und die Richtung von Vergnügen? Was habe ich aus mir gemacht …?‹ Und dann weinte er.«

Stille folgte seinen Worten. Die Zauberer rührten sich nicht.

Niklias beruhigte sich ein wenig. »Und dann wies er mich an, zurückzukehren und den Rest des Geldes zu nehmen. Am nächsten Morgen war er fort. Manche Leute sagen, er floh nach Ägypten oder Italien. Ich glaube, dass er tatsächlich aufbrach, um die Tiefe des Meeres auszuloten. Denn ich weiß nicht, was er war und was aus ihm wurde. Und kurze Zeit später kamen die ersten Leute und begannen damit, alles auseinander zu nehmen.«

Er drehte sich halb um und sah zu den Resten der seltsamen Apparaturen, die sich vor dem Glühen des Sonnenuntergangs abzeichneten. Etwas Wehmütiges stahl sich in sein Gesicht.

»Inzwischen kommt kaum mehr jemand«, sagte er. »An diesem Ort schlug das Schicksal zu, und die Götter lachten über die Menschen. Aber ich erinnere mich daran, wie er weinte. Und deshalb bleibe ich, um die Geschichte zu erzählen.«

Zweiundzwanzig

Das neue Narrativium

Die Zauberer haben versucht, auf der Rundwelt »Psychigkeit« zu finden, aber die ist noch schwerer zu fassen als die korrekte Schreibweise.

Sie haben Probleme, weil sie einer schwierigen Frage nachgehen. Es gibt keine einfache Definition der »Wissenschaft«, die wirklich erfasst, worum es sich handelt. Und sie ist nichts, was an einem einzigen Ort zu einer einzigen Zeit entsteht. Die Entstehung der Wissenschaft war ein Prozess, bei dem Nicht-Wissenschaft allmählich zu Wissenschaft *wurde*. Die beiden Enden des Prozesses sind leicht zu unterscheiden, doch dazwischen gibt es keine bestimmte Stelle, wo die Wissenschaft plötzlich zu existieren begann.

Diese Schwierigkeiten sind verbreiteter, als Sie glauben mögen. Es ist fast unmöglich, ein Konzept exakt zu definieren – sagen wir, beispielsweise, »Stuhl«. Ist ein großer Bohnensack ein Stuhl? Ja, wenn der Designer sagt, es sei einer, und wenn ihn jemand zum Sitzen benutzt; nein, wenn eine Schar Kinder ihn einander zuwirft. Die Bedeutung von »Stuhl« hängt nicht nur von dem Ding ab, für welches das Wort verwendet wird: Sie hängt auch von dem damit assoziierten Kontext ab. Und was Prozesse angeht, bei denen sich etwas allmählich in etwas anderes umwandelt – nun, damit kommen wir nie besonders gut zurecht. In welchem Stadium seines Lebens wird beispielsweise ein sich entwickelnder Embryo ein Mensch? Wo zieht man die Grenze?

Man zieht sie einfach nicht. Wenn sich das Ende eines Prozesses qualitativ vom Anfang unterscheidet, dann verändert sich dazwischen etwas. Doch es braucht keine bestimmte *Stelle* dazwischen zu sein, und wenn die Veränderung allmählich stattfindet, *gibt es keine* Grenze. Niemand glaubt, dass, wenn ein Künstler etwas malt, es einen bestimmten Pinselstrich gibt, bei dem es zu einem Bild wird. Und niemand fragt: »Wo in diesem speziellen Pinselstrich findet die Veränderung statt?« Zuerst ist da eine leere Leinwand, später ein Bild, doch es gibt keinen genau definierten Augenblick, in dem das eine aufhört und das andere anfängt. Vielmehr gibt es einen langen Zeitabschnitt, wo beides nicht vorhanden ist.

Wir akzeptieren das, wenn es um ein Bild geht, doch bei gefühlsintensiveren Prozessen wie der Umwandlung von Embryos in Menschen halten es viele von uns noch für notwendig, eine Grenze zu ziehen. Und das Gesetz bestärkt uns in dieser Denkweise, in Schwarz und Weiß ohne Abstufungen von Grau dazwischen. Doch das Universum funktioniert nicht so. Und für die Wissenschaft hat es erst recht nicht so funktioniert.

Um es noch komplizierter zu machen, haben wichtige Wörter ihre Bedeutung geändert. Ein alter Text aus dem Jahre 1340 stellt fest: »God of sciens is lord«, doch das Wort »sciens«* bedeutet hier nicht »Wissenschaft«, sondern »Wissen«, und der Satz besagt, dass Gott der Herr des Wissens ist. Lange Zeit war die Wissenschaft als Naturphilosophie bekannt, doch um 1725 wird das Wort »science« für »Wissenschaft« im Wesentlichen in seiner modernen Form verwendet. Das Wort »scientist«, »Wissenschaftler«, scheint jedoch 1840 von William Whewell in *The Philosophy of the Inductive Sciences* (»Die Philosophie der induktiven Wissenschaften«) er-

---

* Andere überlieferte Schreibweisen sind »cience, ciens, scians, scyence, sience, syence, syens, syense, scyense«. Ach ja, und »science«. Naturgemäß haben die Zauberer mit »psyence« ein anderes Wort für »Wissenschaft« erfunden.

funden worden zu sein, um jemanden zu beschreiben, der Wissenschaft praktiziert. Es gab aber Wissenschaftler, bevor Whewell ein Wort für sie erfand, sonst hätte er kein Wort gebraucht, und es gab keine Wissenschaft, als Gott der Herr des Wissens war. Wir können uns also nicht einfach an die Wörter halten, die die Leute verwenden, als würden Wörter nie ihre Bedeutung ändern oder als könnten Dinge nicht existieren, ehe wir ein Wort für sie haben.

Aber die Wissenschaft reicht doch sicherlich weit, weit zurück? Archimedes war Wissenschaftler, oder? Nun ja, je nachdem. Gewiss sieht es für uns heute so aus, als habe Archimedes Wissenschaft betrieben; tatsächlich haben wir in die Geschichte zurückgegriffen, einen Teil seiner Arbeiten herausgenommen (insbesondere sein Auftriebsprinzip) und Wissenschaft genannt. Doch *seinerzeit* betrieb er keine Wissenschaft, weil der Kontext nicht passte und seine Geisteshaltung nicht »wissenschaftlich« war. Wir sehen ihn mit unserem späteren Wissen und machen aus ihm etwas, was wir wiedererkennen, doch er würde das nicht tun.

Archimedes hat eine brillante Entdeckung gemacht, doch er hat seine Ideen nicht überprüft, wie es heute ein Wissenschaftler tun würde, und er hat das Problem nicht auf echt wissenschaftliche Weise erforscht. Sein Werk war ein wichtiger Schritt auf dem Wege zur Wissenschaft, doch ein Schritt ist nicht der Weg. Und ein Gedanke ist keine Denkweise.

Was ist mit der archimedischen Schraube? War das Wissenschaft? Diese wunderbare Vorrichtung ist eine Schraube, die dicht in einen Zylinder eingepasst ist. Man stellt den Zylinder schräg, sodass das untere Ende sich im Wasser befindet, dreht die Schraube, und nach einer Weile kommt oben Wasser heraus. Man glaubt allgemein, die berühmten Hängenden Gärten zu Babylon seien mit großen archimedischen Schrauben bewässert worden. Die Funktionsweise ist raffinierter, als sich Ridcully vorstellt: Insbesondere funktioniert die Schraube nicht mehr, wenn sie zu steil gehalten wird. Rincewind hat Recht: Eine archimedische Schraube ist wie eine Reihe wandernder Eimer, einzelne Abschnitte mit Wasser darin. Da sie voneinander getrennt sind, gibt es keinen zusammenhängenden Kanal, in dem das Wasser fließen könnte. Wenn sich die Schraube dreht, bewegen sich die Abschnitte den Zylinder hinan, und das Wasser muss mit. Wenn man den Zylinder zu steil hält, fließen alle »Eimer« zusammen, und das Wasser steigt nicht mehr.

Die archimedische Schraube zählt zweifellos zu den Beispielen für die Technik der antiken Griechen und zeigt, über welche Errungenschaften sie verfügten. Wir neigen dazu, uns die Griechen als »reine Denker« vorzustellen, doch das ist eine Folge selektiver Berichterstattung. Ja, die Griechen waren bekannt für ihre (reine) Mathematik, für Kunst, Malerei, Bildhauerei, Poesie, Drama und Philosophie. Doch darauf allein waren ihre Fähigkeiten nicht beschränkt. Sie hatten auch ziemlich viel Technik. Ein schönes Beispiel ist der Mechanismus von Antikythera, ein Klumpen korrodierten Metalls, den Fischer 1900 am Grunde des Mittelmeeres unweit der Insel Antikythera* fanden. Niemand beachtete den Fund sonderlich, bis 1972 Derek de Solla Price den Klumpen röntgte. Er erwies sich als Astrolabium: eine Rechenvorrichtung für die Planetenbewegungen, bestehend aus 32 bemerkenswert präzisen Zahnrädern. Es war sogar ein Differenzialgetriebe vorhanden. Bevor dieses Gerät ent-

---

* Sie heißt so, weil sie nahe bei der größeren Insel Kythera liegt. Das ist das »anti« = »nahe«, nicht das »anti« = »gegen«. Metaphorisch kommen sich beide Bedeutungen aber nahe. Man denke an die Bedeutung von »gegenüber«.

deckt wurde, ahnten wir nicht, dass die Griechen technische Fähigkeiten dieser Art besessen hatten.

Wir wissen noch nicht, in welchem Kontext die Griechen dieses Gerät entwickelten; wir haben keine Ahnung, wo diese Technik herkam. Sie wurde wahrscheinlich mündlich von einem Handwerker zum nächsten weitergegeben – ein übliches Vehikel für technische Extelligenz, wo Ideen geheim gehalten *und* den Nachfolgern übermittelt werden müssen. Auf diese Weise sind geheime Handwerkergesellschaften entstanden, von denen die bekannteste die Freimaurer sind.

Der Mechanismus von Antikythera war griechische Ingenieurskunst, kein Zweifel. Doch aus zwei Gründen war es keine Wissenschaft. Einer ist trivial: Technik ist keine Wissenschaft. Die beiden hängen eng zusammen: Technik hilft, die Wissenschaft voranzubringen, und Wissenschaft die Technik. Bei der Technik geht es darum, Dinge zum Funktionieren zu bringen, ohne dass man sie zu verstehen braucht; bei der Wissenschaft geht es um das Verständnis der Dinge, ohne dass man sie in Gang bringen muss.

Wissenschaft ist eine allgemeine Methode zur Lösung von Problemen. Man betreibt nur Wissenschaft, wenn man weiß, dass die von einem verwendete Methode ein viel weiteres Anwendungsgebiet hat. Aus den Schriften des Archimedes, soweit sie erhalten sind, gewinnt man den Eindruck, dass seine Hauptmethode, Technik zu erfinden, mathematischer Art war. Er gab ein paar allgemeine Prinzipien vor, wie das Hebelgesetz, und dann dachte er ein wenig wie ein moderner Ingenieur nach, wie diese Prinzipien zu nutzen wären, doch seine Ableitung der Prinzipien beruhte eher auf Logik als auf Experimenten. Echte Wissenschaft entstand erst, als die Menschen erkannten, dass Theorie und Experiment Hand in Hand gehen und dass die

Kombination eine wirksame Methode ist, haufenweise Probleme zu lösen und interessante neue zu finden.

Newton war entschieden ein Wissenschaftler, jeder vernünftigen Bedeutung des Wortes nach. Doch nicht immer. Die mystische Textstelle, die wir mitsamt den alchimistischen Symbolen* und der obskuren Terminologie zitiert haben, schrieb er in den neunziger Jahren des 17. Jahrhunderts nach mehr als zwanzig Jahren alchimistischen Experimentierens. Er war damals ungefähr fünfzig. Seine besten Arbeiten – zur Mechanik, Optik, Gravitation sowie zur Differenzial- und Integralrechnung – hatte er im Alter von 23 bis 25 geleistet, obwohl manche erst Jahrzehnte später veröffentlicht wurden.

Viele ältere Wissenschaftler machen durch, was zuweilen eine »Philopause« genannt wird. Sie hören auf, Wissenschaft zu betreiben, und wenden sich stattdessen einer nicht besonders guten Philosophie zu. Newton hat tatsächlich mit einiger Sorgfalt die Alchimie erforscht. Er erreichte nichts, weil da einfach nichts zu erreichen war. Wir werden aber den Eindruck nicht los, dass er, wenn es ein Ziel gegeben hätte, es auch erlangt hätte.

Wir denken oft an Newton als den ersten der großen rationalen Denker, doch das ist nur ein Aspekt seines bemerkenswerten Geistes. Er überbrückte die Grenze zwischen altem Mystizismus und neuer Rationalität. Seine Schriften zur Alchimie sind von kabbalistischen Diagrammen übersät, oft aus frühen, mystischen Quellen kopiert. Er war, wie John Maynard Keyes 1942 sagte, »der letzte der Magier ... das letzte Wunderkind, das die Magi aufrichtig und angemessen rühmen konnten.« Was die Zauberer verwirrt, ist ein Zufall des Zeit-

---
* Die Symbole haben die folgende Bedeutung: ☉ = Sonne, ☽ = Mond, ☿ = Merkur.

punktes – nun ja, wir müssen gestehen, dass es in Wahrheit ein Fall von narrativem Imperativ ist. Nachdem die Zauberer auf Newton als den Inbegriff wissenschaftlichen Denkens gekommen sind, erwischen sie ihn in seiner Erscheinungsform nach der Philopause. HEX hat einen schlechten Tag, oder vielleicht versucht er ihnen etwas klar zu machen.

Wenn Archimedes kein Wissenschaftler war und Newton nur manchmal, was ist dann Wissenschaft? Wissenschaftsphilosophen haben etwas herausgearbeitet und definiert, was man »die wissenschaftliche Methode« nennt, eine formale Zusammenfassung dessen, was die Pioniere der Wissenschaft oft intuitiv taten. Newton verfuhr in seinen frühen Arbeiten nach der wissenschaftlichen Methode, doch seine Alchimie war selbst nach den Maßstäben seiner Zeit, da die Chemie schon vorangeschritten war, schlechte Wissenschaft. Archimedes schien nicht nach der wissenschaftlichen Methode zu verfahren – vielleicht, weil er klug genug war, sie nicht zu brauchen.

Die wissenschaftliche Methode, wie sie im Buche steht, verbindet zwei Arten von Aktivitäten. Eine ist das Experiment (oder die Beobachtung – man kann nicht mit dem Urknall experimentieren, aber hoffen, die von ihm hinterlassenen Spuren zu beobachten). Das liefert den Vergleich mit der Wirklichkeit, um zu vermeiden, dass Menschen etwas glauben, weil sie es gern glauben möchten oder weil eine Obrigkeit ihnen sagt, es sei wahr. Es hat jedoch keinen Zweck, einen Wirklichkeitstest durchzuführen, wenn er sowieso in jedem Fall funktionieren wird; es kommen dafür also nicht dieselben Beobachtungen in Frage, von denen man ausgegangen ist. Vielmehr braucht man eine Art Geschichte im Kopf.

Diese Geschichte wird für gewöhnlich mit dem anspruchsvollen Namen »Hypothese« belegt, doch weniger formal gesehen, ist es die Theorie, die man zu überprüfen versucht. Und man braucht eine Methode, um sie zu überprüfen, ohne zu schummeln. Der wirksamste Schutz gegen Schummeln ist es, im Voraus zu sagen, welche Ergebnisse man erwartet, wenn man ein neues Experiment durchführt oder eine neue Beobachtung macht. Das ist »Vorhersage«, kann jedoch etwas betreffen, was bereits geschehen ist, aber noch nicht beobachtet wurde. »Wenn man auf diese neue Weise rote Riesensterne betrachtet, wird man feststellen, dass sie vor einer Milliarde Jahre folgende Eigenschaften hatten: ...« ist in diesem Sinne eine Vorhersage.

Die naivste Beschreibung der wissenschaftlichen Methode ist es, dass man mit einer Theorie beginnt und sie experimentell überprüft. Dabei wird die Methode als einschrittiger Prozess dargestellt, doch nichts könnte der Wahrheit ferner sein. Die wirkliche wissenschaftliche Methode ist eine Wechselwirkung zwischen Theorie und Experiment, eine Komplizität, bei der jeder Teil den anderen viele Male modifiziert, je nachdem, was die Wirklichkeitstests unterwegs ergeben.

Eine wissenschaftliche Untersuchung beginnt wahrscheinlich mit einer seltsamen Beobachtung. Der Wissenschaftler denkt darüber nach und fragt sich: »Warum ist das geschehen?« Es kann auch das bohrende Gefühl sein, dass das herkömmliche Wissen Löcher hat. So oder so, der Wissenschaftler formuliert eine Theorie. Dann überprüft er (oder wohl eher ein Kollege) diese Theorie, indem er einen anderen Umstand findet, unter dem sie gelten könnte, und herausarbeitet, welches Verhalten sie dann vorhersagt. Mit anderen Worten, der Wissenschaftler entwirft ein Experiment, um die Theorie zu überprüfen.

Möglicherweise hegen Sie nun die Vorstellung, er müsste nun versuchen, ein Experiment zu entwerfen, das seine Theorie bestätigt.* Das ist jedoch keine gute Wissenschaft. Gute Wissenschaft besteht darin, dass man ein Experiment entwirft, welches die Theorie *widerlegt* – falls sie falsch ist. Einen großen Teil der Arbeit eines Wissenschaftler macht also nicht die »Feststellung von Wahrheiten« aus, sondern der Versuch, den eigenen Ideen den Garaus zu machen. Und den Ideen anderer Wissenschaftler. Das meinten wir, als wir sagten, dass uns die Wissenschaft davor zu bewahren versucht, etwas zu glauben, das wir gern glauben möchten oder wovon eine Obrigkeit oder Autorität sagt, es sei wahr. Es klappt nicht immer, doch das zumindest ist das Ziel.

Dies ist die wichtigste Eigenschaft, die Wissenschaft von Ideologien, Religionen und anderen Glaubenssystemen unterscheidet. Religiöse Menschen sind oft verärgert, wenn Wissenschaftler einen Aspekt ihres Glaubens kritisieren. Sie übersehen dabei, dass Wissenschaftler ihren eigenen Ideen und denen anderer Wissenschaftler gegenüber ebenso kritisch sind. Religionen dagegen kritisieren fast immer alles außer sich selbst. Der Buddhismus ist eine hervorzuhebende Ausnahme: Er betont die Notwendigkeit, alles in Frage zu stellen. Doch das geht vielleicht zu weit, um von Nutzen zu sein.

Natürlich befolgt kein wirklicher Wissenschaftler unbeirrbar diese ideale wissenschaftliche Methode. Wissenschaftler sind Menschen, und ihre Taten folgen in gewissem Grade ihren eigenen Vorurteilen. Die wissenschaftliche Methode ist die beste, die die Menschheit je

---

* In den Fernsehnachrichten hören wir immer wieder von Wissenschaftlern, die eine Theorie »beweisen«. Entweder haben die Leute, die das Programm machen, Medienkunde studiert und keine Ahnung davon, wie Wissenschaft funktioniert, oder sie haben Medienkunde studiert und scheren sich nicht darum, wie Wissenschaft funktioniert, oder sie hängen immer noch der altmodischen Bedeutung des englischen Wortes »to prove« (beweisen) an, welches »prüfen« bedeutete.

hervorgebracht hat, um diese Vorurteile zu überwinden oder es doch zu versuchen. Das heißt nicht, dass es immer gelingt. Menschen sind schließlich Menschen.

Am nächsten kommt HEX der echten Wissenschaft mit Phokian dem Berührten und seiner langen und umständlichen Untersuchung von Antigonos' Theorie des trabenden Pferdes. Wir hoffen, dass Sie bisher von keinem dieser beiden Herren gehört haben; soviel wir wissen, haben sie nie existiert. Doch die Krabbenzivilisation hat ja auch nicht existiert – was die Krabben nicht hinderte, ihren Großen Sprung Seitwärts zu vollführen. Unsere Geschichte hier ist nach wirklichen Ereignissen modelliert, doch wir haben etliche ansonsten nur ablenkende Punkte vereinfacht. Mit denen wir Sie nun ablenken werden.

Das Vorbild für Antigonos ist der griechische Philosoph Aristoteles, ein sehr großer Mann, der noch weniger als Archimedes ein Wissenschaftler war, was auch sonst man Ihnen erzählt haben mag. In seinem »De incessu animalium« (Vom Fortgang der Tiere) sagt Aristoteles, dass ein Pferd nicht springen kann. Springen ist eine vierfüßige Fortbewegungsart, bei der sich beide Vorderbeine zusammen bewegen und dann beide Hinterbeine zusammen. Er hat Recht, Pferde springen nicht auf diese Art. Doch das interessiert hier am wenigsten. Aristoteles erklärt, *warum* ein Pferd nicht springen kann:

> Wenn sie die Vorderbeine gleichzeitig und zuerst bewegen würden, würde ihre Vorwärtsbewegung unterbrochen oder sie würden sogar nach vorn stürzen … Aus diesem Grunde also bewegen Tiere ihre Vorder- und Hinterbeine nicht getrennt.

Vergessen wir das Pferd: Viele Vierfüßer springen, also muss seine Argumentation so, wie sie ist, falsch sein.

Und ein Galopp kommt dem Springen sehr nahe, nur dass sich linkes und rechtes Bein ein wenig zeitversetzt bewegen. Wenn das Springen unmöglich wäre, dann aus denselben Gründen auch das Galoppieren. Aber Pferde galoppieren ja.

Hm.

Sie sehen, dass das alles ein bisschen zu verworren ist, um eine gute Geschichte abzugeben, also haben wir im Interesse des Narrativiums Aristoteles durch Antigonos ersetzt und ihm eine sehr ähnliche Theorie über ein altes Rätsel zugeschrieben: Hat ein trabendes Pferd immer mindestens einen Huf am Boden? (Beim Trab bewegen sich die diagonal gegenüberliegenden Beine zusammen, und die beiden Paare treffen abwechselnd auf.) Das ist die Sorte Frage, die in Bierschänken und öffentlichen Bädern lange vor Aristoteles diskutiert worden sein muss, denn sie entzieht sich *gerade eben* dem unbewaffneten Menschenauge. Die erste definitive Antwort kam 1874, als Eadweard Muybridge (geboren als Edward Muggeridge) Hochgeschwindigkeits-Fotografie benutzte, um zu zeigen, dass ein trabendes Pferd manchmal keinen Fuß auf dem Boden hat. Der Anteil der Zeit, da das der Fall ist, kann größer sein als Phokians zwanzig Prozent. Er kann auch bei langsamem Trab gleich Null sein, was die Wissenschaft zusätzlich kompliziert. Mit Hilfe von Muybridges Fotos soll Leland Stanford jr., ein ehemaliger Gouverneur von Kalifornien, bei einer Wette mit Frederick MacCrellish das stattliche Sümmchen von 25 000 Dollar gewonnen haben.

Was uns hier jedoch interessiert, ist nicht die Wissenschaft von der Bewegung des Pferdes, so faszinierend sie auch sein mag. Uns interessiert vielmehr, wie ein wissenschaftlicher Geist die Untersuchung anpacken würde. Und Phokian zeigt, dass die Griechen viel größere Fortschritte als in Wirklichkeit hätten machen können, wenn sie wie ein Wissenschaftler gedacht hätten.

Es gab keine technischen Hindernisse für die Lösung solcher Probleme, nur geistige und (insbesondere) kulturelle. Die Griechen hätten den Phonographen erfinden können, doch wenn sie es taten, ist davon keine Spur geblieben. Sie hätten eine Uhr erfinden können, und der Mechanismus von Antikythera zeigt, dass sie die technischen Voraussetzungen dazu besaßen, doch anscheinend haben sie keine erfunden.

Der Gesang der Sklaven, um die Zeit festzustellen, hat seine Wurzeln später in der Geschichte: 1604 benutzte Galileo Galilei Musik als Mittel, Zeitintervalle bei einigen seiner Experimente zur Mechanik zu messen. Ein geübter Musiker kann im Geiste einen Takt in 64 oder 128 gleich große Teile unterteilen, und selbst ungeübte Menschen können in einem Musikstück ein Intervall von einer Hundertstelsekunde unterscheiden. Die Griechen hätten Galileis Methode nutzen können, wenn sie daran gedacht hätten, und die Wissenschaft vor zweitausend Jahren voranbringen. Und sie hätten zahllose Heath-Robinson-Geräte* erfinden können, um ein trabendes Pferd zu studieren, wenn es ihnen in den Sinn gekommen wäre. Warum kam es ihnen nicht in den Sinn? Vielleicht weil sie wie Phokian zu sehr auf spezielle Fragen fixiert waren.

Phokians Herangehensweise an das trabende Pferd sieht ziemlich wissenschaftlich aus. Zuerst versucht er die direkte Methode: Er lässt seine Sklaven das Pferd beim Traben beobachten, damit sie *sehen*, ob es jemals völlig den Kontakt zum Erdboden verliert. Doch das Pferd bewegt sich zu schnell, als dass das menschliche Sehen eine überzeugende Antwort liefern könnte. Also versucht er es als Nächstes mit einem indirekten An-

---

* William Heath Robinson, 1872–1944, ist mit Karikaturen von verrückten Erfindungen bekannt geworden. – *Anm. d. Übers.*

satz. Er denkt über Antigonos' *Theorie* nach und konzentriert sich auf einen bestimmten Schritt: Wenn das Pferd von Boden abgehoben ist, müsste es vornüber fallen. Dieser Schritt kann für sich überprüft werden, wenn auch in einer anderen Situation: ein Pferd, das an einem Tau hängt. (Die Denkweise wird »experimenteller Entwurf« genannt.) Wenn das Pferd nicht fällt, ist die Theorie falsch. Doch dieses Experiment ist nicht schlüssig, und selbst wenn die Theorie falsch ist, könnten die Schlussfolgerungen daraus richtig sein, also verfeinert er die Hypothese und erfindet weitere kunstreiche Vorrichtungen.*

Wir möchten hier nicht allzu tief in Einzelheiten der Konstruktion eindringen. Wir können uns Wege denken, wie man das Experiment zum Funktionieren bringt, doch die Erörterung wäre ein bisschen technisch. Beispielsweise scheint es notwendig, dass sich die Stoffrolle, die Endlose Straße, mit einer Geschwindigkeit bewegt, die ungleich Null ist, sich aber auch von der Geschwindigkeit unterscheidet, mit der sich das Pferd bewegen würde, wenn seine Hufe tatsächlich auf festen Boden träfen.** Vielleicht wollen Sie darüber nachdenken, und Sie könnten sogar zu dem Schluss kommen, dass wir uns irren. Sie könnten sogar Recht haben.

Wir gestehen auch zu, dass Phokians abschließendes Experiment Raum für viele Einwände bietet. Und weil die Hufe eines trabenden Pferdes den Boden paarweise treffen, muss man eigentlich die Gesamtlänge der Holz-

---

* In dieser Hinsicht verhält er sich genau wie ein Wissenschaftler. Insbesondere, wenn die Apparaturen sehr teuer sind.
** Man lässt Pferde zur Analyse der Gangart tatsächlich auf Tretmühlen laufen. Die nächste Parallele zu Phokians Experiment ist jedoch die weit verbreitete Verwendung von rußbedeckten Zylindern, um Insektenbewegungen aufzuzeichnen.

kohlestreifen halbieren, ehe man sie mit der Länge des Tuches vergleicht. Egal, das sind nur Verfeinerungen in einer ansonsten ganz klaren Geschichte: Sie verstehen, worauf wir hinauswollen.

All dies in Rechnung gestellt: War Phokian ein Wissenschaftler?

Nein. HEX hat wieder gepfuscht, denn trotz Phokians jahrelanger sichtlich »wissenschaftlicher« Tätigkeit wird er in zweierlei Hinsicht den Anforderungen nicht gerecht. Eine, über die sich streiten ließe, ist nicht seine Schuld: Er hat keine Gleichgestellten, keine Kollegen. Es gibt keine anderen »Wissenschaftler«, die mit ihm zusammenarbeiten, ihn kritisieren könnten. Er steht allein und ist seiner Zeit voraus.* So, wie es nicht nur einen Zauberer geben kann, kann es nicht nur einen Wissenschaftler geben. Die Wissenschaft hat eine gesellschaftliche Dimension.** Der zweite Grund aber ist entscheidend. Als seine Arbeit den Nachweis erbringt, dass sich Antigonos, die große Autorität, geirrt hat, ist ihm das äußerst peinlich.

Jeder echte Wissenschaftler würde seine rechte Hand hergeben, um nachzuweisen, dass die große Autorität sich geirrt hat.

---

* So ist es vielen anderen ergangen. Einer unserer Favoriten ist Sir George Cayley, der Luftfahrtpionier des frühen 19. Jahrhunderts. Er hat erstklassige Arbeit beim Entwurf von Flügeln geleistet, das Leichtlaufrad (praktisch das Rad des modernen Fahrrads) als leichtes Rad für ein Flugzeug erfunden und hätte es fast mit Sicherheit zum Motorflug gebracht, wenn nur schon jemand den Verbrennungsmotor erfunden gehabt hätte. Er wurde nicht verrückt, doch er experimentierte mit einer Maschine, die von Schießpulver angetrieben wurde.
** Wir laufen Gefahr, hier in Postmodernismus abzugleiten, was ziemlich unangebracht wäre, wenn man über einen antiken Griechen diskutiert, noch dazu einen erfundenen. Es sei hier nur gesagt, dass zur Wissenschaft auch schlüssige Überprüfungen an der Wirklichkeit gehören und dass sie daher keine rein gesellschaftliche Tätigkeit ist.

So nämlich verschafft man sich einen Ruf, und das ist auch die wichtigste Art, zur wissenschaftlichen Leistung beizutragen. Die Wissenschaft ist am besten, wenn sie den Geist der Menschen verändert. Ein sehr kleiner Teil der Wissenschaft tut dies, unter anderem, weil unser Geist von einer Kultur geformt wurde, die sowieso von Wissenschaft durchdrungen ist. Wenn es Wissenschaftlern gelingt, ein Prozent der Zeit mit der Entdeckung von etwas Unerwartetem zu verbringen, dann sind sie erstaunlich erfolgreich. Aber Junge, was dieses eine Prozent alles ausmacht!

Das also ist Wissenschaft. Die Autorität in Frage zu stellen. Komplizität zwischen Theorie und Experiment. Und ein Kontext von Gleichgesinnten, die *Ihre* Arbeit in Frage stellen können. Am besten im Verein mit einem Bewusstsein für alles Obige und mit Dankbarkeit gegenüber Freunden und Kollegen für ihre Kritik. Und was ist das Ziel? Zeitlose Wahrheiten zu finden? Nein, das wäre zu viel verlangt. Schwache Menschen davon abzuhalten, plausiblen Irrtümern aufzusitzen? Ja – einschließlich der Irrtümer von Leuten, die zumindest so wie Sie selbst aussehen und klingen. Und Menschen vor ihrer Bereitschaft zu bewahren, eine gute Geschichte zu glauben, weil sie richtig klingt und nicht weiter stört. Und sie auch vor einem kräftigen Nackenhieb der Autorität und Obrigkeit zu bewahren.

Die Menschheit hat lange gebraucht, um zur wissenschaftlichen Methode zu finden. Der Grund für die Verzögerung war zweifellos, dass man, wenn man Wissenschaft richtig betreibt, oft eingeschliffene, gefestigte Glaubensvorstellungen über den Haufen wirft, darunter die eigenen. Die Wissenschaft ist kein Glaubenssystem, doch viele Bereiche der menschlichen Tätigkeit sind es, also ist es kein Wunder, dass sich die frühen Entwickler von Wissenschaft oft im Konflikt mit der Obrigkeit befanden. Das wohl am besten bekannte Beispiel ist Galilei, der wegen seiner Theorien über das Sonnensystem Schwierigkeiten mit der Inquisition bekam. Es kommt vor, dass man von der Wissenschaft, statt vor einem kräftigen Nackenhieb der Obrigkeit bewahrt zu werden, diesem ausgesetzt wird.

Wissenschaft ist also nicht nur ein Korpus von Tatsachen und Techniken, die gelehrt werden können. Sie ist eine Denkweise. In der Wissenschaft können feststehende »Tatsachen« immer in Frage gestellt werden*, doch wenige Wissenschaftler werden auf Sie hören, solange Sie keine Beweise vorlegen können, dass die alten Ideen falsch sind. Wenn die Leute, die jene Ideen erfunden haben, tot sind, können alternative Theorien rasch Anerkennung finden, und die wissenschaftliche Methode funktioniert gut. Wenn die Leute, die jene Ideen erfunden haben, noch zugegen sind, und zwar in einflussreichen Positionen, können sie neuen Sichtweisen und den Leuten, die sie vorschlagen, eine Menge Hindernisse in den Weg legen. Dann funktioniert die Wissenschaft schlecht, weil sich Menschen wie Menschen verhalten. Doch selbst dann noch kann die neue Idee das anerkannte Wissen verdrängen. Es dauert nur länger und bedarf wirklich stichhaltiger Beweise.

Stellen wir die Wissenschaft anderen Denkweisen über das Universum gegenüber. Der Standpunkt der

---

* Einige gegenwärtige Streitpunkte, alle »respektabel« – das heißt, mit soliden Indizien auf beiden Seiten – sind unter anderem: Hängt eine neue Variante der Creutzfeldt-Jakob-Krankheit mit BSE (dem Rinderwahnsinn) zusammen? Ist die Anzahl der menschlichen Spermien zurückgegangen? Ist der Mond durch den Aufprall eines Himmelskörpers von Marsgröße auf der Erde entstanden? Wird das Weltall jemals aufhören, sich auszudehnen? Wie sind Vögel mit Dinosauriern verwandt? Hat es jemals Leben auf dem Mars gegeben? Beweist der Tripel-Alpha-Prozess, dass unserer Universum etwas Besonderes ist? Und gibt es irgendetwas, was keine Nüsse enthält?

Scheibenwelt ist es, dass das Universum mit Magie funktioniert: Dinge geschehen, weil Menschen es so wollen. Man muss immer noch den richtigen Zauberspruch finden, oder der narrative Imperativ muss stark sein, damit diese Dinge geschehen, auch wenn Menschen es *nicht* wollen, doch das Universum ist für die Menschen da.

Auf Scheibenwelt und Rundwelt ist die Weltsicht der Priesterschaft ähnlich, doch mit einem wichtigen Unterschied. Die Priester glauben, dass das Universum von Göttern (oder einem Gott) gelenkt wird, dass Dinge geschehen, weil die Götter es so wollen, weil es ihnen egal ist oder weil sie ein unbegreifliches langfristiges Ziel im Blick haben. Es ist jedoch möglich, dass Menschen die Priester bitten, in ihrem Interesse bei den Göttern zu intervenieren, in der Hoffnung, die Entscheidungen der Götter zumindest im Kleinen zu beeinflussen.

Die philosophische Weltsicht, dargestellt am Beispiel von Antigonos, besagt, dass das Wesen der Welt durch reines Denken erschlossen werden kann, ausgehend von ein paar tiefgründigen, allgemeinen Prinzipien. Beobachtung und Experiment sind zweitrangig gegenüber verbaler Argumentation und Logik.

Die wissenschaftliche Weltsicht besagt, dass das, was die Menschen möchten, sehr wenig mit dem zu tun hat, was tatsächlich geschieht, und dass es unnötig ist, überhaupt Götter anzurufen. Denken ist nützlich, doch empirische Beobachtungen sind die wesentliche Probe für jede Hypothese. Die Rolle der Wissenschaft ist es, uns herauszufinden zu helfen, wie das Universum funktioniert. Warum es funktioniert oder welche Art Wesen es schließlich lenkt, wenn überhaupt, ist keine Frage, an der die Wissenschaft interessiert ist. Auf diese Frage kann niemand eine überprüfbare Antwort geben.

So sonderbar es ist – diese distanzierte Herangehensweise an das Universum hat uns viel mehr Macht darüber gegeben, als Magie, Religion und Philosophie es vermocht haben. Auf der Rundwelt funktioniert Magie nicht, also bietet sie überhaupt keine Macht. Manche Leute glauben, dass Gebete ihren Gott beeinflussen können und dass Menschen auf diese Weise einen gewissen Einfluss auf die Welt ausüben können, in der sie leben, wie ein Höfling am Ohr des Königs. Andere Leute glauben nichts dergleichen und halten die Rolle des Gebets für größten Teils psychologisch: Es kann eine Wirkung auf *Menschen* haben, aber nicht auf das Universum selbst. Und die Philosophie neigt eher zum Folgen als zum Führen.

Wissenschaft ist eine Art Narrativium. Im Grunde gehört zu allen vier Herangehensweisen an das Universum – Magie, Religion, Philosophie und Wissenschaft – der Entwurf von Geschichten über die Welt. Und diese verschiedenen Arten von Geschichte haben merkwürdigerweise oft viele Parallelen. Es gibt eine deutliche Ähnlichkeit zwischen den Schöpfungsmythen vieler Religionen und der von den Kosmologen vertretenen »Urknall«-Theorie über den Ursprung des Universums. Und die monotheistische Idee, wonach es nur einen Gott gibt, der alles erschaffen hat und alles lenkt, kommt der Idee der modernen Physiker verdächtig nahe, es müsste eine einzige Theorie von allem geben, ein einziges grundlegendes physikalisches Prinzip, welches Relativität und Quantenmechanik zu einer befriedigenden und eleganten mathematischen Struktur vereinigt.

Der Akt des Geschichtenerzählens über das Universum kann durchaus für die frühe Entwicklung der Menschheit und für das anfängliche Wachstum der Wissenschaft wichtiger gewesen sein als der jeweilige Inhalt der Geschichten selbst. Akkurater Inhalt war ein späteres Kriterium. Wenn wir damit beginnen, Geschichten über das Universum zu erzählen, erwächst die Möglichkeit, diese Geschichten mit dem Universum selbst zu vergleichen und daran zu feilen, wie gut die Geschichten zu dem passen, was wir tatsächlich sehen. Und das kommt der wissenschaftlichen Methode schon sehr nahe.

Die Menschheit scheint mit einer eher scheibenwelttypischen Sichtweise begonnen zu haben, wo die Welt von Einhörnern und Werwölfen und Göttern und Ungeheuern bevölkert war und die Geschichten weniger dazu dienten, die Funktionsweise der Welt zu erklären, als vielmehr einen entscheidenden Teil des Menschenbaukastens zu bilden. Einhörner, Werwölfe, Elfen, Feen, Engel und andere übernatürliche Wesen waren nicht wirklich. Doch das spielte eigentlich kaum eine Rolle: Es bereitet keine Schwierigkeiten, mithilfe unwirklicher Dinge den menschlichen Geist zu programmieren.*
Denken Sie an all die sprechenden Tiere.

Die von der Wissenschaft verwendeten Modelle sind in vielerlei Hinsicht sehr ähnlich. Auch sie entsprechen nicht exakt der Wirklichkeit. Man denke an das alte Modell vom Atom als eine Art Sonnensystem en miniature, in dem winzige harte Teilchen namens Elektronen um den zentralen Kern wirbeln, der aus anderen winzigen harten Teilchen besteht: aus Protonen und Neutronen. Das Atom ist nicht »wirklich« so. Doch viele Wissenschaftler benutzen dieses Bild noch heute als Grundlage für ihre Forschungen. Ob das Sinn macht, hängt davon ab, welche Probleme sie untersuchen, und wenn es keinen Sinn macht, verwenden sie etwas Raffinierteres, wie die Beschreibung eines Atoms als Wahrscheinlichkeitswolke von »Orbitalen«, die nicht für Elektronen stehen, sondern für Orte, an denen sich

---

* Ja, es wird behauptet, dass Werwölfe und Vampire ihre Wurzeln in seltenen medizinischen Zuständen bei Menschen haben. Und nun aber Engel und Einhörner …

Elektronen befinden könnten. Dieses Modell ist feiner und passt besser zur Wirklichkeit als das Mini-Sonnensystem, doch es ist immer noch nicht »wahr«.

Die Modelle der Wissenschaft sind nicht *wahr*, und eben darum sind sie nützlich. Sie erzählen einfache Geschichten, die unser Geist erfassen kann. Es sind Lügen-für-Kinder, einfach Geschichten für den Unterricht und darum keinen Deut schlechter. Der Fortschritt der Wissenschaft besteht darin, dass immer klügeren Kindern immer überzeugendere Lügen erzählt werden.

Ob unsere Weltsicht nun magisch, religiös, philosophisch oder wissenschaftlich ist, wir versuchen das Universum zu verändern, damit wir uns überzeugen können, dass wir darüber bestimmen. Wenn unsere Weltsicht magisch ist, wissen wir, dass in Wahrheit die Götter bestimmen, doch wir beharren auf der Hoffnung, dass wir ihre Entscheidungen beeinflussen und trotz allem bekommen können, was wir wollen (oder uns selbst beeinflussen, alles zu akzeptieren, was geschieht …). Wenn unsere Weltsicht philosophisch ist, dann machen wir uns selten selbst am Universum zu schaffen, doch wir hoffen zu beeinflussen, wie andere das tun. Und wenn unsere Weltsicht wissenschaftlich ist, beginnen wir mit der Idee, dass es nicht das Hauptziel ist, das Universum zu lenken. Das Hauptziel ist, das Universum zu *verstehen*.

Die Suche nach Verständnis bringt uns dazu, Geschichten zu entwerfen, die unsere beschränkten Anteile an der Zukunft kartographieren. Wie sich zeigt, funktioniert dieser Ansatz am besten, wenn die Karte die Zukunft nicht wie ein Hellseher vorhersagt, wenn sie nicht weissagt, dass bestimmte Dinge an bestimmten Tagen oder in bestimmten Jahren geschehen werden. Vielmehr sollte sie vorhersagen, dass, wenn wir bestimmte Dinge tun und ein spezielles Experiment unter speziellen Bedingungen durchführen, bestimmte

Dinge geschehen müssten. Dann können wir das Experiment durchführen und den Gedankengang überprüfen. Paradoxerweise erfahren wir mehr, wenn das Experiment misslingt.

Dieser Prozess, das herkömmliche Wissen in Frage zu stellen und es jedes Mal zu modifizieren, wenn es nicht zu funktionieren scheint, kann nicht endlos weitergehen. Oder doch? Und falls er aufhört, wann hört er auf?

Wissenschaftler sind an ständige Veränderung gewöhnt, doch die meisten Veränderungen sind klein: Sie verfeinern unser Verständnis, ohne wirklich etwas in Frage zu stellen. Wir nehmen einen Ziegel aus der Wand des Gebäudes der Wissenschaft, polieren ihn ein wenig und stecken ihn zurück. Doch hin und wieder hat es den Anschein, als wäre das Gebäude tatsächlich fertig. Lohnende neue Fragen scheint es nicht zu geben, und alle Versuche, der akzeptierten Theorie den Garaus zu machen, sind gescheitert. Dann ist dieses Gebiet der Wissenschaft etabliert (wenn auch immer noch nicht »wahr«), und niemand verschwendet Zeit an den Versuch, es noch zu ändern. Es gibt immer aufregendere Gebiete, auf denen man arbeiten kann.

Das ist so ziemlich dasselbe, als steckte man einen großen Stöpsel in einen Vulkan. Irgendwann, wenn der Druck gestiegen ist, wird er nachgeben. Und wenn er das tut, gibt es eine sehr große Explosion. Asche regnet hunderte von Kilometern entfernt herab, der halbe Berg rutscht ins Meer, alles ist anders …

Doch das geschieht nur nach einer langen Periode scheinbarer Stabilität und nur nach schweren Kämpfen, um die herkömmlichen Denkweisen zu bewahren. Was wir dann erblicken, ist eine Verschiebung der Paradigmen, eine große Veränderung von Denkmustern; zu den Beispielen gehören Darwins Evolutionstheorie und Einsteins Relativitätstheorie.

Veränderungen im wissenschaftlichen Verständnis erzwingen Veränderungen in unserer Kultur. Die Wissenschaft hat Einfluss darauf, was wir von der Welt denken, und sie führt zu neuen Techniken, die unsere Lebensweise verändern (und wenn sie – absichtlich oder nicht – missverstanden wird, führt sie auch zu etlichen hässlichen Gesellschaftstheorien).

Heute *erwarten* wir große Veränderungen zu Lebzeiten. Wenn Kinder gebeten werden, die Zukunft vorherzusagen, kommen sie wahrscheinlich auf das eine oder andere Science-Fiction-Szenarium – fliegende Autos, Ferien auf dem Mars, bessere und kleinere Technik. Sie irren sich wahrscheinlich, doch das spielt keine Rolle. Eine Rolle spielt, dass Kinder von heute nicht sagen: »Veränderung? Na, es wird so ziemlich alles das Gleiche sein. Ich werde einfach das tun, was Mutti und Vati heute tun und was deren Eltern vor ihnen getan haben.« Während vor fünfzig Jahren, *vor einem Großvater,* diese Haltung allgemein überwog. Vor zehn oder elf Großvätern bedeutete eine große Veränderung für die meisten Menschen, dass sie eine andere Art Pflug verwendeten.

Und dennoch ... Unter der Oberfläche all dieser Veränderungen sind die Menschen Menschen geblieben. Die grundlegenden menschlichen Wünsche und Bedürfnisse sind weitgehend dieselben wie vor hundert Großvätern, selbst, wenn wir jemals Ferien auf dem Mars machen sollten (so viel Strand ...). Die Befriedigung dieser Bedürfnisse kann anders sein – ein Hamburger anstatt eines Kaninchens, das man mit einem selbst gebauten Bogen erlegt hat –, doch noch immer wollen wir Nahrung. Und Gefährten und Sex und Liebe und Sicherheit und eine Menge andere vertraute Dinge.

Die größte wesentliche Veränderung, eine, durch die es wirklich etwas anderes wird, ein Mensch zu sein, könnten durchaus die modernen Kommunikations- und

Transportmittel sein. Alte geographische Barrieren, die dafür sorgten, dass verschiedene Kulturen verschieden blieben, sind nahezu irrelevant geworden. Die Kulturen vermengen sich und formieren sich neu als globale Multikultur. Es ist schwer vorherzusagen, wie sie aussehen wird, denn es ist ein emergenter Prozess, der sich noch nicht endgültig ausgeformt hat. Sie könnte sich ziemlich von dem riesigen US-amerikanischen Kaufhaus unterscheiden, das man sich allgemein darunter vorstellt. Das macht die Welt von heute so faszinierend – und so gefährlich.

Letzten Endes ist die Idee, wir hätten Gewalt über unser Universum, eine Illusion. Wir kennen nur eine vergleichsweise kleine Anzahl Tricks, dazu einen großartigen allgemeinen Trick zum Hervorbringen kleiner Tricks. Der allgemeine Trick ist die wissenschaftliche Methode. Sie rentiert sich.

Wir haben auch den Trick, funktionierende Geschichten zu erzählen. Im gegenwärtigen Stadium unserer Evolution verbringen wir schon den größten Teil unseres Lebens darin. Das »wirkliche Leben« – das heißt, das wirkliche Leben für die meisten von uns, mit TÜV-Tests und Papierwohlstand und Sozialsystemen – ist ein Phantasiegebilde, bei dem wir alle mitmachen, und gerade weil wir mitmachen, funktioniert es.

Der arme alte Phokian versuchte sein Bestes, doch er fand heraus, dass die alten Geschichten nicht wahr sind, als er noch nicht ganz zum Entwurf einer neuen Geschichte vorgedrungen war. Er überprüfte die Wirklichkeit und stellte fest, dass es keine gab – zumindest keine, von der er gern glauben mochte, sie sei real. Auf einmal sah er ein Universum ohne eine Karte. Seither sind wir beim Herstellen von Karten ziemlich gut geworden.

DREIUNDZWANZIG

Vorbild der Lebendigen

Die Zauberer kehrten in ernster Stimmung zu Dees Haus zurück und verbrachten den Rest der Woche damit, herumzusitzen und sich gegenseitig auf die Nerven zu gehen. Die Geschichte hatte sie auf eine Weise beunruhigt, die sich kaum erklären ließ.

»Wissenschaft ist gefährlich«, sagte Ridcully schließlich. »Wir lassen die Finger davon.«

»Ich glaube, es ist wie mit Zauberern«, erwiderte der Dekan, erleichtert darüber, dass wieder ein Gespräch stattfand. »Man braucht mehr als einen, denn sonst kommen sie auf dumme Ideen.«

»Das stimmt, alter Freund«, sagte Ridcully, vermutlich zum ersten Mal in seinem Leben. »Nun, die Wissenschaft ist also nichts für uns. Wir müssen uns auf unseren gesunden Menschenverstand verlassen, um dies alles durchzustehen.«

»Stimmt«, pflichtete der Dozent für neue Runen dem Erzkanzler bei. »Wer interessiert sich schon für trabende Pferde? Sind selbst dran schuld, wenn sie umfallen.«

»Um der Diskussion eine Grundlage zu geben, sollten wir zusammenfassen, was wir bisher herausgefunden haben«, warf Ridcully ein.

»Was auch immer wir unternehmen – die Elfen gewinnen«, betonte der Dekan.

»Äh ... ich weiß, dass es vielleicht dumm klingt ...«, begann Rincewind.

»Ja, das wird mit ziemlicher Sicherheit der Fall sein«, sagte der Dekan. »Du hast seit unserer Rückkehr nicht viel getan, oder?«

»Nein, eigentlich nicht«, erwiderte Rincewind. »Bin nur ein wenig herumgelaufen und habe mir Dinge angesehen.«

»Genau! Nicht ein einziges Buch hast du gelesen, oder? Welchen Sinn hat es herumzulaufen?«

»Nun, man bekommt Bewegung«, sagte Rincewind. »Und man bemerkt Dinge. Gestern haben der Bibliothekar und ich das Theater besucht ...«

Sie hatten sich die billigsten Eintrittskarten besorgt, und der Bibliothekar kaufte zwei Tüten Nüsse.

Inzwischen kannten sie sich einigermaßen mit dieser Epoche aus und wussten, dass es kaum einen Sinn hatte, den Bibliothekar zu sehr zu tarnen. Mit einem Wams, einem großen Schlapphut und einem falschen Bart sah er besser aus als viele Leute auf den billigen Plätzen, wo man nicht etwa saß, sondern stand. Die billigsten Plätze waren *Steh*plätze.

Das Stück hieß *Der bucklige König*, von Arthur J. Nightingale. Es war nicht sehr gut – Rincewind hatte nie ein schlechteres gesehen. Der Bibliothekar vergnügte sich damit, heimlich Nüsse nach dem falschen Buckel des Königs zu werfen. Das Publikum sah hingerissen zu und zeigte sich besonders von einer Szene fasziniert, in der sich der König an die Adligen wandte und folgende denkwürdigen Worte sprach: »Dies ist der Dezember unserer Unzufriedenheit *der Mistkerl soll endlich damit aufhören, Nüsse nach mir zu werfen!*«

Ein schlechtes Stück, aber ein gutes Publikum, dachte Rincewind, nachdem man sie hinausgeworfen hatte. Natürlich stellte das Stück eine enorme Verbesserung gegenüber all jenen Dingen dar, die sich die Muschelberg-Leute hätten einfallen lassen können – bei ihnen hätte gute Unterhaltung vermutlich den Titel »Wir haben Farbe erfunden und können beobachten, wie sie trocknet« getragen. Aber die Dialoge klangen falsch, und alles wirkte mühsam konstruiert. Dennoch waren die Zuschauer vom Geschehen auf der Bühne gefesselt gewesen.

Einmal hatte sich Rincewind ein Auge zugehalten, sich sehr konzentriert und im Theater umgesehen. Zwar tränte das andere Auge sehr, aber er war imstande gewesen, auf den teuren Plätzen mehrere Elfen zu erkennen.

Auch sie liebten Bühnenstücke. Natürlich. Sie wünschten sich phantasievolle Menschen. Sie hatten ihnen so viel Vorstellungskraft gegeben, dass sie ständig hungrig war und selbst die Stücke von Arthur J. Nightingale fraß.

Phantasie erschafft Ungeheuer. Sie bewirkt, dass man sich vor dem Dunkeln fürchtet, aber die Furcht gilt nicht den realen Gefahren der Dunkelheit. Phantasie füllt die Nacht mit ihrem eigenen Schrecken.

Und deshalb …

Rincewind hatte eine Idee.

»Ich glaube, wir sollten nicht länger versuchen, die Philosophen und Gelehrten zu beeinflussen«, sagte er. »Solche Leute glauben immer alles. Man kann sie gar nicht daran hindern. Und die Wissenschaft ist zu *verrückt*. Ich muss immer wieder an den armen Mann denken …«

»Ja, ja, ja, darüber haben wir schon gesprochen«, sagte Ridcully müde. »Komm zur *Sache*, Rincewind. Kannst du uns irgendetwas Neues anbieten?«

»Wir könnten versuchen, den Menschen Kunst beizubringen«, meinte Rincewind.

»Kunst?«, wiederholte der Dekan. »Kunst ist was für Schwächlinge! Dadurch würde alles nur noch *schlimmer!*«

»Malerei, Bildhauerei und Theater«, fuhr Rincewind fort. »Wir sollten nicht versuchen, das aufzuhalten, was die Elfen in die Wege geleitet haben. Ganz im Gegenteil. Wir sollten versuchten, es so weit wie möglich zu verstärken. Wir sollten den Menschen dabei helfen, eine größere Vorstellungskraft zu entwickeln. Noch reicht sie nicht aus.«

»Aber das ist doch genau das, was die Elfen wollen, Mann!«, schnappte Ridcully.

»Ja!« Eine Idee zu haben, die nicht mit Flucht in Verbindung stand – das war so neu für Rincewind, dass er sich wie berauscht fühlte. »Helfen wir den Elfen! Helfen wir ihnen dabei, sich zu zerstören.«

Die Zauberer schwiegen. Schließlich fragte Ridcully: »Wovon redest du da?«

»Im Theater habe ich viele Personen gesehen, die glauben wollten, dass sich die Welt von der Realität um sie herum unterscheidet«, sagte Rincewind. »Wir könnten …« Er suchte nach einem Weg in Ridcullys verschlossenen Geist. »Nun, du kennst doch den Quästor, oder?«

»An die Existenz dieses Herrn werde ich täglich erinnert«, sagte Ridcully ernst. »Und ich bin froh, dass wir ihn diesmal bei seiner Tante gelassen haben.«

»Und erinnerst du dich, wie wir seinen Irrsinn geheilt haben?«

»Wir haben ihn nicht geheilt«, widersprach Ridcully. »Wir geben ihm nur eine Medizin, die ihn *halluzinieren* lässt, er sei normal.«

»Genau! Wir verwenden die Krankheit als Heilmittel! Wir haben ihn noch irrsinniger und dadurch gesund werden lassen. Im Großen und Ganzen. Abgesehen von den Gewichtslosigkeitsanfällen und der Sache mit …«

»Ja, ja, schon gut«, beeilte Ridcully sich zu sagen. »Ich warte noch immer darauf, dass du zur *Sache* kommst.«

»Meinst du vielleicht, so zu kämpfen wie die Mönche bei der Mitte?«, fragte der Dozent für neue Runen. »Dürre kleine Burschen, die große, schwere Männer durch die Luft wirbeln können?«

»Etwas in der Art, ja«, sagte Rincewind.

Ridcully stieß Ponder Stibbons an.

»Habe ich einen Teil des Gesprächs versäumt?«, erkundigte er sich.

»Ich glaube, Rincewind meint Folgendes: Wenn wir das weiterführen, was die Elfen begonnen haben, könnten wir einen Sieg über sie erringen«, sagte Ponder.

»Wäre das wirklich möglich?«

»Ich finde die Idee gut, Erzkanzler«, sagte Ponder. »Der Glaube hat hier nicht die gleiche Kraft wie in unserer Heimat, aber er ist trotzdem recht stark. Wie dem auch sei: Die Elfen *sind* hier. Sie gehören zu dieser Welt.«

»Wir wissen, dass sie sich in gewisser Weise von … von den Menschen *ernähren*«, sagte Rincewind. »Wir wollen, dass sie von hier verschwinden. Äh … ich habe einen Plan.«

»*Du* hast einen Plan«, brachte Ridcully mit hohler Stimme hervor. »Hat *sonst* noch jemand einen Plan? Irgendjemand?«

Niemand antwortete.

»Das Stück, das wir im Theater gesehen haben, war schrecklich«, sagte Rincewind. »Die Menschen dieser Zeit sind viel kreativer als die Muschelberg-Leute, aber sie haben noch einen weiten Weg vor sich. Mein Plan … Nun, ich möchte diese Welt in den Pfad der Geschichte bringen, die jemanden namens William Shakespeare enthält. Und absolut keinen Arthur J. Nightingale.«

»Wer ist Shakespeare?«, fragte Ponder.

»Der Mann, der dies schrieb.« Rincewind schob ein abgegriffenes Manuskript über den Tisch. »Bitte lies ab der markierten Stelle.«

Ponder rückte seine Brille zurück und räusperte sich.

»Welch ein Meisterwerk ist der, äh, diese Handschrift ist grässlich …«

»Gibt her.« Ridcully nahm die Blätter. »Du hast dafür nicht die richtige Stimme, Stibbons.« Er blickte auf die Seite, und dann: »Welch ein Meisterwerk ist der Mensch! wie edel durch Vernunft! wie unbegrenzt an Fähigkeiten! in Gestalt und Bewegung wie bedeutend und wunderwürdig! im Handeln wie ähnlich einem Engel! im Begreifen wie ähnlich einem Gott! die Zierde der Welt! das Vorbild der Lebendigen! ...«

Er hielt inne.

»Und dieser Mann lebt *hier?*«, fragte er.

»Potenziell«, antwortete Rincewind.

»Der Mann steht knietief im Dreck, in einer Stadt mit aufgespießten Köpfen, und er schrieb *dies?*«

Rincewind strahlte. »Ja! In seiner Welt ist er wahrscheinlich der einflussreichste Dramatiker in der Geschichte der Menschheit! Trotz taktvoller Bearbeitungen durch die meisten Regisseure, denn er hatte wie alle anderen auch seine schlechten Tage.«

»Mit ›seiner Welt‹ meinst du ...«

»Alternative Welten«, brummte der schmollende Ponder. Bei einem Theaterstück an der Schule hatte er einmal den Dritten Kobold gespielt und glaubte, eine recht gute Stimme zu haben.

»Du meinst, er sollte hier sein, ist es aber nicht?«, fragte Ridcully.

»Ich glaube, er sollte hier sein, kann es aber nicht«, sagte Rincewind. »Zugegeben, die hiesigen Menschen sind nicht mit den Muschelberg-Leuten zu vergleichen, aber in künstlerischer Hinsicht stehen sie ziemlich tief unten. Ihr Theater ist schrecklich, es gibt keine anständigen Künstler, sie können nicht einmal eine vernünftige Statue schnitzen ... Diese Welt ist nicht das, was sie sein sollte.«

»Und?«, fragte Ponder, der noch immer gekränkt war.

Rincewind gab dem Bibliothekar ein Zeichen, der daraufhin um den Tisch herum wankte und kleine, grüne, in Leinen gebundene Bücher verteilte.

»Dies ist ein *anderes* Stück, das er schreibt ... geschrieben hat ... schreiben wird ...«, sagte er. »Bestimmt gelangt ihr ebenfalls zu dem Schluss, dass es sehr wichtig sein wird ...«

Die Zauberer lasen. Sie lasen noch einmal. Sie stritten miteinander, aber das war nicht ungewöhnlich.

»Es ist ein bemerkenswertes Stück, wenn man die Umstände berücksichtigt«, sagte Ridcully schließlich. »Und Teile davon erscheinen vertraut.«

»Ja«, bestätigte Rincewind. »Wahrscheinlich deshalb, weil er das Stück schreiben wird, nachdem er dir zugehört hat. Wir brauchen ihn. Dieser Mann versteht es wirklich, sich dem Publikum mitzuteilen. Er überzeugt die Zuschauer davon, dass die Schauspieler auf der Bühne ein riesiges Heer sind.«

»Habe ich die Stelle übersehen?« Der Dozent für neue Runen blätterte hastig.

»Das steht in einem anderen Stück, Runen«, sagte Ridcully. »Versuch auch weiterhin, auf dem Laufenden zu bleiben. Nun, Rincewind ... Mal angenommen, wir sind mit deinem Plan einverstanden. Wir müssen dafür sorgen, dass jener Mann hier existiert und dieses Stück in dieser Welt schreibt, nicht wahr? *Wie?*«

»Kann ich das der Phase zwei überlassen, Herr? Ich hoffe, dass es offensichtlich wird, aber man weiß nie, ob Elfen zuhören.«

Es beeindruckte die Zauberer, dass der Plan eine zweite Phase hatte, doch Ridcully beharrte: »Ich möchte dich darauf hinweisen, Rincewind, dass ein solches Stück dem *Wunsch* der Elfen entspräche.«

»Ja, Herr. Weil sie dumm sind. Im Gegensatz zu dir, Herr.«

»Uns steht HEX' Rechenkraft zur Verfügung«, sagte Ponder. »Es sollte möglich sein, Shakespeare in dieser Welt erscheinen zu lassen.«

»Äh, ja«, erwiderte Rincewind. »Aber zuerst müssen wir sie in eine Welt verwandeln, in der er erscheinen *kann.* Was vielleicht ein wenig Arbeit erfordert. Und einige Reisen. In die Vergangenheit ... tausende von Jahren weit ...«

Feuerschein glühte an den Höhlenwänden. Die Zauberer saßen auf der einen Seite des Feuers, auf einem großen Felsvorsprung, von dem aus man weit über das Buschland hinwegsehen konnte. Die Stinkenden Höhlenmenschen saßen auf der anderen Seite.

Die Höhlenmenschen beobachteten die Zauberer mit so etwas wie Ehrfurcht, wenn auch nur deswegen, weil sie nie zuvor Leute gesehen hatten, die so viel aßen. Ridcully hatte darauf hingewiesen, dass Besucher, die mit vielen Nahrungsmitteln kamen, praktisch überall willkommen waren. Die anderen Zauberer glaubten, dass er diesen Hinweis nur als Vorwand benutzte, um einen primitiven, aber sehr wirkungsvollen Bogen herzustellen, damit auf die Jagd zu gehen und fröhlich die Tierwelt zu dezimieren.

Von der erlegten Tierwelt war jetzt nur noch wenig übrig. Die Zauberer beklagten das Fehlen von Zwiebeln, Salz, Pfeffer, Knoblauch und in Rincewinds Fall Kartoffeln, doch an Fleisch herrschte gewiss kein Mangel.

Seit zwei Wochen waren sie auf diese Weise tätig, in Höhlen überall auf dem Kontinent. Sie gewöhnten sich allmählich daran, auch wenn der Stuhlgang zu einem Problem wurde.

Rincewind saß ein wenig abseits vom Feuer, in der Begleitung von Verbrannter Stock.

Sprachtalent war hier weniger wichtig als die Fähigkeit, sich verständlich zu machen. Verbrannter Stock lernte schnell, und Rincewind hatte in dieser Hinsicht schon einige Erfahrung. Der Dialog bestand aus unterschiedlichen Brumm- und Knurrlauten, und seine Übersetzung lautete:

»Na schön, du hast begriffen, wie man Holzkohle benutzt, aber darf ich deine Aufmerksamkeit auf diese Pigmente richten? Das ist Weiiiß, ganz einfach, und Rooot, wie Blut, und Geeelb, wie, äh, Eigelb. Gacker, gacker? Und diese vierte Farbe ist nur grässliches Ockerbraun, ich nenne sie einfach mal ›Baby-Aa‹.«

»Kann dir bisher folgen, Spitzhut«, sagte Verbrannter Stock und nickte enthusiastisch.

»Jetzt kommt der große Tipp, nicht viele Leute wissen darüber Bescheid«, sagte Rincewind. »Du nimmst die Tiere, die du bereits gemalt hast – ja, gut gemacht – und fügst ihnen Farbe hinzu. Dabei musst du gut aufpassen und dir Mühe geben. Ein gekautes Stück Holz kann sich dabei als Freund erweisen. Sieh nur, wie ich die Farben mische und dem Bild ein gewisses Etwas, oh, *je ne sais quoi*?«

»He, das sieht wie ein *richtiger* Büffel aus! Unheimlich!«

»Es kommt noch besser? Gibst du mir mal die Holzkohle? Danke. Was ist das?«

Rincewind malte sorgfältig.

»Mann mit großem [eindrucksvolle Geste]?«, fragte Verbrannter Stock.

»Was? Oh. Entschuldige, das ist verkehrt. Ich meine *dies* ...«

»Mann mit Speer! He, er wirft ihn nach Büffel!«

Rincewind lächelte. Während der letzten beiden Wochen hatte es einige Fehlschläge gegeben, aber Verbrannter Stock war genau der richtige Mann. Er hatte sich als beeindruckend schlicht erwiesen, und Menschen mit einem wahrhaft schlichten Geist waren sehr selten.

»Als ich dich zum ersten Mal sah, wusste ich sofort, dass du intelligent bist«, log Rincewind. »Vielleicht lag es daran, dass dein Brauenwulst zwei Sekunden vor dem Rest von dir um die Ecke kam.« Verbrannter Stock strahlte, und Rincewind fuhr fort: »Die Fragen, die du dir stellen solltest, lauten: Wie *echt* wirkt das Bild? Und wo war das Bild, bevor ich es gemalt habe? Und was geschieht jetzt, da es sich an der Wand befindet?«

Die Zauberer sahen vom Feuer aus zu.

»Warum stochert der Mann auf das Bild ein?«, fragte der Dekan.

»Ich glaube, er lernt die Macht von Symbolen«, sagte Ridcully. »He, wenn niemand mehr Rippen möchte, esse ich den Rest.«

»Leider gibt's keine Grillsoße«, stöhnte der Dozent für neue Runen. »Wie lange dauert's bis zur nächsten landwirtschaftlichen Revolution?«

»Vielleicht hunderttausend Jahre«, sagte Ponder. »Oder noch viel länger.«

Der Dozent für neue Runen ächzte und stützte den Kopf auf die Hände.

Rincewind näherte sich und nahm Platz. Die übrigen Stinkenden Höhlenmenschen, bis zu den Brauen fettig von Gratis-Essen, beobachteten ihn aufmerksam.

»Das scheint gut geklappt zu haben«, sagte er. »Er ist jetzt dabei, in seinem Kopf eine Verbindung zwischen den Bildern und der Realität herzustellen. Noch keine Kartoffeln?«

»Damit ist erst in ein paar tausend Jahren zu rechnen«, stöhnte der Dozent für neue Runen.

»Verdammt. Ich meine, hier ist Fleisch. Es sollte auch Kartoffeln geben. Ist das für eine Welt so schwer zu verstehen? Gemüse ist weniger *kompliziert* als Fleisch!« Er seufzte – und riss die Augen auf.

Verbrannter Stock hatte das Bild eine Zeit lang völlig reglos betrachtet, wankte jetzt zu einer anderen Höhlenwand und nahm einen Speer. Er sah zum gemalten Büffel, der sich im flackernden Schein des Feuers zu bewegen schien, zögerte, warf den Speer und ging hinter einem Felsen in Deckung.

»Meine Herren, wir haben unser Genie gefunden und sind unterwegs«, sagte Rincewind. »Ponder, kann HEX morgen früh einige Büffel vor der Höhle erscheinen lassen?«

»Das müsste eigentlich möglich sein, ja.«

»Gut.« Rincewind sah sich um. »Es gibt hier einige hohe Bäume. Auch das ist gut.«

Der Morgen dämmerte, und die Zauberer saßen in den Bäumen.

Unten wimmelte es von Büffeln. HEX hatte eine ganze Herde hierher gebracht. Sie war praktisch zwischen den Bäumen und Felsen eingepfercht.

Verbrannter Stock und die anderen Jäger standen auf dem großen Felsvorsprung und starrten ungläubig auf die verblüfften, der Panik nahen Tiere hinab.

Aber nur für einen Moment. Immerhin hatten sie Speere. Sie erwischten zwei Tiere, und die anderen donnerten davon. Anschließend brachte der Stamm Verbrannter Knochen auffallenden Respekt entgegen.

»Ich glaube, ich verstehe, was du bezwecken willst«, sagte Ridcully, als die Zauberer vorsichtig von den Bäumen herunterkletterten.

»Nun, *ich* verstehe es nicht«, ließ sich der Dekan vernehmen. »Du versuchst, ihnen elementare Magie beizubringen. Aber die funktioniert hier nicht.«

»Verbrannter Stock und die anderen *glauben*, dass sie funktioniert«, erwiderte Rincewind.

»Aber nur, weil wir ihnen geholfen haben! Was passiert morgen, wenn er ein weiteres Bild malt und keine Büffel erscheinen?«

»Dann halten sie es für einen Versuchsfehler«, sagte Rincewind. »Weil es so *vernünftig* ist, nicht wahr? Man malt ein magisches Bild, und das betreffende Objekt erscheint einfach! Es ist *so* vernünftig, dass es sehr schwer sein dürfte, sie davon zu überzeugen, dass es *nicht* funktioniert. Außerdem ...«

»Außerdem was?«, fragte Ponder.

»Oh, mir fiel gerade ein: Wenn Verbrannter Stock *wirklich* vernünftig ist, wird er die Bewegungen der hiesigen Tiere im Auge behalten und seine Bilder zum richtigen Zeitpunkt malen ...«

Einige weitere Wochen vergingen. Es gab viele Männer wie Verbrannter Stock.

Und wie Rote Hände.

»Nun ...«, sagte Rincewind, als er am Fluss saß und Ton presste. »Man kann auch *andere* Dinge aus Ton formen als immer nur Schlangen.«

»Schlangen sind leicht«, sagte Rote Hände. Er war bis zu den Achseln mit Ocker beschmiert.

»Und hier gibt es viele Schlangen, nicht wahr?«, fragte Rincewind. Es sah nach einer richtigen Schlangengegend aus.

»Jede Menge.«

»Hast du dich jemals nach dem Grund dafür gefragt? Du rollst Schlangen aus Ton, und Schlangen erscheinen?«

»*Ich* erschaffe die Schlangen?«, fragte Rote Hände. »Aber wie soll das möglich sein? Ich rolle sie doch nur, weil es sich angenehm anfühlt.«

»Eine faszinierende Vorstellung, nicht wahr?«, fragte Rincewind. »Aber keine Sorge. Ich verrate niemandem etwas davon.«

Rote Hände blickte auf seine Hände hinab, als hätten sie sich plötzlich in tödliche Instrumente verwandelt. Er schien etwas weniger intelligent zu sein als Verbrannter Stock.

»Hast du jemals daran gedacht, etwas anderes zu formen?«, fragte Rincewind. »Etwas Essbareres?«

»Fische sind gut zu essen«, sagte Rote Hände.

»Warum versuchst du es nicht einmal mit einem tönernen Fisch?«, schlug Rincewind vor und lächelte offen.

Am nächsten Morgen regnete es Forellen.

Der glückliche Rote Hände galt nun als Retter des Stammes, der im Schilf lebte, und am Nachmittag begann er damit, eine dicke Frau zu modellieren.

Die Zauberer sprachen darüber, welche moralischen Folgen es haben mochte, dicke Frauen auf ein größeres Gebiet herabregnen zu lassen. Die Debatte nahm einige Zeit in Anspruch, und es kam immer wieder zu nachdenklichen Pausen. Schließlich wurde der Dekan überstimmt, und man einigte sich auf Folgendes: Wenn man einem Mann eine dicke Frau gab, so hatte er eine dicke Frau für einen Tag. Aber wenn man einem Mann dabei half, zu einem sehr wichtigen Mann zu werden, weil er das Geheimnis von Büffeln und Fischen kannte, so konnte er so viele dicke Frauen bekommen wie er wollte.

Am nächsten Morgen reisten sie tausend Jahre in die Zukunft. Auf dem Kontinent gab es kaum mehr eine schmucklose Höhle und viele dicke Frauen.

Sie reisten noch weiter in die Zukunft …

Auf einer Lichtung im Wald fertigte ein Mann eine Götterstatue aus Holz an. Entweder konnte er nicht gut schnitzen, oder seine Spezialität waren Statuen hässlicher Götter.

Die Zauberer beobachteten ihn.

Und dann erschien die Elfenkönigin mit zwei männlichen Begleitern. Zumindest hatten sie das Erscheinungsbild von Männern. Die Königin war verärgert.

»Was stellt ihr an, Zauberer?«, fragte sie scharf.

Ridcully nickte ihr freundlich zu. »Oh, es ist nur … Wie nennen wir es, Stibbons?«

»Ein soziologisches Experiment, Erzkanzler«, sagte Ponder.

»Aber ihr bringt den Menschen Kunst bei! Und Bildhauerei!«

»Und Musik«, fügte Ridcully fröhlich hinzu. »Wie sich herausgestellt hat, kann der Dozent für neue Runen recht gut mit einer Laute umgehen.«

»Natürlich bin ich nur ein Amateur«, meinte der Dozent für neue Runen und errötete.

»Ist ganz einfach, eine Laute zu bauen«, sagte Ridcully. »Man braucht nur den Panzer einer Schildkröte und einige Sehnen. Ich selbst habe meine Bekanntschaft mit der Blechflöte aus meiner Kindheit aufgefrischt. Was den Dekan betrifft ... Ich fürchte, sein Geschick im Kammblasen lässt zu wünschen übrig.«

»Und *warum* macht ihr dies?«, fragte die Königin.

»Bist du zornig?«, entgegnete Ridcully. »Wir dachten, du würdest dich freuen. Wir dachten, dies entspräche deinem *Wunsch*. Du weißt schon: Phantasie und Vorstellungskraft.«

»*Er* hat Musik erschaffen?« Die Königin sah zum Dozenten für neue Runen, der ihr verlegen zuwinkte.

»Oh, nein, natürlich nicht«, erwiderte er. »Die Menschen hatten bereits eine vage Vorstellung von Schlagzeug, mit Muschelschalen und so, aber es war alles ziemlich langweilig. Wir halfen ihnen ein wenig.«

»Gaben ihnen den einen oder anderen Tipp«, fügte Ridcully munter hinzu.

Die Königin kniff die Augen zusammen. »Ihr *plant* etwas!«, sagte sie.

»Die Leute kommen gut voran, nicht wahr?« Ridcully streckte die Hand aus. »Sieh nur den Burschen dort drüben. Stellt sich einen Gott vor. Einen mit Holzwürmern und Astlöchern, aber trotzdem recht eindrucksvoll. Ist eigentlich ein sehr komplexer geistiger Vorgang. Wir dachten: Wenn ihr Menschen mit viel Phantasie wollt, sollten wir ihnen dabei helfen, sich die ausgefallensten Dinge vorzustellen. Sie werden die

Welt für euch mit Drachen, Göttern und Ungeheuern füllen. Ihr könnt euch gar nicht *mehr* wünschen.«

Die Königin richtete einen argwöhnischen Blick auf ihn. Es war der Blick einer Person, die absolut keinen Humor hat, aber vermutet, dass sich jemand einen Scherz mit ihr erlaubt.

»Warum solltet ihr uns helfen?«, fragte sie. »Du hast mich aufgefordert, deine Unterwäsche zu verzehren!«

»Nun, es lohnt wohl kaum, um diese Welt zu kämpfen«, sagte Ridcully.

»Einer von euch ist nicht hier«, stellte die Königin fest. »Wo befindet sich der Dumme?«

»Rincewind?«, fragte der Erzkanzler mit einer Unschuld, die einen Menschen bestimmt nicht getäuscht hätte. »Oh, er ist mit den gleichen Dingen beschäftigt. Hilft den Leuten, sich Dinge vorzustellen. Und das wollt ihr doch, oder?«

VIERUNDZWANZIG

Die erweiterte Gegenwart

Kunst? Sie scheint überflüssig zu sein. Wenige von den Geschichten, die wir über die Evolution des Menschen erzählen, über den Teil mit *Homo sapiens*, sehen Musik oder Kunst als integralen Teil des Prozesses. Gewiss, sie taucht oft als eine Art Randerscheinung auf, als Anzeichen, wie weit wir es gebracht haben: »Sehen Sie nur diese wunderbaren Höhlenmalereien, Statuetten, den polierten Schmuck und die Ornamente! Das zeigt, dass unser Gehirn größer/besser/liebevoller/dem des Dozenten für neue Runen ähnlicher wurde ...« Doch Kunst ist nicht als notwendiger Bestandteil der Evolution dargestellt worden, die uns zu dem gemacht hat, was wir sind; ebenso wenig Musik.

Warum also dilettieren Verbrannter Stock und Rote Hände in der Kunst, und warum möchte Rincewind sie ermutigen?

Uns ist die Geschichte von den Nackten Affen erzählt worden, die Sex machen; wir hatten Klatschende Affen und Privilegierte Affen, verschiedene Arten von Affen, die ihre Intelligenz am Meeresstrand erwarben oder indem sie in der Savanne Gazellen nachliefen. Wir hatten eine Menge Geschichten über die Entwicklung von Intelligenz, die in Einstein kulminierten; wir haben die Geschichte von Privileg/Ritual/Auslese gehört, deren Kulminationspunkte Eichmann und Obrigkeitsgehorsam sind; was uns aber nicht vorgetragen wurde, ist eine Version unserer Evolution, deren Höhepunkte Fats Waller, Wolfgang Amadeus Mozart oder sogar Richard Feynman an den Bongos sind.

Das kommt jetzt.

Musik ist ein wichtiger Teil im Leben der meisten Menschen, und Film und Fernsehen verstärken das fortwährend. Hintergrundmusik informiert uns ständig über unmittelbar bevorstehende Ereignisse auf der Leinwand, über Spannung und Entspannung, über die Gedanken von handelnden Personen und insbesondere über ihren Gefühlszustand. Jemand, der in der Dudelmusik-Umgebung des 20. Jahrhunderts aufgewachsen ist, kann sich nur schwer vorstellen, wie der »primitive« Zustand des menschlichen Musikempfindens gewesen sein mag.

Wenn wir die Musik ferner Völker oder »primitiver« Stämme hören, müssen wir uns vergegenwärtigen, dass ihre Musik eine ebenso lange Entwicklung wie die von Beethoven hinter sich hat und eine viel längere als der Jazz. Wie die Amöbe und der Schimpanse ist ihre Musik zeitgenössisch mit uns, nicht unser Vorläufer, obwohl sie primitiv klingt, wie auch die Ausübenden primitiv *aussehen*. Und wir fragen uns, ob wir auf richtige Weise auf die richtigen Dinge hören. Es ist verlockend zu glauben, populäre Musik, die darauf abzielt, uns unmittelbar anzusprechen, könnte erhellen, welche innere Struktur unseres Gehirns gerade zu einem musikalischen Thema »passt« und von ihm befriedigt wird. Wenn wir orthodoxe Genetiker wären, hätten wir von »Musikgenen« sprechen können. Wir haben es aber nicht getan.

Neuerdings haben Neurologen Techniken entwickelt, die es uns erlauben, zu betrachten, was Gehirne tun, wenn sie verschiedene Tätigkeiten ausführen. Insbesondere zeigen sie, welche Teile des Gehirns aktiv sind, wenn wir Musik genießen. Bei der schrecklich geringen räumlichen und zeitlichen Auflösung, die wir momentan bei den Aufnahmen von Magnetresonanz- und Positronemissions-Tomographen erhalten, sehen wir nur, dass Musik die rechte Hirnhälfte erregt. Wenn wir mit der Musik vertraut sind, dann treten die Gedächtnisbereiche des Hirns in Aktion, und wenn wir versuchen, sie zu analysieren oder den Text zu hören, dann gehen die Teile für verbale Analyse an. Und Oper spricht beide an, was der Grund sein könnte, dass Jack Opern mag: Ihm gefällt es, wenn sein Hirn durch den Mixer gerührt wird.

Unsere Zuneigung für Musik beginnt früh. Es gibt nämlich zahlreiche Belege dafür, dass, wenn wir im Mutterleib Musik hören, sie unsere späteren musikalischen Vorlieben beeinflussen kann. Psychologen spielen ungeborenen Babys Musik vor, sobald sie zu strampeln beginnen, und sie haben entdeckt, dass die Babys die Musik wie wir Erwachsenen in Kategorien einordnen können, und zwar in dieselben. Wenn wir ihnen Mozart vorspielen, hören sie eine Weile zu strampeln auf, etwa fünfzehn Minuten; dann beginnen sie wieder zu strampeln, vielleicht mit einem gewissen Bezug zum Rhythmus. Letzteres soll bewiesen sein, die Indizien sind aber nicht sehr überzeugend. Wenn wir dann mit einem anderen Stück von Mozart fortfahren, oder mit Haydn oder Beethoven, hört das Strampeln abermals auf, aber nur für etwa eine Minute. Die Beatles, Strawinsky, Choräle oder New-Orleans-Jazz lassen sie viel länger innehalten, so an die zehn Minuten.

Wenn man dieselben Stücke Monate später spielt, zeigt sich, dass das Baby eine Erinnerung an den Stil wie auch an die Instrumente hat. Anscheinend löst ein Quartett von Mozart das Wiedererkennen des »Mozart«-Stils ebenso aus wie eine Symphonie von ihm. Unser Gehirn besitzt raffinierte Baugruppen zur Musikerkennung, und wir können sie benutzen, ehe wir sprechen können, ja sogar, ehe wir geboren sind. Warum?

Wir suchen nach dem Wesen der Musik – als wüssten wir, was das Wesen des Sex für den Nackten Affen war oder das Wesen des Gehorsams für Eichmann oder auch, was es bedeutet, das intelligenteste/extelligenteste Wesen auf der Rundwelt zu sein. Was wir möchten, ist eine Geschichte, die Kunst und Musik in eine Erklärung einbaut, *wie wir hierher gelangt sind* und warum wir das viele Geld für die Kunstfakultäten der Universitäten hinauswerfen. Warum ist Rincewind so darauf aus, unseren Vorfahren Kunst und Musik zu bringen?

Anfang des 20. Jahrhunderts war es weit verbreitet, die Musik »primitiver« Stämme zu kopieren. Beispiele sind Strawinskys »Le Sacre du Printemps« und Manuel de Fallas »Feuertanz«, wo der musikalische Stil den Eindruck primitiver Authentizität vermitteln soll. Bronislaw Malinowskis Erzählungen von den Trobriand-Insulanern mit ihrem erstaunlichen Fehlen der zivilisierten Unterdrückung des Sex, wie sie Freud in der Wiener Gesellschaft so publik gemacht hatte, ließen die Leute glauben, die Naturmenschen seien glücklicher und weniger verdorben und ihre Musik – für Flöten und Trommeln – vermittle ihren Zustand der Unschuld wirksamer als klassische Symphonien. Jazz, von vermeintlich »primitiven« schwarzen Musikern in New Orleans erfunden, schien Anklänge an das Natürliche, Animalische (und für manche Christen an das Böse) zu haben. Fast war es, als wäre Musik eine Sprache parallel zu den Worten, in verschiedenen Gesellschaften mit verschiedenen Schwerpunkten entwickelt und für die Natur der Menschen vielsagender als andere Aspekte ihrer Kultur.

So haben die Medien es durchgespielt, und wie bei Familie Feuerstein und der Steinzeitgesellschaft hat sich diese Sichtweise als Film über unsere Wahrnehmung gelegt, der sehr schwer zu überwinden ist. Margaret Mead, die von ihrer polynesischen Freundin auf eine Reise mitgenommen wurde und die sich daraus ergebende Geschichte in *Kindheit und Jugend auf Samoa* erzählte, hat ihre Musik und Tänze auf genau diese Weise romantisch verklärt. Wenn Hollywood die primitive-aber-spirituelle Natur von indianischen Kriegern, Kannibalenstämmen auf Borneo oder Eingeborenen von Hawaii zeigen will, greift es auf den Regentanz, die Hochzeitsmusik und die Hula-Mädchen zurück. Wenn wir in jene Weltgegenden reisen, führen die Einheimischen diese Tänze auf, weil sie ihnen das Geld der Touristen einbringen. Die Komplizität zwischen Dudelmusik, Hulatänzen, Opern und der Hintergrundmusik in Hollywoodfilmen hat unser Vermögen, das herauszufiltern, was »natürliche« Kunst oder Musik ausmacht, völlig verschüttet.

Aber das wollen wir ja sowieso nicht. »Natürlich« ist eine Illusion. Desmond Morris hat eine Menge Geld gemacht, indem er von Affen angefertigte Gemälde verkaufte. Den Affen gefiel die ganze Sache offensichtlich, Morris ebenfalls, und vermutlich auch den Leuten, die sie kauften oder in Kunstgalerien betrachteten. Auch existiert ein Elefant, der malt und seine Gemälde signiert. Sozusagen. In der modernen Malerei gibt es einen Bereich, dessen Philosophie sich auf diese Suche nach dem echt Primitiven zu beziehen scheint.

Eine Seite ist die billigste: Kinderzeichnungen. Sie zeigt deutlich, wie sich die Kultur – die Extelligenz – schrittweise auf die sprießende Intelligenz der Kinder auswirkt. Für unseren laienhaften Blick demonstrieren diese Bilder aber nur, welch enormen Nutzen manche Eltern aus minimalen Anstrengungen ihrer Kinder ziehen.

Ein anderer, intellektueller Aspekt sind Schritte hin zu scheinbar der wirklichen Welt entspringenden Beschränkungen, wie der Kubismus, oder Versuche, Stile zu entwickelt, die uns zur Neubewertung unserer Sichtweisen zwingen, wie Picassos Gesichter im Profil, aber mit beiden Augen auf einer Seite. Sehr verbreitet ist eine moderne Form, die Papier-Rechtecke von unterschiedlicher Textur anordnet, nach einer Minimalregel ein paar einzelne Tropfen hinsprüht oder auf einen Untergrund von kräftigen, verwirbelten Ölfarben Holzkohlestaub streut und ihn in Textur und Muster der ganzen Leinwand einkämmt. All das kann das Auge erfreuen. Warum? Wie unterscheidet es sich von Naturobjekten, von denen manche ebenfalls erhebliche Freude bereiten können?

Wir wollen jetzt einen riesigen Sprung machen und Mozart, Jazz, Papier-Textur-Bilder und Holzkohle-Öl-Gemälde in ein und denselben Rahmen stellen. Wir glauben, dass dieser Rahmen naturgemäß alte Höhlenzeichnungen einschließt, von denen wir wissen, dass sie weit zurückliegen und also größeren Anspruch haben, echt primitiv zu sein, wenn wir sie nur mit Augen und Geist eines Zeitgenossen des Künstlers betrachten könnten. Dieselben Probleme treten auch bei Shakespeare auf: Wir haben nicht mehr die Ohren und den Geist – die Extelligenz – des ersten elisabethanischen Zeitalters.

Dafür müssen wir ein bisschen wissenschaftlicher vorgehen und betrachten, wie wir Licht, Schall, Berührungen wahrnehmen – was uns unsere Sinnesorgane sagen. Zunächst einmal sagen sie uns nichts, und das ist die erste Lehre. In seinem Buch *Consciousness Explained* (»Bewusstsein erklärt«) äußert sich Daniel Dennett sehr kritisch über das als kartesianisches Theater* bekannte Bild vom Bewusstsein. Diesem Bild zufolge stellen wir uns vor, wie wir im Geiste in einem kleinen Theater sitzen, wo unsere Augen und Ohren Bilder und Klänge aus der Außenwelt hereinleiten. In der Schule

---

* Abermals »kartesianisch« wegen Descartes, dessen »cogito ergo sum« und »Geist ist von anderem Stoff als Materie« die Pop-Philosophie immer noch beeinflussen.

haben wir alle gelernt, dass das Auge einer Kamera gleicht und dass ein Bild der Welt auf der Netzhaut abgebildet wird, als ob dies das Schwierige daran wäre. Nein, dort fängt die Schwierigkeit erst an, wenn verschiedene Bestandteile jenes Bildes auf verschiedenen Wegen in verschiedene Teile des Gehirns gelangen.

Wenn man einen sich bewegenden roten Bus sieht, werden in der Analyse, der das Hirn die Szene unterzieht, die Aspekte »sich bewegend«, »rot« und »Bus« ziemlich frühzeitig getrennt – und sie werden nicht wieder zusammengesetzt, um das geistige Bild zu synthetisieren. Vielmehr wird das Bild in Ihrem Kopf aus zahlreichen einzelnen Anhaltspunkten, einzelnen Stücken synthetisiert, und fast alles, was Sie »sehen«, wenn sie sich im Zimmer umblicken, existiert nur in Ihrem Gehirn. Es gleicht überhaupt nicht einem Fernsehbild. Es wird nicht augenblicklich aufgenommen und aktualisiert, sondern fast die gesamte »detaillierte« Umgebung ist wie eine Art Tapete um das kleine Stück erfunden, dem Ihre Aufmerksamkeit gilt. Die meisten Details sind in Ihrem Geist überhaupt nicht *als solche* vorhanden, doch das ist die Illusion, die Ihnen Ihr Geist präsentiert.

Wenn wir ein Gemälde sehen ... Nur dass wir es eben wiederum gar nicht sehen. Es gibt mehrere Methoden, Menschen davon zu überzeugen, dass sie erfinden, was sie »sehen«, dass die Wahrnehmung nicht einfach eine Kopie vom Bild auf der Netzhaut des Auges ist. Es gibt beispielsweise einen blinden Fleck auf der Netzhaut, wo der Sehnerv sie verlässt. Er ist groß. Er ist so groß wie 150 Vollmonde (das ist kein Druckfehler: einhundertundfünfzig). Nicht, dass der Mond für unsere Augen so groß wäre, wie wir für gewöhnlich glauben – und gewiss nicht so groß, wie Hollywood ihn immer wieder zeigt. Wir »sehen« den Vollmond viel größer, als er »ist« (tut uns Leid, aber irgendwie müssen wir das, was in Ihrem Geist ist, von der Wirklichkeit draußen unterscheiden), vor allem, wenn er nahe am Horizont steht. Die beste Möglichkeit, sich das zu verdeutlichen, ist, sich selbst vorzuführen, dass der Mond so groß wie der kleine Fingernagel am ausgestreckten Arm ist. Strecken Sie den Arm aus, und die Spitze Ihres kleinsten Fingers bedeckt den Mond völlig. Der blinde Fleck ist also kleiner, als unsere Beschreibung suggerieren könnte, aber es ist immer noch ein ordentliches Stück des Netzhautbildes. Wir bemerken jedoch keinerlei Loch im Bild, das wir von der Außenwelt bekommen, weil des Gehirn das Fehlende mit der bestmöglichen Schätzung auffüllt.

Woher *weiß* das Gehirn, was genau vorn fehlt? Es weiß das nicht und braucht es nicht zu wissen: das ist der springende Punkt. Obwohl »einfügen« und »fehlen« auf diesem Gebiet der Wissenschaft herkömmliche Begriffe sind, führen sie abermals in die Irre. Das Hirn *bemerkt* nicht, dass etwas fehlt, also gibt es keine Lücke, die aufzufüllen wäre. Die Neuronen der Sehrinde – jenes Teils des Gehirns, der das Netzhautbild analysiert und eine Szene daraus macht, die wir erkennen und zuordnen können – sind auf raffinierte Arten verschaltet, die gewisse Vorurteile der Wahrnehmung verstärken. Experimente mit Farbstoffen, die auf die elektrischen Signale des Hirns reagieren, zeigen beispielsweise, dass die erste Schicht der Sehrinde Linien feststellt – größtenteils Ränder. Die Neuronen sind in lokalen Flecken angeordnet, »Hyperkolumnen«, das sind Ansammlungen von Zellen, welche auf Linien reagieren, die in acht verschiedenen Richtungen orientiert sind. Innerhalb einer Hyperkolumne sind alle Verbindungen prohibitiv, das heißt, wenn ein Neuron glaubt, einen Rand in der Ausrichtung gesehen zu haben, für die es empfindlich ist, dann versucht es alle anderen Neuronen daran zu hindern, überhaupt etwas wahrzunehmen. Im Ergebnis wird die Ausrichtung eines Randes durch Mehrheitsbeschluss festgestellt. Zusätzlich gibt es noch Fernverbindungen zwischen Hyperkolumnen. Diese sind exzitativ, und sie bewirken, dass benachbarte Hyperkolumnen dahingehend beeinflusst werden, dass sie die Fortsetzung dieses Randes wahrnehmen, sogar wenn das bei ihnen eintreffende Signal zu schwach oder mehrdeutig ist, um ohne Unterstützung zu diesem Schluss zu führen. Der Einfluss kann überwunden werden, wenn es hinreichend starke Anzeichen für einen anders orientierten Rand gibt; wenn die Linie aber schwach wird oder ein Teil davon fehlt, lässt der Einfluss das Hirn automatisch so reagieren, als ob die Linie sich fortsetzen würde. Das Gehirn füllt also keine Lücken auf: Es ist darauf eingerichtet, gar nicht zu bemerken, dass es Lücken gibt. Das ist nur eine Schicht der Sehrinde, und sie verwendet einen ziemlich einfachen Trick: Extrapolation. Wir haben bisher kaum Vorstellungen, was in den tieferen Schichten des Hirns an Rätselraten vor sich geht, doch wir können sicher sein, dass es noch raffinierter ist, denn es erzeugt den lebhaften Eindruck eines vollständiges Bildes.

Wie ist es mit dem Hören? Wie verhält es sich zum Schall? Die übliche Lüge-für-Kinder besagt, dass Hornhaut und Linse ein Bild auf der Netzhaut erzeugen und dass dies angeblich das Sehen erklärt. In ähnlicher Weise konzentriert sich die entsprechende Lüge-für-Kinder über das Hören auf einen Teil des Ohres namens Schnecke, deren Struktur angeblich erklärt, wie man Schall nach verschiedenen Noten analysiert. Im Querschnitt sieht die Schnecke wie ein Schneckenhaus aus, und der Lüge-für-Kinder zufolge sind die ganze Spirale entlang Haare an einer gestimmten Membrane befestigt. Verschiedene Teile der Schnecke vibrieren also mit verschiedenen Frequenzen, und das Hirn stellt fest, welche Frequenz – welche musikalische Note – es empfängt, indem es erfährt, welcher Teil der Membrane schwingt.

Zur Unterstützung dieser Erklärung erzählt man uns eine hübsche Geschichte von Kesselschmieden, deren Gehör oft durch den Lärm in ihren Fabriken Schaden nahm. Angeblich konnten sie alle Frequenzen mit Ausnahme derer hören, die in der Nähe der Frequenz lagen, die beim Kesselschmieden am häufigsten vorkam. Es war also nur eine Stelle in ihrer Gehörschnecke ausgebrannt, der Rest war in Ordnung. Das bewies natürlich, dass die »Stellen«-Theorie des Hörens richtig war.

In Wahrheit sagt diese Geschichte nur, wie das Ohr Noten unterscheiden kann, *nicht*, wie man den Schall hört. Um das zu erklären, wird für gewöhnlich der Hörnerv herangezogen, der die Schnecke mit dem Hirn verbindet. Es gibt jedoch ebenso viele oder mehr Verbindungen, die in die Gegenrichtung verlaufen, vom Hirn zur Schnecke. *Man muss dem Ohr sagen, was es hören soll.*

Nachdem wir nun tatsächlich beobachten können, was die Schnecke beim Hören tut, stellen wir fest, dass für jede Frequenz nicht eine Stelle vibriert, sondern eher zwanzig. Und diese Stellen verschieben sich, wenn man die Ohrmuschel biegt. Die Schnecke ist phasenempfindlich, sie kann die Art Unterschied herausfinden, wie er zwischen einem »Uh« und einem »Ih« bei gleicher Frequenz besteht. Das ist die Art Unterschied, die Sie dem Klang mitteilen, wenn Sie beim Sprechen die Form des Mundes verändern. Und welche Überraschung – das ist genau der Unterschied, den die Schnecke – nach Ihrem äußeren Ohr und Ihrem speziellen Hörkanal, Ihrem speziellen Trommelfell und jenen drei kleinen Knochen – am besten feststellen kann. Eine Aufzeichnung vom Trommelfell eines anderen Menschen, an Ihrem Trommelfell abgespielt, hat wenig Sinn. Sie haben Ihre Ohren erlernt. Aber Sie haben sie auch etwas gelehrt.

Es gibt ungefähr siebzig Grundklänge, Phoneme genannt, die *Homo sapiens* beim Sprechen verwendet. Bis zum Alter von etwa sechs Monaten kann ein jedes

Menschenbaby alle diese Phoneme unterscheiden, und eine Elektrode am Hörnerv liefert für jedes unterschiedliche Muster elektrischer Aktivität. Etwa im Alter von sechs bis neun Monaten beginnen wir zu plappern, und es wird bald ein englisches oder japanisches Plappern. Im Alter von einem Jahr kann das japanische Ohr *L* nicht mehr von *R* unterscheiden, weil beide Phoneme dieselbe Botschaft von der Schnecke ans Hirn senden. Englische Babys können weder die verschiedenen Klicks der !Kung San noch die verschiedenen *R* im Französischen unterscheiden. Unsere Sinnesorgane zeigen uns also *nicht* die wirkliche Welt. Sie regen unser Gehirn an, eine Innenwelt zu erzeugen oder, wenn Sie so wollen, zu erfinden, die aus den Spielmarken besteht, dem Lego-Baukasten, den jeder von uns anlegt, während wir erwachsen werden.

Derart unmittelbare Fähigkeiten wie Hören und Sehen sind weitaus komplizierter, als wir es uns für gewöhnlich vorstellen. Unsere Gehirne sind viel mehr als nur passive Empfänger. Es geht eine Unmenge in unseren Köpfen vor sich, und manches davon projizieren wir zurück in das, was wir für die Außenwelt halten. Nur ein kleiner Teil dessen, was das Gehirn ausgibt, ist uns bewusst. Diese verborgenen Tiefen und seltsamen Assoziationen im Gehirn können durchaus für unser musikalisches Empfinden verantwortlich sein.

Musik übt den Geist, es ist eine Art Spiel. Wahrscheinlich hängt das Gefallen, das wir an Musik finden, mit anderen Dingen als den Ohren zusammen. Insbesondere kann es mit der motorischen Aktivität des Hirns zu tun haben, aber auch mit der sensorischen. Bei primitiven Stämmen und fortgeschrittenen Gesellschaften gehen Musik und Tanz oft zusammen. Also ist es vielleicht die Kombination von Klang und Bewegung, die unser Gehirn anspricht, statt nur das eine oder das andere. Vielleicht ist Musik ein beinahe zufälliges Nebenprodukt der Art, wie unsere Gehirne Klang und Bewegung verknüpfen.

Bewegungsmuster sind auf unserer Welt seit Jahrmillionen verbreitet, und ihr evolutionärer Vorteil ist klar. Das Muster »auf einen Baum klettern« kann einen Savannenaffen vor einem Raubtier retten, ebenso das Muster »sehr schnell rennen«. Unsere Körper umgeben uns mit verknüpften Mustern von Bewegung und Klang. Wie bei der Musik sind das Muster in der Zeit, Rhythmen. Atmen, der Herzschlag, Stimmen im Gleichklang mit Lippenbewegungen, lautes Knallen im Gleichklang mit Dingen, die auf andere Dinge schlagen.

Es gibt gemeinsame Rhythmen im Feuern von Nervenzellen und in der Bewegung von Muskeln. Unterschiedliche Gangarten – Gehen und Laufen beim Menschen, Schritt-Trab-Galopp bei Pferden – können durch die zeitliche Abfolge charakterisiert werden, in der sich einzelne Glieder bewegen. Diese Muster hängen mit der Mechanik von Knochen und Muskel zusammen, ebenso mit der Elektronik des Gehirns und des Nervensystems. Die Natur hat uns also mit Rhythmus als Nebenwirkung der tierischen Physiologie versorgt.

Ein anderes Schlüsselelement, Tonhöhe und Harmonie, hängen eng mit der Physik und Mathematik des Schalls zusammen. Die alten Pythagoräer haben entdeckt, dass, wenn verschiedene Noten harmonisch klingen, ein einfaches mathematisches Verhältnis zwischen den Längen der sie erzeugenden Saiten besteht, was wir heute als Verhältnis zwischen den Frequenzen erkennen. Die Oktave beispielsweise entspricht einer Verdoppelung der Frequenz. Einfache ganzzahlige Verhältnisse sind harmonisch, komplizierte nicht.

Eine mögliche Erklärung dafür ist rein physikalisch. Wenn Noten mit Frequenzen, die nicht in einem einfachen ganzzahligen Verhältnis stehen, zusammen erklingen, interferieren sie miteinander und erzeugen »Differenztöne«, ein kreischendes niederfrequentes Surren. Klänge, die die Sinneshaare in unseren Ohren in einfachen Mustern vibrieren lassen, sind notwendigerweise harmonisch im pythagoräischen Sinne, und wenn sie es nicht sind, hören wir die Differenztöne, und sie haben eine unangenehme Wirkung. Es gibt in Tonleitern viele mathematische Muster, und sie können weitgehend auf die Physik des Schalls zurückgeführt werden.

Der Physik überlagert sind jedoch kulturelle Modi und Traditionen. Während sich das Gehör eines Kindes entwickelt, führt das Gehirn eine Feinabstimmung seines Sinne durch, damit es auf die Klänge reagiert, die kulturellen Wert haben. Darum haben verschiedene Kulturen unterschiedliche Tonleitern. Denken Sie an indische oder chinesische Musik im Vergleich zu europäischer; denken Sie an die Veränderungen in der europäischen Musik von gregorianischen Gesängen bis zu Bachs *Wohltemperiertem Klavier*.

Dies ist die Lage des menschlichen Geistes: einerseits den Gesetzen der Physik und den biologischen Imperativen der Evolution unterworfen, andererseits ein kleines Rädchen in der gewaltigen Maschine der menschlichen Gesellschaft. Unsere Vorliebe für Musik ist aus der Wechselwirkung dieser beiden Einflüsse entstanden. Darum hat Musik deutliche Elemente mathematischer Muster, doch für gewöhnlich ist sie am besten, wenn sie das Musterbuch wegwirft und Elemente der menschlichen Kultur und des Gefühls anspricht, die – zumindest vorerst – das Verständnis der Wissenschaft überschreiten.

Wir wollen auf den Erdboden zurückkommen und eine einfachere Frage stellen. Die Brunnen der menschlichen Kreativität reichen tief, doch wenn man zu viel Wasser aus einem Brunnen nimmt, versiegt er. Als Beethoven erst einmal die ersten Noten seiner Fünften Sinfonie geschrieben hatte – *da-da-da-DAH* –, blieb allen anderen eine Melodie weniger übrig. Angesichts der Menge an Musik, die im Laufe der Jahrhunderte komponiert worden ist, sind vielleicht die meisten von den besten Melodien schon gefunden worden. Werden die Komponisten der Zukunft hinter denen der Vergangenheit zurückstehen müssen, weil ihnen die Melodien ausgehen?

Zu einem Musikstück gehört natürlich viel mehr als nur die Melodie. Es gibt Rhythmus, Textur, Harmonie, Entwicklung ... Doch sogar Beethoven wusste, dass nichts über ein gutes Motiv geht, um die Komposition in Gang zu bringen. Mit Motiv – der Kenner sagt auch »Phrase« – meinen wie einen relativ kurzen Abschnitt Musik, etwa bis zu dreißig Noten Länge. Motive sind wichtig, weil sie die Bausteine für alles andere sind, sei es Beethoven oder Boyzone. Ein Komponist in einer Welt, wo es an Motiven mangelt, ist wie ein Architekt in einer Welt ohne Ziegel.

Mathematisch ist ein Motiv eine Folge von Noten, und das Ensemble aller derartigen Folgen bildet einen Phasenraum: einen konzeptuellen Katalog, der nicht nur alle geschriebenen Motive enthält, sondern alle, die jemals geschrieben werden könnten. Wie groß ist der M-Raum?

Die Antwort hängt natürlich davon ab, was man als Motiv akzeptieren will. Es ist gesagt worden, dass ein Affe, der aufs Geratewohl auf einer Schreibmaschine tippt, irgendwann »Hamlet« schreiben würde, und das ist wahr, falls man gewillt ist, länger zu warten als das gesamte Alter des Universums. Wahr ist auch, dass der Affe vorher eine unglaubliche Menge Flughafen-Romane herstellen wird.* Im Gegensatz dazu könnte ein

---

* Ian hat allerdings einen Freund, einen Ingenieur namens Len Reynolds, dessen Katze es fertig brachte, in seinem Computer »FOR« einzugeben, indem sie über die Tastatur ging. Noch drei Buchstaben, »MAT«, und die Katze hätte seine Festplatte gelöscht.

Affe, der auf die Tasten eines Klaviers schlägt, wirklich ab und zu ein vernünftiges Melodie-Motiv hervorbringen; also hat es den Anschein, dass der Raum von annehmbar melodischen Motiven ein ordentlich großes Stück vom Raum *aller* Motive ist. Und da melden sich nun die Reflexe des Mathematikers zu Wort, und wir können wieder etwas Kombinatorik betreiben.

Um es einfach zu halten, wollen wir nur Musik europäischer Art betrachten, die auf einer Tonleiter von zwölf Tönen basiert. Wir werden die Qualität der Noten ignorieren – ob sie mit Klavier, Geige oder Klangröhren* gespielt werden –, es zählt nur ihre Reihenfolge. Wir werden ignorieren, ob die Note laut oder leise gespielt wird, und ebenso – was schwerer wiegt – alle Fragen der zeitlichen Einteilung. Schließlich wollen wir die Noten auf zwei Oktaven begrenzen, insgesamt 25 Noten. Natürlich ist das alles in wirklicher Musik wichtig, doch wenn wir es berücksichtigen, bewirkt es eine *höhere* Anzahl aller möglichen Motive. Unsere Antwort wird zu niedrig geschätzt sein, und das kann nicht schaden, denn sie wird sich als *riesig* erweisen. Wirklich, wirklich *riesig*, ja? Nein, *noch* größer.

Für unseren vorläufigen Zweck ist ein Motiv also eine Folge von 30 oder weniger Noten, von denen jede aus 25 Möglichkeiten gewählt wird. Wir können die Anzahl der Motive auf dieselbe Art berechnen, wie wir die Anordnungen von Autos oder DNS-Basen ermittelt haben. Die Anzahl der Folgen von dreißig Noten beträgt also $25 \times 25 \times \ldots \times 25$, wobei sich die 25 dreißig Mal wiederholt. Das ist etwas für den Computer; der sagt, die Antwort beträgt

867361737988403547205962240695953369140625,

---

* Auch »Gongröhren« genannt, seit Mike Oldfield aber auch im Deutschen oft »tubular bells«. – *Anm. d. Übers.*

das sind 42 Stellen. Wenn wir die Motive mit 29 Noten, mit 28 und so weiter hinzufügen, stellen wir fest, dass der M-Raum ungefähr neun Millionen Milliarden Milliarden Milliarden Milliarden Motive enthält. Arthur C. Clarke hat einmal eine Science-Fiction-Geschichte über »Die neun Milliarden Namen Gottes« geschrieben. Der M-Raum enthält eine Million Milliarden Milliarden Milliarden Motive für jeden einzelnen Namen Gottes. Angenommen, eine Million Komponisten schreibt tausend Jahre lang Musik, jeder tausend Motive pro Jahr, produktiver als die Beatles. Dann kommen sie alle zusammen nur auf eine Billion. Das ist ein derart kleiner Bruchteil der 42-stelligen Zahl, dass jene Komponisten überhaupt keine nennenswerte Spur im M-Raum hinterlassen. Er wird fast zur Gänze unerforschtes Terrain sein.

Zugegeben, nicht die ganze unerforschte Landschaft des Motiv-Raums besteht aus *guten* Motiven. Zu ihren Landmarken gehören Dinge wie eine 29-fache Wiederholung von C, gefolgt von einem Fis, und

BABABABABABABABABABABABABABABA,

was nie einen Preis für musikalische Kompositionen gewinnen würde. Nichtsdestoweniger muss es eine Unmenge guter neuer Motive geben, die noch darauf warten, erfunden zu werden. Der M-Raum ist derart groß, dass selbst dann, wenn der Raum der guten Motive nur ein kleiner Teil davon ist, Letzterer ebenfalls sehr groß sein muss. Wenn die ganze Menschheit seit Beginn der Schöpfung Melodien geschrieben hätte und darin bis zum Ende des Universums fortführe, würden ihr dennoch nicht die Motive ausgehen.

Es heißt, dass Johannes Brahms mit einem Freund am Strand spazieren ging, der sich beklagte, alle gute Musik sei schon geschrieben worden. »Oh, schau«, sagte Brahms und zeigte aufs Meer hinaus. »Da kommt die letzte Welle.«

Jetzt nähern wir uns dem, was für uns vielleicht die Hauptfunktion von Kunst und Musik ist – aber nicht für Randleute oder Schimpansen und wahrscheinlich auch nicht für Neandertaler. Wenn wir uns nicht irren, ist es das, worauf Rincewind aus war.

Betrachten wir eine Szene, *sehen* wir nur die fünf bis zehn mittleren Winkelgrade. Wir erfinden alles rings um dieses Stück und vermitteln uns die Illusion, wir sähen in einem Bereich von etwa neunzig Grad. Wir nehmen eine erweiterte Version des winzigen Bereichs wahr, den unsere Sinne aufnehmen. Ebenso setzen wir ein Geräusch, das wir hören, insbesondere Sprechgeräusche, in einen Kontext. Wir rekapitulieren, was wir gehört haben, wir nehmen vorweg, was wir erwarten, und wir setzen eine erweiterte Gegenwart zusammen, als hätten wir den ganzen Satz auf einmal gehört. Wir können den ganzen Satz im Kopf behalten, als hätten wir ihn *als* Satz gehört und nicht ein Phonem nach dem anderen.

Darum können wir den Text von Liedern völlig missverstehen, ohne es zu bemerken. Die Zeitung *The Guardian* brachte eine amüsante Kolumne zu dieser Angewohnheit und führte Beispiele wie »kit-kat angel« statt »kick-ass angel« an – da dürfte wohl eine Generationenlücke vorliegen, was unterstreicht, wie sehr unsere Wahrnehmungen von unseren Erwartungen vorgeformt werden. Ian erinnert sich an ein Lied von Annie Lennox, in dem es wirklich »a garden overgrown with trees« hieß, was aber jedes Mal wie »I'm getting overgrown with fleas« klang.*

Einen ganzen Satz oder eine musikalische Phrase im Geist zu behalten ist dasselbe, was wir mit der Zeit tun,

---

* »… ein Garten, von Bäumen überwachsen« bzw. »ich werde allmählich von Flöhen überwuchert«.

wenn wir fernsehen oder einen Kinofilm anschauen. Wir verschmelzen die Bilder zu einer Folge von Szenen, wie wir auch alle Dinge im Raum ergänzen, auf denen momentan nicht unser Blick ruht. Das Gehirn hat so viele Tricks, deren sich sein Besitzer nicht bewusst ist: Sie sitzen hier im Kino, Ihre Augen huschen auf der Leinwand von einer Stelle zur anderen, wie sie es auch tun, während Sie diese Worte lesen. Doch Sie schalten Ihre Wahrnehmung ab, während sich Ihre Augen bewegen, und rücken Ihr erfundenes Bild zurecht, damit Ihr neues Netzhautbild konsistent mit der vorangehenden Version ist. Aus diesem Grunde werden Sie seekrank oder Ihnen wird im Auto schlecht: Wenn das äußere Bild umherspringt und nicht dort ist, wo Sie es erwarten, dann irritiert das Ihr Gleichgewichtsgefühl.

Denken Sie nun an ein Musikstück. Ist nicht die Konstruktion einer erweiterten Gegenwart genau die Übung, die Ihr Hirn mit einer Abfolge von Klängen ausführen »möchte«, aber ohne die Komplikationen der Bedeutung? Sobald Sie sich an den Stil einer bestimmten Art Musik gewöhnt haben, können Sie zuhören und ganze Themen, Melodien, Entwicklungen erfassen, obwohl Sie immer nur eine Note hören. Und der Instrumentalist, der das Geräusch macht, tut das Gleiche. Sein Gehirn hat Erwartungen, wie die Musik klingen sollte, und er erfüllt sie. In gewissem Maße.

Es scheint also, dass unser Sinn für Musik vielleicht mit einem Sinn für die erweiterte Gegenwart zusammenhängt. Einige mögliche wissenschaftliche Indizien für diese Annahme sind neulich von Isabelle Peretz gefunden worden. 1977 identifizierte sie einen Zustand namens »kongenitale Amusie«. Das ist keine Taubheit für Töne, sondern Taubheit für Melodien, und es sollten einige Einsichten möglich sein, wie normale Menschen Melodien erkennen, indem man betrachtet, wie eben das misslingt. Menschen mit diesem Zustand können keine Melodien erkennen, nicht einmal »Happy birthday to you«, und sie haben wenig oder gar kein Gefühl für den Unterschied zwischen Harmonie und Dissonanz. Mit ihrem Hörvermögen ist jedoch physisch alles in Ordnung, und als Kinder hat man ihnen durchaus Musik vorgespielt. Sie sind intelligent und haben keine geistigen Krankheiten durchgemacht. Was nicht zu funktionieren scheint, ist, dass sie in Sachen Musik kein Gefühl einer erweiterten Gegenwart besitzen. Sie können nicht rhythmisch mit den Füßen treten. Sie haben keine Ahnung, was Rhythmus ist. Ihr Sinn für Zeiteinteilung ist gestört. Ebenso, wohlgemerkt, ihr Sinn für Tonhöhe; sie können Töne im Abstand von zwei Halbtonschritten – zwei benachbarte weiße Tasten auf dem Klavier – nicht unterscheiden. Das Fehlen einer erweiterten Gegenwart ist also nicht das einzige Problem. Kongenitale Amusie ist selten und betrifft Männer und Frauen gleichermaßen. Wer darunter leidet, hat jedoch keine Schwierigkeiten mit Sprache, was darauf hinweist, dass die Musik-Bausätze des Gehirns, oder zumindest die von Amusie betroffenen, sich von den Sprachbausätzen unterscheiden.

Ein entsprechender interpretierender Schritt findet auch in den bildenden Künsten statt. Wenn Sie ein Gemälde betrachten – sagen wir, einen Turner –, ruft es verschiedene Emotionen in Ihnen hervor, vielleicht Nostalgie nach einem fast vergessenen Ferientag auf einer Farm. Das kann Ihnen einen kleinen Ausbruch von Endorphinen verschaffen, Chemikalien im Hirn, die ein Gefühl des Wohlbefindens erzeugen, aber vermutlich würden Sie dieselbe Wirkung von einem Foto oder sogar einer verbalen Schilderung oder einem Stück ländlicher Poesie erhalten. Das Gemälde von Turner leistet mehr, vielleicht, weil es sentimentaler sein kann, idealisierter als ein Foto, wie idyllisch es auch sein mag. Das

Gemälde weckt Erinnerungen auf einer persönlicheren Ebene.

Wie ist es mit anderen Arten von Gemälden: den Papiertexturen, der verschmierten Holzkohle? Jack – als ein in Sachen Kunstverständnis Unbeleckter – ist in eine Kunstgalerie gegangen und hat den »Kontext«-Trick ausprobiert, der jedem Neuling immer empfohlen wird. Man soll vor dem Bild sitzen und es betrachten, sich irgendwie hineinversenken und fühlen, wie es sich zu seiner Umgebung verhält. Das Ergebnis war lehrreich. Wenn er seine Aufmerksamkeit einem kleinen Teil der Leinwand widmete, stellte er fest, dass er den Kontext, den sein Gehirn erfunden hatte, mit dem vom Künstler tatsächlich gelieferten in Beziehung setzen konnte. Die verschmierte Holzkohle eignete sich besonders gut dafür: Jeder Teil implizierte etwas vom Muster des Ganzen. Es gab jedoch von Teil zu Teil interessante Unterschiede, Variationen des Themas, wie in der Musik, die sich den Erwartungen des Gehirns überlagerten. Jacks Gehirn hatte seine Freude daran, das von ihm erfundene Bild mit dem immer wieder unterschiedlichen zu vergleichen, das zu konstruieren der Künstler sein Gehirn zwang.

Die Kunst reicht weit, weit zurück; je weiter wir zurückschauen, umso strittiger werden die Beweisstücke. Die »Dame à la capouche«, eine dreieinhalb Zentimeter große Frauenstatuette, fein aus Mammut-Elfenbein geschnitzt, ist 25000 Jahre alt. Einige der elegantesten Höhlenzeichnungen mit einfachen, schwungvollen Linien, die Pferde, Bisons und dergleichen darstellen, wurden in der Grotte Chauvet in Frankreich gefunden und 1995 auf ein Alter von 32000 Jahren datiert. Die älteste Kunst, die unzweifelhaft *Kunst* ist, ist etwa 38000 Jahre alt: Perlen und Anhänger, die in Russland gefunden wurden. Und ein paar Perlen aus Straußeneierschalen in Kenia, die vielleicht 40000 Jahre alt sind.

Weiter zurück wird es unklarer. Ocker ist ein übliches Pigment für Felszeichnungen, und in Australien gefundene Ocker-»Farbstifte« sind 60 000 Jahre alt. Es gibt einen Stein von den Golan-Höhen, dessen natürliche Furchen tiefer geritzt worden sind, vermutlich von einer Menschenhand mit einem anderen Stein. Er hat eine vage Ähnlichkeit mit einer Frau und ist etwa 250 000 Jahre alt. Doch vielleicht ist es nur ein Stein, auf dem ein Kind müßig herumgekratzt hat, und die Form ist zufällig.

Stellen Sie sich vor, Sie sind in einer Höhle, während der Künstler Bisons an die Wand malt. Er (oder sie?) erschafft ein Bild für Ihr Gehirn, das sich Schritt für Schritt stärker von dem unterscheidet, was Ihr Gehirn erwartet: »Und jetzt wollen wir darunter ein Wollnashorn-Weibchen malen ...« Im Fernsehen gab es mehrere »Künstler«, die genau diesen Trick vorgeführt haben. Rolf Harris konnte überraschend gut Tierszenen vor den Augen der Zuschauer zeichnen. Und es waren auch emblematische Tiere: schlauer Fuchs und weise Eule.

Da haben wir alles beieinander. Unsere Wahrnehmungen sind mit unseren Erwartungen verknüpft, und wir trennen Sinneseindrücke weder voneinander noch von Erinnerungen. Sie werden alle in der Abgeschiedenheit unseres Geistes gegeneinander ausgespielt. Wir programmieren unsere Gehirne entschieden nicht mit direkten Verkörperungen der wirklichen Welt. Von Anfang an instruieren wir unsere Gehirne, was sie mit dem anfangen sollen, was wir sehen, hören, riechen und fühlen. Wir geben allem eine zusätzliche Drehung, und wir antizipieren, vergleichen und kontrastieren, bilden Zeiträume aus aufeinander folgenden Augenblicken, Bildbereiche aus auf kleine Stellen fokussierter Beobachtung. Wir haben das schon immer getan, Schicht um Schicht, haben feinere Nuancen aus Gesprächen aufgenommen, aus flirtenden Blicken, bis hin zu Bewertungen der wirklichen Welt à la »Wird sie später so aussehen wie ihre Mutter jetzt?«.

Das ist es, was unsere Hirne tun und die der Randleute nicht.

Wir vermuten, dass auch Neandertaler davon nicht viel getan haben, denn es gibt eine alternative Möglichkeit, und sie passt zu ihrer kulturellen Trägheit: in einer Welt zu leben, die man so eingerichtet hat, dass nichts Unerwartetes geschehen kann. Alle Ereignisse folgen dem, was man von früheren Ereignissen her erwartet, sodass Gewohnheit Sicherheit erzeugt. Solch eine Welt ist sehr stabil, und das heißt, dass sie sich kaum irgendwohin *bewegt*. Warum versuchen, den Garten Eden zu verlassen? Die Gorillas tun das nicht.

Das Leben in der Stammesgesellschaft könnte für den *Homo sapiens* ähnlich sein, außer dass immer wieder die Wirklichkeit hereinbricht, zum Beispiel jene Barbaren oben auf dem Berg. Doch die Neandertaler hatten vielleicht nicht unter Barbaren zu leiden. Jedenfalls scheint nichts große Veränderungen in ihrem Leben ausgelöst zu haben, nicht einmal im Lauf von zehntausenden von Jahren. Kunst aber löst Veränderungen aus. Sie lässt uns die Welt auf neue Art betrachten. Den Elfen gefällt das, es bietet neue Möglichkeiten, Menschen zu ängstigen. Doch Rincewind hat weiter geschaut, als es die Elfen vermögen, und hat herausgefunden, wohin die Kunst uns führt. Wohin? Wir werden es bald sehen.

Fünfundzwanzig

Vorbild des Gemüses

Die Wellen des dunklen Meers rollten an die ferne Küste. Hübsches Land, dachte Rincewind. Ein bisschen wie Ephebe. Weintrauben, Oliven, Honig, Fisch und Sonnenschein.

Er wandte sich wieder den Proto-Schauspielern zu. Es fiel ihnen schwer, das Konzept zu verstehen.

»Wie die Priester in den Tempeln?«, fragte ein Mann. »Meinst du das?«

»Ja, aber ihr könnt die Idee noch ... ausweiten«, sagte Rincewind. »Indem ihr vorgebt, die Götter – oder sonst wer – zu *sein*.«

»Bringt uns das nicht in Schwierigkeiten?«

»Nein, vorausgesetzt ihr zeigt genug Respekt«, erwiderte Rincewind. »Und die Leute würden die Götter *sehen*, in gewisser Weise. Sehen ist glauben, nicht wahr? Außerdem: Kinder tun die ganze Zeit über so, als wären sie jemand anders.«

»Aber es ist kindliches Spielen«, sagte der Mann.

»Vielleicht bezahlen die Leute dafür, euch zuzusehen«, meinte Rincewind. Sofort wuchs das Interesse. Menschenförmige Geschöpfe waren überall gleich, dachte Rincewind – wenn man Geld dafür bekam, war es die Mühe wert.

»Nur Götter?«, fragte der Mann.

»O nein, alles«, erwiderte Rincewind. »Götter, Dämonen, Nymphen, Schäfer ...«

»Nein, ich könnte kein Schäfer sein«, sagte der potenzielle Thespisjünger. »Ich bin Tischler. Mit der Schäferei kenne ich mich nicht aus.«

»Aber du könntest einen Gott spielen?«
»Nun, ja, über Götter weiß ich Bescheid. Sie lassen es donnern und rufen laut und so. Es dauert Jahre, bis man zu einem guten Schäfer wird.«
»Du kannst nicht von uns erwarten, dass wir uns wie *Personen* verhalten«, sagte ein anderer Mann. »Das wäre nicht richtig.«
»Es wäre respektlos«, meinte ein dritter Mann.
Ja, wir dürfen die Dinge nicht verändern, dachte Rincewind. Die Elfen denken auf diese Weise. Wir dürfen die Dinge nicht verändern, denn sonst könnten sie anders werden. Armer alter Phokian ...
»Nun, könnt ihr Bäume sein?«, fragte er. Er erinnerte sich vage daran, dass sich Schauspieler an die Bühne gewöhnten, indem sie Bäume und dergleichen darstellten. Das sollte hölzerne Darbietungen verhindern.
»Mit Bäumen ist alles in Ordnung«, sagte ein Mann. »Sie sind recht magisch. Aber es wäre respektlos unserem Freund dort drüben gegenüber, wenn du von uns verlangen würdest, Tischler zu sein.«
»Also gut. Bäume. Das ist immerhin ein Anfang. Streckt nun die ...«
Donner grollte, und eine Göttin erschien. Ihr Haar bestand aus goldenen Locken, und ihr weißes Gewand wehte im Wind. Eine Eule saß auf ihrer Schulter. Die Männer liefen fort.
»Na, du kleiner Schwindler?«, sagte die Göttin. »Was bringst du ihnen bei?«
Rincewind hielt sich kurz ein Auge zu.
»Die Eule ist *ausgestopft*«, stellte er fest. »Du kannst mich nicht täuschen! Tiere bleiben nicht in der Nähe von Menschen, ohne verrückt zu werden!«
Die Gestalt der Königin erzitterte, als sie versuchte, die Kontrolle zu wahren, aber Glamour reagierte sehr empfindlich auf Unglauben.

»Oh, so tapfer?« Die Elfenkönigin zeigte sich in ihrer wahren Gestalt.

Sie drehte sich um, als es hinter ihr knarrte. Die Truhe hatte sich auf Zehenspitzen genähert und öffnete den Deckel.

»Das jagt *mir* keine Angst ein«, sagte die Königin.

»Wirklich nicht? Mir schon«, erwiderte Rincewind. »Nun, ich verbessere nur die schauspielerischen Fähigkeiten dieser Leute. Das ist doch überhaupt kein Problem, oder? Du wirst sie *lieben*. Sie spielen Dryaden, Nymphen, Satyrn, Zentauren, Harpyien und Riesen mit nur einem Auge, was vielleicht eine Anspielung auf Sex ist, die ich noch nicht verstanden habe. Sie glauben an all diese Dinge, obwohl nichts davon existiert! Abgesehen vielleicht von dem einäugigen Riesen, ist ein echtes Rätsel, der Bursche.«

»Wir haben die Darstellungen gesehen«, sagte die Königin. »Sie lassen es an Respekt ihren Göttern gegenüber mangeln.«

»Aber sehen heißt doch glauben, oder? Und du musst zugeben: Sie haben viele Götter. Dutzende.«

Rincewind schenkte der Elfenkönigin ein freundliches Lächeln und hoffte, dass sie den hiesigen Städten fern blieb. Dort gab es viele Tempel und Schreine, aber auch Menschen, die zwar bei jeder Gelegenheit die Götter anriefen, aber dann Ideen entwickelten, die keinen Platz für Götter zu haben schienen, sie höchstens als Beobachter oder Dekoration zuließen. Doch Schauspieler liebten es, in die Rolle von Göttern zu schlüpfen ...

»Ihr habt etwas vor«, sagte die Königin. »Wohin wir auch sehen: Überall seid ihr Zauberer damit beschäftigt, die Menschen Kunst zu lehren. Warum?«

»Nun, es ein recht langweiliger Planet«, erwiderte Rincewind.

»Wohin wir auch gehen, überall werden Geschichten erzählt«, sagte die Königin und ging langsam um

Rincewind herum. »Und man füllt den Himmel mit Bildern.«

»Ach, du meinst die Sternbilder?«, fragte Rincewind. »Sie verändern sich nicht, weißt du. Nicht so wie zu Hause. Erstaunlich. Ich wollte einen Stamm dazu bringen, eins der großen zu benennen, das mit den Sternen, die wie ein Gürtel angeordnet sind. Ich dachte mir: Es wäre ein schönes Souvenir unseres Besuchs, wenn man es ›Quästor‹ und die Sterngruppe daneben ›Die Getrockneten Froschpillen‹ nennen würde …«

»Du hast Angst vor mir, nicht wahr?«, sagte die Elfenkönigin. »Alle Zauberer fürchten sich vor Frauen.«

»Ich nicht!«, behauptete Rincewind. »Bei Frauen ist die Wahrscheinlichkeit geringer, dass sie bewaffnet sind.«

»Doch, du hast Angst«, beharrte die Königin und kam näher. »Ich frage mich, was du dir tief in deinem Innern wünschst.«

Zum Beispiel nicht hier zu sein, dachte Rincewind.

»Und ich frage mich, was ich dir geben könnte«, sagte die Königin. Sie strich ihm über die Wange.

»Jeder weiß, dass alle Dinge, die man von Elfen bekommt, am nächsten Morgen verschwunden sind«, sagte Rincewind und zitterte.

»Viele Dinge sind vergänglich und doch sehr angenehm.« Die Königin schob sich noch etwas näher. »Was möchtest *du*, Rincewind?«

Er schauderte und konnte nicht lügen.

»Kartoffeln«, sagte er.

»Knollenförmiges Gemüse?«, fragte die Elfenkönigin und runzelte verwirrt die Stirn.

»Ja. Kartoffeln. Es gibt sie auf einem der anderen Kontinente, aber sie sind nicht unbedingt das, was ich ›Kartoffeln‹ nennen würde. Ponder Stibbons meinte, wenn wir den Dingen ihren Lauf lassen, bringt man sie zwar irgendwann hierher, aber wenn man sie schließlich verbessert und zu richtigen Kartoffeln gemacht hat, steht das Ende der Welt bevor. Deshalb bringen wir die Kreativität der Leute in Schwung.«

»Das ist alles? Deshalb gebt ihr Zauberer euch solche Mühe mit den Leuten? Um die Weiterentwicklung einer *Gemüsesorte* zu beschleunigen?«

»Es ist *das* Gemüse überhaupt«, betonte Rincewind. »Wenn du's genau wissen willst: Meiner Ansicht nach ist die Kartoffel die Krone der Gemüseschöpfung. Es gibt Bratkartoffeln, in Schale gebackene Kartoffeln, Pellkartoffeln, Salzkartoffeln, Röstkartoffeln, Kartoffeln mit Curry ...«

»Wegen einer dummen Knolle?«

»... Kartoffelsuppe, Kartoffelsalat, Pfannkuchen ...«

»All dies für etwas, das nicht einmal Tageslicht sieht!«

»... Kartoffelbrei, Pommes frites, gefüllte Kartoffeln ...«

Die Elfenkönigin versetzte Rincewind eine Ohrfeige. Truhen stieß ihr von hinten an die Beine. Sie wusste nicht genau, was hier vor sich ging. Manche Dinge, die Menschen anstellten, konnten falsch interpretiert werden.

»Glaubst du nicht, dass ich dir etwas Besseres geben könnte als eine Kartoffel?«, fragte die Königin.

Rincewind musterte sie verwirrt.

»Meinst du vielleicht saure Sahne mit Schnittlauch?«, erwiderte er.

Etwas fiel aus Rincewinds Manteltasche, als er sich voller Unbehagen bewegte. Die Königin griff danach.

»Was ist das?«, fragte sie. »Überall zeigt sich Schrift!«

»Es ist nur ein Skript«, sagte Rincewind und dachte noch immer an Kartoffeln. »Die Geschichte für ein Bühnenstück«, fügte er hinzu. »Nichts Wichtiges. Leute schnappen über und werden getötet, was in der Art. Und ein Glühwürmchen.«

»Ich kenne das Skript! Es stammt aus der Zukunft dieser Welt. Warum hast du es bei dir getragen? Hat es etwas Besonderes? Ha, kommen vielleicht Kartoffeln darin vor?«

Die Königin blätterte, als könnte sie lesen.

»Dies muss wichtig sein!«, schnappte sie. Und verschwand.

Ein einzelnes Blatt sank zu Boden.

Rincewind bückte sich und hob es auf. Dann rief er enttäuscht in die Leere: »Ich schätze, eine Tüte Kartoffelchips kommt nicht in Frage, wie?«

SECHSUNDZWANZIG

Lügen für Schimpansen

Eine zentrale Eigenschaft der menschlichen Extelligenz ist die Fähigkeit, sich in den Geist einer anderen Person zu versetzen, zu erraten, wie die Welt aus *ihrer* Sicht aussieht. Ebendaran versucht Rincewind die Elfenkönigin zu hindern. Wir können nicht absolut exakt erraten, was in anderen vorgeht; das wäre Telepathie, die mit an Sicherheit grenzender Wahrscheinlichkeit unmöglich ist, da jedes Hirn anders geschaltet ist und daher das Universum auf seine eigene Weise darstellt. Doch wir sind im Laufe der Entwicklung ziemlich gut im Raten geworden.

Diese Fähigkeit, sich in andere Menschen hineinzuversetzen, hat viele vorteilhafte Folgen. Eine davon ist, dass wir andere Menschen als Menschen anerkennen, statt sie als Automaten zu betrachten. Wir erkennen, dass sie einen Geist haben, dass ihnen das Universum ebenso wirklich und lebhaft erscheint wie uns, doch dass die lebhaften Dinge, die sie wahrnehmen, nicht dieselben zu sein brauchen wie die von uns wahrgenommenen. Wenn intelligente Wesen ohne allzu viel Reibung miteinander auskommen sollen, ist es wichtig, sich zu vergegenwärtigen, dass andere Mitglieder unserer Spezies ein inneres geistiges Universum besitzen, das über ihre Handlungen gebietet wie unser eigener Geist über die unseren.

Wenn man sich in einen anderen Menschen hineinversetzen kann, gewinnen Geschichten eine neue Dimension. Man kann sich mit einem Haupthelden identifizieren und stellvertretend eine andere Welt erfahren. Darin besteht die Anziehungskraft der epischen Literatur: In der Sicherheit und Bequemlichkeit seines Lehnstuhls darf man Kapitän eines U-Bootes sein oder den Feind ausspionieren.

Die Dramatik hat die gleiche Anziehungskraft, doch nun gibt es reale Menschen, mit denen man sich identifizieren kann, Menschen, die eine Rolle spielen. Schauspieler, Schauspielerinnen. Und sie sind noch stärker darauf angewiesen, sich in andere Menschen hineinzuversetzen, insbesondere in die fiktiven Gestalten. Macbeth. Die zweite Hexe. Oberon. Titania. Zettel.

Wie ist diese Fähigkeit entstanden? Wie üblich scheint sie sich aus einer Komplizität zwischen den Fähigkeiten des Gehirns zur internen Signalverarbeitung und dem äußeren Druck der Kultur ergeben zu haben. Sie entstand durch ein evolutionäres Wettrüsten, und die Hauptwaffe in diesem Wettrüsten war die Lüge.

Die Geschichte beginnt mit der Entwicklung der Sprache. In dem Maße, wie sich die Gehirne der Vormenschen entwickelten, größer wurden, war in ihnen Raum für mehr Aufgaben der Datenverarbeitung, die ausgeführt werden konnten. Primitive Grunzlaute und Gesten begannen sich zu einem relativ systematischen Code zu organisieren, imstande, Aspekte der Außenwelt darzustellen, die für die betreffenden Wesen wichtig waren. Ein kompliziertes Konzept wie »Hund« wurde mit einem speziellen Laut verknüpft. Dank einer kulturellen Übereinkunft reagierte jeder, der diesen Laut hörte, darauf mit dem geistigen Bild von einem Hund; es war nicht nur ein komisches Geräusch. Wenn Sie versuchen, jemandem zuzuhören, der eine Ihnen bekannte Sprache spricht, und sich dabei nur auf die von ihm erzeugten Geräusche zu konzentrieren, ohne die Bedeutung seiner Worte aufzunehmen, werden Sie feststellen, dass das fast unmöglich ist. Wenn der Betreffende jedoch eine Sprache spricht, die von allen

Ihnen bekannten weit entfernt ist, kommt sie als bedeutungsloses Gebrabbel bei Ihnen an. Sie transportiert für Sie weniger Bedeutung als das Miauen einer Katze.

Im Gehirn gibt es Schaltkreise von Nervenzellen, die gelernt haben, Gebrabbel zu entschlüsseln und Bedeutung daraus zu ziehen. Wir haben gesehen, dass ein heranwachsendes Kleinkind eine zufällige Auswahl von Phonemen zu plappern beginnt, die Laut-»Einheiten«, die Mund und Kehlkopf eines Menschen hervorbringen können. Allmählich reduziert das Gehirn des Kindes die Liste auf jene Laute, die es von den Eltern und anderen Erwachsenen hört. Während es das tut, *zerstört* das Gehirn Verbindungen zwischen Nervenzellen, die unnütz zu sein scheinen. Ein großer Teil der frühen geistigen Entwicklung eines Kindes besteht im Zurückstutzen eines zufällig verschalteten Allzweckgehirns zu einem Gehirn, das die Dinge wahrnehmen kann, die in der Kultur des Kindes von Bedeutung sind. Wenn das Kind in früher Kindheit nicht starker linguistischer Stimulation ausgesetzt ist – wie ein »wildes« Kind, das von Tieren aufgezogen wurde –, kann es später im Leben keine Sprache richtig erlernen. Etwa nach dem Alter von zehn Jahren lässt die Fähigkeit des Gehirns nach, eine Sprache zu erlernen.

Ganz Ähnliches geschieht mit den anderen Sinnen, insbesondere dem Geruchssinn. Verschiedene Menschen riechen dasselbe Etwas ganz unterschiedlich. Für manche kann ein bestimmter Geruch lästig sein, für andere harmlos und für wieder andere nicht vorhanden. Wie bei der Sprache gibt es für bestimmte Gerüche kulturelle Vorprägungen.

Die primäre Funktion der Sprache – damit meinen wir: »der hauptsächliche evolutionäre Trick, der sie vorteilhaft machte und zu ihrer Bewahrung und Stärkung durch die natürliche Auslese führte« – besteht in der Vermittlung bedeutungsvoller Botschaften an andere Mitglieder derselben biologischen Art. Wir tun das auf mehrfache Weise: »Körpersprache« und sogar Körpergerüche vermitteln lebhafte Botschaften, größtenteils, ohne dass wir uns dessen bewusst sind. Doch gesprochene Sprache ist wesentlich vielseitiger und anpassungsfähiger als andere Arten, und wir sind uns dessen sehr bewusst, was andere sagen. Insbesondere, wenn sie über *uns* reden.

Einer der am weitesten verbreiteten grundlegenden evolutionären Tricks ist Betrügen. Sobald ein paar Organismen eine spezifische Fähigkeit oder Verhaltensweise entwickelt haben, ergibt sich eine neue Möglichkeit: dieses Verhalten zu unterwandern. Vorhersagbare Verhaltensmuster bilden ein natürliches Sprungbrett, von dem aus Organismen in den Raum der angrenzenden Möglichkeiten vorstoßen können. Bienen haben die Fähigkeit entwickelt, Nektar und Pollen zu sammeln, um sich zu ernähren. Später haben wir diese Aktivität unterwandert, indem wir ihnen bessere Heimstätten boten, als sie in der Natur finden. Wir können ihren Honig stehlen, indem wir ihnen Bienenkörbe als anspruchsvollere Heimstätten im Raum der angrenzenden Möglichkeiten bieten.

Viele evolutionäre Trends sind aus der Subversion entstanden. Als sich die Möglichkeit etablierte, dem Geist anderer bestimmte Gedanken einzugeben, war es für die Evolution natürlich, mit Methoden zur Unterwanderung dieses Prozesses zu experimentieren. Man brauchte anderen nicht seine wahren Gedanken einzugeben: Man konnte versuchen, ihnen stattdessen andere Gedanken einzugeben. Vielleicht konnte man einen Vorteil gewinnen, indem man die Wesen in die Irre führte, mit denen man »kommunizierte«. Das Ergebnis war die Evolution des Lügens.

Viele Tiere erzählen Lügen. Man hat Affen beobachtet, wie sie das Gefahr-Zeichen der Horde machten.

Wenn dann der Rest der Horde davonstürzte, um sich in Sicherheit zu bringen, schnappte sich der Lügner die Nahrung, die die anderen im Stich gelassen hatten. Auf primitiverem, aber ebenso wirksamem Niveau ist die Mimikry im Tierreich eine Art der Lüge. Eine harmlose Schwebfliege zeigt die schwarz-gelben Warnstreifen einer Wespe und lügt: »Ich bin gefährlich, ich kann stechen.«

Mit der Entwicklung der Menschheit wurden aus den Affenlügen raffiniertere Menschenaffenlügen, dann Hominidenlügen und schließlich Menschenlügen. Während wir intelligenter wurden, entwickelte sich unsere Fähigkeit zum Lügen in Wechselwirkung mit einer anderen wichtigen Fähigkeit: zu merken, dass man belogen wird. Eine Affenhorde kann verschiedene Schutzmaßnahmen gegen ein Mitglied entwickeln, das das Gefahrensignal für eigene Zwecke missbraucht. Eine besteht darin, zu erkennen, dass dieses Individuum nicht vertrauenswürdig ist, und seine Rufe zu ignorieren. Das Märchen von dem kleinen Jungen, der »Wolf« rief, zeigt die Gefahren, die dieses Gebiet sowohl für die Horde als auch für das Individuum birgt. Eine andere Möglichkeit ist, das Individuum fürs Lügen zu bestrafen. Eine dritte – die Fähigkeit zu entwickeln, zwischen einem erlogenen Gefahrensignal und einem echten zu unterscheiden. Starrt der Affe, der »Gefahr« ruft, mit einem gierigen Glitzern in den Augen auf eines anderen Nahrung?

Wie es gute evolutionäre Gründe fürs Lügen gibt, so gibt es auch gute evolutionäre Gründe für die Fähigkeit, Lügen zu entdecken. Wenn andere versuchen, dich zu ihrem eigenen Nutzen zu manipulieren, gereicht es dir wahrscheinlich zum Schaden. Es liegt also in deinem ureigensten Interesse, das zu erkennen und dich nicht manipulieren zu lassen. Das Ergebnis ist ein unvermeidlicher Rüstungswettlauf, bei dem die Fähigkeit zu lügen gegen die Fähigkeit, Lügen zu erkennen, ausgespielt wird. Er dauert zweifellos noch immer an, doch das Ergebnis sind bereits sehr raffinierte Lügen und sehr raffinierte Erkennungsmethoden. Manchmal sagt uns der Blick auf jemandes Gesicht, dass er die Unwahrheit spricht, manchmal der Tonfall der Stimme.

Eine wirksame Methode, eine Lüge zu erkennen, ist es, sich in die andere Person hineinzuversetzen und sich zu fragen, ob das, was sie sagt, zu dem passt, was sie Ihrer Überzeugung nach denkt. Die Person sagt beispielsweise, was Sie für ein hübsches kleines Kind haben, doch von früheren Begegnungen wissen Sie, dass der Betreffende für gewöhnlich Kinder nicht ausstehen kann. Es kann natürlich sein, dass Ihr Kind anders ist, doch dann bemerken Sie den betrübten Blick des anderen, als ob er lieber weit weg wäre ...

Einfühlungsvermögen ist nicht nur eine hübsche Art, die Sichtweise eines anderen zu verstehen. Es ist eine Waffe, die man zum eigenen Vorteil verwenden kann. Nachdem man die Sichtweise des anderen verstanden hat, kann man sie mit dem vergleichen, was er sagt, und herausfinden, ob er es selbst glaubt. Solcherart hat das Vorhandensein von Lügen im spracheigenen Phasenraum der angrenzenden Möglichkeiten die Entwicklung des menschlichen Einfühlungsvermögens gefördert und damit die individuelle Intelligenz und den kollektiven sozialen Zusammenhalt. Lügen zu lernen war für die Menschheit ein großer Schritt voran.

Wir können uns relativ glaubwürdig in andere Menschen hineinversetzen, weil wir selbst Menschen sind. Zumindest wissen wir, wie es ist, ein Mensch zu sein. Doch selbst dann täuschen wir uns wahrscheinlich, wenn wir exakt zu wissen glauben, was im Geist eines anderen vor sich geht, geschweige denn, wie er es empfindet. Jeder menschliche Geist ist anders verschaltet und ist das Ergebnis der Erfahrungen seines Besitzers.

Noch viel problematischer ist es, ob wir uns vorstellen können, wie es ist, ein Tier zu sein. Auf der Scheibenwelt kann eine fähige Hexe sich in den Geist eines Tieres versetzen, wie wir zum Beispiel an folgender Passage aus *Lords und Ladies* sehen:

> Sie borgte, und dabei musste man sehr vorsichtig sein. Es konnte wie eine Droge wirken. Auf den Selbstsphären von Tieren zu reiten, mit den Vögeln zu fliegen – aber nicht mit Bienen –, sie vorsichtig zu steuern, durch ihre Augen zu sehen ...
>
> Zum Beispiel mit denen von Mücken. Das langsame Muster der Zeit im schnellen eines Tages zu beobachten, wie Blitze hin und her zuckende Gedanken zu ertasten ...
>
> ... mit dem Körper eines Käfers zu lauschen, die Welt als dreidimensionales Muster aus Vibrationen wahrzunehmen ...
>
> ... mit der Nase eines Hundes zu sehen, zahlreiche Gerüche wie Farben ...

Das ist ein poetisches Bild. »Sieht« ein Hund Gerüche? Es ist ein Volksglaube, dass für einen Hund Riechen viel wichtiger als Sehen sei, doch das könnte eine Übertreibung aufgrund der viel glaubhafteren Beobachtung sein, dass der Geruch für Hunde viel wichtiger als für Menschen ist. Selbst hier müssen wir »zumindest bewusst« hinzufügen, denn im Unterbewusstsein reagieren wir auf Pheromone und andere emotional befrachtete Chemikalien. Vor etlichen Jahren arbeitete David Berliner an den Chemikalien der menschlichen Haut und ließ einen offenen Becher auf dem Labortisch stehen, der gewisse Hautextrakte enthielt. Dann bemerkte er, dass seine Laboranten deutlich lebhafter als üblich wurden, kumpelhafter und leichten Flirts zugeneigt. Er fror den Extrakt ein und stellte ihn zur Aufbewahrung in den Labor-Kühlschrank. Dreißig Jahre später analysierte er die Substanzen im Becher und fand eine Chemikalie namens Androstenon, die einem Sexhormon ziemlich ähnlich ist. Eine Reihe von Experimenten zeigte, dass diese Chemikalie für das lebhafte Verhalten verantwortlich war. Androstenon hat jedoch keinen Geruch. Was war geschehen?

Manche Tiere besitzen ein »Vomeronasalorgan« (oft »zweite Nase« genannt). Dies ist ein kleines Gebiet im Nasengewebe, welche bestimmte Chemikalien feststellt, doch vom normalen Geruchssystem getrennt ist. Es galt seit langem als gesichertes Wissen, dass Menschen kein Vomeronasalorgan besitzen, doch das seltsame Verhalten seiner Laboranten gab dem Wissenschaftler zu denken. Berliner entdeckte, dass das »gesicherte« Wissen falsch war: Zumindest manche Menschen besitzen ein Vomeronasalorgan, und es reagiert auf Pheromone. Das sind spezielle Chemikalien, die bei Tieren starke Reaktionen wie Angst oder sexuelle Erregung auslösen. Die Besitzer der Vomeronasalorgane sind sich nicht bewusst, dass sie etwas wahrnehmen, doch sie reagieren – und wie!

Diese Geschichte zeigt, wie leicht wir Sinneseindrücke missverstehen können. In diesem Falle *wissen* Sie, wie es vomeronasal riecht, ein Mensch zu sein: Sie empfinden überhaupt nichts, jedenfalls nicht bewusst. Aber Sie reagieren durchaus! Also sind Ihre Reaktionen und »wie sie sich anfühlen« etwas ganz Verschiedenes. Die Geräusche, die wir hören, die Empfindung von Wärme und Kälte auf der Haut, die Gerüche, die auf unsere Nase einstürmen, der unverwechselbare Geschmack von Salz ... All das sind Qualia, lebhafte »Gefühle«, die unser Geist unseren Wahrnehmungen aufpfropft, damit wir sie schneller erkennen. Sie haben eine Grundlage in der Wirklichkeit, ja, doch sie sind nicht wirklich Eigenschaften der Außenwelt. Sie müssen wirkliche Eigenschaften der Architektur und Funktion des Gehirns sein, wirkliche Dinge, die wirklichen Nervenzellen widerfahren, doch das ist eine ganz andere Ebene der Realität als die, die wir wahrnehmen.

Wir sollten also dem Glauben misstrauen, wir könnten wissen, wie man sich als Hund fühlt. 1974 veröffentlichte der Philosoph Thomas Nigel in der *Philosophical Review* den berühmten Essay »Wie ist es, eine Fledermaus zu sein?«, in dem er dasselbe darlegte. Wir können uns vorstellen, wie es ist, ein Mensch zu sein, der sich – zumindest oberflächlich – wie eine Fledermaus verhält, doch wir haben keine Ahnung, wie die Fledermaus es empfindet, und es ist fraglich, ob sich Menschenwissen jemals in diese Richtung erweitern lassen wird.

Wahrscheinlich verstehen wir Fledermäuse sowieso falsch. Wir wissen, dass die Fledermäuse Echoortung verwenden, um ihre Umgebung wahrzunehmen, ganz ähnlich einem U-Boot, das einen Sonar benutzt. Fledermaus oder U-Boot senden scharfe Schallimpulse aus und hören die zurückkommenden Echos. Aus diesen können sie »berechnen«, wovon der Schall zurückgeworfen wird. Wir nehmen naturgemäß an, dass die Fledermaus auf Echos auf dieselbe Weise reagiert, wie wir es tun würden: dass sie sie hört. Wir erwarten naturgemäß, dass die Qualia der Echoortung bei der Fledermaus den menschlichen Qualia ähneln, die von Klangmustern erzeugt werden, von denen das reichhaltigste die Musik ist. Wir stellen uns also vor, wie die Fledermaus dahinfliegt, begleitet von unglaublich raschen Rhythmen wie auf Bongo-Trommeln gespielt.

Das könnte jedoch eine falsche Analogie sein. Echoortung ist der wichtigste Sinn einer Fledermaus, also ist der »richtige« entsprechende Sinn eines Menschen *dessen* wichtigster Sinn, das Sehen, nicht das Hören. Die Ausgabe der *Nature* vom August 1993 zeigt ein Titelbild mit einer Fledermaus, dazu die Überschrift »Wie Fledermausohren sehen«. Dies bezieht sich auf einen technischen Artikel von Steven Dear, James Simmons und Jonathan Fritz, die entdeckt hatten, dass die Neuronen in jenem Teil des Fledermausgehirns, die die zurückkommenden Echos verarbeiten, auf sehr ähnliche Weise wie die Neuronen in der menschlichen *Seh*rinde verschaltet sind. In Begriffen der Neuralarchitektur sieht es ganz so aus, als benutze das Hirn der Fledermaus die Echos, um ein *Bild* ihrer Umgebung aufzubauen. Analog dazu benutzen heutzutage U-Boote Computer, um eine Folge von Echos in eine dreidimensionale Karte des umgebenden Wassers umzuwandeln. *Figments of Reality* entwickelte diesen Gedanken weiter, um Nagels Frage teilweise zu beantworten:

[Im Grunde] *sehen* Fledermäuse mit den Ohren, und ihre Sonar-Qualia können durchaus unseren visuellen ähneln. Schallintensität kann sich den Fledermäusen als eine Art »Helligkeit« vermitteln, und so weiter. Vielleicht »sehen« die Sonar-Qualia der Fledermaus die Welt in Schwarz, Weiß und Grautönen, doch sie könnten auch verschiedene feinere Eigenschaften der Schallreflexionen auffangen und lebhaft darstellen. Die nächste Analogie bei Menschen ist Textur, die wir mit dem Tastsinn wahrnehmen, doch die Fledermaus könnte nach dem Schall fühlen. Beispielsweise werfen weiche Gegenstände den Schall schlechter als harte zurück. Fledermäuse können also durchaus Schall-Texturen »sehen«. Wenn dem so ist – und hier soll unsere Analogie nur ein sehr grobes Mittel sein, den Gedanken auszudrücken –, könnte das Sonar-Qualium einer weichen Oberfläche für den Geist der Fledermaus »grün« aussehen, das für harte rot, das für flüssige Oberflächen wie eine Farbe, die nur Bienen sehen können, und so weiter …

Auf der Rundwelt sind derlei Feststellungen nichts als geraten, wenngleich sie sich auf Analogien der Neuralarchitektur stützen. Auf der Scheibenwelt wissen Hexen, wie man sich als Fledermaus, als Hund, als Käfer fühlt. Und die Werwölfin Angua riecht in Farben, was unserer Annahme sehr nahe kommt, dass Fledermäuse in Bildern hören und Texturen »sehen«. Doch selbst auf der Scheibenwelt fühlen die Hexen nicht wirklich, was es heißt, eine Fledermaus zu sein. Sie fühlen, wie es ist, ein Mensch zu sein, der die Sinnesorgane und die neuralen Mechanismen einer Fledermaus »geborgt« hat. Eine Fledermaus fühlt sich vielleicht ganz anders, wenn keine Hexe in ihrem Geist per Anhalter mitfliegt.

Obwohl wir nicht sicher wissen können, wie man sich als Tier oder als eine andere Person fühlt, ist der Versuch in mehrerlei Hinsicht von Nutzen. Wie gesagt, die Fähigkeit, um die es hier geht, ist Einfühlungsvermögen: imstande zu sein, zu verstehen, wie sich eine andere Person fühlt. Wir haben bereits gesehen, dass dies eine wichtige soziale Fähigkeit ist und dass sie uns, auf andere Weise zu einem anderen Zweck verwendet, eine Chance gibt festzustellen, wenn wir belogen werden. Wenn wir uns in den anderen hineinversetzen und erkennen, dass er etwas anderes sagt, als was er unserer Meinung nach denkt, dann argwöhnen wir, dass er lügt.

Das Wort »Lüge« hat einen negativen Beiklang, völlig zu Recht, doch wovon wir hier sprechen, kann nicht nur destruktiv sein, sondern auch konstruktiv, und oft ist es das auch. Für die gegenwärtige Erörterung ist eine Lüge alles, was der Wahrheit widerspricht, doch es ist durchaus nicht klar, was »die Wahrheit« ist oder auch nur, ob es nur eine gibt, wie das Wort »die« anscheinend besagt. Wenn zwei Leute Krach miteinander haben, können in der Regel weder sie beide noch sonst jemand genau herausfinden, was eigentlich passiert ist. Unsere Gedanken werden durch Wahrnehmungen eingefärbt. Das ist unvermeidlich, denn was wir für »wirklich« halten, ist das, was unser Geist aus den einlaufenden Eindrücken der Sinnesorgane macht: erfunden, abgestimmt und von einer Folge von Interpretationen durch verschiedene Teile des Hirns verarbeitet, *plus* etliche Ergänzungen für die Hintergrundtapete. Wir wissen nie, was *wirklich* da draußen um uns ist. Alles, was wir wissen, ist, was unser Geist sich aus dem zusammenreimt, was unsere Augen, Ohren und Finger melden.

Ohne das Wort allzu sehr auf die Goldwaage zu legen – diese Wahrnehmungen sind Lügen. Das lebhafte Universum der Farben, das unser Gehirn aus dem Licht ableitet, welches auf unsere Netzhaut fällt, *existiert nicht wirklich*. Die rote Farbe einer Rose ist aus ihren physikalischen Eigenschaften abgeleitet, doch »rot sein« an sich ist keine physikalische Eigenschaft. »Licht einer bestimmten Wellenlänge abstrahlen« kommt einer physikalischen Eigenschaft näher. Das lebhafte Rot, das wir »sehen«, entspricht jedoch keiner bestimmten Wellenlänge. Unser Gehirn korrigiert bei den Farben von Seheindrücken Schatten, Reflexionen von einer anderen Farbe aus anderen Teilen des Bildes und dergleichen. Unsere Empfindung der Röte ist eine Dekoration, die unser Gehirn der Wahrnehmung hinzufügt: ein Qualium. Was wir »sehen«, ist also nicht eine akkurate Wahrnehmung der Wirklichkeit, sondern eine geistige Umformung einer Sinneswahrnehmung von der Wirklichkeit.

Für eine Biene kann dieselbe gleichmäßig rote Rose ganz anders aussehen und deutliche Merkmale haben. Die Biene »sieht« im Ultraviolett, einer Wellenlänge außerhalb unserer Wahrnehmung. Die Rose sendet eine Vielfalt von Lichtwellenlängen aus; wir sehen einen kleinen Teil davon und nennen ihn Wirklichkeit. Die Biene sieht einen anderen Teil und reagiert darauf auf

Bienenart, indem sie die Merkmale nutzt, um auf der Blume zu landen und Nektar zu sammeln oder sie außer Acht zu lassen und zur nächsten Gelegenheit weiterzufliegen. Weder die Wahrnehmung der Biene noch unsere *ist* die Wirklichkeit.

In Kapitel 24 haben wir erklärt, dass unser Geist seine Wahrnehmungen auf verschiedene Weise auswählt, statt nur passiv Signale zu ignorieren, die unsere Sinne nicht aufnehmen können. Wir stimmen unsere Sinne fein darauf ab, zu sehen, was sie sehen, und zu hören, was sie hören sollen. Es laufen mehr Nervenbahnen *vom* Gehirn zum Ohr als vom Ohr zum Gehirn. Diese Verbindungen passen die Fähigkeit des Ohres an, bestimmte Klänge zu hören, vielleicht, indem sie es empfindlicher für Geräusche machen, die Gefahr bedeuten könnten, und weniger empfindlich für Geräusche, die weiter nicht wichtig sind. Menschen, die als Kinder bestimmte Laute nicht hören, wenn ihre Ohren und ihr Hirn auf die Aufnahme von Sprache abgestimmt werden, können sie als Erwachsene nicht unterscheiden. Für Japaner klingen die beiden Phoneme *L* und *R* identisch.

Die Lügen, die uns unsere Sinne erzählen, sind nicht bösartig. Sie sind eher Teilwahrheiten als Unwahrheiten, und das Universum ist derart kompliziert, und unsere Sinne sind im Vergleich dazu so einfach, dass Halbwahrheiten das Beste sind, worauf wir jemals hoffen dürfen. Selbst die esoterischste »Grundlagen«-Physik ist bestenfalls eine Halbwahrheit. Je »grundlegender« sie wird, umso weniger wahr wird sie im Grunde genommen. Es ist daher kein Wunder, dass die wirksamste Methode, die wir bisher entwickelt haben, um Extelligenz an unsere Kinder weiterzugeben, eine systematische Folge von Lügen ist.

Das nennt man »Bildung«.

Schon jetzt beim Schreiben können wir hören, wie sich die Nackenfedern sträuben, indes Quantensignale die Zeitlinien entlang zurückgeworfen werden – Signale von künftigen Lesern in Lehrberufen, die gerade diese Seite aufschlagen. Doch bevor Sie das Buch quer durchs Zimmer schmeißen oder dem Verlag eine empörte E-Mail schreiben, fragen Sie sich, wie viel von dem, was Sie Kindern sagen, eigentlich wahr ist. Nicht lobenswert, nicht vertretbar: *wahr*. Sogleich finden Sie sich in die Defensive gedrängt: »Ach ja, aber die Kinder verstehen natürlich nicht all die Komplexitäten der wirklichen Welt. Die Aufgabe des Lehrers ist es, alles zu vereinfachen, um das Verständnis zu fördern ...«

Eben.

Diese Vereinfachungen sind Lügen in dem Sinn, den wir dem Wort gegenwärtig beilegen. Doch es sind nützliche Lügen, konstruktive Lügen, die sogar dann, wenn sie *sehr* falsch sind, eine Tür für besseres Verständnis beim nächsten Mal öffnen. Nehmen Sie zum Beispiel den Satz: »Ein Krankenhaus ist ein Ort, wo Leute hingeschickt werden und die Ärzte dafür sorgen, dass es ihnen besser geht.« Kein vernünftiger Erwachsener würde ja einem Kind sagen wollen, dass Menschen manchmal lebendig ins Krankenhaus gehen und tot wieder herauskommen. Oder dass es oft nicht möglich ist, es ihnen besser gehen zu lassen. Zunächst einmal kann es ja sein, dass das Kind einmal ins Krankenhaus muss, und eine zu große Portion Wahrheit von Anfang an könnte es den Eltern erschweren, das Kind ohne Aufruhr ins Krankenhaus zu bringen. Nichtsdestoweniger würde kein Erwachsener den Satz für eine akkurate Aussage darüber halten, worum es bei Krankenhäusern wirklich geht. Er beschreibt bestenfalls ein Ideal, dem Krankenhäuser nachstreben. Und wenn wir unsere Beschreibung damit rechtfertigen, dass die Wahrheit das Kind beunruhigen würde, geben wir zu, dass der Satz eine Lüge ist, und behaupten, dass gesellschaftliche Konventionen und menschliches Wohlbefinden wichtiger sind, als eine exakte Beschreibung zu geben, was in der Welt wirklich vorgeht.

Oft trifft das natürlich zu. Viel hängt vom Zusammenhang und der Absicht ab. In Kapitel 4 der *Gelehrten der Scheibenwelt* haben wir diese nützlichen Unwahrheiten und Halbwahrheiten »Lügen-für-Kinder« genannt. Sie müssen von den weitaus weniger wohlwollenden »Lügen-für-Erwachsene« unterschieden werden, die man auch »Politik« nennt. Lügen-für-Erwachsene werden zu dem ausdrücklichen Zweck entworfen, die Absichten zu verschleiern; ihr Ziel ist Irreführung. Manche Zeitungen erzählen Lügen-für-Erwachsene; andere tun ihr Möglichstes, um Wahrheiten-für-Erwachsene zu erzählen, obwohl es immer darauf hinausläuft, Erwachsenenversionen von Lügen-für-Kinder zu erzählen.

Im fünfundzwanzigsten Scheibenwelt-Roman *Die volle Wahrheit* kommt in Gestalt von William de Worde der Journalismus auf die Scheibe. Seine Laufbahn beginnt mit einem monatlichen Nachrichtenblatt, das an verschiedene bedeutende Persönlichkeiten der Scheibenwelt versandt wird, üblicherweise für fünf Dollar pro Monat, im Falle eines Ausländers aber für eine halbe Wagenladung Feigen zweimal jährlich. William de Worde schreibt eine Ausgabe und bezahlt Herrn Kratzgut, den Graveur in der Straße Schlauer Kunsthandwerker, dafür, dass er sie in Holz schneidet, wovon er fünf Exemplare druckt. Aus diesen kleinen Anfängen entsteht die erste Zeitung von Ankh-Morpork, als sich de Wordes Talent, einer Geschichte auf die Spur zu kommen, mit den von Zwergen erfundenen beweglichen Lettern verbindet. Es geht das Gerücht, die Zwerge hätten einen Weg gefunden, Blei in Gold zu verwandeln – und da die Drucktypen aus Blei sind, ist da schon etwas dran.

Der hauptsächliche journalistische Inhalt des Romans ist ein Auflagenkampf zwischen de Wordes »Ankh-

Morpork-Times« mit ihrem Motto »DIE WAHRHEIT MACHT DICH FREI« und dem »Ankh-Morpork Kurier« (NACHRICHTEN, VON DENEN MAN SONST NUR HÖRT). Die *Times* ist ein seriöses Nachrichtenblatt, wo die Geschichten Überschriften wie »Patrizier greift Sekretär mit Messer an (Er hatte das Messer, nicht der Sekretär)« haben und die Tatsachen vor der Veröffentlichung überprüft werden. Der *Kurier* ist ein Boulevardblatt, dessen Schlagzeilen eher von der Art »ELFEN ENTFÜHRTEN MEINEN MANN!« sind und welches Geld spart, indem es alle Geschichten erfindet. Daher kann es den anspruchsvollen Konkurrenten beim Preis unterbieten, *und* die Geschichten sind viel interessanter. Die Wahrheit behält jedoch am Ende die Oberhand über billigen Unsinn, und von seiner Redakteurin Sacharissa erfährt de Worde schließlich ein Grundprinzip des Journalismus:

»Sieh die Sache einmal so«, sagte Sacharissa und begann mit einer neuen Seite. »Manche Leute sind Helden. Andere schreiben Dinge auf.«
»Ja, aber das ist nicht sehr …«
Sacharissa hob den Kopf, sah William an und lächelte. »Manchmal handelt es sich um dieselbe Person.«
Diesmal senkte William bescheiden den Blick.
»Hältst du das wirklich für wahr?«, fragte er.
Sacharissa zuckte mit den Schultern. »Ob ich es wirklich für wahr halte? Wer weiß? Dies ist eine Zeitung. Es braucht nur bis morgen wahr zu sein.«

Lügen-für-Kinder, sogar die von der Nachrichtenblatt-Sorte, sind meistens gut gemeint und nützlich, und selbst wenn sie es nicht sind, sind sie doch so *beabsichtigt*. Sie sind dafür gemacht, eine Pforte zu öffnen, die schließlich zu verfeinerten Lügen-für-Kinder führt und mehr von der Komplexität der Wirklichkeit widerspiegelt. Wissenschaft und Kunst und Geschichte und Ökonomie unterrichten wir mithilfe einer Folge von sorgfältig konstruierten Lügen. Von Geschichten, wenn man so will ... Aber eine Geschichte haben wir ja schon als Lüge charakterisiert.

Der Lehrer erklärt die Farben des Regenbogens in Begriffen der Lichtbeugung, übergeht aber die *Form* des Regenbogens und die Anordnung der Farben. Wenn man aber anfängt, darüber nachzudenken, ist das rätselhafter und eher das, was wir wissen wollen, wenn wir fragen, warum Regenbögen so und nicht anders aussehen. Dahinter steckt viel mehr Physik als ein Regentropfen, der als Prisma fungiert. Später können wir die nächste Ebene von Lügen entwickeln, indem wir dem Kind die elegante Geometrie von Lichtstrahlen zeigen, die beim Eintritt in einen kugelförmigen Regentropfen gebeugt werden, dann reflektiert und beim Austritt wieder gebeugt, wobei jede Farbe entlang eines geringfügig anderen Winkels fokussiert wird. Noch später erklären wir, dass Licht überhaupt nicht aus Strahlen besteht, sondern aus elektromagnetischen Wellen. In der Universität dann sagen wir den Studenten der unteren Semester, dass diese Wellen überhaupt keine Wellen sind, sondern winzige quantenmechanische Wellenpakete, Photonen. Außer dass die »Wellenpakete« in den Lehrbüchern auch nicht ganz stimmen ... Und so weiter. Unser *gesamtes* Verständnis der Natur ist von solcher Art, nichts davon ist die absolute Wirklichkeit.

SIEBENUNDZWANZIG

Fehlender Wille

Die Zauberer wussten nie genau, wo sie sich befanden. Dies war nicht ihre Geschichte. Historische Epochen bekamen ihre Namen immer hinterher: das Zeitalter der Erleuchtung, die Depression und so weiter. Was keineswegs heißen soll, dass die Menschen manchmal nicht deprimiert sind, während Erleuchtung sie umgibt, oder dass sie sich selbst in schlechten Zeiten nie freuen. Andere Epochen sind nach Königen benannt, als ob das Land von jenen Schlitzohren *definiert* worden wäre, die sich mit Intrigen und Messern bis ganz nach oben befördert hatten. Und als ob die Leute sagen würden: »Hurra, die Herrschaft des Hauses Chichester – eine Zeit religiöser Auseinandersetzungen und anhaltender Konflikte mit Belgien – ist jetzt zu Ende, und wir können uns auf die Zeit des Hauses von Luton freuen, eine Epoche der Expansion und wachsender Gelehrsamkeit!«

Die Zauberer beschlossen, die Zeit ihrer Ankunft »D« zu nennen, und dort waren sie jetzt wieder, einige von ihnen braun gebrannt.

Einmal mehr hatten sie Dees Bibliothek mit Beschlag belegt.

»Phase eins scheint ganz gut geklappt zu haben, meine Herren«, sagte Ponder Stibbons. »Die Welt ist zweifellos bunter. Offenbar haben wir den Elfen dabei, äh, *geholfen*, die Evolution dessen voranzutreiben, was ich *Homo narrans* nennen möchte, den ›Geschichten erzählenden Menschen‹.«

»Es gibt noch immer Religionskriege«, wandte der Dekan ein. »Und aufgespießte Köpfe.«

»Ja, aber aus interessanteren Gründen«, erwiderte Ponder. »So sind Menschen nun einmal. Phantasie ist Phantasie. Man benutzt sie für *alles*. Für wundervolle Kunst und schreckliche Folterwerkzeuge. Wie hieß das Land, in dem sich der Dozent für neue Runen den Magen verdorben hat?«

»Italien, glaube ich«, sagte Rincewind. »Wir anderen nahmen die Nudeln.«

»Nun, dort gibt es jede Menge Kirchen, Kriege und Gräuel – und auch erstaunliche Kunst. Besser als die bei uns zu Hause. Darauf können wir stolz sein, meine Herren.«

»Aber als wir ihnen das Buch zeigten, das der Bibliothekar im B-Raum gefunden hat, mit dem Titel ›Große Kunstwerke‹ und mit vielen bunten Bildern ...«, murmelte der Professor für unbestimmte Studien. Ihn schien etwas zu bedrücken, aber er wusste nicht, wie er es in Worte fassen sollte.

»Ja?«, fragte Ridcully.

»Nun, es war doch kein *Mogeln*, oder?«

»Natürlich nicht«, sagte Ridcully. »Die Bilder müssen *irgendwo* gemalt worden sein. In einer anderen Dimension. In was Quantischem. In einer parallelen Eventualität oder was in der Art. Es spielt keine Rolle. Solche Dinge ziehen Kreise und kommen hier heraus.«

»Aber ich glaube, dem großen, kahlköpfigen Mann haben wir zu viel gesagt«, meinte der Dekan. »Dem Künstler, erinnert ihr euch? Sah Leonard von Quirm sehr ähnlich. Bart, gute Singstimme ... Du hättest ihm nicht von der Flugmaschine erzählen sollen, die Leonard baute.«

»Oh, er kritzelte so viel, dass niemand darauf achten wird«, sagte Ridcully. »Und überhaupt: Wer erinnert sich schon an einen Künstler, der nicht einmal ein einfaches Lächeln richtig hinbekommt? Es geht hier um *Folgendes*, meine Herren: Phantastische Phantasie und, äh, praktische Phantasie gehen Hand in Hand. Das eine führt zum anderen. Man kann sie nicht voneinander trennen, nicht einmal mit einem großen Hebel. Bevor man etwas erschafft, muss man es sich im Geiste vorstellen.«

»Aber die Elfen sind immer noch da«, wandte der Dozent für neue Runen ein. »Wir haben ihr Werk nur noch verbessert! Ich verstehe nicht, was das *soll!*«

»Ah, das ist Phase zwei«, sagte Ponder. »Rincewind?«

»Was?«

»Erklär uns die zweite Phase. Erinnerst du dich? Du hast sie selbst angekündigt.«

»Ich wusste nicht, dass eine offizielle Präsentation nötig ist!«

»Du meinst, du hast keine Dias? Und keine Papiere mit Diagrammen und dergleichen?«

»So etwas würde mich nur aufhalten«, sagte Rincewind. »Es ist doch offensichtlich, oder? Wir sagen: ›Sehen ist glauben.‹ Ich habe darüber nachgedacht und bin zu dem Schluss gelangt, dass es überhaupt nicht stimmt. Wir glauben nicht an Stühle. Stühle sind einfach nur Dinge, die existieren.«

»Und?«, fragte Ridcully.

»Wir *glauben* nicht an Dinge, die wir sehen. Wir glauben an Dinge, die wir nicht sehen.«

»Und?«

»Und ich habe diese Welt mit dem B-Raum verglichen und glaube, dass wir sie zu einer Welt gemacht haben, in der die Menschen überleben«, sagte Rincewind. »Weil sie sich jetzt Götter und Ungeheuer vorstellen können. Und wenn man sich so etwas vorstellen kann, braucht man nicht mehr daran zu glauben.«

Nach einer langen Stille sagte der Professor für unbestimmte Studien: »Ist auch euch aufgefallen, wie viele Kathedralen man auf diesem Kontinent gebaut hat? Große Gebäude, voll gestopft mit wundervollen Kunstwerken. Und die Maler, mit denen wir gesprochen haben – sie haben viele religiöse Bilder gemalt ...«

»Worauf willst du hinaus?«, fragte Ridcully.

»All dies geschah zur gleichen Zeit, als die Leute damit begannen, sich für die Funktionsweise der Welt zu interessieren. Sie stellen mehr Fragen. Wie? Warum? Solche Fragen«, sagte der Professor für unbestimmte Studien. »Sie verhalten sich wie Phokian, aber ohne den Verstand zu verlieren. Rincewind scheint anzudeuten, dass wir die Götter dieser Welt umbringen.«

Die Zauberer sahen ihn an.

»Äh«, fuhr er fort, »wenn man glaubt, dass ein Gott groß, mächtig und überall ist, dann neigt man zu Gottesfürchtigkeit. Aber wenn jemand kommt und den Gott als großen bärtigen Mann am Himmel malt, so dauert es nicht lange, bis jemand sagt: Sei doch nicht blöd, es kann keinen großen bärtigen Mann auf einer Wolke geben, komm, lass uns die Logik erfinden.«

»Kann es hier keine Götter geben?«, fragte der Dozent für neue Runen. »Bei uns zu Hause haben wir einen ganzen Berggipfel *voll* davon.«

»Wir haben in diesem Universum nie Theologen entdeckt«, sagte Ponder nachdenklich.

»Aber es heißt doch, dass es von intelligenten Wesen erzeugt wird«, warf Ridcully sein. »So wie Kühe Methan erzeugen.«

»In einem auf Magie basierenden Universum ist das zweifellos der Fall«, erwiderte Ponder. »Aber dieses basiert auf gekrümmtem Raum.«

»Hier hat es viele Kriege mit vielen Toten gegeben, und bestimmt herrscht auch kein Mangel an Gläubigen«, sagte der Professor für unbestimmte Studien. Das Unbehagen war ihm deutlich anzusehen. »Wenn tausende für einen Gott sterben, so bekommt man einen Gott. Wenn jemand *bereit* ist, für einen Gott zu sterben, so bekommt man einen Gott.«

»Zu Hause, ja«, bestätigte Ponder. »Aber ob das auch hier so ist?«

Die Zauberer schwiegen eine Zeit lang.

»Könnten wir wegen dieser Angelegenheit religiöse Probleme bekommen?«, fragte der Dekan.

»Bisher ist noch niemand von einem Blitz getroffen worden«, sagte Ponder.

»Stimmt, stimmt. Allerdings wäre es mir lieber, wenn es nicht auf einen, äh, permanenten Test hinausliefe«, meinte der Professor für unbestimmte Studien. »Äh, die dominante Religion auf dem Kontinent erscheint vertraut und ähnelt dem Alten Omnianismus.«

»Viele göttliche Strafen?«

»In letzter Zeit nicht. Es ist recht still geworden um himmlisches Feuer, große Überflutungen und Verwandlung in Nahrungsmittelzusätze«, sagte der Professor für unbestimmte Studien.

»Läuft es etwa auf einen öffentlichen Auftritt, einige einfache moralische Regeln und dann Stille hinaus?«, fragte Ridcully. »Abgesehen von Millionen Menschen, die darüber streiten, was ›Du sollst nicht stehlen‹ und ›Du sollst nicht töten‹ wirklich bedeutet?«

»Ja.«

»*Genau* wie der Omnianismus«, kommentierte der Erzkanzler ernst. »Laute Religion, leiser Gott. Wir müssen sehr vorsichtig sein, meine Herren.«

»Aber ich habe doch darauf hingewiesen, dass es in diesem Universum nirgends auch nur eine Spur von irgendwelchen Göttern gibt!«, protestierte Ponder.

»Ja, sehr rätselhaft«, sagte Ridcully. »Wie dem auch sei: Wir können hier nicht auf unsere magische Macht zurückgreifen und sollten vorsichtig sein.«

Ponder öffnete den Mund. Er wollte sagen: Wir wissen alles über dieses Universum! Wir haben beobachtet, wie es entstand und sich entwickelte! Es besteht aus Kugeln, die sich in Kurven bewegen. Materie krümmt den Raum, und der Raum bewegt die Materie. Hier ist alles das Ergebnis von einigen einfachen Regeln! Mehr steckt nicht dahinter! Es gelten nur einige Regeln! Alles ist ... logisch.

Er wünschte sich Logik. Die Scheibenwelt war nicht logisch. Manche Dinge geschahen dort, weil es die Götter so wollten, und andere, weil es zum betreffenden Zeitpunkt eine gute Idee zu sein schien. Wieder andere Dinge passierten allein durch Zufall. Es steckte keine Logik dahinter – zumindest keine, die Ponder zu schätzen wusste. Er war in der kleinen Stadt namens Athen gewesen, von der Rincewind ihm erzählte hatte, in ein von Doktor Dee ausgeliehenes Bettlaken gehüllt. Dort hatte er Männern zugehört, die den Philosophen von Ephebe ähnelten und über Logik sprachen, und dabei war er den Tränen nahe gewesen. *Sie* brauchten nicht an einem Ort zu leben, wo die Entwicklung der Dinge Launen und Zufällen überlassen blieb.

Für sie tickte und tackte und drehte sich alles wie bei einer großen Maschine. Es gab Regeln. Die Dinge blieben gleich. Jeden Abend zeigten sich die gleichen zuverlässigen Sterne am Himmel. Planeten verschwanden nicht, weil sie einem Schildkrötenpaddel zu nahe kamen und von der Sonne weggestoßen wurden.

Keine Probleme, keine Komplikationen. Einige einfache Regeln, eine Hand voll Elemente ... Es war alles so leicht. Zugegeben, es fiel Ponder schwer, *genau* zu erklären, wie einige einfache Regeln den Glanz von Perlmutt oder ein Stachelschwein hervorbringen konnten, aber bestimmt *gab* es eine Erklärung. Er wünschte sich nichts sehnlicher, als eine Welt für möglich zu halten, in der die Logik funktionierte. Es war eine Frage des Glaubens.

Er beneidete die Philosophen. Sie nickten ihren Göttern zu und zerstörten sie dann, nach und nach.

Und jetzt seufzte er.

»Wir haben uns alle Mühe gegeben«, sagte er. »Dein Plan, Rincewind?«

Rincewind sah zur Glaskugel, dem gegenwärtigen Heim von HEX.

»HEX, ist diese Welt bereit für den William Shakespeare, über den wir gesprochen haben?«

»Ja.«

»Und existiert er?«

»Nein. Zwei seiner Großeltern begegneten sich nicht. Seine Mutter wurde nie geboren.«

HEX schilderte die Einzelheiten mit dumpfer Stimme. Die Zauberer machten sich Notizen.

»Na schön«, sagte Ridcully und rieb sich die Hände. »Dies ist wenigstens nicht weiter schwer. Wir brauchen eine Schnur, einen Lederball und einen großen Strauß Blumen ...«

Etwas später blickte Rincewind zur Glaskugel, dem gegenwärtigen Heim von HEX.

»HEX, ist diese Welt jetzt bereit für den William Shakespeare, über den wir gesprochen haben?«

»Ja.«

»Und existiert er?«

»Violet Shakespeare existiert. Sie heiratete Joseph Slink im Alter von sechzehn Jahren. Sie hat keine Bühnenstücke geschrieben, aber acht Kinder zur Welt gebracht, von denen fünf überleben. Sie ist vollauf beschäftigt.«

Die Zauberer wechselten Blicke.

»Vielleicht könnten wir eine Zeit lang auf ihre Kinder aufpassen«, sagte Rincewind.

»Zu viele Probleme«, erwiderte Ridcully mit fester Stimme. »Aber zum Glück lässt sich auch diese Sache leicht korrigieren. Wir brauchen das wahrscheinliche Datum der Empfängnis, eine Stufenleiter und eine Gallone schwarze Farbe.«

Rincewind blickte zur Glaskugel, dem gegenwärtigen Heim von HEX.

»HEX, ist diese Welt jetzt bereit für den William Shakespeare, über den wir gesprochen haben?«

»Ja.«

»Und existiert er?«

»Er wurde geboren, starb aber im Alter von achtzehn Monaten. Einzelheiten folgen ...«

Die Zauberer hörten zu. Ridcully dachte kurz nach.

»Wir brauchen ein starkes Desinfektionsmittel«, sagte er. »Und viel Karbolseife.«

Rincewind blickte zur Glaskugel, dem gegenwärtigen Heim von HEX.

»HEX, ist diese Welt bereit für den William Shakespeare, über den wir gesprochen haben?«

»Ja.«

»Und existiert er?«

»Nein. Er wurde geboren und überlebte mehrere Kinderkrankheiten, wurde aber eines Nachts erschossen, als er im Alter von dreizehn Jahren wilderte. Einzelheiten folgen ...«

»Wieder eine einfache Sache«, sagte Ridcully und stand auf. »Wir brauchen ... mal sehen ... dunkle Kleidung, eine dunkle Laterne und einen großen Knüppel ...«

Rincewind blickte zur Glaskugel, dem gegenwärtigen Heim von HEX.

»HEX, ist diese Welt bereit für den William Shakespeare, über den wir gesprochen haben? *Bitte?*«

»Ja.«

»Und existiert er?«

»Ja.«

Die Zauberer gaben sich Mühe, nicht zu sehr zu hoffen. Während der letzten Woche waren sie zu oft enttäuscht worden.

»Lebt er?«, fragte Rincewind. »Ist er männlichen Geschlechts? Und gesund? Befindet er sich hier und nicht etwa in Amerika? Wurde er auch nicht von einem Meteoriten erschlagen? Oder von einem Seehecht am Kopf verletzt, als es plötzlich Fische regnete? Fiel er keinem Duell zum Opfer?«

»Nein. Derzeit sitzt er in der Taverne, die ihr häufig besucht.«

»Hat er alle Arme und Beine?«

»Ja«, sagte HEX. »Und ... Rincewind?«

»Ja?«

»Die letzte Intervention führte zu einigen kollateralen Ereignissen, wodurch die Kartoffel in dieses Land gelangte.«

»Potzblitz!«

»Und Arthur J. Nightingale ist ein Ackersmann, der nie schreiben lernte.«

»Pech gehabt«, sagte Ridcully.

ACHTUNDZWANZIG

Welten des Wenn

Die Zauberer haben in ihrem Kampf gegen die Elfen um die Seele der Rundwelt eine Geheimwaffe entwickelt und modeln eifrig die Geschichte um, um sicherzustellen, dass ihre Waffe erfunden wird. Die Waffe ist ein gewisser Will Shakespeare – Arthur J. Nightingale bringt es einfach nicht. Und sie gehen nach der Methode von Versuch und Irrtum vor, wobei von beiden eine Menge vorkommt. Nichtsdestoweniger bringen sie nach und nach den Fluss der Geschichte dazu, sich auf das gewünschte Ergebnis einzupegeln.

Schwarze Farbe? Vielleicht kennen Sie diesen Aberglauben, und falls nicht: Die Küchendecke schwarz zu streichen soll sichern, dass es ein Junge wird.* Die Zauberer versuchen eben alles. Für den Anfang. Und wenn es nicht klappt, versuchen sie etwas anderes, bis sie schließlich etwas erreichen.

Warum ist es unvernünftig, zu erwarten, dass sie auf Anhieb Erfolg haben, aber vernünftig, zu erwarten, dass sie ihr Ziel mithilfe wiederholter Verfeinerungen erreichen?

Die Weltgeschichte funktioniert so.

Es gibt eine Dynamik der Geschichte, doch welche

---

* Dieser Aberglaube ist im Black Country, dem Schwarzen Land an Orten wie Wombourne und Wednesbury, weit verbreitet. Doch nicht deswegen wird es Black Country genannt. Die Sache mit dem Schwarzen Land ist nämlich die: es ist schwarz. Zumindest war es das vor lauter Industrieruß und Luftverschmutzung, als es seinen Namen bekam. Und ein paar Stellen sind es zweifellos immer noch.

Dynamik das ist, finden wir erst heraus, wenn sich die betreffenden Ereignisse entwickeln. Deshalb können wir historischen Perioden erst einen Namen zuordnen, wenn sie geschehen sind. Deshalb müssen die Geschichtsmönche auf der Scheibenwelt über die Scheibe wandern und sicherstellen, dass historische Ereignisse, die geschehen sollen, *wirklich* geschehen. Sie sind die Wächter des Narrativiums und verteilen es unparteiisch ringsum, um zu gewährleisten, dass die ganze Welt ihrer Fabel folgt. Ihren großen Auftritt haben die Geschichtsmönche in *Der Zeitdieb*. Mithilfe großer rotierender Zylinder, die Zauderer genannt werden, borgen sie Zeit, wo sie nicht gebraucht wird, und geben sie zurück, wo nötig:

Nach der Zweiten Schriftrolle des ewig überraschten Wen sägte der ewig überraschte Wen den ersten Zauderer aus dem Stamm des *Wammwamm*-Baums, schnitzte gewisse Symbole hinein, stattete ihn mit einer bronzenen Spindel aus und rief seinen Schüler Tollpatsch.

»Ah. Sehr hübsch, Meister«, sagte Tollpatsch. »Eine Gebetsmühle, nicht wahr?«

»Nein, dieser Gegenstand ist nicht annähernd so komplex«, erwiderte Wen. »Er dient nur dazu, die Zeit aufzubewahren und zu bewegen.«

»Und das ist ganz einfach, wie?«

»Jetzt werde ich ihn testen«, sagte Wen. Mit der einen Hand drehte er den Zauderer halb herum.

»Ah. Sehr hübsch, Meister«, sagte Tollpatsch. »Eine Gebetsmühle, nicht wahr?«

»Nein, dieser Gegenstand ist nicht annähernd so komplex«, erwiderte Wen. »Er dient nur dazu, die Zeit aufzubewahren und zu bewegen.«

»Und das ist ganz einfach, wie?«

»Jetzt werde ich ihn testen«, sagte Wen. Diesmal drehte er den Zauderer nicht ganz so weit.

»Und das ist ganz einfach, wie?«
»Jetzt werde ich ihn testen«, sagte Wen. Er drehte den Zauderer vorsichtig hin und her.
»Und das ist ganz ei-ei-ei einfach, w-w-w wie einfach, wie?«, sagte Tollpatsch.
»Und ich habe ihn getestet«, verkündete Wen.

Auf der Rundwelt haben wir keine Geschichtsmönche – oder zumindest haben wir noch nie jemanden dabei erwischt, wie er diese Rolle spielte, aber könnten wir ihn überhaupt erwischen? –, doch wir haben eine Art historisches Narrativium. Wir haben den Spruch, dass sich »die Geschichte wiederholt« – beim ersten Mal als Komödie, beim zweiten als Tragödie*, denn das Einzige, was wir aus der Geschichte lernen, ist, dass wir nie etwas aus der Geschichte lernen.

Die Geschichte der Rundwelt gleicht der biologischen Evolution: Sie folgt Regeln, dennoch scheint sie sich aus der Bewegung heraus selbst zu erschaffen. Eigentlich sind es sogar ihre *Regeln*, die sie aus der Bewegung heraus zu erschaffen scheint. Auf den ersten Blick wirkt das mit der Existenz einer Dynamik unvereinbar, denn eine Dynamik ist eine Regel, die das System aus seinem gegenwärtigen Zustand in den nächsten führt, einen winzigen Augenblick weiter in die Zukunft. Dennoch muss es eine Dynamik geben, sonst könnten Historiker keinen Sinn in der Geschichte finden, nicht einmal im Nachhinein. Dito die Evolutionsbiologie.

---

* Karl Marx, aus dessen Schrift *Der 18. Brumaire des Louis Bonaparte* der Ausspruch ursprünglich stammt, war über die Reihenfolge noch anderer Ansicht: »Hegel bemerkt irgendwo, dass sich alle großen weltgeschichtlichen Tatsachen und Personen sozusagen zweimal ereignen. Er hat vergessen, hinzuzufügen: das eine Mal als Tragödie, das andere Mal als Farce.« – *Anm. d. Übers.*

Die Lösung dieses Rätsels liegt in der seltsamen Natur der historischen Dynamik. Sie ist emergent. Emergenz ist eine der wichtigsten, aber auch erstaunlichsten Eigenschaften komplexer Systeme. Und sie ist für dieses Buch von Bedeutung, denn gerade die Existenz emergenter Dynamik bringt die Menschen dazu, Geschichten zu erzählen. Kurz gesagt: Wenn die Dynamik nicht emergent wäre, bräuchten wir keine Geschichten über das System zu erzählen, weil wir alle das System gemäß seinen eigenen Bedingungen verstehen könnten. Wenn die Dynamik jedoch emergent ist, ist eine vereinfachte, aber assoziationsreiche Geschichte die beste Beschreibung, auf die wir hoffen dürfen …

Doch jetzt eilen wir unserer eigenen Geschichte voraus; fallen wir also ein Stück zurück und erklären, wovon die Rede ist.

Ein herkömmliches dynamisches System hat einen expliziten, von vornherein festgelegten Phasenraum. Das heißt, es existiert eine einfache, exakte Beschreibung von allem, was das System überhaupt tun kann, und in gewissem Sinne ist diese Beschreibung im Voraus bekannt. Außerdem gibt es eine feststehende Regel oder Regeln, die den gegenwärtigen Zustand des Systems nehmen und in den nächsten Zustand überführen. Wenn wir beispielsweise das Sonnensystem aus klassischer Sicht zu verstehen versuchen, dann besteht der Phasenraum aus allen möglichen Positionen und Geschwindigkeiten der Planeten, Monde und anderen Himmelskörper, und die Regeln sind eine Kombination von Newtons Gravitationsgesetz und den Newton'schen Bewegungsgesetzen.

Solch ein System ist deterministisch: Im Prinzip ist die Zukunft von der Gegenwart vollständig festgelegt. Die Logik geht geradeaus. Man beginnt mit dem gegenwärtigen Zustand und findet unter Anwendung der Regeln heraus, wie er nach einem Zeitschritt in die Zukunft sein wird. Doch nun können wir diesen Zustand als den neuen »gegenwärtigen« betrachten und die Regel abermals anwenden, um festzustellen, wie sich das System zwei Schritte weit in die Zukunft verhalten wird. Nochmals wiederholt, und wir wissen, was nach drei Zeitschritten geschehen wird. Eine Milliarde Mal wiederholt, und die Zukunft steht für die nächste Milliarde Zeitschritte fest.

Dieses mathematische Phänomen führte den Mathematiker des 18. Jahrhunderts, Pierre Simon de Laplace, zu einem lebhaften Bild von einem »großen Intellekt«, der die gesamte Zukunft jedes einzelnen Teilchens im Universum vorhersagen konnte, wenn er erst einmal über die exakte Beschreibung all dieser Teilchen zu *einem* bestimmten Augenblick verfügte. Laplace wusste durchaus, dass eine derartige Berechnung viel zu schwierig war, um praktikabel zu sein, und ihm war auch bewusst, wie schwierig, ja eigentlich unmöglich es ist, den Zustand jedes Teilchens im selben Augenblick zu beobachten. Trotz dieser Probleme trug sein Bild dazu bei, eine optimistische Haltung gegenüber der Vorhersagbarkeit des Universums zu schaffen. Oder, genauer gesagt, hinreichend kleiner Teile davon. Und etliche Jahrhunderte hindurch unternahm die Wissenschaft große Anstrengungen, um solche Vorhersagen in den Bereich des Machbaren zu rücken. Heute können wir die Bewegung des Sonnensystems auf Jahrmilliarden hinaus vorhersagen, und wir können sogar (halbwegs genau) das Wetter *ganze drei Tage* im Voraus vorhersagen, was erstaunlich ist. Wirklich. Wetter ist viel schlechter vorherzusagen als das Sonnensystem.

Laplaces hypothetischer Intellekt ist in Douglas Adams' *Per Anhalter durch die Galaxis* als Deep Thought parodiert worden, der Supercomputer, der fünf Millionen Jahre brauchte, um die Antwort auf die große Frage nach dem Leben, dem Universum und dem ganzen Rest zu berechnen. Die Antwort, auf die er kam, lautete 42. Deep Thought kommt ziemlich nahe an »großer Intellekt«, wenngleich der Name von dem Pornofilm »Deep Throat« herstammt, dessen Titel der Tarnname für die geheime Quelle im Watergate-Skandal war, bei dem sich Richard Nixons Präsidentschaft selbst zerstörte (wie schnell die Leute vergessen ...).

Ein Grund, warum sich Adams über den Traum von Laplace lustig machen konnte, ist, dass es – wie wir seit etwa vierzig Jahren wissen – mehr als nur einen großen Intellekt braucht, um die Zukunft des Universums oder auch nur eines kleinen Teils davon vorherzusagen. Es braucht dazu absolut exakte Anfangsdaten, auf unendlich viele Dezimalstellen genau. Kein noch so kleiner Fehler ist zu dulden. *Keiner.* Es bringt nichts, es auch nur zu versuchen. Dank dem als »Chaos« bekannten Phänomen kann sich selbst der kleinste Irrtum beim Ermitteln des Ausgangszustandes exponenziell ausweiten, sodass die vorhergesagte Zukunft rasch krass ungenau wird. In der Praxis übersteigt es jedoch das Vermögen der Wissenschaft von heute, etwas genauer als auf ein Billionstel, zwölf Stellen, zu messen. Obwohl wir also tatsächlich die Bewegung des Sonnensystems auf Jahrmilliarden hinaus vorhersagen können, können wir es nicht *korrekt* tun. In Wahrheit haben wir kaum eine Vorstellung, wo sich in hundert Millionen Jahren der Pluto befinden wird.

Zehn Millionen andererseits sind ein Klacks.

Das Chaos ist nur einer der praktischen Gründe, warum es generell unmöglich ist, die Zukunft vorherzusagen (und zwar richtig). Hier wollen wir einen davon ziemlich verschiedenen Grund untersuchen: Komplexität. Das Chaos beeinflusst die Methode der Vorhersage, die Komplexität aber wirkt sich auf die Regeln aus. Chaos tritt auf, weil es in der Praxis nicht möglich ist, exakt zu bestimmen, welchen Zustand ein System hat. In einem komplexen System kann es unmöglich sein, auch nur annähernd zu sagen, über welches Spektrum von möglichen Zuständen das System verfügt. Chaos wirft Sand ins Getriebe der Maschinerie wissenschaftlicher Vorhersage, doch Komplexität macht aus dieser Maschinerie einen kleinen Würfel von verbogenem Schrott.

Die Beschränkungen des Laplace'schen Weltbildes haben wir schon im Zusammenhang mit Kauffmans Theorie der autonomen Agenzien erörtert, die in den Raum der angrenzenden Möglichkeiten expandieren. Nun werden wir genauer betrachten, wie solche Expansionen stattfinden. Wir werden sehen, dass das Laplace'sche Bild noch eine Rolle zu spielen hat, aber eine weniger ambitionierte.

Ein komplexes System besteht aus einer (für gewöhnlich sehr großen) Anzahl von Wesenheiten oder Agenzien, die gemäß ihren spezifischen Regeln miteinander in Wechselwirkung stehen. Diese Beschreibung erweckt den Eindruck, als wäre ein komplexes System lediglich ein dynamisches System, dessen Phasenraum eine sehr große Zahl Dimensionen besitzt, eine oder mehrere pro Wesenheit. Das trifft zu, doch das Wort »lediglich« ist auf irreführende Art herablassend. Dynamische Systeme mit großen Phasenräumen können bemerkenswerte Dinge tun, viel bemerkenswerter als beim Sonnensystem.

Die neue Zutat in komplexen Systemen ist die, dass die Regeln »lokal« sind, gültig auf der Ebene der Wesenheiten. Im Gegensatz dazu sind die interessanten Eigenschaften des Systems selbst global, gültig auf der Ebene das Gesamtsystems. Selbst wenn wir die lokalen Regeln für Wesenheiten kennen, kann es unmöglich sein – praktisch oder prinzipiell –, die dynamischen Regeln für das Gesamtsystem abzuleiten. Das Problem dabei ist, dass die betreffenden Berechnungen nicht durchzuführen sind, entweder im schwachen Sinne, dass es viel zu lange dauern würde, oder im starken, dass man sie überhaupt nicht durchführen kann.

Nehmen Sie beispielsweise an, Sie wollten die Gesetze der Quantenmechanik verwenden, um das Verhalten einer Katze vorherzusagen. Wenn Sie das Problem ernst nehmen, müssten Sie die »quantenmechanische Wellenfunktion« für jedes einzelne subatomare Teilchen der Katze aufschreiben. Dies getan, wenden Sie die mathematische Regel an, die als Schrödingergleichung bekannt ist und von der die Physiker behaupten, dass sie den zukünftigen Zustand der Katze vorhersagt.*

Kein vernünftiger Physiker würde jedoch derlei versuchen, weil die Wellenfunktion viel zu kompliziert ist. Die Anzahl der subatomaren Teilchen in der Katze ist enorm; selbst wenn man ihre Zustände präzise messen könnte – was man natürlich sowieso nicht kann –, gibt es im Universum kein Blatt Papier, das groß genug wäre, um alle Zahlen zu notieren. Die Berechnung kann also nicht einmal anfangen, weil der gegenwärtige Zu-

---

* Schrödinger hat gezeigt, dass die Quantenmechanik oft alberne Antworten wie »Die Katze ist halb lebendig und halb tot« gibt. Seine Absicht war es, die Kluft zwischen der Beschreibung der Wirklichkeit auf Quantenniveau und der Welt, in der wir wirklich leben, zu veranschaulichen, doch die meisten Physiker verstanden ihn falsch und entwickelten komplizierte Erklärungen, wieso Katzen tatsächlich so seien. Und warum das Universum mit Bewusstsein begabte Beobachter brauche, um sicherzustellen, dass es weiterexistiere. Erst neulich ist ihnen aufgegangen, was Schrödinger meinte, und sie haben das Konzept der »Dekohärenz« entwickelt, welches zeigt, dass sich Überlagerungen von Quantenzuständen rasch in Einzelzustände umwandeln, wenn sie nicht vor Wechselwirkungen mit der Umgebung geschützt werden. Und das Universum braucht uns nicht, um nicht auseinander zu fallen, tut uns Leid. Siehe den Miniatur-Auftritt von Nanny Oggs Kater Greebo in *Die Gelehrten der Scheibenwelt*.

stand der Katze praktisch nicht in der Sprache von quantenmechanischen Wellenfunktionen zu beschreiben ist. Und erst die Wellenfunktion in die Schrödingergleichung einzusetzen – vergessen Sie's.

Zugegeben, das ist keine vernünftige Art, das Verhalten einer Katze in einem Modell zu erfassen. Doch es macht deutlich, dass die üblichen Redensarten der Physiker, die Quantenmechanik sei »grundlegend«, höchstens in einem philosophischen Sinn wahr sind. Für unser *Verständnis* der Katze ist sie nicht grundlegend, obwohl sie von grundlegender Bedeutung für die Katze sein könnte.

Trotz diesen Schwierigkeiten bringen es Katzen für gewöhnlich fertig, sich wie Katzen zu verhalten, und insbesondere entdecken sie ihre eigene Zukunft, indem sie sie erleben. Unten auf der philosophischen Ebene wiederum kann das daran liegen, dass das Universum mit der Lösung der Schrödingergleichung viel besser zurecht kommt als wir und weil es keine Beschreibung der Wellenfunktion der Katze braucht: Es hat ja schon die Katze, und die *ist*, so gesehen, ihre eigene quantenmechanische Wellenfunktion.

Wir wollen das annehmen, obwohl das Universum höchstwahrscheinlich keinerlei Schrödingergleichungen oder dergleichen löst, wenn es eine Katze in die Zukunft fortführt. Die Gleichung ist ein Modell der Menschen, nicht die Wirklichkeit. Doch selbst, wenn die Schrödingergleichung das ist, was das Universum »wirklich« tut – und erst recht, wenn sie es nicht ist –, ist es für uns beschränkte Menschen völlig unmöglich, die »Berechnung« Schritt für Schritt zu verfolgen. Es gibt zu viele Schritte. Was uns an Katzen interessiert, geschieht auf der Systemebene: Dinge wie Schnurren, Mäuse fangen, Milch trinken, in der Katzenklappe stecken bleiben. Die Schrödingergleichung trägt zum Verständnis dieser Phänomene nichts bei.

Wenn die logische Kette – die von einer Beschreibung eines komplexen Systems auf der Ebene der Wesenheiten zum Verhalten auf Systemebene führt – viel zu kompliziert ist, als dass irgendein Mensch ihr folgen könnte, dann wird dieses Verhalten eine *emergente Eigenschaft* des komplexen Systems genannt, oder einfach »emergent«. Eine Katze, die Milch trinkt, ist eine emergente Eigenschaft der Schrödingergleichung, angewandt auf die subatomaren Teilchen, aus denen die Katze besteht. Und die Milch und die Untertasse ... und der Küchenboden und ...

Eine Methode, die Zukunft vorherzusagen, ist zu schwindeln. Diese Methode hat viele Vorteile. Sie funktioniert. Man kann sie überprüfen, also macht sie das zu einer *wissenschaftlichen* Methode. Eine Menge Leute wird glauben, was sie mit eigenen Augen sehen, und sie sind sich nicht bewusst, dass Augen lügen und dass man einen fähigen Scharlatan nicht beim Schwindeln erwischt.

Die Zauberer haben Shakespeare, wie sie ihn brauchen, abgesehen – in einem späten Stadium – von der Kleinigkeit des Geschlechts. Was das Geschlecht eines Babys angeht, war der Großmeister der Zukunftsweissagung ein gewisser »Prinz Monolulu«. Das war ein Westafrikaner, der eine sehr beeindruckende Stammeskleidung trug und in den fünfziger Jahren auf den Märkten im Londoner East End spukte (in sehr materiellem Sinne). Prinz Monolulu pflegte schwangere Frauen mit dem Ruf »Ich sage Ihnen das Geschlecht Ihres Babys, bei Irrtum garantiert Geld zurück!« anzusprechen. Viele Damen fielen auf diesen Trick herein und zahlten einen Schilling, damals ungefähr ein Fünfzigstel eines Wochenlohns.

Ebene eins des Tricks besteht darin, dass pures Raten dem Prinzen die Hälfte aller Einnahmen gesichert hätte, doch er war gerissener. Er verbesserte die Methode zu Ebene zwei, indem er die Prophezeiung auf einen Zettel notierte, diesen in ein Kuvert steckte und die Gelackmeierte über das Siegel unterschreiben ließ. Wenn sich herausstellte, dass der erwartete John in Wahrheit eine Joan war oder Joan ein John, stellten die wenigen, die sich die Mühe machten, ihr Geld zurück zu verlangen, beim Öffnen ihres Kuverts fest, dass es eine korrekte Vorhersage enthielt. Sie bekamen ihr Geld nicht zurück, weil Prinz Monolulu behauptete, auf dem Zettel stünde, was er ihnen wirklich gesagt habe; das Opfer müsse sich wohl falsch erinnert haben. In Wahrheit stand auf den Zetteln immer das Gegenteil von dem, was er gesagt hatte.

Die Geschichte ist ein komplexes System, ihre Wesenheiten sind Menschen, ihre Regeln der Wechselwirkung sind die komplizierten Arten, wie sich Menschen zueinander verhalten. Wir haben nicht genug soziologische Kenntnisse, um auf dieser Ebene der Wesenheiten effektive Regeln festzuhalten. Doch selbst wenn wir sie hätten, wären die Phänomene auf Systemebene und die zugehörigen Regeln, denen sie folgen, nahezu mit Sicherheit emergente Eigenschaften. Die Regel, die den Zustand des Gesamtsystems einen Schritt in die Zukunft fortführt, ist also nichts, was wir niederschreiben könnten. Es ist eine emergente Dynamik.

Wenn die Dynamik auf Systemebene emergent ist, »weiß« nicht einmal das System selbst, wohin es geht. Die einzige Möglichkeit, es herauszufinden, ist, das System laufen zu lassen und zu sehen, was passiert. Man muss dem System erlauben, in der Bewegung seine eigene Zukunft hervorzubringen. Im Prinzip ist nur eine Zukunft möglich, doch es gibt keine Abkürzung, die es einem erlaubt vorherzusagen, was geschehen wird, ehe das System selbst so weit ist und wir es alle herausfinden. Dieses Verhalten ist typisch für komplexe Systeme mit emergenter Dynamik. Insbesondere ist es typisch für die menschliche Geschichte und die biologische Evolution. Und für Katzen.

Die Biologen haben längst gelernt, keinen Erklärungen der Evolution zu trauen, in denen die sich entwickelnden Organismen »wissen«, was sie zu erreichen versuchen – Erklärungen wie: »Der Elefant hat einen langen Rüssel entwickelt, damit er Wasser hochsaugen kann, ohne sich niederbeugen zu müssen.« Damit wird den Elefanten eine evolutionäre Voraussicht zugeschrieben und (fälschlich) angenommen, sie könnten irgendwie wählen, in welche Richtung sie sich entwickeln. Das alles ist offensichtlich Unsinn, es hat also keinen Sinn, eine Theorie zu haben, die der Evolution der Elefanten einen Zweck zuschreibt.

Leider sieht eine Dynamik einem Zweck bemerkenswert ähnlich. Wenn die Evolution der Elefanten einer Dynamik folgt, sieht es so aus, als wäre das Endergebnis vorherbestimmt, und dann »weiß« das System im Voraus, was es tun soll. Den einzelnen Elefanten braucht ihr Ziel nicht bewusst zu sein, wohl aber in gewissem Sinne dem *System*. Das wäre ein gutes Argument gegen eine dynamische Beschreibung, wenn die Evolutionsdynamik für Elefanten sich im Voraus feststellen ließe. Wenn jedoch diese Dynamik emergent ist, dann kann das System selbst mitsamt den Elefanten nur feststellen, wohin es unterwegs ist, indem es sich dorthin begibt und entdeckt, wohin es gelangt.

Dasselbe gilt für die Geschichte. Dass wir einer historischen Periode erst einen Namen geben können, nachdem sie sich ereignet hat, sieht auffallend nach dem aus, was man beobachten würde, wenn es eine historische Dynamik gäbe, sie aber emergent wäre.

An diesem Punkt der Diskussion könnte es den Anschein haben, dass eine emergente Dynamik nicht besser ist als überhaupt keine. Unsere Aufgabe ist jetzt, Sie zu überzeugen, dass dem nicht so ist. Der Grund ist, dass eine emergente Dynamik zwar nicht in allen logischen Einzelheiten aus den Regeln der Wesenheiten-Ebene abgeleitet werden kann, aber *trotzdem eine Dynamik ist*. Sie hat ihre eigenen Muster und Regelmäßigkeiten, und möglicherweise kann man direkt mit diesen operieren.

Genau das geschieht, wenn ein Historiker etwas in der Art sagt wie: »Krösus der Unvorbereitete war ein reicher, aber schwacher König, der nie ein hinreichend großes Heer unterhielt. Daher war es unvermeidlich, dass sein Reich von den benachbarten Piktogothen überrannt und seine Schatzkammer geplündert wurde.« Diese Art Geschichte setzt eine Regel auf Systemebene voraus, ein historisches Muster, welches manchmal einleuchtend sein kann. Wir können in Frage stellen, wie wissenschaftlich derlei Geschichten sind, denn hinterher ist man immer klüger. Doch in diesem Fall verallgemeinert die Geschichte: Reiche, schwache Könige fordern Überfälle gemeiner, armer Barbaren heraus. Und das ist eine Vorhersage, Wissen vor dem Ereignis, und als solche wissenschaftlicher Überprüfung zugänglich.*

Die Geschichten, die Evolutionsbiologen erzählen, sind von derselben Art, und Wissenschaft wird daraus, wenn sie nicht mehr Genau-so-Geschichten sind, Rechtfertigungen im Nachhinein, und allgemeine Prinzipien werden, die Vorhersagen treffen. Diese Vorhersagen sind von eingeschränkter Art: »Unter *diesen* Umständen ist *dieses* Verhalten zu erwarten.« Es sind keine Vorhersagen von der Art: »Am Dienstag 19.43 Uhr wird sich der erste Elefantenrüssel entwickeln.« Doch eben das bedeutet »Vorhersage« in der Wissenschaft: im Voraus zu sagen,

---

* Die Scheibenwelt regelt das viel vernünftiger. Helden kriegen Abenteuer.

dass unter bestimmten Bedingungen bestimmte Dinge geschehen werden. Den zeitlichen Ablauf des Experiments braucht man nicht vorherzusagen.

Ein Evolutionsbeispiel für diese Art Muster findet man in der Co-Evolution der »Creodonten«, von Großkatzen wie den Säbelzahntigern, und ihrer Beute, den »Titanotherien« – großen Huftieren, oft mit gewaltigen Hörnern. Wenn es darum geht, die Leistung von Großkatzen zu verbessern, ist der Weg des geringsten Widerstandes, größere Zähne zu entwickeln. Angesichts dessen ist es die beste Reaktion der Beute, dickere Haut und größere Hörner zu entwickeln. Ein evolutionäres Wettrüsten wird nun ziemlich unvermeidlich: Die Katzen bekommen immer größere Zähne, und die Beute reagiert mit immer dickerer Haut …, worauf die Katzen nur mit noch größeren Zähnen reagieren können … und so weiter. Es beginnt ein evolutionäres Wettrüsten, bei dem beide Arten in einer einzigen Strategie gefangen sind. Am Ende werden die Zähne der Katzen so riesig, dass die armen Tiere kaum noch den Kopf bewegen können, während die Haut der Titanotherien und die diversen Hörner auf Nase und Stirn mitsamt der zugehörigen Muskulatur so schwer werden, dass sie Mühe haben, sich über die Ebenen zu schleppen. Und prompt sterben beide Arten aus.

Dieses Wettrüsten von Creodonten und Titanotherien ist in der Evolutionsgeschichte mindestens fünfmal vorgekommen und hat jedes Mal ungefähr fünf Millionen Jahre gedauert. Es ist ein frappierendes Beispiel für ein emergentes Muster, und die Tatsache, dass es stets auf genau dieselbe Weise abläuft, bestätigt, dass ihm wirklich eine Dynamik zugrunde liegt. Höchstwahrscheinlich würde es jetzt wieder geschehen, wenn nicht der Mensch auf der Szene erschienen wäre, der sowohl den Großkatzen als auch ihrer langsamen Beute gezeigt hat, was eine Harke ist.

Beachten Sie, dass wir diese Muster auf Systemebene »Geschichten« genannt haben, und das sind sie auch. Sie haben eine Fabel und eine konsistente innere Logik; sie haben Anfang und Ende. Es sind Geschichten, weil sie nicht auf eine Beschreibung auf der Ebene der Wesenheiten »zurückgeführt« werden können, das ergäbe eine endlose Seifenoper. »Also, dieses Elektron traf auf jenes Elektron, und die beiden taten sich zusammen und sandten ein Photon aus ...«, und das mit leichten Abwandlungen wahrlich unermesslich viele Male wiederholt.

Eine der zentralen Fragen in Bezug auf emergente Dynamik lautet: Was würde geschehen, wenn wir das System unter geringfügig veränderten Bedingungen erneut ablaufen ließen? Würden dieselben Muster hervortreten, oder würden wir etwas völlig anderes erblicken? Wenn die europäische Geschichte vom frühen zwanzigsten Jahrhundert an nochmals abliefe, aber ohne Adolf Hitler, wäre es dann trotzdem zum Zweiten Weltkrieg gekommen, aber auf einem anderen Weg? Oder wäre alles Friede, Freude, Eierkuchen gewesen? Historisch ist das eine Kernfrage. Es besteht kein Zweifel, dass Hitler maßgeblich zum Beginn des Zweiten Weltkriegs beigetragen hat; die tiefer liegende Frage lautet hier, ob er ein Produkt der Politik seiner Zeit war und in seiner Abwesenheit jemand anders ziemlich dasselbe getan hätte oder ob es Hitler war, der die Geschichte formte und einen Krieg begann, während sonst nichts geschehen wäre.

Auf die Gefahr hin, Widerspruch auszulösen, neigen wir zu der Ansicht, dass der Zweite Weltkrieg eine ziemlich unvermeidliche Folge der politischen Situation in den dreißiger Jahren war, als Deutschland hohe Reparationen für den Ersten Weltkrieg aufgebürdet worden waren, die Züge nicht pünktlich fuhren ..., dass also Hitler nur das Medium war, in dem der nationale Kriegswille seinen Ausdruck fand. Doch es ist nicht die Antwort, um die es uns hier geht: es ist die Natur der Frage. Es ist eine »Was wäre, wenn«-Frage, und sie betrifft den historischen Phasenraum. Sie fragt nicht, was geschehen ist, sondern was stattdessen hätte geschehen können.

Dieser Punkt wird in der Scheibenwelt gut verstanden. In *Lords und Ladies* finden wir die folgende Passage:

Es *gibt* Paralleluniversen, obgleich sie nicht in dem Sinne »parallel« sind. Sie winden sich umeinander wie das Ergebnis verrückt spielender Webstühle oder ein Geschwader Yossarians* mit Mittelohrproblemen.

Und sie verzweigen sich. Allerdings nicht immer, und dieser Punkt ist sehr wichtig. Die Universen scheren sich nicht darum, ob man auf einen Schmetterling tritt. Immerhin existieren noch viel mehr Schmetterlinge. Vielleicht bemerken die Götter, wenn ein Sperling fällt, aber sie versuchen nicht, ihn aufzufangen.

Man erschieße den Diktator, um einen Krieg zu verhindern. Aber der Diktator ist nur die Spitze eines brodelnden sozialen Eiterbergs, der Diktatoren hervorbringt. Wenn man einen erschießt, erscheint sofort ein anderer. Soll man ihn ebenfalls umbringen? Warum nicht alle töten und in Polen einmarschieren? In fünfzig, dreißig oder zehn Jahren schlägt die Geschichte wieder ihren ursprünglichen Kurs ein. Sie hat immer ein großes Bewegungsmoment ...

Fast immer ...

Zur Kreis-Zeit, wenn die Wände zwischen *Dies* und *Das* dünner sind, wenn sich Lecks bilden ... *Dann* kön-

---

* Erinnern Sie sich, dass John Yossarian ein Pilot in Joseph Hellers *Der Iks-Haken* ist.

nen Entscheidungen getroffen werden. *Dann* ist es möglich, das Universum durch ein anderes Bein der allgemein bekannten Hose der Zeit zu schicken.

Diese Art Frage kann in Bezug auf jedes dynamische System gestellt werden, sei es emergent oder nicht; es bedarf jedoch einer besonderen Sichtweise, wenn die Dynamik »sich selbst aus der Bewegung heraus erschafft«. Würde sie, wenn sie abermals abläuft, dasselbe erschaffen? Würde sie dieselbe Geschichte erzählen? Wenn ja, dann ist diese Geschichte robust: Sie ist in einem gewissen Grade unvermeidlich, nicht nur in einem bestimmten Lauf der Geschichte, sondern in allen.

Science-Fiction-Autoren erkunden den historischen Phasenraum in Geschichten von alternativen Universen, wo ein historisches Ereignis verändert wird und der Autor mögliche Folgen entwickelt. Philip K. Dicks *Das Orakel vom Berge* erforscht einen Geschichtsverlauf, in dem Deutschland den Zweiten Weltkrieg gewonnen hat. Harry Harrisons Eden-Trilogie untersucht eine Welt, in der der K-T-Meteorit die Erde verfehlt hat und die Dinosaurier überlebt haben. Auch die Verfasser wissenschaftlicher Werke fragen nach dem historischen Phasenraum, insbesondere im Zusammenhang mit der Evolution. Das am meisten gefeierte Beispiel ist Stephen Jay Goulds *Zufall Mensch*, welches die Frage stellt, ob wieder Menschen auf der Erde entstünden, wenn die Evolution von neuem abliefe. Seine Antwort, »nein«, beruht auf einer sehr wörtlichen Auslegung des Begriffs »Mensch«. Harrisons Antwort in *Diesseits von Eden* lautet, dass sich intelligente Mosasaurier – Zeitgenossen der Dinosaurier, die ins Meer zurückgekehrt waren – entwickeln und auf der Bühne der Evolution dieselbe Rolle spielen würden, die die Menschen in dieser Welt spielen. (Um der Handlung willen gibt es in seinem Alternativ-Universum auch echte Menschen, doch die Yilané, die klugen Abkömmlinge der Mosasaurier, waren zuerst da.)

Wo Gould Divergenz sieht und durchgreifende Veränderungen im Gefolge zufälliger Ereignisse, sieht Harrison Konvergenz: dasselbe Stück mit anderen Schauspielern. Für Gould ist der Wechsel eines Akteurs entscheidend, für Harrison ist es das Spiel, worauf es ankommt. Beide bringen gute Argumente vor, die Hauptsache aber ist, dass sie unterschiedlichen Fragen nachgehen.

Eine zweite Möglichkeit, wie Science-Fiction-Autoren alternative Geschichtsverläufe untersuchen, ist die Zeitreisegeschichte, und damit sind wir wieder bei den Zauberern der Unsichtbaren Universität und ihrem Kampf gegen die Elfen. Es gibt zwei Arten von Zeitreisegeschichten. In der Ersten benutzen die handelnden Personen ihre Fähigkeit, durch die Zeit zu reisen, hauptsächlich, um Vergangenheit oder Zukunft zu beobachten; ein gutes Beispiel dafür ist der erste wesentliche Zeitreiseroman, H. G. Wells' »Die Zeitmaschine« aus dem Jahre 1895. Für Wells ist die Zeitmaschine ein Hilfsmittel, um die Zukunft der Menschheit zu erörtern, doch sein Zeitreisender unternimmt keine wirklichen Anstrengungen, die Geschichte zu *verändern*. Im Gegensatz dazu handelt Robert Silverbergs 1969 erschienener Roman *Zeitpatrouille* von den Paradoxen, die entstehen, wenn es möglich ist, in die Vergangenheit zu reisen und sie zu verändern. In dieser Geschichte beabsichtigt die Zeitpatrouille nicht, die Geschichte zu verändern, vielmehr ist ihr Hauptziel, die Vergangenheit zu bewahren und Paradoxe zu vermeiden, obwohl Beobachter aus der Zukunft aktiv sind, die die Vergangenheit erfassen, indem sie sie besuchen und nachschauen, was wirklich geschehen ist.

Das klassische Zeitreise-Paradox lautet: »Was wäre, wenn ich zurückreiste und meinen Großvater umbrächte?« Die Logik der Situation besagt natürlich, dass, wenn Großvater tot wäre, man selbst nicht geboren worden wäre, also nicht hätte zurückreisen und ihn umbringen können, sodass er leben würde, sodass man doch geboren worden wäre ... Alle Versuche, diese in sich widersprüchliche Kausalschleife zu lösen, sind Schwindel: Vielleicht stirbt Opa, aber man wird als Nachkomme anderer Großeltern geboren; dann war es aber nicht wirklich Opa, den man umgebracht hat. In der »Viele-Welten«-Interpretation der Quantenmechanik bleibt die kausale Logik intakt, vorausgesetzt, dass der ermordete Großvater zu einem anderen Paralleluniversum gehört als der Mörder. Doch dann war es auch nicht der richtige Opa, nur eine parallele Version in einem anderen Universum.

Ein etwas raffinierteres Zeitparadox ist das Paradox des kumulativen Publikums. Wenn Menschen in der Zukunft Zugang zu Zeitmaschinen haben, dann werden sie zurückreisen und alle großen historischen Ereignisse wie die Kreuzigung sehen wollen. Doch aus den existierenden Beschreibungen dieser Ereignisse wissen wir, dass sie sich nicht vor Menschenmengen von Besuchern aus der Zukunft zutrugen. Wo also waren sie? Dies ist das zeitliche Analogon zum Fermi-Paradox* der intelligenten Außerirdischen: Wenn es sie überall in der Galaxis gibt, warum sind sie dann nicht hier? Warum haben sie uns nicht besucht? Andere Zeitparadoxe werden als wesentliche Elemente der Fabel in Robert A. Heinleins Erzählungen »Im Kreis« und »Entführung in die Zukunft« verwendet. In Letzterer bringt

---

* Benannt nach dem Physiker Enrico Fermi. Siehe *Evolving the Alien* (»Wie der Außerirdische entwickelt wurde«) von Jack Cohen und Ian Stewart.

es ein Zeitreisender fertig, sein eigener Vater und Sohn und – per Geschlechtsumwandlung – seine eigene Mutter zu sein. Auf die Frage nach seiner Herkunft antwortet er, er wisse genau, woher er stamme. Das große Rätsel ist: Wo kommen all *die anderen* her? Diese Idee wird in David Gerrolds Roman *Zeitmaschinen gehen anders* ernstlich ins Extrem gesteigert.

Im Laufe der letzten paar Jahrzehnte haben ernsthafte Physiker über die Möglichkeit von Zeitreisen und die Lösung aller damit verknüpften Paradoxe nachzudenken begonnen. Ihre Arbeit ist ein Tribut an den narrativen Imperativ auf der Rundwelt. Der Grund, warum sie solche Fragen stellen, ist zweifellos, dass sie als Kinder Geschichten wie die von Wells, Silverberg, Heinlein und Gerrold gelesen haben. Als sie professionelle Physiker wurden, stiegen die Geschichten aus ihrem Unterbewusstsein hoch, und sie begannen, die Idee ernst zu nehmen – nicht als praktisch-technische Aufgabe, sondern als theoretische Herausforderung.

Erlauben die Gesetze der Physik Zeitreisen oder nicht? Man sollte meinen, die Antwort laute »nein«, doch eine bemerkenswerte Folge der Untersuchungen der Theoretiker ist es, dass sie »ja« lautet. Bis zu einer funktionierenden Zeitmaschine ist es noch ein weiter Weg, und vielleicht ist uns ein grundlegendes physikalisches Prinzip entgangen, welches die Antwort in »nein« verwandeln könnte; Tatsache ist aber, dass die fortgeschrittenste Physik von heute Zeitreisen nicht verbietet. Sie liefert sogar ein paar Szenarien, in denen sie vorkommen würden.

Der Kontext für solche Forschungen ist die Allgemeine Relativitätstheorie, wo ein Kontinuum von Raum und Zeit durch Schwerkraft verzerrt werden kann. Oder, genauer gesagt, wo die Schwerkraft von solchen Verzerrungen erzeugt wird, von der »gekrümmten Raumzeit«. Als Zeitmaschine suchen die Physiker nach einer

»geschlossenen zeitartigen Kurve«. Solch eine Kurve entspricht einem Objekt, welches in die Zukunft reist und in seiner eigenen Vergangenheit landet, also in einer geschlossenen »Zeitschleife« gefangen ist.

Die beste bekannte Methode, eine geschlossene zeitartige Kurve zu erzeugen, ist, ein Wurmloch zu verwenden. Ein Wurmloch ist eine Abkürzung im Raum, die man erhält, indem man ein Schwarzes Loch mit seiner Zeitumkehrung, einem Weißen Loch, verschmilzt. So, wie Schwarze Löcher alles aufsaugen, was in ihre Nähe kommt, speien Weiße Löcher Dinge aus. Ein Wurmloch saugt an seinem schwarzen Ende Dinge ein und speit sie am weißen Ende aus. An sich ist ein Wurmloch eher ein Materietransmitter als eine Zeitmaschine, doch es wird zur Zeitmaschine, wenn man es mit dem berühmten Zwillingsparadox verknüpft. In der Relativitätstheorie läuft die Zeit für Objekte, die sich mit sehr hoher Geschwindigkeit bewegen, langsamer. Wenn also einer von zwei Zwillingen mit hoher Geschwindigkeit zu einem fernen Stern fliegt und dann zurückkehrt, ist er oder sie weniger gealtert als der andere Zwilling, der daheim geblieben ist. Nehmen wir an, der reisende Zwilling nimmt das weiße Ende eines Wurmlochs mit, während der andere das schwarze behält. Wenn dann der reisende Zwilling zurückkehrt, ist das weiße Ende jünger als das schwarze: der Ausgang des Wurmloches liegt in der Vergangenheit des Eingangs. Alles, was ins schwarze Ende eingesaugt wird, wird also in der eigenen Vergangenheit ausgespien. Da sich das weiße Ende nun direkt neben dem schwarzen befindet – der Zwilling ist heimgekehrt –, kann das Objekt zum Schwarzen Loch hinüberspringen und in dieser Schleife in der Raumzeit immer wieder herumgehen, eine geschlossene zeitartige Kurve beschreibend.

Es gibt praktische Probleme bei der Herstellung solch einer Apparatur; das wichtigste (!) ist, dass das Wurmloch zu schnell zusammenbrechen wird, als dass ein Objekt hindurchgehen könnte, es sei denn, dass es offen gehalten wird, indem man »exotische Materie« mit negativer Energie hindurchleitet. Dennoch wird nichts davon von den gegenwärtigen Gesetzen der Physik verboten. Wie ist es also mit den Paradoxen? Es zeigt sich, dass die Gesetze der Physik echte Paradoxe verbieten, jedoch viele scheinbare erlauben. Eine nützliche Technik, um den Unterschied zu verstehen, ist als Feynman-Diagramm bekannt, welches ein Bild von der Bewegung eines Objekts (für gewöhnlich eines Teilchens) in Raum und Zeit ist.

Nehmen wir zum Beispiel ein scheinbares Zeitreise-Paradox. Ein Mann ist in einer Betonzelle gefangen, ohne Nahrung, ohne Wasser und ohne Fluchtmöglichkeit. Während er verzweifelt in der Ecke sitzt und auf den Tod wartet, geht die Tür auf. Die Person, die geöffnet hat, ist ... er selbst. Er ist in einer Zeitmaschine aus der Zukunft zurückgekehrt. Doch wie (das ist das Paradox) ist er zunächst in die Zukunft gelangt? Nun ja, ein freundlicher Mensch hat die Tür geöffnet und ihn freigelassen ...

Etwas an der Kausalität dieser Geschichte scheint sehr sonderbar zu sein, doch das entsprechende Feynman-Diagramm zeigt, dass sie kein Gesetz der Physik verletzt. Zuerst folgt der Mann einem Raumzeit-Pfad, der ihn in die Zelle bringt und ihn anschließend durch eine geöffnete Tür hinausführt. Diese Zeitlinie setzt sich in seine Zukunft fort, bis er auf eine Zeitmaschine trifft. Dann verläuft die Zeitlinie in Gegenrichtung in die Vergangenheit, bis er auf eine verschlossene Zelle trifft. Er öffnet sie, und seine Zeitlinie kehrt sich abermals um und führt ihn in seine eigene Zukunft. Der Mann folgt also einem einzigen Zickzack-Weg durch die Zeit, und bei jedem Schritt gelten die Gesetze der Physik. Vorausgesetzt natürlich, dass die Zeitmaschine kein physikalisches Gesetz verletzt.

Wenn man versucht, auf diese Weise das Großvater-Paradox zu »erklären«, funktioniert es nicht. Die Zeitlinie, die vom Großvater zu dem Mörder führt, wird abgeschnitten, wenn der Mörder zurückkehrt; es gibt kein konsistentes Szenario, nicht einmal im Feynman-Diagramm. Also sind manche Geschichten von Zeitreisen mit den Gesetzen der Physik vereinbar und haben ihre eigene Art kausale Logik, wenn auch verdreht, doch andere ebenso plausible Geschichten sind mit den Gesetzen der Physik unvereinbar. Man kann das Großvater-Paradox retten, indem man annimmt, dass eine inkonsistente Veränderung der Vergangenheit einen in ein Alternativuniversum versetzt – sagen wir, in eine quantenmechanische Parallelwelt. Doch dann war es nicht der eigene Großvater, den man umgebracht hat, sondern der Großvater eines Alter Ego. Diese »Lösung« für das Großvaterparadox ist also ein Schwindel.

Angesichts all dessen wirkt die Art, wie die Zauberer mit den Komplikationen der Zeitreise umgehen, ziemlich vernünftig!

NEUNUNDZWANZIG

Die ganze Kugel ist ein Theater

Die Elfen verbrachten nicht viel Zeit damit, ernsthaft nachzudenken. Sie konnten Menschen kontrollieren, die das Denken für sie erledigten. Sie spielten keine Musik, sie malten, schnitzten und meißelten nicht. Ihr großes Talent hieß Kontrolle, und mehr hatten sie nie benötigt.

Manche Elfen hatten Jahrtausende überlebt. Zwar waren sie nicht mit großer Intelligenz ausgestattet, aber im Lauf der Zeit sammelten sie eine Masse aus Beobachtungen, Erfahrungen, Zynismus und Erinnerungen an, die Leute, die es nicht besser wussten, vielleicht für Weisheit hielten. Eine der klügsten Entscheidungen der Elfen bestand darin, nicht zu lesen.

Sie überließen das Stück der Lektüre einiger Schreiber. Sie hörten zu.

Als alles vorbei war, fragte die Königin: »Und die Zauberer haben großes Interesse an diesem Mann gezeigt?«

»Ja, Euer Majestät«, antwortete eine der alten Elfen.

Die Königin runzelte die Stirn. »Dieses ... *Stück* ist ... gut. Es behandelt uns ... freundlich. Den Sterblichen gegenüber sind wir streng, aber gerecht. Wir belohnen jene, die uns zu Diensten sind. Unsere Schönheit wird auf angemessene Weise gewürdigt. Unsere ... Angelegenheiten mit dem Ehemann werden romantischer dargestellt, als ich es mir wünsche, aber es ist trotzdem positiv. Es verstärkt unsere Position und gibt uns einen noch festeren Platz in der menschlichen Welt. Einer der Zauberer trug dies bei sich.«

Eine der alten Elfen räusperte sich. »Wir haben weniger Kontrolle als früher, Euer Majestät. Die Menschen werden ... skeptischer. Sie stellen immer häufiger Fragen.«

Die Königin warf der alten Elfe einen durchdringenden Blick zu. Aber sie war älter als viele Königinnen und wich nicht zurück.

»Glaubst du, dies könnte uns schaden? Handelt es sich um eine Verschwörung gegen uns?«

Die alten Elfen wechselten Blicke. Sie vermuteten vor allem deshalb eine Verschwörung, weil sie dazu neigten, überall Verschwörungen zu sehen. Wer im Feenland nichts Böses erwartete, wurde garantiert überrascht.

»Wir halten das für möglich«, antwortete schließlich ein Elf.

»Wieso? Welche Anhaltspunkte gibt es?«

»Wir wissen, dass die Zauberer in der Gesellschaft des Autors gesehen wurden«, sagte der Elf.

»Vielleicht versuchen sie, ihn daran zu *hindern*, das Stück zu schreiben«, erwiderte die Königin. »Habt ihr daran gedacht? Seht ihr *irgendeine* Möglichkeit, dass uns diese Worte schaden könnten?«

»Nein, bisher nicht, aber trotzdem *spüren* wir etwas ...«

»Es ist doch ganz einfach! Endlich wird uns echte Ehre zuteil, und die Zauberer versuchen, es zu verhindern! Seid ihr so dumm, dass ihr das nicht versteht?«

Das lange Gewand der Königin wehte, als sie herumwirbelte. »Das Stück *wird* geschrieben«, sagte sie. »Dafür sorge ich!«

Die alten Elfen sahen sie nicht an, als sie hinausgingen. Sie kannten die Launen der Königin.

Auf der Treppe sagte eine zu den anderen: »Nur aus Interesse ... Könnte jemand von *uns* in drei Minuten einen Gürtel um die Erde legen?«

»Das wäre ein ziemlich großer Gürtel«, sagte ein Elf.

»Und möchtest *du* Bohnenblüte heißen?«

Die Augen des Elfen waren grau, mit silbernen Flecken. Sie hatten schreckliche Dinge unter vielen Sonnen gesehen und in den meisten Fällen Gefallen daran gefunden. Von Menschen ließ sich gut ernten, fand der Elf. Keine andere Spezies konnte es mit ihr aufnehmen, wenn es um Ehrfrucht, Entsetzen und Aberglauben ging. Keine andere Spezies konnte solche Ungeheuer in ihren Köpfen schaffen. Aber manchmal lohnten sie die Mühe nicht.

»Ich glaube nicht«, antwortete er.

»Nun, Will … Du hast doch nichts dagegen, dass ich dich Will nenne, oder? He, Dekan, hol Will noch ein Bier, obwohl das Zeug grässlich ist, in Ordnung? Nun, wo waren wir stehen geblieben … ah, ja, dein Stück hat mir sehr gefallen. Hervorragend, dachte ich!« Ridcully strahlte. Um ihn herum herrschte reger Betrieb in der Taverne.

Will versuchte, sich zu konzentrieren. »Welches war ſo gut?«, fragte er.

Das Lächeln verharrte auf Ridcullys Lippen, kräuselte sich aber an den Rändern. Er hatte noch nie etwas von unnötigem Lesen gehalten.

»Das mit dem König«, sagte er und glaubte sich damit auf sicherem Boden.

Auf der anderen Seite des Tisches gestikulierte Rincewind verzweifelt.

»Das Kaninchen«, sagte Ridcully. »Die Ratte. Das Frettchen. Sieht wie ein … Hut aus. Ratte. Nagetier. Ding mit Zähnen.«

Rincewind gab es auf, beugte sich vor und flüsterte.

»Etwas Widerspenstiges«, sagte Ridcully. Rincewind flüsterte etwas länger.

»Etwas zahmes Widerspenstiges. Äh, bei dem Stück geht es um einen Mann, der etwas Widerspenstiges heiratet. Eine Widerspenstige. Und *natürlich* ist sie zahm. Ich meine, wer würde schon eine *wilde* Widerspenstige heiraten. Haha.«

Will blinzelte. Als Autor und Schauspieler war er Alkohol, den andere Personen bezahlten, nicht abgeneigt, und diese Leute erwiesen sich als sehr gute Gastgeber. Er drehte sich halb um und wurde mit einem breiten Grinsen belohnt. Es nahm den gesamten Platz zwischen einer Kapuze und einem Wams ein. Es gab zwei braune Augen darüber, doch das Grinsen zog sofort den Blick auf sich.

Der Bibliothekar hob seinen Humpen und nickte Will freundlich zu. Das Grinsen wurde noch größer.

»Nun, ich schätze, so etwas hörst du immer wieder«, sagte Ridcully und klopfte Will so fest auf die Schulter, dass das Bier überschwappte. »Aber wir haben eine Idee für dich. Dekan, noch mehr Bier. Viel zu dünn das Zeug. Nun, eine Idee.« Er stieß Will den Zeigefinger an die Brust. »Zu viele Könige, das ist das Problem. Was das Publikum wirklich will, was Hintern auf die Sitze bringt ...«

»Füße«, warf Rincewind ein.

»Wie bitte?«

»Was Hintern auf Füße bringt, Erzkanzler. Es sind größtenteils Stehplätze im Theater.«

»Füße, meinetwegen. Aber es sind in jedem Fall Hintern. Danke, Dekan.« Ridcully wischte sich den Mund ab und wandte sich wieder Will zu, der dem stochernden Zeigefinger zu entgehen versuchte.

»Hintern auf, haha, Füßen«, sagte er und blinzelte. »Komisch, wirklich komisch, was Ähnliches haben wir erlebt, tja, vor einigen Jahren, am Abend vor der Sommersonnenwende, diese Burschen hier wollten ein Stück für den König spielen, und plötzlich wimmelte es überall von Elfen, haha. Einverstanden, Runen, ich nehme noch eins, wenn du bezahlst, schmeckt viel zu süß, um richtiges Bier zu sein. Wo war ich? Ah. Elfen. Worauf es bei Elfen ankommt, worauf es bei ihnen ankommt ... äh ... warum schreibst du das nicht auf?«

Am nächsten Morgen öffnete Rincewind die Augen, beim vierten Versuch und mithilfe beider Hände. Das Gehirn blieb noch einige Sekunden lang im Leerlauf: All die kleinen Zahnräder drehten sich fröhlich, ohne Arbeit, und dann wurde die ganze grässliche Maschinerie aktiv.

»Wasnls«, sagte er und brachte dann den Mund unter Kontrolle.

Teile des vergangenen Abends verließen ihr Versteck und begannen mit einem verräterischen Tanz vor den Augen. Rincewind stöhnte.

»Das können wir doch nicht angestellt haben, oder?«, ächzte er.

Und das Gedächtnis erwiderte: Es war nur der Anfang ...

Rincewind setzte sich auf und wartete, bis die Welt ihren Tanz beendete.

Er hatte auf dem Boden der Bibliothek gelegen. Die anderen Zauberer lagen im Raum verstreut, teilweise zwischen Bücherstapeln. Es roch nach Bier.

Verbergen wir die Ereignisse der nächsten dreißig Minuten hinter einem Vorhang. Als wir ihn beiseite ziehen, sitzen die Zauberer am Tisch.

»Es muss am Fleisch gelegen haben«, sagte der Dekan. »War zu stark gebraten.«

»Ich kann mich überhaupt nicht an Fleisch erinnern«, murmelte Ponder.

»Ich meine die knusprigen Brocken. Lagen einem schwer im Magen.«

»Für mich besteht kein Zweifel daran, dass es an unseren vielen Reisen liegt«, sagte Ridcully. »Irgendwann wird einem so etwas zu viel. Wir waren so sehr auf unsere Aufgabe konzentriert, dass wir einfach zusammenklappten, als wir uns endlich einmal entspannen konnten.«

Die Mienen der Zauberer erhellten sich. Volltrunkenheit war peinlich für Männer, die in der Unsichtbaren Universität eine ganze Mahlzeit hinter sich bringen konnten, aber Zeitkrankheit – das hatte einen gewissen Reiz. Mit Zeitkrankheit konnten sie leben, auch wenn sie sich derzeit wünschten, dass sie es nicht müssten.

»Ja, genau!«, bestätigte der Dozent für neue Runen. »Es lag nicht am Kampf!«

»Es kann unmöglich das Zechen gewesen sein«, meinte der Dekan. »Immerhin haben wir uns zurückgehalten, nach unseren Maßstäben.«

»Eigentlich waren wir gar nicht betrunken!«, sagte der Professor für unbestimmte Studien fröhlich.

Unglücklicherweise war Rincewinds Gedächtnis wahrhaft verräterisch – es funktionierte perfekt.

»Warum haben wir Will dann all die Dinge erzählt?«, fragte er und hätte diese Worte am liebsten verschluckt.

»Welche Dinge?«, erwiderte Ridcully.

»Alles über unsere magische Bibliothek, zum Beispiel. Und du hast immer wieder gesagt: ›He, ich habe noch eine Idee, die du bestimmt gebrauchen kannst‹, und dann hast du ihm von den Hexen in Lancre erzählt und wie sie dem neuen König auf den Thron halfen, und davon, wie die Elfen in unsere Welt kamen, und von dem ewigen Streit der Familien Selachii und Venturi ...«

»Davon habe ich erzählt?«, fragte Ridcully.

»Ja. Und von den Ländern, die wir besucht haben. Von vielen Dingen.«

»Warum hat mich niemand daran gehindert?«

»Der Dekan hat es versucht. Woraufhin du ihn mit dem Professor für unbestimmte Studien geschlagen hast, glaube ich.«

Die Zauberer saßen stumm da, in nach Bier riechender Bedrücktheit.

»Sollen wir es noch einmal versuchen?«, fragte der Dozent für neue Runen.

»Willst du ihm etwa vorschlagen, alles zu vergessen?«, entgegnete Ridcully. »Sei doch vernünftig, Mann.«

»Wir könnten in die Vergangenheit reisen und uns daran hindern, ihm so viel zu erzählen ...«

»Kein Wort mehr davon!«, schnappte der Erzkanzler. »Schluss damit!«

Rincewind griff nach dem Buch mit dem Bühnenstück. Die Zauberer erstarrten.

»Na los«, sagte Ridcully. »Kommen wir zum Schlimmsten. Was hat er geschrieben?«

Rincewind öffnete das Buch, wählte aufs Geratwohl eine Zeile und las:

»Bunte Schlangen, zweigezüngt, Molch und Igel, zieht dahin ...«

»O nein, o nein, o nein«, brummte der Dekan und hielt sich den Kopf mit beiden Händen. »Bitte sag nicht, dass ihm jemand das Igellied vorgesungen hat ...«

Rincewinds Lippen bewegten sich, als er weiterlas. Er blätterte, kehrte dann zum Anfang zurück.

»Es ist alles da«, sagte er. »Die gleichen schlechten Witze, das gleiche unglaubliche Durcheinander, alles! So wie vorher! Aber jetzt passiert es hier, in dieser Welt!«

Die Zauberer sahen sich an und wagten es, Selbstgefälligkeit zu zeigen.

»Na, dann ist ja alles in Ordnung«, meinte Ridcully und lehnte sich zurück. »Wir haben unsere Aufgabe erfüllt.«

Rincewind blätterte erneut. Seine Erinnerungen an den Abend waren nicht präzise, aber er bezweifelte, ob selbst ein Genie aus einer Gruppe betrunkener Zauberer schlau werden könnte, die alle gleichzeitig sprachen beziehungsweise lallten.

»HEX?«, fragte er.

»Ja?«, erwiderte die Kristallkugel.

»Wird das Stück in dieser Welt aufgeführt?«

»Das ist die Absicht«, sagte HEX.

»Und was passiert dann?«

HEX erklärte es ihm und fügte hinzu: »Das ist ein mögliches Ergebnis.«

»Moment mal«, warf Ponder ein. »Gibt es mehr als nur ein mögliches Ergebnis?«

»Ja. Vielleicht findet die Aufführung nicht statt. Der Phasenraum enthält ein Flugblatt, das von Unruhen bei der Uraufführung berichtet. Es kam zu einem Feuer, bei dem mehrere Menschen starben. Das Theater wurde geschlossen, und der Dramatiker kam bei einem Aufruhr ums Leben. Er wurde von einem Spieß getroffen.«

»Du meinst sicher eine Hellebarde«, sagte Ridcully.

»Von einem Spieß«, beharrte HEX. »Ein Fischhändler war an dem Aufruhr beteiligt.«

»Was geschah mit der Zivilisation?«

HEX schwieg einige Sekunden lang und sagte dann: »Um nur drei Jahre versäumte es die Menschheit, diesen Planeten zu verlassen.«

DREISSIG

Lügen für Menschen

Bitte sag nicht, dass ihm jemand das Igellied vorgesungen hat ...

Das Igellied, ein Scheibenwelt-Liedchen in der allgemeinen Tradition von Wirtinnen-Versen, hatte seinen ersten Auftritt in *MacBest*, mitsamt dem sich unheimlich festsetzenden Refrain »Der Igel ist in jedem Fall besser dran«.* Die Zauberer haben die Macht der Geschichte zum Zwecke der Vergeltung eingesetzt. Sie haben sie benutzt, um ihre Geheimwaffe, Shakespeare, gefechtsbereit zu machen, und sind überzeugt, dass er sich als wirksamer denn eine Interkontinentalrakete mit Mehrfachsprengkopf erweisen wird. Doch ehe er gestartet wird, haben sie zu Recht begonnen, sich wegen Kollateralschäden Sorgen zu machen: einer möglichen kulturellen Verseuchung mit dem Igellied.

Diese Auswirkung steht an Härte nur geringfügig hinter ewiger Verseuchung mit Elfen zurück, doch im Großen und Ganzen ist sie vorzuziehen.

Auf der wirklichen Rundwelt ist die Macht der Geschichte genauso groß wie auf ihrem erdichteten Gegenstück. Geschichten haben Macht, weil wir Geist haben, und wir haben Geist, weil Geschichten Macht besitzen. Es ist eine Komplizität, und man braucht sie nur noch sich entfalten zu lassen.

---

* So die jugendfreie Fassung der deutschen Scheibenwelt-Ausgaben, im Original: The hedgehog can never be buggered at all. Falls Sie die richtige Bedeutung des Verbs nicht im Wörterbuch finden: Es war der Igel, nicht die Igelin. – *Anm. d. Übers.*

Während wir das tun, seien Sie eingedenk, dass Scheibenwelt und Rundwelt weniger Gegensätze als vielmehr wechselseitige Ergänzungen sind. Jede hat, zumindest aus ihrer eigenen Sicht, die andere hervorgebracht. Auf der Rundwelt gilt die Scheibe als Fantasy, die Erfindung eines beweglichen Geistes; die Scheibenwelt ist eine Folge von (erstaunlich erfolgreichen) Geschichten mitsamt keramischen Modellen, Computerspielen und Kassettentonbändern. Die Scheibenwelt funktioniert mit Magie und dem narrativen Imperativ. Dinge geschehen auf der Scheibenwelt, weil Menschen davon ausgehen, dass sie geschehen werden, und weil manche Dinge geschehen müssen, um die Geschichte rund zu machen. Vom Standpunkt der Rundwelt ist die Scheibenwelt eine Erfindung der Rundwelt.

Die Sicht der Scheibenwelt ist ähnlich, aber umgekehrt. Die Zauberer der Unsichtbaren Universität *wissen*, dass die Rundwelt nur eine Schöpfung der Scheibenwelt ist, ein unvorhergesehenes Nebenprodukt eines nur allzu erfolgreichen Versuchs, das Thaum zu spalten und die erste sich selbst erhaltende magische Kettenreaktion in Gang zu setzen. Sie wissen es, weil sie dabei waren, als es geschah. Die Rundwelt ist eigens so geschaffen worden, dass Magie keinen Zugang zu ihr hat. Erstaunlicherweise erwarb das magiefreie Vakuum sein eigenes Regulationsprinzip. Regeln. Dinge geschehen auf der Rundwelt, weil sie Folgen der Regeln sind. Es ist jedoch erstaunlich schwierig, die Regeln zu betrachten und zu verstehen, welche Folgen sie haben werden. Diese Folgen sind emergent. Die Zauberer haben das mit Mühe erfahren, denn jeder Versuch, auf der Rundwelt etwas geradezu zu tun – etwa Leben zu erschaffen oder eine aus dem Stand loslegende Extelligenz –, ist völlig danebengegangen.

Diese beiden Weltsichten widersprechen einander nicht, denn es sind Weltsichten zweier verschiedener

Welten. Und doch erhellt jede Welt dank der Verknüpfung des B-Raums die andere.

Die seltsame Dualität zwischen Scheibenwelt und Rundwelt hat eine Parallele in einer anderen: der Dualität zwischen Geist und Materie. Als der Geist auf die Rundwelt kam, geschah eine sehr bemerkenswerte Veränderung. Der narrative Imperativ erschien auf der Rundwelt. Die Magie begann ihr Dasein. Und Elfen und Vampire, Mythen und Götter. Charakteristisch ist, dass alle diese Dinge auf indirekte und ungewöhnliche Weise zu existieren begannen, wie das Verhältnis zwischen Regeln und Folgen. Die Dinge *geschahen* nicht direkt wegen der Macht der Geschichte. Vielmehr veranlasste die Macht der Geschichte, dass menschliche Geister *versuchten*, die Dinge in der Geschichte geschehen zu lassen. Die Versuche hatten nicht immer Erfolg, doch selbst wenn sie misslangen, veränderte sich die Rundwelt für gewöhnlich.

Der narrative Imperativ erschien auf der Rundwelt wie ein kleiner Gott und wuchs gemäß dem Glauben der Menschen. Wenn eine Million Menschen alle dieselbe Geschichte glauben und versuchen, sie wahr zu machen, kann ihr vereintes Gewicht ihre individuelle Unwirksamkeit wettmachen.

Auf der Scheibenwelt gibt es keine Wissenschaft, nur Magie und Narrativium. Also brachten die Zauberer die Wissenschaft in Form des Rundwelt-Projekts auf die Scheibenwelt, wie es in *Die Gelehrten der Scheibenwelt* ausführlich dargestellt ist. In eleganter Symmetrie gab es auf der Rundwelt weder Magie noch Narrativium, doch die Menschen brachten sie in Form der Geschichten dorthin.

Bevor ein narrativer Imperativ existieren kann, muss es eine Erzählung geben, und dabei erwies sich der Geist als entscheidend. Der Imperativ folgte der Erzählung auf dem Fuße, und die beiden machten eine komplizite Co-Evolution durch, denn sobald es eine Geschichte gab, gab es auch jemanden, der sie wahr machen wollte. Allerdings war die Geschichte diesem Drang um eine Nasenlänge voraus.

Was die Menschen von allen anderen Wesen auf dem Planeten unterscheidet, sind nicht Sprache, Mathematik oder Wissenschaft. Auch nicht Religion, Kunst oder Politik. All das sind nur Nebenwirkungen zur Erfindung der Geschichten. Nun könnte man meinen, dass es ohne Sprache keine Geschichten geben könnte, doch das ist eine Illusion, hervorgebracht von unserer gegenwärtigen Besessenheit, Geschichten in Form von Worten auf Papier festzuhalten. Ehe es ein Wort für »Elefant« gab, konnte man auf einen Elefanten zeigen und viel sagende Gesten machen, man konnte einen Elefanten auf die Höhlenwand zeichnen und auf ihn zufliegende Speere hinzufügen oder das Modell eines Elefanten aus Lehm formen und eine Jagdszene spielen. Die Geschichte war völlig klar, und oft folgte ihr auf dem Fuße eine Elefantenjagd.

Wir sind nicht *Homo sapiens*, der Weise Mensch. Wir sind der dritte Schimpanse. Was uns vom gewöhnlichen Schimpansen *Pan troglodytes* und vom Bonobo-Schimpansen *Pan paniscus* unterscheidet, ist weitaus raffinierter als unser enormes Gehirn, welches im Verhältnis zum Körpergewicht dreimal so groß wie das ihre ist. Der Unterschied liegt in dem, was dieses Gehirn möglich macht. Und der bedeutendste Beitrag, den unser großes Gehirn für unsere Herangehensweise ans Universum geleistet hat, war es, uns mit der Macht der Geschichte auszustatten. Wir sind *Pan narrans*, der Geschichten erzählende Affe.

Selbst heute, fünf Millionen Jahre, nachdem wir und die beiden anderen Schimpansenarten getrennte Evolutionswege einschlagen, verwenden wir noch Geschichten, um unser Leben zu lenken. Jeden Morgen kaufen wir eine Zeitung, um, wie wir uns sagen, herauszufinden, was auf der Welt geschieht. Doch das meiste, was auf der Welt geschieht, sogar ziemlich wichtige Dinge, kommt nie in die Zeitungen. Warum nicht? Weil Zeitungen von Journalisten geschrieben werden und jeder Journalist mit der Muttermilch eingesogen hat, dass es eine *Geschichte* ist, was die Aufmerksamkeit der Zeitungsleser fesselt. Ereignisse, deren Bedeutung für den Planeten gleich Null ist, wie die zerrüttete Ehe eines Filmstars, sind Geschichten. Ereignisse, die ziemlich große Bedeutung haben, wie die Verwendung von Chlorfluorkohlenstoffen (CFK) als Treibmittel in Sprühdosen für Rasierschaum, sind keine Geschichten. Ja, es können Geschichten daraus werden, und in diesem Fall werden sie es, wenn wir entdecken, dass besagte CFK die Ozonschicht zerstören; wir haben sogar einen Titel für die Geschichte: Das Ozonloch. Doch niemand wusste oder erkannte, dass es da eine Geschichte gab, als die Geschäfte die ersten Sprühdosen verkauften, obwohl dies das entscheidende Ereignis war.

Religionen haben immer die Macht einer guten Geschichte erkannt. Wunder machen mehr Kasse als weltliche gute Taten. Einer alten Dame über die Straße zu helfen bringt als Geschichte nicht viel, wohl aber, Tote zu erwecken. Die Wissenschaft ist von Geschichten durchsetzt. Wenn man nämlich keine überzeugende Geschichte über seine Forschungen erzählen kann, wird sie niemand zur Veröffentlichung annehmen. Und selbst wenn die Forschungsergebnisse veröffentlicht würden, würde niemand sie verstehen. Die Newton'schen Bewegungsgesetze sind einfache kleine Geschichten darüber, was mit Materieklumpen passiert, wenn man ihnen einen Stoß gibt – Geschichten, die nur wenig genauer sind als »wenn man kräftig tritt, fährt man immer schneller«.

Und »alles bewegt sich in Kreisen«, wie Ponder nachdrücklich feststellen würde.

Warum hängen wir derart an Geschichten? Unser Geist ist zu beschränkt, um das Universum so zu erfassen, wie es ist. Wir sind sehr kleine Wesen in einer sehr großen Welt, und es gibt für uns keine Möglichkeit, uns diese Welt mit allen feinen Einzelheiten in unserem Kopf zu vergegenwärtigen. Stattdessen verwenden wir vereinfachte Darstellungen von beschränkten Teilen des Universums. Wir finden einfache Modelle, die der Wirklichkeit nahe entsprechen, außerordentlich anziehend. Ihre Einfachheit macht es leicht, sie zu erfassen, doch das nutzt nicht viel, wenn sie nicht auch *funktionieren*. Wenn wir ein komplexes Universum auf ein einfaches Prinzip zurückführen, sei es Gottes Wille oder die Schrödingergleichung, haben wir das Gefühl, wirklich etwas erreicht zu haben. Unsere Modelle sind Geschichten, und umgekehrt sind Geschichten Modelle einer komplexeren Wirklichkeit. Unsere Gehirne fügen die Komplexität automatisch hinzu. Die Geschichte sagt »Hund«, und sogleich haben wir ein geistiges Bild von dem Tier: ein großer Labrador mit einem Schwanz wie ein Dampfhammer, heraushängender Zunge, Hängeohren.* Ebenso, wie unser visuelles System den blinden Fleck auffüllt.

Wir lernen als Kinder, die Geschichten zu schätzen. Der Geist des Kindes ist schnell und mächtig, aber unkontrolliert und nicht raffiniert. Geschichten sprechen ihn an, und Erwachsene haben rasch entdeckt, dass eine Geschichte einem Kind eine Idee eingeben kann wie sonst nichts. Geschichten sind leicht zu behalten, sowohl für den Erzähler als auch für den Zuhörer. Während das Kind heranwächst und erwachsen wird,

---

* Es ist dann ein ziemlich großer Schock, wenn wir entdecken, dass das Tier ein Chihuahua ist.

bleibt die Liebe zu den Geschichten. Ein Erwachsener muss der nächsten Generation von Kindern Geschichten erzählen können oder die Kultur pflanzt sich nicht fort. Und ein Erwachsener muss anderen Erwachsenen wie dem Chef oder dem Partner Geschichten erzählen können, denn Geschichten haben eine Klarheit der Struktur, die im Wirrwarr der wirklichen Welt nicht vorkommt. Geschichten haben immer einen Sinn: Darum ist die Scheibenwelt viel überzeugender als die Rundwelt.

Unser Geist erschafft Geschichten, und Geschichten erschaffen unseren Geist. Der Menschenbaukasten einer jeden Kultur besteht aus Geschichten und wird von Geschichten aufrechterhalten. Eine Geschichte kann eine Regel für das Leben gemäß der eigenen Kultur sein, ein nützlicher Überlebensstrick, ein Schlüssel zur Großartigkeit des Universums oder eine geistige Hypothese darüber, was geschehen könnte, wenn wir einen bestimmten Kurs verfolgen. Geschichten dienen als Karten für den Phasenraum des Daseins.

Manche Geschichten sind pure Unterhaltung, doch selbst diese haben für gewöhnlich eine verborgene Botschaft auf einer tieferen, vielleicht bodenständigeren Ebene – wie bei Rumpelstilzchen. Manche Geschichten sind Welten des Wenn, eine Methode, wie ein Geist mögliche Entscheidungen ausprobieren und sich ihre Folgen vorstellen kann. Wortspiele im Nest des Geistes. Und manche von jenen Geschichten haben eine derart zwingende Logik, dass der narrative Imperativ die Führung übernimmt und aus ihnen Pläne macht. Ein Plan ist eine Geschichte mitsamt der Absicht, sie wahr zu machen.

In der Rundwelt, wie sie so in ihrer Glaskugel in den Wänden der Bibliothek der Unsichtbaren Universität schwebt, nähert sich unsere Geschichte ihrem Höhepunkt. Will Shakespeare hat ein Stück geschrieben (das ist natürlich »Ein Sommernachtstraum«), von dem die Elfen glauben, dass es ihre Macht über den menschlichen Geist festigen wird. Die Handlung dieses Stücks ist mit Rincewinds geistigem Modell seiner Absichten kollidiert, und an den fliegenden Funken hat sich eine Fabel entzündet. Wie wird das alles ausgehen? Das ist einer der zwingenden Aspekte einer Geschichte. Man muss einfach abwarten und sehen.

Wir haben gesehen, wie die Weltgeschichte eine emergente Dynamik entwickelt, sodass, obwohl alles strengen Regeln folgt, sogar die Geschichte selbst abwarten und sehen muss, wie alles ausgeht. Ja, alles folgt den Regeln, doch es gibt keine Abkürzung, die einen zum Ziel führt, ehe die Regeln selbst es erreicht haben. Die Weltgeschichte ist keine von den Geschichten, die in einem Buch stehen, jenes fatalistische »es steht geschrieben«. Es ist eine Geschichte, die sich selbst aus der Bewegung heraus erschafft, wie eine Geschichte, die jemand vorliest und der man lauscht. Sie *wird* gerade geschrieben ...

Aus philosophischer Sicht müsste es einen großen Unterschied zwischen einer Geschichte geben, die bereits geschrieben ist, und einer, die Wort für Wort entsteht, während man sie liest. In der einen Geschichte ist jeder Satz vorherbestimmt; nicht allein, dass es nur ein einziges Ende geben kann, das Ende ist auch bereits »bekannt«. In der anderen Geschichte existiert der nächste Satz noch nicht; wie sie ausgeht, ist sogar dem Erzähler unbekannt. Sie lesen gerade die erste Art von Geschichte, doch als wir sie schrieben, war es die zweite Art. Eigentlich fing sie als eine völlig andere Geschichte an, doch die haben wir nie geschrieben. Die Philosophen haben vor langer Zeit erkannt, dass es nicht leicht ist, festzustellen, welche Art Geschichte zu unserer Welt passt. Wenn wir die Fähigkeit besäßen, die Welt abermals ablaufen zu lassen, würden wir vielleicht entdecken, dass sie beim zweiten Mal andere Dinge tut, und dann wäre die Geschichte des Universums eine Geschichte, die sich aus der Bewegung entwickelte, keine bereits dem Papier anvertraute.

Doch das sieht nicht nach einem machbaren Experiment aus.

Unsere Faszination für Geschichten macht uns anfällig für eine Vielzahl von Irrtümern in Bezug auf unser Verhältnis zur Außenwelt. Die rasche Ausbreitung von Gerüchten beispielsweise ist der Art geschuldet, wie unsere Vorliebe für eine saftige Geschichte über unsere Kritikfähigkeit triumphiert. Der Mechanismus ist genau derselbe, vor dem uns die wissenschaftliche Methode nach Kräften zu bewahren sucht: etwas zu glauben, weil man gern möchte, dass es wahr ist. Oder im Falle mancher Gerüchte, weil man fürchtet, es könnte wahr sein. Ein Gerücht ist eines der Beispiele für ein allgemeineres Konzept, das Dawkins 1976 in *Das egoistische Gen* eingeführt hat. Er kam darauf, um ein Evolutionssystem erörtern zu können, welches sich von der Darwin'schen Evolution der Organismen unterscheidet. Es ist das *Mem*. Das damit verbundene Gebiet der »Memetik« ist der Versuch der Wissenschaft, die Macht der Geschichten zu erfassen.

Das Wort »Mem« ist absichtlich analog zu »Gen« geprägt worden und die »Memetik« zur »Genetik«. Gene werden von einer Generation von Organismen an die nächste weitergegeben, Meme von einem menschlichen Geist an einen anderen. Ein Mem ist eine Idee, die für menschliche Geister derart anziehend ist, dass sie sie an andere weitergeben wollen. Das Lied »Happy birthday to you« ist ein äußerst erfolgreiches Mem; lange Zeit war das auch der Kommunismus, bei dem es sich allerdings um ein kompliziertes System von Ideen handelte, einen *Memplex*. Ideen existieren als kryptische Aktivitätsmuster in Gehirnen, ein Gehirn und der zugehörige Geist bieten also eine Umwelt, in der Meme existieren und sich fortpflanzen können. Und sich sogar vermehren, denn wenn man einem Kind beibringt, »Happy birthday to you« zu singen, vergisst man das Lied selbst auch nicht. Das Igellied ist ein ebenso erfolgreiches Scheibenwelt-Mem.

Als sich der PC über den Erdball ausbreitete und untrennbar mit der Extelligenz des Internets verknüpft wurde, entstand eine Umwelt, die eine tückische Form von Memen auf Siliziumbasis hervorbrachte: das Computervirus. Alle Viren, die bisher gefunden wurden, scheinen vorsätzlich von Menschen programmiert worden zu sein, obwohl zumindest eines sich infolge eines Programmierfehlers als weitaus erfolgreicher bei der Vermehrung erwies, als sein Autor beabsichtigt hatte. Simulationen von »künstlichem Leben«, die sich weiterentwickelnde Computerprogramme verwenden, laufen oft innerhalb einer »Hülle«, die sie von der Außenwelt isoliert, da es zwar unwahrscheinlich, aber möglich ist, dass sich ein richtig widerwärtiges Computervirus entwickelt. Das Computernetz der Welt ist sicherlich komplex genug, um seine eigenen Viren zu entwickeln, wenn man ihm nur genug Zeit lässt.

Meme sind Geist-Viren.

In *Die Macht der Meme* schreibt Susan Blackmore, dass Meme sich »ringsum verbreiten, ohne Unterschied, ob sie nützlich, neutral oder entschieden schädlich für uns sind«. Das Lied »Happy birthday to you« ist größtenteils harmlos, obwohl es gerade noch möglich ist, es als heimtückisches Stück Propaganda für allumfassenden Kommerz zu betrachten, wenn man dazu neigt. Reklame ist ein bewusster Versuch, Meme loszulassen; eine erfolgreiche Werbekampagne kommt in Fahrt, während sie sich von Mund zu Mund oder auch direkt über Fernsehwerbung und Zeitungsanzeigen verbreitet. Manche Reklame ist allgemein von Nutzen (sagen wir, Oxfam) und manche ist offensichtlich schädlich (Tabak). Eigentlich sind viele Meme schädlich, breiten sich aber trotzdem sehr wirksam aus: Dazu gehören Kettenbriefe und ihr finanzielles Analogon, der Strukturvertrieb. So, wie sich die DNS fortpflanzt, ohne bewusst eigene Ansichten zu verfolgen, vermehren sich Meme ohne einen bewussten Zweck. Die Menschen, die die Meme losgelassen haben, hatten vielleicht eindeutige Absichten, doch die Meme selbst haben keine. Diejenigen, die tüchtig sind und den Geist vieler Menschen veranlassen, sie in großer Menge weiterzugeben, gedeihen; die anderen sterben aus oder leben bestenfalls als kleine, isolierte Infektionsherde weiter. Die Ausbreitung eines Mems ähnelt sehr der einer Krankheit. Und so, wie man sich mit den richtigen Vorsichtsmaßnahmen gegen manche Krankheiten schützen kann, kann man sich dagegen schützen, von einem Mem infiziert zu werden. Die Fähigkeit, kritisch zu denken und Aussagen in Zweifel zu ziehen, die sich auf Autorität statt auf Beweise stützen, ist ein ziemlich guter Schutz.

Dies ist unsere Botschaft an Sie. Sie brauchen der Macht der Geschichten nicht zum Opfer zu fallen wie der Quisitor Vorbis, der von einer herabfallenden Schildkröte erschlagen wird, vom Zorne Oms. Sie können eine Oma Wetterwachs sein, die wie eine Meisterpilotin durch den Geschichtenraum segelt, auf jeden Hauch des narrativen Windes eingestimmt (und davon gibt es eine Menge, wohlgemerkt), frei und unabhängig gegen den Sturm anrennend, die Untiefen des Dogmas und die Scylla und Charybdis der Unentschlossenheit vermeidend …

Entschuldigung, wir haben uns fortreißen lassen. Was wir meinen, ist dies: Wenn Sie die Macht der Geschichten verstehen und lernen, ihren Missbrauch zu erkennen, könnten Sie wirklich die Bezeichnung *Homo sapiens* verdienen.

Blackmores Buch zufolge können viele Aspekte der menschlichen Natur viel besser durch die Memetik erklärt werden, durch die Mechanismen, nach denen Meme existieren und sich fortpflanzen, als durch jede vorhandene konkurrierende Theorie. In unserer Terminologie erhellt die Memetik die Komplizität zwischen Intelligenz und Extelligenz, zwischen dem individuellen Geist und der Kultur, von der er nur ein winziger Teil ist. Manche Kritiker entgegnen, dass die Memetiker nicht einmal zu sagen vermögen, welches die Grundeinheit von einem Mem ist. Sind zum Beispiel die ersten vier Noten von Beethovens Fünfter Symphonie (Da-da-da-DAA) ein Mem, oder ist das Mem in Wahrheit die ganze Symphonie? Beide vermehren sich erfolgreich: das Zweite im Geist der Musikliebhaber, das Erste im Geist einer unglaublichen Vielzahl von Leuten.

Diese Art Kritik hat jedoch niemals viel Gewicht, wenn eine neue Theorie entwickelt wird. Was die Kritiker natürlich nicht hindert. Wenn eine wissenschaftliche Theorie ihre Konzepte erst einmal vollkommen präzise »definieren« kann, ist sie tot. In Wahrheit können sehr wenige Konzepte vollständig definiert werden, nicht einmal so etwas wie »lebendig«. Was exakt bedeutet »groß«? »Reich«? »Nass«? »Überzeugend«? Oder erst recht »Graupel«. Wenn es zum Knacken kommt, ist auch die Grundeinheit der *Genetik* auf keinerlei überzeugende Weise definiert. Ist es eine DNS-Base? Eine DNS-Sequenz, die die Herstellung von Proteinen kodiert, ein »Gen« im engsten Sinne? Eine DNS-Sequenz mit einer bekannten Funktion – ein »Gen« im weitesten Sinne? Ein Chromosom? Ein ganzes Genom? Muss sie innerhalb eines Organismus existieren? Die meiste DNS auf der Welt trägt genetisch nichts zur Zukunft bei: Es gibt DNS in toten Hautschuppen, fallenden Blättern, verfaulenden Holzstücken ... Dawkins berühmter Satz »Draußen regnet es DNS«, bezogen auf die flaumigen Samen der Weide zu Beginn von Kapitel 5 in *Der blinde Uhrmacher*, ist poetisch. Doch nur ein sehr kleiner Teil der DNS führt zu etwas; es ist einfach noch ein Molekül, das aufgespalten wird, wenn die herabfallenden Samen verrotten. Ein paar Samen überleben und keimen, noch weniger bringen Pflanzen hervor, und von diesen sterben die meisten oder werden gefressen, bevor sie zu einer Weide heranwachsen und den nächsten Samenregen hervorbringen. DNS muss sich zur rechten Zeit (der Befruchtung) am rechten Ort (bei sexuellen Spezies in einer Ei- oder Samenzelle) befinden, ehe sie sich überhaupt in genetischem Sinne fortpflanzt. Nichts von alledem hindert die Genetik, eine echte Wissenschaft zu sein, und zwar eine sehr aufregende und wichtige. Die Unschärfe der Definitionen eignet sich also nicht gut als Stock, um den memetischen Hund zu prügeln – oder überhaupt einen Hund, an dem etwas dran ist.

In seiner ursprünglichen Erörterung hat Dawkin fast nebenbei die Ansicht vorgeschlagen, Religion sei ein Mem, das ungefähr laute: »Wenn du das ewige Feuer vermeiden willst, musst du *dieses* glauben und an deine Kinder weitergeben.«* Mit der Popularität einer Religion steht es zweifellos komplizierter; dennoch findet sich hier der Keim einer Idee, weil der Satz ziemlich genau der zentralen Botschaft vieler – nicht aller – Religionen entspricht. Den Theologen John Bowker störte

---

* Das Schma, ein Gebet, das orthodoxe Juden mindestens dreimal täglich sprechen müssen, enthält folgende Wendung: »So seien diese Reden, die ich heuttags dir gebiete, auf deinem Herzen; einschärfe sie deinen Söhnen, rede davon, wann du sitzest in deinem Haus und wann du gehst auf den Weg, wann du dich legst und wann du dich erhebst, ...« (5. Mose 6, 6 f.; deutsch von Martin Buber gemeinsam mit Franz Rosenzweig.)

diese Ansicht hinreichend heftig, dass er *Is God a Virus?* (»Ist Gott ein Virus?«) schrieb, um ihr den Garaus zu machen. Die Tatsache, dass er sich die Mühe machte, zeigt, dass er die Frage für wichtig (und aus seiner Sicht für gefährlich) hielt.

Blackmore weiß wohl, dass eine Religion oder eine Ideologie zu komplex sind, um als einzelnes Mem fortgepflanzt zu werden, wie auch ein Organismus für die Fortpflanzung durch ein einzelnes Gen zu kompliziert ist. Auch Dawkins erkannte das und gelangte zu einem Konzept, das er »koadaptierte Mem-Komplexe« nannte. Das sind Systeme von Memen, die sich kollektiv vermehren. Das Mem »Wenn du das ewige Feuer vermeiden willst, musst du *dieses* glauben und an deine Kinder weitergeben« ist zu simpel, um es weit zu bringen, doch im Verein mit anderen Memen wie »Der Weg, um das ewige Feuer zu vermeiden, ist im Heiligen Buch zu finden« und »Du musst das Heilige Buch lesen oder auf ewig verdammt sein« bildet es ein Netzwerk, das sich viel wirksamer vermehrt.

Ein Komplexitäts-Theoretiker würde solch eine Ansammlung von Memen ein »autokatalytisches Ensemble« nennen: Jedes Mem wird von einigen oder allen anderen katalysiert, seine Vermehrung gefördert. 1995 prägte Hans-Cees Speel den Begriff »Memplex«. Bei Blackmore gibt es ein ganzes Kapitel über »Religionen als Memplexe«. Wenn Ihnen diese Art der Argumentation missbehagt, haben Sie einen Augenblick Geduld. Meinen Sie, dass Religion *keine* Ansammlung von Glaubensvorstellungen und Anweisungen ist, die sehr erfolgreich von einer Person an eine andere weitergegeben werden kann? Das ist es, was »Memplex« bedeutet. Oder ersetzen Sie »Religion« eben durch »politische Partei« – natürlich nicht die, die Sie unterstützen. Diese Idioten, die freie Marktwirtschaft, staatliche Rente, Staatseigentum in der Industrie, Privateigentum im öffentlichen Dienst befürworten/ablehnen (Unzutreffendes streichen) ... Und beachten Sie, dass das Geheimnis der Ausbreitung Ihrer Religion darin liegen mag, dass sie *die Wahrheit* ist, doch dass das ja wohl nicht das Geheimnis der Ausbreitung all der anderen, falschen Religionen auf der Welt sein kann. Warum, zum Teufel, glauben vernünftige Leute *diesen* Schwachsinn?

Weil es ein erfolgreicher Memplex ist.

Für die memetische Übertragung von Ideologien liegen zahlreiche Beweise vor. Beispielsweise scheint jede Religion der Welt (ausgenommen sehr alte, deren Ursprung sich im Nebel der Zeiten verliert) mit einer sehr kleinen Gruppe von Menschen und einem charismatischen Anführer begonnen zu haben. Sie sind spezifisch für bestimmte kulturelle Hintergründe; das Mem braucht einen fruchtbaren Untergrund, auf dem es wachsen kann. Viele Glaubensvorstellungen, die dem Christentum lieb und teuer sind, erscheinen jedem absurd, der außerhalb der christlichen Tradition aufgewachsen ist. Jungfrauengeburt? (Nun ja, das war eigentlich eine geniale Fehlübersetzung des hebräischen Begriffs für »junge Frau«, doch sei's drum.) Wiedererweckung der Toten? Messwein verwandelt sich in Blut? Hostien sind der Leib Christi – und man *isst* sie? Wirklich? Für Gläubige hat das alles natürlich durchweg Sinn, doch für Außenstehende, die nicht von dem Mem infiziert sind, ist es lachhaft.*

Blackmore führt aus, dass vor der Wahl, Gutes zu tun oder das Mem zu verbreiten, sich religiöse Menschen eher für das Mem entscheiden. Für die meisten Katholiken und viele andere Menschen ist Mutter Teresa eine

---

* Es hört natürlich auf, lachhaft zu sein, wenn es trotz seiner bizarren Erscheinungsform eben wahr ist. Und wir sind schon übereingekommen, dass alle Religionen wahr sind, wenn man für »Wahrheit« einen bestimmten Wert annimmt.

Heilige (und sie hat gute Aussichten, wirklich eine zu werden, wenn es so weit ist). Ihre Arbeit in den Slums von Kalkutta war selbstlos und altruistisch. Sie hat zweifellos viel Gutes getan. Doch manche Menschen in Kalkutta haben den Eindruck, dass sie die Aufmerksamkeit von den wirklichen Problemen ablenkte und nur jenen half, die ihre Glaubenslehren annahmen. Beispielsweise war sie unversöhnlich gegen Geburtenkontrolle, die einzige praktische Sache, die den jungen Frauen, die ihre Hilfe brauchten, am meisten genützt hätte. Doch der katholische Memplex verbietet Geburtenkontrolle, und wenn es hart auf hart geht, gewinnt das Mem. Blackmore fasst ihre Analyse wie folgt zusammen:

> Diese religiösen Meme traten nicht mit der Absicht auf, Erfolg zu haben. Es waren nur Verhaltensweisen, Ideen und Geschichten, die von einer Person auf die andere kopiert wurden ... Sie hatten Erfolg, weil es sich so ergab, dass sie zu einander unterstützenden Gruppen zusammenkamen, zu denen all die richtigen Tricks gehörten, um sie sicher in Millionen von Gehirnen, Büchern und Gebäuden zu speichern und immer wieder auf neue zu übertragen.

Mit Shakespeare werden Meme zur Kunst. Und jetzt gehen wir noch eine konzeptuelle Ebene höher. Im Schauspiel wirken Gene und Meme zusammen, um ein vorübergehendes Konstrukt auf der Bühne hervorzubringen, das andere Extelligenzen betrachten können. Shakespeares Stücke machen ihnen Vergnügen und verändern ihren Geist. Sie und andere Dramen von ihrer Art lenken die menschliche Kultur in eine neue Richtung, indem sie unser eigenes geistiges Elfentum angreifen.

Die Macht der Geschichten. Sie sollten ohne sie nicht aus dem Haus gehen. Und sie nie, nie, *nie* unterschätzen.

EINUNDDREISSIG

Eine Frau auf der Bühne?

Rincewind erinnerte sich an den Geruch des Theaters. Die Leute sprachen über »den Geruch der Schminke, das Gebrüll der Menge«, aber in diesem Fall schien »Gebrüll« auch »Gestank« zu bedeuten.

Er fragte sich, warum dieses Theater »The Globe«* hieß, »Die Kugel«. Es war nicht einmal vollkommen rund. Aber vielleicht ereignete sich hier die neue Welt ...

Für diese besondere Gelegenheit war er zu einem großen Zugeständnis bereit gewesen – er hatte die letzten übrig gebliebenen Pailletten des Wortes »ZAUBBE-RER« vom Hut gelöst. Mit der allgemeinen Formlosigkeit des Hutes und dem zerlumpten Mantel ähnelte er den meisten anderen Theaterbesuchern, wobei es jedoch einen wichtigen Unterschied gab: Er kannte die Bedeutung von Seife.

So bahnte er sich einen Weg durch die Menge und erreichte schließlich die anderen Zauberer, die Sitzplätze ergattert hatten.

»Wie läuft's?«, fragte Ridcully. »Denk daran, Junge: Die Show *muss* weitergehen!«

»Es ist alles in Ordnung, soweit ich das feststellen kann«, flüsterte Rincewind. »Keine Spur von Elfen. Wir haben einen Fischhändler in der Menge bemerkt – der

---

* Das »Globe Theatre« wurde 1599 gebaut, und William Shakespeare war Mitinhaber. Erstaunlicherweise gibt es auf der Scheibenwelt in Ankh-Morpork ein Theater, das »Scheibe« heißt ... – *Anm. d. Übers.*

Bibliothekar hat ihn ins Reich der Träume geschickt und hinter dem Theater versteckt, nur für den Fall.«

»Wisst ihr ...«, sagte der Professor für unbestimmte Studien und blätterte im Skript, »dieser Bursche könnte weitaus bessere Stücke schreiben, wenn er keine Akteure in ihnen auftreten lassen müsste. Sie scheinen fast immer im Weg zu sein.«

»Gestern Abend habe ich *Die Komödie der Irrungen* gelesen«, sagte der Dekan. »Die Irrungen wurden mir sofort klar. Von einer Komödie kann überhaupt keine Rede sein. Zum Glück gibt es Regisseure.«

Die Zauberer betrachteten das Publikum. Es benahm sich nicht so gut wie zu Hause. Die Leute veranstalteten Picknicks und kleine Partys. Das Bühnenstück schien den Zuschauern kaum mehr zu bedeuten als eine Art Hintergrundgeräusch für ihr geselliges Beisammensein.

»Woher wissen wir, dass die Vorstellung beginnt?«, fragte der Dozent für neue Runen.

»Oh, Fanfaren erklingen«, erklärte Rincewind. »Und dann treten zwei Schauspieler auf die Bühne und sagen sich, was sie längst wissen.«

»Nirgends ist etwas von Elfen zu sehen.« Der Dekan hielt sich ein Auge zu und ließ den Blick umherschweifen. »Mir gefällt das nicht. Es ist zu ruhig.«

»O nein, nein«, widersprach Rincewind. »An der gegenwärtigen Situation gibt es nichts auszusetzen. Sie sollte uns nicht gefallen, wenn's plötzlich ganz laut wird und alles drunter und drüber geht.«

»Begib dich jetzt mit Stibbons und dem Bibliothekar hinter die Bühne«, sagte Ridcully. »Und versuch, nicht auffällig zu wirken. Wir dürfen kein Risiko eingehen.«

Rincewind trat hinter die Bühne und versuchte, nicht auffällig zu wirken. Die Premiere ging mit einer Ungezwungenheit einher, die er daheim nie erlebt hatte. Die Leute schienen einfach nur umherzuwandern. Zuhause gab es so viel *Schein* und *Maske*. Hier bemühten sich die Schauspieler, Personen zu sein, und die Personen *vor* der Bühne versuchten, zu einem Publikum zu werden. Der Gesamteffekt war recht angenehm. Die Stücke hatten etwas Verschwörerisches. Macht es interessant genug, sagten die Zuschauer, dann glauben wir alles. Wenn nicht, veranstalten wir eine Party mit unseren Freunden und bewerfen euch mit Nüssen.

Rincewind nahm hinter den Kulissen auf einer Kiste Platz und beobachtete, wie das Stück begann. Er hörte die gehobenen Stimmen der Schauspieler und die leisen Geräusche eines geduldigen Publikums, das bereit war, selbst eine recht breite Darlegung des Plots zu tolerieren, wenn es am Ende etwas Lustiges oder einen Mord gab.

Nichts deutete auf Elfen hin; nirgends zeigte sich ein verräterisches Schimmern in der Luft. Das Stück wurde gespielt. Gelegentlich ertönte Gelächter, und dann hörte Rincewind die tiefe Stimme des Erzkanzlers – sie schien immer dann besonders laut zu werden, wenn die Clowns auf der Bühne waren.

Auch die gespielten Elfen kamen gut an. Bohnenblüte, Spinnweb, Motte und Senfsamen ... Geschöpfe aus Licht und Luft. Nur Puck erinnerte Rincewind an ihm vertraute Elfen, und selbst er wirkte mehr wie ein Schelm. Natürlich konnten Elfen auch Schelme sein, insbesondere dann, wenn ein Pfad dicht neben einer *gefährlichen* Schlucht verlief. Und den Glamour, den sie verwendeten ... Nun, hier war er bezaubernd ...

Und dann stand die Königin da, nicht mehr als zwei Meter entfernt. Sie erschien nicht plötzlich, sondern kam aus den Kulissen. Eine Gruppe von Linien und Schatten war die ganze Zeit über da gewesen und wurde, ohne sich zu verändern, zu einer Gestalt.

Sie trug ein Gewand aus schwarzer Spitze, besetzt mit Diamanten. Darin sah sie aus wie die wandelnde Nacht.

Die Elfenkönigin wandte sich Rincewind zu und lächelte.

»Ah, Kartoffelmann«, sagte sie. »Wie wir sehen, sind deine Zaubererfreunde hier. Aber sie können nichts ausrichten. Diese Show *wird* weitergehen. So wie sie geschrieben steht.«

»... wird ... weitergehen ...«, murmelte Rincewind. Er konnte sich nicht bewegen. Die Königin hatte ihn mit ihrer vollen Kraft getroffen. Verzweifelt versuchte er, sein Denken mit Kartoffeln zu füllen.

»Wir *wissen*, dass ihr ihm eine entstellte Version erzählt habt«, sagte die Königin und ging um den zitternden Rincewind herum. »Ein Haufen Unsinn war's. Deshalb habe ich ihn in seinem Zimmer besucht und ihm alles in den Kopf gesetzt. Ganz einfach.«

Bratkartoffeln, dachte Rincewind. Goldgelb mit braunen Kanten, hier und dort fast schwarz, herrlich knusprig ...

»Hörst du den Applaus?«, fragte die Königin. »Die Leute mögen uns. Sie *mögen* uns. Von jetzt an sind wir in ihren Bildern und Geschichten enthalten. Ihr könnt uns *nie* daraus vertreiben ...«

Pommes frites, dachte Rincewind, direkt aus dem kochenden Öl, das hier und dort noch an ihnen zischt ... Aber er konnte seinen verräterischen Kopf nicht daran hindern zu nicken.

Die Königin wirkte verwirrt.

»Denkst du *immer nur* an Kartoffeln?«, fragte sie.

Butter, dachte Rincewind. Schnittlauch, Schmelzkäse, Salz ...

Doch es gelang ihm nicht, den Gedanken zurückzuhalten. Er entfaltete sich hinter seiner Stirn und schob alle kartoffelförmigen Phantasievorstellungen beiseite. *Wir brauchen überhaupt nichts zu tun und haben gewonnen!*

»Was?«, fragte die Königin.

Kartoffelbrei! Berge aus Kartoffelbrei! Mit viel Butter!
»Du versuchst, etwas zu verbergen, Zauberer!«, sagte die Königin nur wenige Zentimeter vor Rincewinds Gesicht. »Was ist es?«
Kartoffelknödel, gebackene Kartoffeln, Kartoffelkroketten ...
... nein, keine Kartoffelkroketten, die bekam niemand richtig hin ... und es war zu spät, die Königin las seine Gedanken wie ein Buch.
»Du glaubst also, dass nur Geheimnisvolles überdauert?«, fragte sie. »Wissen in *Unglauben?* Sehen ist *nicht glauben?«*
Es knarrte über ihnen.
»Das Stück ist noch nicht zu Ende, Zauberer«, sagte die Königin. »Aber die Aufführung endet *jetzt sofort.«*
An dieser Stelle fiel der Bibliothekar auf sie herab.

Winkin der Handschuhflicker und Coster der Apfelhändler sprachen auf dem Heimweg über das Stück.
»Die Szene mit der Königin und dem Mann mit den Eſelsohren war gut«, sagte Winkin.
»Ja, das ſtimmt.«
»Und dann die Sache mit der Wand. Als der Mann ſagte: ›Er iſt nicht im Zunehmen, und ſeine Hörner ſtecken unſichtbar in der vollen Scheibe.‹ Ich hätte mir faſt in die Hoſe gemacht. Mir gefällt ein guter Witz.«
»Mir auch.«
»Aber ich habe nicht verſtanden, warum der Mann im haarigen roten Koſtüm all die Leute mit den Pelzen und Federn und so über die Bühne jagte, und warum die dicken Männer ihre teuren Plätze verließen und auf die Bühne traten, und warum der Idiot im roten Kleid umherlief und von Kartoffeln ſchrie, was immer das auch ſein mag. Als Puck am Ende ſprach, habe ich Geräuſche gehört, die auf einen Kampf hindeuteten.«
»Experimentelles Theater«, meinte Winkin.

»Guter Dialog«, sagte Coster.

»Und die Schauspieler waren wirklich gut, so wie sie mit allem fertig geworden sind«, erwiderte Winkin.

»Ja, und ich hätte schwören können, es gab noch eine andere Königin auf der Bühne«, sagte Coster. »Sah wie eine Frau aus. Du weißt schon, ich meine die, die versuchte, den Kartoffelschreier zu erdrosseln.«

»Eine Frau auf der Bühne?«, fragte Winkin. »Sei nicht dumm. Aber das Stück war gut.«

»Ja«, bestätigte Coster. »Ich finde, die Szene mit der Jagd könnte man streichen. Und offen gestanden: Ich bezweifle, ob es einen so großen Gürtel gibt.«

»Ja, es wäre schrecklich, wenn sich Spezialeffekte breit machen würden«, sagte William.

Wie viele schwere Männer können Zauberer recht leichtfüßig sein. Rincewind war beeindruckt. Die Geräusche deuteten darauf hin, dass sie direkt hinter ihm liefen, als er über den Pfad am Fluss rannte.

»Besser nicht auf den Vorhang warten, dachte ich mir«, schnaufte Ridcully.

»Hast du gesehen, wie ich der Königin eine gelangt habe?«, keuchte der Dekan. »Mit dem Hufeisen?«

»Ja«, erwiderte Ridcully. »Nur schade, dass es ein Schauspieler war. Die Elfenkönigin stand auf der *anderen* Seite. Aber das Hufeisen war nicht *ganz* vergeudet.«

»Wir haben es ihnen gezeigt, nicht wahr?«, fragte der Dekan.

»Die historische Struktur ist komplett«, klang HEX' Stimme aus Ponders hüpfender Manteltasche. »Man hält die Elfen für Märchengestalten, und dazu werden sie. Im Lauf der nächsten Jahrhunderte schwindet der Glaube an sie, während sie immer mehr in die Sphäre von Kunst und Literatur eingehen. Dort werden die Letzten von ihnen schließlich existieren. Sie werden sich in etwas verwandeln, das zur Unterhaltung von

Kindern dient. Ihr Einfluss verringert sich sehr, verschwindet aber nie ganz.«

»*Nie?*«, brachte Ponder hervor, der allmählich außer Atem geriet.

»Einen gewissen Einfluss bewahren sie sich. Das menschliche Denken und Fühlen ist sehr empfänglich für gewisse Dinge.«

»Ja, aber wir haben die Phantasie auf ein neues Niveau gehoben«, schnaufte Ponder. »Die Menschen können sich jetzt vorstellen, dass die Dinge, die sie sich vorstellen, nur in ihrer Vorstellung existieren. Elfen sind Märchengestalten. Ungeheuer werden einfach beiseite geschoben. Man fürchtet das Unsichtbare nicht mehr, wenn man es sehen kann.«

»Es wird neue Ungeheuer geben«, entgegnete HEX aus Rincewinds Tasche. »In dieser Hinsicht sind Menschen sehr einfallsreich.«

»Aufgespießte … Köpfe«, sagte Rincewind. Er hatte es sich längst zur Angewohnheit gemacht, seinen Atem fürs Laufen zu sparen.

»Viele Köpfe«, fügte HEX hinzu.

»Irgendwo gibt es immer aufgespießte Köpfe«, sagte Ridcully.

»Bei den Muschelberg-Leuten nicht«, erwiderte Rincewind.

»Stimmt, aber sie hatten nicht einmal Spieße«, sagte Ridcully.

»Wisst ihr«, keuchte Ponder, »wir *hätten* HEX auffordern können, uns direkt zur Öffnung des B-Raums zu bringen …«

Sie liefen noch immer, als sie auf dem Holzboden landeten.

»Können wir HEX beibringen, das auch auf der Scheibenwelt zu machen?«, fragte Rincewind, als sich die einzelnen Zauberer aus dem Haufen an der Wand gelöst hatten und aufgestanden waren.

»Nein!«, erwiderte Ridcully. »Zu was wärst du dann noch gut? Kommt, lasst uns gehen ...«

Ponder zögerte am Portal des B-Raums. Mattes graues Licht zeigte sich dort; in der Ferne waren Berge und Ebenen aus Büchern zu sehen.

»Es gibt hier noch immer Elfen«, sagte er. »Sie sind beharrlich. Vielleicht finden sie eine Möglichkeit, um ...«

»Komm jetzt!«, schnappte Ridcully. »Wir können nicht *jeden* Kampf ausfechten.«

»Aber irgendetwas könnte schief gehen.«

»Und wessen Schuld wäre es dann? *Komm* endlich!«

Ponder sah sich um, zuckte mit den Schultern und trat durchs Loch.

Nach einigen Sekunden streckte sich ein haariger roter Arm durch die Öffnung, zog Bücher durchs Portal und stapelte sie aufeinander, bis sie eine Wand bildeten.

Irgendwo in dem Haufen blitzte Licht, so hell, dass es die Seiten durchdrang.

Dann wurde es dunkel. Eine Buch rutschte zur Seite, und daraufhin stürzte der ganze Stapel ein. Dahinter kam nur eine leere Wand zum Vorschein.

Und natürlich eine Banane.

ZWEIUNDDREISSIG

Könnte Nüsse enthalten

Wir sind der Geschichten erzählende Affe, und darin sind wir unglaublich gut.

Sobald wir alt genug sind, um zu verstehen, was rings um uns geschieht, beginnen wir in einer Welt der Geschichten zu leben. Wir *denken* in Fabeln. Wir tun es derart automatisch, dass wir gar nicht glauben, es zu tun. Und wir haben uns so ausgedehnte Geschichten erzählt, dass wir darin leben können.

Am Himmel über uns sind Muster, älter als unser Planet und unvorstellbar weit entfernt, zu Göttern und Ungeheuern gestaltet worden. Doch hier unten gibt es größere Geschichten. Wir leben in einem Netz von Geschichten, die von »wie wir hierher gekommen sind« über »natürliche Gerechtigkeit« bis zu »wirklichem Leben« reichen.

Ach ja ... »wirkliches Leben«. Tod, der in den Scheibenwelt-Büchern als eine Art Chor fungiert, ist von zwei Aspekten der Menschheit beeindruckt. Der eine ist, dass wir uns dahin entwickelt haben, uns interessante und nützliche kleine Lügen über Ungeheuer und Götter und Zahnfeen zu erzählen, und zwar als eine Art Vorspiel zur Erschaffung wirklich großer Lügen wie »Wahrheit« und »Gerechtigkeit«.

Es gibt keine Gerechtigkeit. Wie Tod in *Schweinsgalopp* bemerkt, könnte man das Universum zu einem ganz feinen Pulver zermahlen und kein Atom Gerechtigkeit finden. Wir haben sie erschaffen, und während wir uns diese Tatsache eingestehen, fühlen wir doch in einem gewissen Sinne, dass es sie »da draußen« gibt, groß und weiß und leuchtend. Das ist eine andere Geschichte.

Weil wir so von ihnen abhängen, lieben wir Geschichten. Wir brauchen sie täglich. Also ist im Laufe etlicher tausend Jahre eine riesige Dienstleistungsindustrie entstanden.

Die grundlegenden Erzählformen des Dramas – die archetypischen Geschichten – sind alle in den Werken der alten griechischen Stückeschreiber zu finden: Aischylos, Aristophanes, Euripides, Sophokles ... Die meisten dramatischen Tricks reichen bis ins alte Griechenland zurück, vor allem nach Athen. Zweifellos sind sie noch älter, denn keine Tradition beginnt in vollends entwickelter Form. Der »Chor«, eine Schar Statisten, die einen Hintergrund für die Haupthandlung bilden und sie auf vielerlei Weise verstärken und kommentieren, ist griechischen oder noch älteren Ursprungs. Ebenso die Unterteilung der Form des Stücks – wenngleich nicht unbedingt seiner Substanz – in Komödie und Tragödie. Ebenso vielleicht die Erfindung des riesigen ausgestopften Umhängepimmels, der immer für ein paar Lacher von den billigen Plätzen gut ist.

Das griechische Konzept der Tragödie war eine extreme Form des narrativen Imperativs: Das Wesen der heraufziehenden Katastrophe musste für das Publikum und praktisch alle handelnden Personen offensichtlich sein; offensichtlich musste aber auch sein, dass sie trotzdem eintreten würde. Die Helden waren vom Schicksal verurteilt, wie sie es auch sein sollten – doch wir wollen trotzdem zuschauen, um zu sehen, auf welch *interessante* Weise sie verurteilt sind. Und falls es albern klingt, sich ein Drama anzuschauen, wenn man den Schluss im Voraus weiß, so überlegen Sie: Wie wahrscheinlich ist es, wenn man sich hinsetzt, um sich den nächsten Bond-Film anzuschauen, dass er die Bombe *nicht* entschärfen wird? Im Grunde sehen Sie sich eine Handlung an, die so fest vorgegeben ist wie nur je ein griechisches Drama, doch Sie wollen sehen, wie der Trick diesmal geht.

In unserer Geschichte ist HEX der Chor. Der Form nach ist unsere Erzählung eine Komödie, im Inhalt kommt sie der Tragödie näher. Die Elfen sind eine Scheibenwelt-Reifikation menschlicher Grausamkeit und Bosheit, sie sind die Verkörperung des Bösen, weil sie – traditionell – keine Seelen haben. Dennoch faszinieren sie uns in ihren verschiedenen Aspekten, wie es auch Vampire, Ungeheuer und Werwölfe tun. Es wäre ein schreckliches Ereignis, wenn der letzte Dschungel seinen Tiger aufgäbe, und ebenso, wenn der letzte Wald seinen Werwolf verlöre. (Ja doch, praktisch gibt es keine, doch wir hoffen, Sie wissen, was wir meinen: Es wäre ein schlechter Tag für die Menschheit, wenn wir keine Geschichten mehr erzählen würden.)

Wir haben den Elfen und Yetis und all den anderen übernatürliche Aspekte von uns selbst aufgeladen; wir sagen lieber, dass es da draußen im tiefen dunklen Wald Ungeheuer gebe, als dass sie in uns selbst eingeschlossen seien. Dennoch brauchen wir sie auf eine Weise, die schwer auszusprechen ist; die Hexe Oma Wetterwachs hat es in *Ruhig Blut* zusammenzufassen versucht, als sie sagte: »Die Menschen brauchen Vampire. Um nicht zu vergessen, wofür Pflöcke und Knoblauch da sind.« G. K. Chesterton erfasste es in einem Artikel zur Verteidigung von Märchen weitaus besser, als er die Ansicht bestritt, wonach Geschichten Kindern sagen, es gebe Ungeheuer. Die Kinder *wissen* schon, dass es Ungeheuer gibt, meinte er. Märchen sagen ihnen, dass Ungeheuer getötet werden können.

Wir brauchen unsere Geschichten, um das Universum zu verstehen, und vergessen manchmal, dass es nur Geschichten sind. Es gibt ein Sprichwort über den Finger und den Mond; wenn der Weise auf den Mond zeigt, schaut der Narr auf den Finger. Wir nennen uns *Homo sapiens*, vielleicht in der Hoffnung, es könnte wahr sein, doch der Geschichten erzählende Affe neigt dazu, Monde und Finger zu verwechseln.

Wenn jemandes Gott eine unfassliche Wesenheit ist, die außerhalb von Raum und Zeit existiert, mit unvorstellbarem Wissen und unbeschreiblicher Macht, ein Gott grenzenlosen Himmels und hoher Orte, dringt der Glaube leicht in den Geist ein.

Doch der Affe ist damit nicht zufrieden. Der Affe beginnt der Dinge überdrüssig zu werden, die er nicht sehen kann. Der Affe möchte Bilder. Und er bekommt sie, und dann wird aus einem Gott endlosen Raums ein alter Mann mit einem Bart, der auf den Wolken sitzt. Große Kunst findet statt zu Ehren des Gottes, und jeder fromme Pinsel tötet sanft, was er malt. Der Weise sagt: »Aber das ist nur eine Metapher!«, und der Affe sagt: »Ja, aber diese winzigen Flügel könnten keinen derart dicken Cherub tragen!« Und dann füllen weniger weise Leute das Pantheon des Himmels mit Hierarchien von Engeln und setzen Plagen des Menschen auf Pferde und schreiben die Dimensionen des Himmels nieder, um den Gebieter unermesslichen Raums darin einzuschließen. Die Geschichten beginnen das System zu ersticken ...

Man glaubt *nicht*, was man sieht.

Rincewind weiß das, und darum ermutigt er Shakespeare, Elfen wirklich zu machen. Denn wenn man erst einmal Senfsamen heißt, geht es nur noch bergab ...

Die Elfen können Rincewinds Plan nicht verstehen. Nicht, bis seine Gedanken ihn der Elfenkönigin verraten und die Rettung der Welt an sechs Zentnern herabfallendem Orang-Utan hängt. Dennoch hat der Plan sehr gut funktioniert. So spricht Oberon gegen Ende des Stücks:

> Durch das Haus verbreitet Licht,
>   Von des Herdes letztem Rauch,
> Jeder Elf und Feenwicht
>   Hüpf wie Vöglein leicht vom Strauch;
> Dieses Lied mit mir nun singt,
> Und im Tanz euch hurtig schwingt.*

Sie haben keine Chance. Demnächst erscheinen sie auf Kinderzimmer-Tapete. Hexen hingegen:

> Wolfeszahn und Kamm des Drachen,
> Hexenmumie, Gaum und Rachen
> Aus des Haifisch scharfem Schlund;
> Schierlingswurz aus finstrem Grund;
> Auch des Lästerjuden Lunge,
> Türkennas' und Tartarzunge;
> Eibenreis, vom Stamm gerissen
> In des Mondes Finsternissen;
> Hand des neugebornen Knaben,
> Den die Metz' erwürgt im Graben,
> Dich soll nun der Kessel haben.
> Tigereingeweid' hinein,
> Und der Brei wird fertig sein.**

Ein ungleicher Kampf. Tigereingeweide. *Entschieden* ein ungleicher Kampf. Die Hexen treten in »Macbeth« nur dreimal auf, aber sie stehlen die Show. Wahrscheinlich bekamen sie Fanpost. Die Elfen sind einen großen Teil von »Ein Sommernachtstraum« über zugegen, doch es ist Zettel, der die Show stiehlt, und nur Puck hat einen Schimmer von dem alten Bösen. Sie

---

* Aus: »Ein Sommernachtstraum«, 5. Akt, 1. Szene. Deutsch von Rudolf Schaller, Insel Verlag. – *Anm. d. Übers.*
** Aus: »Macbeth«, 4. Aufzug, 1. Szene. Deutsch von Dorothea Tieck. – *Anm. d. Übers.*

sind eingepackt, gestempelt und ins Märchenland abgeschickt worden.

Freilich, Shakespeares Oberon ist nicht nur lieb und nett. Er nimmt den Saft einer Pflanze, der als Stiefmütterchen bekannten Blume, um Titania, die Elfenkönigin, zu verzaubern, weil sie ihm ein Findelkind nicht geben will. Er lässt sie sich in Zettel verlieben, der zu diesem Zeitpunkt in der Geschichte ein Esel ist. Und er wird besänftigt und sie ist vollends zufrieden mit dem Gang der Ereignisse, als sie ihm das Kind gibt. Doch das ist eine niedere, desinfizierte Boshaftigkeit, ein quengeliger Zank, kein Krieg.

Der Reiz des Unbekannten verblasst zur billigen Realität einer spezifischen Darstellung, wenn man erst einmal die rieselnden Pailletten sieht. Abrahams Gott der Extelligenz war viel bezwingender als ein paar goldene (oder wahrscheinlich nur vergoldete) Abgötter. Doch als die Renaissancekünstler begannen, Gott als bärtigen Mann in den Wolken zu malen, öffneten sie dem Zweifel Tür und Tor. Die Darstellung war einfach nicht beeindruckend genug. Die Bilder im Radio sind immer besser als die im Fernsehen.

Seit ein paar hundert Jahren tötet die Menschheit ihre Mythen. Glaube und Aberglaube weichen – langsam und mit erheblichem Widerstand – der kritischen Einschätzung von Beweisen. Vielleicht erfreuen sie sich einer kleinen Wiedergeburt: Viele rationale Denker haben das Abgleiten in Sekten und die sonderbaren Auswüchse des New Age beklagt ... Doch das alles sind sehr zahme Versionen der alten Mythen, der alten Glaubensvorstellungen; ihnen sind die Zähne gezogen worden.

Die Wissenschaft allein ist nicht *die Antwort*. Auch die Wissenschaft hat ihre Mythen. Wir haben Ihnen ein paar davon gezeigt, oder zumindest was wir dafür halten. Der Missbrauch anthropischer Argumentation ist ein eindeutiges Beispiel, wie im Falle der Kohlenstoff-Resonanz, wenn man davon absieht, wie der Rote Riese selbst die Fakten zurechtbiegt.

Das Ideal der wissenschaftlichen Methode wird oft nicht erreicht. Die übliche Aussage der Wissenschaft ist allemal eine übermäßige Vereinfachung, doch die allgemeine Weltsicht erfasst das Wesentliche. Denken Sie kritisch über das, was man Ihnen sagt. Akzeptieren Sie nicht gedankenlos das Wort der Autorität. Die Wissenschaft ist kein Glaubenssystem: Kein Glaubenssystem weist Sie an, das System selbst in Zweifel zu ziehen. Die Wissenschaft tut das. (Es gibt jedoch viele Wissenschaftler, die sie als Glaubenssystem behandeln. Vor denen sollten Sie auf der Hut sein.)

Die gefährlichsten Mythen und Ideologien sind heutzutage jene, die noch nicht von dem emporsteigenden Affen zerstört worden sind. Sie ziehen noch immer ihre Show auf der Weltbühne ab und erzeugen Leid und Wirrwarr – und die Tragödie liegt darin, dass das alles keinen Zweck hat. Das meiste davon *ist egal*. Fragen wie Abtreibung spielen in gewissem Grad eine Rolle, selbst die Verfechter einer freien Entscheidung würden es vorziehen, wenn die Entscheidung nicht notwendig würde. Fragen wie kurze Röcke oder die Länge der Bärte spielen *keine* Rolle, und es ist dumm und gefährlich, auf einem Planeten, der vor Menschen aus den Nähten platzt, deswegen großes Geschrei zu machen. Dies zu tun heißt, den Memplex über das Wohl der Menschheit zu stellen. Es ist die Tat eines barbarischen Geistes, eines Geistes, der weit genug von der Realität abgerückt ist, dass die Folgen des in ihm hausenden Memplexes ihn nicht unmittelbar betreffen. Nicht die Taten der naiven jungen Männer, die Selbstmordbomben mit sich herumtragen oder das Flugzeug in den Wolkenkratzer fliegen, sind die Wurzel des Problems; es sind die Taten der bösen alten Männer, die sie dazu veranlassen, und all das im Namen von ein paar Memen.

Die Schlüsselmeme sind in diesem Fall nicht religiös, vermuten wir, obwohl die Religion oft dafür verantwortlich gemacht wird: Größtenteils ist das ein Rauchvorhang. Jene alten Männer werden von politischen Memen motiviert, und der religiöse Memplex ist nur eine ihrer Waffen. Doch sie sind auch in ihren eigenen Geschichten gefangen, und das ist die große Tragödie. Oma Wetterwachs würde diesen Fehler niemals machen.

Die Elfen sind noch bei uns, in unseren Köpfen. Shakespeares Humanität und die kritischen Fähigkeiten, die die Wissenschaft ermutigt, sind zwei von unseren Waffen gegen sie. Und gegen sie kämpfen müssen wir.

Und zu diesem Zweck müssen wir die richtigen Geschichten erfinden. Diejenigen, die uns gehören, haben uns weit gebracht. Eine Menge Wesen sind intelligent, doch nur eins erzählt Geschichten. Das sind wir, *Pan narrans*.

Und was ist mit dem *Homo sapiens*? Ja, wir glauben, dass das eine ausgezeichnete Idee wäre …

Terry Pratchett, Ian Stewart, Jack Cohen

Die Gelehrten der Scheibenwelt

Aus dem Englischen von Andreas Brandhorst und Erik Simon. 477 Seiten. Serie Piper

Ein mißglücktes Experiment beschert den Zauberern der Unsichtbaren Universität ein Miniaturweltall: die Rundwelt, wo Magie und gesunder Menschenverstand gegen die Logik nicht ankommen. Unter Führung der Magier verfolgen wir die Geschichte der Rundwelt vom Urknall bis zum Internet. Terry Pratchett, Ian Stewart und Jack Cohen erklären unser Universum, wie es ein Betrachter von außen wahrnähme. Und von außen wirkt es so magisch wie nur irgend etwas auf einer Schildkröte ...

»Pratchetts Erfolg beruht auf brillanten Ideen und der Kunst, ernsten Themen komische Glanzlichter aufzusetzen.«
The Encyclopedia of Fantasy

Jim Dodge

Fup

Aus dem Amerikanischen von Harry Rowohlt. 128 Seiten mit Illustrationen von Atak. Serie Piper

Whiskeybrenner und Rauhbein Jake ist dank seines hochprozentigen, unsterblich machenden Feuerwassers schon ziemlich uralt, als er seinen verwaisten und vermögenden Enkel Tiny adoptiert. Dieser ist ständig damit beschäftigt, Zäune zu bauen und das sagenumwobene Wildschwein zu jagen. Auf einem seiner Streifzüge findet er ein kleines Entenküken: Fup, eine herausragende Persönlichkeit, die fortan als Mitglied der kleinen Familie zählt und unter der Obhut der beiden zu einer zwanzigpfündigen Wunderente heranwächst ... Ein liebevolles Märchen, das zum skurrilen Kultklassiker wurde.

Kongenial übersetzt von Harry Rowohlt und großartig illustriert von Atak.